历史新阅读丛书

南北朝那些事儿

【大结局】

肆

云海孤月 著

中国工人出版社

南北朝形势图

目录

引子 001
第一章 玉璧绝唱 002
第二章 打虎太岁 016
第三章 跛脚奴与佛帝 031
第四章 四家斗法 047
第五章 帝国鬼才 062
第六章 别怪我心狠 078
第七章 瞧这一家子 090
第八章 台城保卫战 105
第九章 这里的黎明静悄悄 117
第十章 高澄遇刺谜案 131
第十一章 诸魔的黄昏 150
第十二章 蛮帝陈霸先 174
第十三章 天才疯子高二郎 201
第十四章 琵琶国手与瞎子宰相 220
第十五章 宇文北周 231
第十六章 明月照铁面 246
第十七章 武皇帝与后主 266

引子

北方奸雄高欢折戟玉璧，出师未捷，遗恨弃世。羯人侯景据河南十三州率十万雄兵叛乱，引梁朝与西魏兵入中原。高澄临危受命，选拔智将慕容绍宗平叛。东魏军在寒山大败梁军，击溃侯景。侯景率八百骑渡淮河投奔南朝，菩萨皇帝萧衍聪明反被聪明误，引狼入室，被围台城。各路诸侯作壁上观，坐视台城沦陷，梁武帝平静地结束了自己的一生。侯景乱梁激起江南大乱，独眼龙萧绎残害骨肉，拥兵荆州，与侯景展开生死较量，在广州军阀陈霸先的支持下平定侯景之乱。联军攻入南京之际萧绎后院起火，西魏军兵下荆州，攻克江陵，杀死萧绎。陈霸先趁机火并王僧辩占领南京，击退北齐军进攻，建立陈王朝。

高氏与宇文氏家族先后废掉东魏和西魏的傀儡皇帝，北齐与北周相继兴起。胡族入侵造就南北朝冷血时代，无论南人北人均选择以暴制暴，即便对付最亲爱的人也毫不手软。汉人学会胡人的嗜血与残忍，胡人学会汉人的权谋与狡诈。高氏家族与宇文氏家族陷入宫廷阴谋的游戏中。

北方的战争在继续，北齐两次击败北周大规模的军事进攻。然而，军事上的胜利不能挽救北齐的没落。民族一家的府兵制使北周国逐渐强大，汉与鲜卑的矛盾直接导致了北齐名将斛律明月和兰陵王高长恭的死亡。北周武帝宇文邕靠一己之力神话般杀掉权臣，发动统一北方的战争。沉迷于冯小怜玉体横陈和琵琶美酒快乐中的无愁天子后主高纬一败涂地，北齐亡国。

皇族之间的残杀使宇文家族实力大减，一代雄主宇文邕去世后，宇文家后继无人，杨坚趁机篡权，建立隋王朝，南征一举灭陈。南北朝在横渡大江的铁马金戈的轰鸣声和《玉树后庭花》的靡靡之乐中缓缓落下帷幕。

第一章
玉璧绝唱

公元546年，东魏和西魏开战。东魏全力以赴，西魏举重若轻。这一场战役使北方统一的梦想彻底破裂。双方交战地点：玉璧。

位于山西省稷山县的玉璧毫不起眼，无论谁路过那里都不会多望一眼，直到一座小城拔地而起。那是一座刚刚修建的小城，矗立在半山坡上，树木茂盛，生机勃勃，湍流不息的汾河从城堡脚下奔流而过，东、西、北三面皆为深沟巨壑，地势突兀，险峻天成，宛如一座空中堡垒。

十万东魏战士已围攻这座小城五十多天。这是北方最精锐的兵团，他们是鲜卑人，血液中流淌着游牧民族勇武的精神。

东魏枭雄高欢站在一处高坡上举目仰望，黄色的旆旗、黄色的战袍像汹涌的金色海洋一次又一次冲击着被黑暗笼罩的玉璧。黑色的旗帜，黑色的甲胄，黑色的羽箭护卫着那座小小的城堡。

高欢发出一声长长的叹息，那是无助的哀鸣。他从怀朔镇来到中原从来没有如此失望过，如此痛苦过，如此束手无策过，哪怕被人抽鞭子，被人追杀，寄人篱下，被强大的军队攻击，被皇帝无情地抛弃。

“亡高者黑衣！”每次想起那句神秘的谶语，高欢镇定自若的心都会不知所措地跳动。他甚至不愿意见僧人，讨厌和尚们身上那一身黑色的袈裟。但是，最大的敌人，西魏的宇文泰偏偏把军队的旗帜、战袍和官员们的制服统统改为黑色。

高欢和宇文泰各自拥立北魏皇帝，自称正统，对帝德和服色的认识却不相同。北魏建国，国家属土德，服色尚黄，开国皇帝拓跋珪不承认晋朝的正统，以曹魏继承者自居。孝文汉化之后，孝文帝元宏自诩承继晋朝正统，定水德，服色尚黑。代表鲜卑武人的尔朱荣与高欢执政，认为孝文帝过度汉化，帝德和服色又改了回来。

元脩皇帝背弃高欢入关，宇文泰认同水德，将服色改为黑。“亡高者黑衣”是宇文泰的出发点。他就是要让高欢感到晦气，无论是真是假，宇文泰先在心理上占了优势。

一座小小的玉璧城耗尽高欢的精力。为拿下玉璧，高欢施展平生所学，用尽奸雄的一切智谋。玉璧城的守将韦孝宽则以无边的智慧回应奸雄挑战。高欢与韦孝宽的终极 PK，使冷兵器时代的城市攻防战达到登峰造极的地步，金、木、水、火、土五行齐上阵。

高欢输了。黄色的海洋退潮，消去一大半，损失七万甲兵。

东魏人忙着挖坑，挖一个大大的坑，深不见底的坑，掩埋堆积如山的尸体。高欢痛苦地弯下腰呕吐，吐的不是苦水，而是鲜血。一具又一具抛进深坑中的尸体都是他的好兄弟，鲜卑的好儿郎，为他出生入死的好战士。短短一个多月，七万个生命就没有了。

高欢失去知觉。当他醒来的时候已经躺在行军床上。高欢挣扎着从床上爬起来走到帐外，冷风袭来，冻得他浑身颤抖。天边繁星闪烁，猛然间天空划过一道耀眼的光芒，接着一声巨大的轰鸣，震得高欢头痛欲裂，再一次晕了过去。这一次他再也爬不起来了。高欢旧病发作，卧床不起，病势沉重。玉璧耗尽他人生最后的能量。

谋士陈元康悄悄走进寝帐，告诉高欢一个令全军将士惊慌一夜的消息："昨夜，一颗流星坠落军营之中。"

高欢苍白的脸上现出一丝潮红，茫然的双眸闪过一丝光亮。陈元康突然感受到高欢的异常，那是一种快乐，毫不掩饰的快乐。高欢喜怒不形于色，从来不肯轻易让人感受到他的情绪变化。此刻高欢不仅笑了，而且笑得很开心，虽然与重病憔悴的容颜不太匹配。

高欢缓缓说道："流星坠落意味着伟人离世，有此一说吗？"陈元康默不作声。

壹 高欢的秘书

陈元康是高欢最亲信的机要秘书——相府功曹参军。陈元康得到高欢信任靠三个字：专、紧、忠。

高欢原本有一个秘书，叫孙搴。南北朝时期北方文化不如南方发达，北方文人少，优秀的笔杆子更少。孙搴是难得一见的人才，精通汉、鲜卑两种语言。他写檄文的时候，高欢亲自吹火，让灯更亮一些，足见对他的看重。高欢关心孙搴的个人生活，亲自给他介绍女朋友韦氏。韦小姐出自名门，相貌又美，寒门子弟的孙搴成为众人羡慕的对象。高欢好心做坏事，正是这位漂亮的韦小姐断送了孙搴的小命。由于房事过度，孙搴得了梦遗的毛病。所以说老婆不要太漂亮，丑妻家中宝，不必夜夜服务。身体强壮、生龙活虎的人尚能支撑到玉貌花容消退，文人体质差，孙搴只得服用“棘刺丸”补气。同事们经常拿他取乐：“你体内多得用不了，补什么呀！”

有一回，孙搴和司马子如、高季式喝酒。司马子如是高欢在怀朔的狐朋狗友，高季式是高敖曹四弟。两人都有流氓强盗的底子，是大块吃肉、大碗喝酒的主儿，官职又比孙搴高，他不能不给面子，一通酒喝下来，孙搴撇下如花娇妻死了。酒是穿肠毒药，色乃刮骨钢刀，有孙秘书的前车之鉴，不可不戒。高欢亲自跑来看，甚是生气，大呼“折我右臂”，赖上司马子如和高季式，一定要两人赔一个秘书。两人心里挺别扭，好心好意请客，兴高采烈喝酒，最后却喝死一位。

秘书是一定要赔的。司马子如推荐魏收，此人日后出过一本有名的书《魏书》。魏收的才华高于孙搴，但高欢不满意，因为魏收是大嘴巴，嘴巴不牢，乱说话。高层研究的事情没等传达下去，第二天满世界都知道了。高季式推荐陈元康，业务专，嘴巴紧。

陈元康记忆力好，过目不忘，黑夜里不用点灯也能写文章。高欢出兵打仗做战前动员，骑马在前，陈元康在后。高欢滔滔不绝讲了九十多条军规号令，事后陈元康掰着手指头一条一条数下来，一条不漏。高欢进山剿匪，时逢大雪，雪深数尺，天寒地冻。高欢令人举起毡布挡雪，陈元康毡下书写军书，挥毫泼墨，飒飒运笔，顷刻间数张纸的文章写完，毛笔未冻。高欢吃惊地盯着陈元康，对身边的人说了一句夸张的赞美之词：“比孔子怎么样？”

更难能可贵的是，陈元康从不乱说话，嘴巴紧。又专又紧是做秘书的基本素质。秘书还有一门学问，一门拿不上台面但必须研究的学问，与领导的家人搞好关系。打仗讲究“以正合，出奇胜”，做秘书也是一样，业务专，嘴巴牢是正面迎敌，与领导家人处好关系是侧面迂回。因为秘书有一般官员不具备的先天优势，整天和领导相处，免不了和领导家属打交道。陈元康非常喜欢高欢长子高澄，两人关系特别好。高欢恪守棍棒底下出孝子的理念，教育儿子非打即骂。长子高澄挨了高欢无数记老拳。

高欢有个大缺点，性情急躁，好发火，喜欢动手。高欢清楚自己的坏毛病，尽量克制，但喝酒之后本性流露，克制不住。为此，高欢把酒戒掉，无论何种场合饮酒从来不超过三杯。高欢是喝过大酒的人，青年时代在怀朔和一帮子兄弟们整天喝酒游猎。戒酒虽非易事，可高欢说戒就戒。工作中高欢能忍住气，很少发火，唯一一次发怒，把大将彭乐揍了一顿，差点儿杀掉，因为彭乐私自放走宇文泰。回到家里的高欢不再掩饰，儿子变成出气包，动辄打骂。

高欢打儿子，拳打脚踢，打得狠，骂得也狠。有一次高欢把儿子揍一顿，气呼呼告诉陈元康。陈元康哭了，非常伤心，伏地痛哭，泪流满面，眼泪落到地上，劝道："大王教训世子过分了。"高欢当场愣住，打儿子从来没有人劝阻，妻子娄昭君不敢，也习以为常。自个的儿子想怎么打就怎么打。高欢道："我性子急，嗔阿惠，常如此。"陈元康哭道："一次都过分，何况经常！"

阿惠是高欢长子高澄的小名，玉璧之战那年他二十五岁。高澄自小聪明，生得英俊清朗，讨人喜欢。讨人喜欢的孩子很多，换成别人家的孩子，陈元康也懒得管。感情是慢慢培养出来的，相处时间长自然有感情，陈元康把阿惠当成亲生孩子看待。

自从陈元康哭着求情之后，高欢动手打孩子的习气收敛了许多，有时控制不住情绪照旧打。每次恶狠狠把可怜的阿惠揍一顿后，就扔下一句狠话："记住，别把老子打你的事告诉元康！"

陈元康的心思没有白费，戏演得太投入就是真的，流露出来的关爱也是真感情。高欢看在眼里，记在心里，他曾经对人说过一句话："元康用心诚实，必与我儿相抱死。"这句话实际透露出托孤的意思，把儿子托付给陈元康。令高欢万万没有想到的是，这句话竟然成真，日后陈元康替高澄挡刀，死在一处。

陈元康并非完人，他染有中国历史上绝大多数官员的通病，贪污受贿，爱财如命，临死念念不忘家中的财产。高欢给陈元康介绍了一个女朋友，范阳卢小姐。不能称小姐，应该叫夫人，前夫死了，是个寡妇。娶寡妇，大家可能觉得没劲。人不能太好面子，其实，娶寡妇等于娶财产。房子有了，车子有了，孩子有了，省去多少事。不过，孩子最好不要，毕竟孩子还是自己的好。

陈元康是这么想的。在金钱主宰的社会里无所谓爱情不爱情，同样，在门阀主宰的社会里一样无所谓爱情不爱情。爱情只是披在利益外面的一件漂亮的衣服罢了，遮掩住利益的丑陋。高欢后宫的寡妇可以组建一个加强排，陈元康有什么理由拒绝寡妇？非但不会拒绝，简直欣喜若狂。

高欢喜欢的人多出自寒门或平民，因为地位低下的人富有激情，充满攀登高峰的渴望，能把潜能发挥到极致，陈元康身世寒微，就是这样的人。

北朝八大门阀为“崔卢李郑，羊毕封高”，范阳卢氏，排名第二。娶卢氏家族的女人，等于娶财产，娶贵族族徽，娶社会地位。陈元康立即回家休妻，发妻算什么，良心算什么，发妻和良心比得上金钱吗？比得上地位吗？南北朝上流社会的离婚率仅次于当今社会，因为当时讲究门当户对，高门士族的女人不可能做小妾。陈世美如果生在南北朝，就不会受到社会太多的指责，相反人们会羡慕，会垂涎三尺。

高欢把陈元康当作心腹，两人之间的亲密超过上下级的关系。每次出兵打仗，高欢大帐里总少不了陈元康的身影。玉壁久攻不下，高欢气怒攻心，旧病复发的事除了陈元康没有其他人知道，一旦传出去，原本动摇的军心顷刻间便会瓦解。

高欢见陈元康不说话，勉强笑了笑，说道：“我长于塞外，不过一个小小的镇兵，若能应天象，纵使死了，也无恨事。”

陈元康道：“大王身体欠安，士无斗志，这场仗不能再打下去了。”高欢无奈地点点头，缓缓说了一句话：“给阿惠发信，让他来晋阳。”说完，他慢慢合上迷茫的眼睛。这位纵横一时的大英雄已经意识到他走到了人生的终点。

陈元康转身出帐，心中一阵伤感。

大军班师，将士们一连十多天没看到高欢的影子，谣言四起，说高欢身中韦孝宽的定功弩，中箭身亡。

诡计多端的韦孝宽是用间高手，用间谍的能力在中国历史名将中首屈一指。一时间，营中鼎沸，军心涣散，本已丧失斗志的东魏士兵们更加人心惶惶，惊恐不安，不断出现私自逃亡的人。将领们纷纷到高欢的大营探听消息，均被陈元康挡回，不能让将士们看到主帅奄奄一息的情形。

拖是拖不下去了，高欢知道，如果再不辟谣，人心散了，队伍恐怕就此解散，精神抖擞地站到将士们面前是最好的辟谣方式。

高欢提起最后一口气，强打精神，走出大帐，召集将士们幕天席地聚会。东魏将士们终于见到了他们的领袖，心中宽慰不少，谣言不攻自破，但玉璧惨败的阴影依然笼罩着鲜卑勇士们惊魂未定、痛苦万分的心灵。

万马齐喑，数万将士暗自心酸流泪，为死去的战友，也为自己的命运。寒冷的西北风掠过苍茫的原野，灰云暗淡，残叶飞舞，天地一片忧伤。

老将斛律金从座中站起，挺起胸膛迎着呼啸的北风放声高唱，歌声慷慨激昂：“敕勒川，阴山下，天似穹庐，笼盖四野。天苍苍，野茫茫，风吹草低见牛羊。”高欢的将士多是生活在塞上草原的六镇鲜卑人，这是他们非常熟悉喜爱的民歌《敕勒歌》，这首歌伴随他们牧羊放马，长大成人。将士们仿佛回到少年时代，回到雄伟绵延的阴山脚下，跨着骏马奔驰在一望无际的大草原上。高欢热泪盈眶，不知从哪里来的力量，他站起身，跟着斛律金的节奏合唱。一遍过后，泪流满面的将士们跟着高声一起唱起来，雄壮的歌声洗涤着胸中的郁闷，一扫心中的恐怖，他们重新振奋起精神，燃起对新生活的渴望。

将士们抹去泪水，生活还要继续，他们要坚强地活下去。高欢却倒下了，永远地倒下了。这是他唱的最后一首歌，最后一次面对他的鲜卑勇士。当他还是一个默默无闻、小小镇兵的时候，曾面对阴山、面对大草原发誓，走出去做顶天立地的英雄。他做到了，在崇尚门阀贵族的南北朝时期成为北朝的刘裕。他未能像刘裕那般打遍天下无敌手，因为他有一个强有力的竞争对手——黑獭宇文泰。

贰 宇文泰与苏绰的对话

高欢卧床不起时，他最大的对手宇文泰正步行跟随一辆白色的灵车缓缓走出同州城。宇文泰面露痛苦的神情，身后跟随着一排排西魏国的大臣，众人脸色阴沉。宇文泰时年三十九岁，黑皮肤，紫脸膛，方方正正的额头，长须华美。经过十余年的苦心经营，孤身一人的宇文泰创造了神话，在异域他乡缔造了一个与高欢相抗衡的帝国。渭水东流，寒风刺骨，宇文泰感觉不到寒冷，他心中只有悲伤，他最信任的财务大臣苏绰去世了。

西魏国大行台度支尚书苏绰有如宇文泰的诸葛孔明。北魏时代的关中地区繁华不再，经过魏末大起义更是一片萧条。在战争废墟之上建立起来的新王国有一半的功劳要记在苏绰的名下。

苏家是关中望族，宇文泰发现苏绰这个人才非常偶然。苏绰堂兄苏让出任汾州刺史，宇文泰在都门外为他饯行时问了一句话：“苏家子弟之中谁可以用？”苏让答道：“苏绰。”

苏绰由此进入大行台府。大行台官署从此再也没有解决不了的事情。有难题，问苏绰，成了一句流行语。但是，苏绰和其他新人一样均未引起宇文泰的注意。直到有一次宇文泰和仆射（副总理）周惠达讨论一件事，周惠达解决不了，借故出去，时间不长，回来的时候他拿出了令宇文泰十分满意的方案。宇文泰多精明，问道："不是你想出的主意吧？"周惠达笑了，答道："苏绰。"

这是第二次听到"苏绰"的名字，正巧宇文泰去昆明池看捕鱼，于是叫上苏绰一同去。宇文泰与苏绰并马而行，边走边谈，谈得非常投机。一行人来到昆明池，捕鱼也没看，折回去，又聊了一路。吃过晚饭，两人挑灯再谈。宇文泰跷着二郎腿，躺在床上听，苏绰坐在身边讲。苏绰讲得兴奋，宇文泰听得入迷。讲到精彩之处，宇文泰不时坐了起来，由傍晚到深夜，直至天光大亮，宇文泰意犹未尽。

苏绰到底说了些什么，以至于宇文泰听得兴奋不已，忘记睡觉，史书并未记载。然而，没有不透风的墙，有一则谈话以野史的方式流传了下来，韵味深长，我们从中不仅能看到西魏、北周，乃至隋朝的统治方式，还能看到历朝历代的权谋手段：

宇文泰问："如何治理国家？"

苏绰答："用官。"

宇文泰问："如何用？"

苏绰答："用贪官，弃贪官。"

宇文泰感觉不可思议，不解地问道："怎么能用贪官？"

苏绰答："作为国君，大臣们的忠心是第一位的。臣忠则君安，君安则国安。想让人死心塌地跟随您，必须给人家好处。官多钱少怎么办？给他们权力，让他们以权谋私。权力是您给的，贪官们自然会维护您的政权。"

宇文泰又问："既然用贪官，为什么又要反贪？"

苏绰道："贪官必用，又必反，此乃权术的奥妙所在。天下没有不贪污的官员，官不怕贪，怕他不忠。以反贪为名除去异己，内可安枕，外可得民心，何乐而不为？这是其一。其二，官员只要贪污，把柄就握在您的手里。您有把柄，贪官们就害怕，越害怕越忠心。所以说，反贪是驭官之道。不用贪官，何来反贪？如果国内清一色清官，君主的统治就危险了。"

宇文泰道："用清官怎么会危险？"

苏绰解释说："清官自恃清廉，不听话，君主怎么罢免？弃清官，人民不高兴，人民不高兴就有怨气，人民有怨气国家必危亡，所以，清官不可用。"

宇文泰似乎明白了其中的道理。苏绰话锋一转，说道："如果所用贪官激起民怨怎么办？”宇文泰一想，对啊，那怎么办？

苏绰道：“发文即可。一而再，再而三，做出愤怒之状，不断强调不许贪污，使全国上下都知道您对贪官恨入骨髓，使老百姓都以为国君是英明之主，贪官是罪恶之源。国之不国，非君之罪，乃贪官的罪过，民怨就可以消啦。”

“如果有大贪，民愤极大，怎么办呢？”苏绰自问自答道，“杀！抄其家，没其财。民怨平息，老百姓会歌颂您。简而言之，用贪官换忠心；反贪官除异己；杀大贪平民愤，没收贪官们的财产充实国家财政，此乃千古帝王之术。”

苏绰和宇文泰的这一席谈话是否真正出自苏绰之口，或是后人杜撰，已无可考究。若是后人杜撰，为什么安在苏绰的头上？因为苏绰和宇文泰一番谈话是围绕法家进行的。史书中清楚记载着苏绰：“指陈帝王之道，兼述申、韩之要。”

申不害、韩非子的学说即是法家思想。法家是以人性本恶为出发点的，所以要用法律约束，甚至不惜动用酷刑。先秦法家为专制服务，所谓“法、术、势”即是教君主如何玩弄权术，如何驾驭臣下，和大臣们做斗争。儒家与之不同，儒家从人性本善的角度来看待世界，所以儒家主张对人们的善良进行引导，维护统治。

宇文泰出自鲜卑贵族，基本可以说是一个文盲，故而，后人认可这番法家言论出自苏绰与宇文泰的谈话。执行苏绰“用官论”最好的不是宇文泰而是高欢。高欢用贪官，高澄反贪官，父子一台戏。反腐一抓就灵，东魏国力日益强大。

宇文泰感受到巨大的压力，尤其邙山大败后兵员锐减，宇文泰意识到再不变革，西魏国只有死路一条。苏绰的出现令宇文泰非常兴奋，当即任用苏绰担任大行台左丞，不久升任西魏国财务大臣——大行台度支尚书，司农卿。西魏国进行了一系列的军事、经济、政治和文化变革。苏绰提出恢复周礼，模仿周王朝建立官制，改编军队，建设新文化。用一个崭新的国家对抗东魏和江南的梁朝。

国家是阶级斗争的产物，每个国家都有统治阶级，奴隶社会有奴隶主，封建社会有地主，资本主义社会有资本家，这是马克思告诉我们的。既得利益集团就是统治阶级。

必须创造出一个强大的统治集团来保卫新的王国。在中国历史上，有一个有趣的规律——政治决定富人。宇文泰和苏绰开始创造富人。

西魏是在战争中诞生的，急需强大的军队来对抗来自关外的敌人，军队是西魏立国的基础。国家财产的分配向军功集团倾斜，既得利益集团必然由军队中产生。这样的统治集团可以挥舞拳头去欠债，去掠夺财富，去抓奴隶。

西魏军队起初全是鲜卑人，由三部分构成：一是贺拔岳的武川军团和侯莫陈悦军团的降兵；二是随元脩皇帝入关的北魏禁军；三是抓获的东魏兵。沙苑会战后，西魏的军队一度达到十万人。两次邙山战役的失利，西魏丧失军队达六万之多。为补充兵员，宇文泰万般无奈之下改变五胡入中原以来兵农分离的政策，正式征召汉人入伍参军。

北魏国最大的矛盾是鲜卑人与汉人之间的矛盾，文化和语言都不相同。以前鲜卑人和汉人当兵的当兵，种地的种地，互不干涉，现在把鲜卑人和汉人弄来一起当兵，怎么能和平相处？

北魏国自打成立那一天起，汉人和鲜卑人就玩打架，国史之狱，太武灭佛，孝文汉化，六镇起义，一直打到河阴事变。如何才能避免统治集团内部打架，宇文泰和苏绰下足了功夫，玩了一系列的花招。

鲜卑人希望回到部落制，拓跋鲜卑有一种古老的制度——八部鲜卑。原始拓跋部首领拓跋邻将“统国三十六、大姓九十九”的众多部落分成七个大部落，分别交给七个兄弟管理，连同帝室合称八部。八部鲜卑是北魏帝国雏形，八部鲜卑人是帝国血统最高贵的人。每逢魏国皇帝的登基大典，总要举行新皇帝与七个部落首领黑毡蒙头向西拜天的仪式，高欢就蒙过一次头。高欢属于假冒伪劣产品，却引以为荣，不仅仅是高欢，所有的鲜卑人都渴望加入到八部鲜卑里。

顺应鲜卑人的诉求，宇文泰把国家分成八大部落、三十六部落及九十九小部落，部落最高长官叫作柱国大将军。柱国大将军原本是北魏孝庄帝为表彰尔朱荣的盖世武功新创的官位，列丞相之上。尔朱荣死后，尔朱兆和高欢先后拒绝接受柱国大将军的称号，此官废除。西魏皇帝元宝炬称帝，宇文泰无官可赏，于是又拿出柱国大将军的帽子给他戴上。

柱国大将军专为功高不赏的人设立，宇文泰当得不安心，西魏皇帝元宝炬也是如芒在背，于是他陆续提拔了一些功臣担任此官职。现在正好凑足八位，拿出这个名号作为八部的最高官衔。除宇文泰外，还有元欣、李虎、李弼、独孤信、赵贵、于谨和侯莫陈崇七位柱国大将军。

七大柱国各有各的背景，均可与宇文泰平起平坐。元欣是皇族；李弼是降附宇文泰的侯莫陈悦军队的领导者；独孤信乃贺拔胜部属，贺拔胜病死，独孤信全盘接收亲贺拔胜的势力；赵贵、侯莫陈崇是贺拔岳当年的将领；李虎出自武川，跟随元脩皇帝入关，深得元宝炬皇帝信任，长期统领禁卫军，与皇室关系密切。只有于谨是宇文泰的嫡系亲信，但于谨成名早于宇文泰。

在这里有一点需要加以说明，大家不要顾名思义，一看某某人的名字就认定他是鲜卑人或者汉人。北魏国的鲜卑人与汉人不是以血统划分，而是以鲜卑化和汉化来分，接受鲜卑文化的就是鲜卑人，接受汉人文化的就是汉人。比如，八大柱国中就有汉人血统的人，赵贵祖籍甘肃，天水南安人。李虎祖籍有争议，李虎是唐朝开国皇帝李渊的祖父，李家自称陇西狄道人，在今甘肃临洮，据陈寅恪先生考证，李家祖籍似乎在河北。另一位柱国李弼，辽东襄平人，是今天的东北人。另外十二大将军中的杨忠也属于这种情况，杨忠是隋朝皇帝杨坚的父亲，杨广的祖父，杨忠自诩弘农杨氏，其实是山东人。但是，他们有一个共同的特征，接受鲜卑文化，都是地地道道的鲜卑人，赵贵、李虎、杨忠的家族在武川已持续了数代。

部落制是奴隶社会的产物，带有原始社会的性质，搞这种落后的玩意儿，汉人不满意。于是，苏绰搬出《周礼》，周礼搞分封制，和部落制正好相符。《周礼》乃儒家经典，谁敢说《周礼》落后？其实周王朝就是奴隶社会。周礼有六军，八大柱国与之不对称。宇文泰提出自己不掌握军队，皇族元欣不掌握军队。其余六位大柱国分掌六军，府兵制就此产生。

为掌控六大柱国，宇文泰将六军再分为十二支军队，设十二大将军统领，其下再设二十四开府。柱国大将军有虚名，无实权，军队的指挥权实际掌握在宇文泰控制的元赞、元育、元廓、宇文导、侯莫陈顺、达奚武、李远、豆卢宁、宇文贵、贺兰祥、杨忠、王杰十二位大将军手中。

部落制蒙上周礼外衣就是西魏著名的府兵制，这仅仅是形式，想使鲜卑人和汉人凝聚成一个真正的无敌团队，必须从文化入手。

宇文泰问苏绰："鲜卑人与汉人各有各的心思，人心不一，怎么能做到双方都满意？"

苏绰道："利益。天下熙熙，皆为利来；天下攘攘，皆为利往。只要给钱，谁都会满意。"

宇文泰道："如何给钱？"

苏绰道："改郡望，赐田。所有入关人等一律更改郡望，全部改成关中各地的郡望，分配土地。将士们分到房子和土地，无论你是六镇人还是关外人，有了地，有了房子，就是关中人，就是新王朝的人。"

改郡望，也就是改籍贯，重新落户口。许多人从此攀上关西望族，杨忠号弘农杨氏，李虎家族号陇西李氏。弘农杨氏和陇西李氏均是当地的望族，因为同姓便挂上钩。那个时代伪造家谱很时尚，国家也提倡。到北周时代，所有入关的鲜卑人全部变成长安户口。

苏绰继续讲下去:“第二步，给面子。”

宇文泰道:“如何给面子？”

苏绰道:“说鲜卑话，改鲜卑姓。府兵主力是鲜卑人，必须给足面子，否则他们会逃到高欢那边。鲜卑从塞上来到中原，汉化方向没有错，错在于不知变通。变通就是欺骗。统治人民不能靠强迫，要靠欺骗。高压产生反抗，欺骗获取好感。孝文皇帝的失败在于未能照顾到国人感情，将最勇猛的塞上良家子弟排除在利益集团之外。文化建设必须循序渐进，不能靠革命的形式。军方语言定为鲜卑语，将士改为鲜卑姓，军功越大，鲜卑姓越高贵，士兵随主将的鲜卑姓改姓。”

改姓改得热热闹闹，孝文汉化时改汉姓的鲜卑人又都改回去，汉人赐鲜卑姓，譬如李弼为徒何氏，李虎为大野氏，杨忠为普六茹氏，等等。

一切看似宇文泰顺应六镇大起义后鲜卑人反汉化的潮流，与北魏孝文帝汉化背道而驰，其实宇文泰和苏绰巧妙地欺骗了鲜卑人。说鲜卑话，改姓只在军方进行，无关地方。均田制和赐田的施行摧毁了游牧文明的经济基础。周礼下的部落制欺骗性更加明显，中央根据周礼设置官员，地方却仍然采用郡县制，换汤不换药。

折腾来折腾去只有一个目的，让一部分人富起来，这一部分新贵与关中旧有豪强结合起来，形成新王朝的统治阶层。府兵新贵、关中旧贵族和地主三者紧紧结合起来，牢不可破，在关中形成一股新的势力——关陇集团。关陇集团非常给力，存在长达一百多年，对外疯狂扩张，灭北齐、抗突厥、下江南，统一中国，支撑起西魏、北周王国，以及隋王朝，直至大唐王朝仍不断扩张，使大唐疆域达到历代之最，到武则天时代才逐渐退出历史舞台。

苏绰没有活到府兵将士改姓的那一天，没有活到关陇集团建功立业的那一天。玉璧大战的同年，苏绰随宇文泰参加咸阳大阅兵后来到同州（今陕西渭南大荔县），密切关注玉璧战事。苏绰颇有军事才干，东西魏第一次大会战，只有他和达奚武赞同宇文泰弃高欢主力大军不顾偷袭潼关窦泰所部的军事冒险，从而取得小关之战的胜利。

由于过度劳累，苏绰病了，医治无效死于军中，终年四十九岁。宇文泰伤心不已，痛哭流泪，准备厚葬苏绰，又想起苏绰平素为人节俭，厚葬违背苏绰的本意。苏绰虽然提出无官不贪的理论，他本人却是清官，家无余财。

“势力纷华，不近者为洁，近之而不染者尤洁；智械机巧，不知者为高，知之而不用者尤高。”这就是苏绰。作为苏绰人生知己的宇文泰最终选择葬礼从俭。

一辆白车拉着苏绰归葬故乡武功，宇文泰和文武大臣步行送到同州郊外。分别时，宇文泰以酒洒地，祭奠苏绰道：“苏尚书为人做事，他的妻子、儿子、兄弟们不知道的我都知道。天下之大，只有你知我心，我知你意。本意与你共定天下，谁知竟弃我而去，奈何！”说罢，放声大哭，酒杯落地。

望着灵车渐去渐远，宇文泰久久伫立不动。宇文泰的侄子宇文护悄悄走到身边，低声道：“玉壁安然无恙，贺六浑退兵了。”

宇文泰神色不变，静静道：“大军聚于小城之下，安得不败？”

宇文护道：“韦孝宽居功至伟。”

宇文泰道：“玉璧有王思政一半的功劳，是他用生命赌来的。”

叁 王思政出场

玉璧城的建造者不是韦孝宽，而是王思政。王思政是北魏孝武皇帝元脩的好朋友。敌人的朋友是敌人。宇文泰毒杀元脩，对王思政心怀戒心。王思政在洛阳之时已是中军大将军。东西魏大战，王思政浴血拼杀，有战功。按理说，柱国大将军应有王思政一席之地。柱国大将军除皇族之外皆是武川军团中的人，十二大将军总该轮到王思政，很遗憾，那里也没有王思政的名字。

王思政心中不安，他想讨好宇文泰，又怕生性多疑的宇文泰不相信，终于狠下心来，找机会玩了一出极度变态的自杀游戏。

宇文泰收买人心自有一套做法。有一次宇文泰拿出财物和众将聚在一起玩樗蒲赌博。樗蒲，类似于掷色子的赌博游戏，南北朝人最喜欢玩。大家聚在一块呼卢喝雉，数千匹蜀锦和绸缎没过多久便输光了，宇文泰解下腰间的金带让大家再赌，乐呵呵道：“谁先掷卢，金带归谁所有。”

金带并不值钱，可宇文泰系的金带值钱，因为宇文泰是帝国真正的主宰，拥有宇文泰的金带等于获得高人一等的身份。如同《红楼梦》中的汗巾，汗巾男人都有，北静王和宝玉系的自然值钱。大家铆足劲儿，争先恐后想掷出一个卢来。

卢是最高的彩，五个子黑面全部朝上即是卢，概率不高，应该是十分之一的概率，手气特别火才行，基本靠运气。大家掷一圈，竟然没有一个人掷到“卢”。轮到王思政，王思政跪坐发誓道：“思政漂泊在外，归于圣朝，丞相待我如国士。我每每思报大恩，如果此心诚实，神灵必知，一掷即卢。若此心有假，掷不到卢，我愿自杀谢罪。”说罢，拔出佩刀横于膝上。

众人大吃一惊，堂上顿时鸦雀无声，宇文泰也吓一跳，玩玩而已，赌命做什么，急忙来劝。世界真是奇妙，众人敛声屏息之时王思政五子掷出，赫然五面全黑。

为博取宇文泰的信任，王思政以生命做赌注。他赌赢了，但他内心的痛苦和酸楚又有谁知？

果然，宇文泰对王思政另眼相看，心怀异志怎么敢玩这一手？王思政趁机提出在黄河以东修筑一处重要的军事据点——玉壁城。沙苑会战后，西魏势力渗透到黄河以东。黄河东岸自古有蒲坂重镇，高欢两次进军关中均选择由蒲坂渡河。蒲坂一丢，东魏军即可越过黄河进入渭南。在蒲坂东北修筑玉壁，与蒲坂呈掎角之势，相互呼应。东魏军若攻下蒲坂进军关中，则断其归路。此时正值沙苑大捷，西魏上下沉浸在胜利之中，宇文泰被胜利冲昏头脑，认为高欢不过如此。西魏军兵分三路，大举略地，意图抢占河南，收复旧都。王思政筑城玉壁是一种战略防御的体现，与当时西魏进攻的战略思想不合拍。但是，宇文泰同意了。同年八月，邙山一河桥战役结束，西魏军战略进攻受挫，被迫采取守势。王思政因先见之明，升为并州刺史。王思政亲自选址建造，并将大本营移到新筑的玉壁城。

高欢意识到玉壁的危险，亲率大军攻打玉壁。围城九日，遇上大风雪，士兵死者众多，高欢主动撤兵。玉壁成为高欢心头挥之不去的阴霾。挟邙山大胜的余威，高欢再一次起大兵进攻西魏，玉壁首当其冲。此时，玉壁城换帅，王思政改任荆州刺史，临行前推荐韦孝宽。韦孝宽不负所望，顶住东魏大军疯狂的进攻。玉壁得失对东魏至关重要，对西魏尚在其次，宇文泰未派一兵一卒增援。他算准高欢必定攻不下玉壁，却未料到有惊人的意外大收获。

东方传来消息，高欢死了。失去天字号第一位的大对手，宇文泰并无寂寞的感觉，如果高欢再活十年，谁也无法预测未来。个人生死事小，宇文家的新王朝事大。宇文家族必须在他手里复兴，作为匈奴人与鲜卑人混血的内蒙古和东北的一个民族，宇文家整整沉寂了两百年。东方不亮西方亮，高欢的死意味着没有人能够阻止宇文家族在关中的复兴。

宇文泰欣喜若狂，下令嘉奖韦孝宽。韦孝宽一跃成为骠骑大将军。西魏大统十六年之前，除了八大柱国大将军和十二大将军之外，另外只有三位大将军，念贤、王思政和韦孝宽。三位大将军统领地方部队，府兵才是中央军，从中不难看出宇文泰的倾向性。无怪日后唐代历史学家替隋唐王室先人吹捧，唯有入选府兵大将军者才算得上真正的权贵。

过于执着害死了高欢，原本他可以活得更长一些，他只有52岁。刘裕豁达许多，听说关中失守，全军覆没，他只是登城北望，流些眼泪了事。论心机，高欢虽列当代第一，仍不及前人刘裕。但是，高欢有一颗雄心，永不服输的雄心。他病卧床头，拼尽全力对高澄说了最后一句话，也是留给后人的最后一句话："邙山之战，我不用陈元康之言进取关中，给你留下后患，死不瞑目。"

高欢不幸猜中结果，宇文家族最终灭掉高家，统一北方。虽然干不掉宇文泰，但高欢为儿子除去了另外一大隐患。

世子高澄赶到晋阳，见到病床之上弥留之际的父亲，立刻变得愁眉不展，心事重重。高欢叹了一口气，喘息道："我快不行了，可你的忧虑却不是因为我的病。"

高澄心中一惊，父亲说的是实情。他不担心父亲的病，父亲死掉他可以拿到巨额财产，包括军队和政权，甚至一个国家。金钱和亲情成反比，金钱越多，感情越淡。高欢和高澄父子感情更淡，比一杯白开水还要淡。

第二章
打虎太岁

高澄说起来是个很悲剧的人物。北齐帝国的建立有他一半的功劳，可惜做皇帝的前夜被人刺杀，以至于在历史长河中默默无闻。他有一个好父亲高欢，有一个坏弟弟高洋，也有一个好儿子兰陵王。他们光芒四射，把他挤在一个空虚、寂寞的角落，还好他在人生最后的时刻找到了红颜知己。以女人开始，以女人结束，叫他什么好呢？高衙内？或者……

壹 花花公子

史载高澄“美姿容，善言笑，谈谑之际，从容弘雅”。英俊潇洒、幽默儒雅的高澄身上有不少缺点，管不住嘴巴，举止轻浮，不稳重。他极讨女人喜欢，十二岁与东魏孝静皇帝元善见的妹妹冯翊长公主结婚。趁父亲出兵打仗的机会与父亲的宠妃郑大车偷情引起一场轩然大波，差点丢掉世子之位。

高澄不知悔改，邺城辅政时又瞧上一位美人元氏，美人已经有老公，叫薛置书。高澄派出手下亲信中兵参军崔季舒做媒撮合。美人不愿意，高澄亲自出马忽悠，结果还是碰了大钉子。薛夫人凛然拒绝，当场落泪，大煞风景。昂然兴致付之东流，高澄大怒，派崔季舒把薛夫人抓到最高法院（廷尉）问罪。

陆操时任廷尉卿。陆操官做得大，得益于祖宗，他出身鲜卑贵族，陆家乃北魏开国功勋之族。一个世家子弟本不入流，但在这件事情上的处理，令他载入史册，名垂青史。

望着漂亮委屈的美人，陆操一边翻看法典《麟趾格》，一边问崔季舒：“这位薛夫人有什么罪？”崔季舒想了半天，瞪着眼看着陆操半晌无语，实在想不出名目。

高澄入京辅政，喊出响亮的口号“以法治国”。他确实是这么做的，严法肃贪。苏绰解释过反贪官的重要，反贪官只是一种手段，不能把它纳入真正的法律，那样的话就没有贪官了。高澄做事认真，坚决贯彻以法治国，到邺城第一件事，即主持议定东魏法典《麟趾格》。这也是高澄把薛夫人送到法院治罪的原因，他没有权力处置薛夫人，只有法官有权力。

陆操见原告无话可说，“啪”的一声合上法典，优雅地说了一句：“无罪释放。”

薛夫人悠悠然走了。陆操优雅的贵族姿态没维持多久，高澄就把陆操叫进府来，对他说：“回去判薛夫人有罪。”

陆操回道：“薛夫人无罪。”

高澄冷冷地道：“是吗？没罪吗？”说罢，一挥手，手持腰刀的侍卫们上前，用刀环击打陆操。

一阵乱殴过后，高澄从痛苦地蜷缩身子倒在地上的陆操身边踱过，轻声道：“现在告诉我，她有罪没罪？”

陆操艰难地回答道：“无罪！”

高澄弯下腰盯着陆操痛苦的表情，骂道：“你个浑蛋！她就那么招人喜欢？为她挨打的感觉舒服吗？活该！”

不久，陆操换工作了，从法院调到监察院，担任高级监察官（御史中丞），高澄认为此人更适合做监察工作。

薛夫人有幸躲过高澄的咸猪手，但并非所有人都像薛夫人那么幸运，御史中尉高仲密的妻子李昌仪运气就相当差。

御史中尉的官职为北魏所创。北魏时代长期处于战争状态，武将们飞扬跋扈，加之鲜卑人生性彪悍，一有言差语错，就拳脚相加相互殴打。现代国家议会里扔鞋子，那时候动刀子。鲜卑人动真情哭泣的时候，用刀划脸，以血洗面。作为文官的御史中丞弹压不住，因此创立监察武官的御史中尉。御史中尉一般人做不了，必须由有军功、有威望的人担当。高仲密出自渤海高氏，是高欢的远房亲戚高敖曹的二哥，又参加过韩陵山大战，故而荣任此职。

高澄怎么瞄上他的妻子呢？因为有个教唆者，叫作崔暹，崔暹出自北朝高门望族博陵崔氏。崔暹的身世比高仲密显贵，博陵崔氏乃北朝第一等高门，直到唐朝士族排姓氏依然是“崔、卢、李、郑、王”。所谓“崔家丑女不愁嫁，皇家公主嫁却愁”，后来惹怒了唐太宗李世民，诏令改为李氏第一。著名的《西厢记》中的崔莺莺就出自博陵崔氏。

崔暹教唆高澄调戏良家妇女另有隐情。

高仲密二婚，老婆是个小三转正的，但出身高贵。大自然很少让人十全十美，胸大可能无脑，脑大可能无胸。这条规律显然不适合李昌仪。李大小姐出自赵郡李氏，美艳动人，有头脑，聪颖，精于理财，与《红楼梦》中的王熙凤相似。不过凤姐不会武功，李氏骑术出众，是文武双才的巾帼。

这样的女人容不得老公冷落。高仲密崇信佛法，任刺史时曾与一位高僧谈经论道，经常聊到深更半夜不睡。李氏能想出办法让高仲密把高僧杀掉，这个女人心机之深由此可见一斑。

李昌仪碍了崔暹什么事？因为高仲密的前妻即是崔暹的妹妹。高仲密抛弃崔家女人另娶新欢的举动无疑是对博陵崔氏的极大污辱。为此崔暹高调二次嫁妹，大摆酒席，作为崔暹好朋友的高澄亲自参加婚礼助兴。

盛大的婚礼不能彻底消除崔暹的不快，只有把转正的李小三羞辱一顿才能消除心中的恶气。这口恶气只能由高澄来替他出。他相信高澄只要见到李小三就会出手，绝对会出手，没有人比他更了解高家世子。

初春，乍暖还寒，严冬尚未退尽，嫩嫩的绿色铺满邺城郊外的原野，漳水恢复碧波，潺潺流动。马儿们悠闲地啃食绿草。高澄将高仲密夫人李昌仪压在身下，奋力撕扯，衣衫的破裂声传到远处并肩遥望漳水波纹的侍从武官王纮和纥奚舍乐的耳朵里。

纥奚舍乐是山西大同人，北魏未能定都平城之前他已是那里的游牧民，标准的魏国良家子弟。他喜欢听王纮说话，这个年轻人说话风趣，有见地，读过书的人到底与纯武夫不同。

王纮生于怀朔，高欢的老乡，现在的内蒙古人，当然那时节尚无蒙古族，无所谓内外蒙，这也是王纮年纪轻轻即担任侍从武官（库直）的原因。据说王纮十三岁时曾和一位刺史大人有过一番谈话，刺史亲昵地拍着他的后背问道："读什么书啊？"王纮回道："《孝经》。"刺史大人问道："《孝经》讲什么？"王纮回答："在上不骄，为下不乱。"刺史大人一怔，以为王纮若有所指，忙道："我骄纵吗？"王纮不慌不忙答道："君子防患于未然，大人留意。"

王纮十五岁时因为一句话得到宝马良驹，这一次是和河南道大行台侯景对话。侯景当众提出一个问题："衣服怎么穿？"

这在当时实在是不容易回答的问题，因为涉及国家政策的方向。有人顺着侯景的意思回答说："孔子云：'微管仲，吾其被发左衽矣。'以此言之，右衽为是。”孔子说过，如果没有管仲的话衣襟向左掩，正确的穿衣法自然向右掩。

侯景是羯人，羯人先于鲜卑人入主中原，所以侯景内心深处瞧不起鲜卑人，而鲜卑人又瞧不起羯人，认为羯人是个野蛮的部落。每个人都向往文明。当然也有例外，比如尔朱荣与高洋。他们不喜欢舒适的生活，宁愿保持游牧民族的嗜血和野蛮。侯景向往新文明，有强烈的自卑心理，这也是他最终以战胜者身份拜倒在梁武帝脚下的原因。

王纮的回答令侯景大感震撼："时代不同，服装不同，向左掩向右掩没什么好讨论的。"王纮有预见性，穿西装、穿汉服也没什么好讨论的，愿意怎么穿就怎么穿。这句话传到高澄的耳朵里，于是王纮官拜库直。

王纮对纥奚舍乐说道："我和你打赌，殿下这次不如意。"

纥奚舍乐不信，反驳道："衣服撕破了，我的耳朵比猎狗灵。"

王纮道："殿下从不勉强别人，记得薛夫人吗，这是一场游戏，刚刚开始的游戏。"

李昌仪极力挣扎，高澄未能得手。望着狼狈上马匆匆离去的美貌人妻，高澄色眯眯笑道："脱女人衣服是件快乐的事情，比看女人脱衣有趣，只是需要付出代价。"

李昌仪不同于薛夫人，不能随随便便送上法庭。高澄也不会把李昌仪送到法庭，因为他的目的并不在此。

高澄想拿掉高仲密御史中尉的职务，更换御史中尉不是高澄一个人说了算的。调换高仲密阻力很大，高仲密既是勋贵集团的人，又为河北汉人豪强所信赖，可以说渤海高氏如同一条纽带，联结着高欢家族、鲜卑贵族与河北汉人豪门。高欢于河北起兵之时，高澄曾经去劝降过高敖曹，亲口叫过高敖曹爷爷。但是现在，高仲密妨碍了他，挡我者死。

自己心爱的妻子被人调戏，任是谁都无法保持镇定和理智。接着，高澄火上浇油，弹劾高仲密的表章送到东魏皇帝的案头：高仲密担任御史中尉期间知法犯法，选用御史多用亲戚老乡，要求调换高仲密。

怒气冲天的高仲密与爱妻商议，决定叛逃，投降西魏国。有一份见面礼无疑会增加在敌国的资本。高仲密主动辞去御史中尉请求担任北豫州刺史。北豫州辖虎牢关，虎牢关是东魏国对抗西魏的军事重镇，得到虎牢关可使东魏失去对河南的控制。

宇文泰得知高仲密投诚的消息大喜过望。高仲密是迄今为止高欢阵营最高级别的官员，纵使没有虎牢关这块大肥肉也是天大的利好。宇文泰倾国之兵东进，接应高仲密。高欢反应异常迅速，十万大军由晋阳南下赶赴河南。

一个女人引发一场大战，东西魏第四次大会战——邙山战役打响。希腊美女海伦引发希腊与特洛伊的十年战争一度传为神话。美丽的女人常常是战争的动力，在她们漂亮迷人的身体背后隐藏着男人的欲望和对权势的追逐。海伦、李昌仪、杨贵妃、陈圆圆，都是这样的女人。只有拳头才会让人屈服，世人只崇拜敢于打仗的强者，如亚历山大、成吉思汗、拿破仑、华盛顿、罗斯福等。弱肉强食是这个世界不变的法则，畏惧战争的人永远不会获得人们的崇拜。

邙山会战异常惨烈，东西双雄宇文泰和高欢都差一点儿命丧此役，最终高欢取得了邙山会战的胜利。

侯景设计巧取虎牢关，抓获了高仲密的妻子儿女。昨日万人之上，今日阶下之囚。潮湿阴暗的牢房和死亡的恐怖足以摧毁一个坚强的男人，何况从未经历磨难的贵妇？李昌仪心灰意懒，贵族女子的骄气和傲慢实在经不起摧残，如同温室中的花朵，一夜狂风骤雨，任是什么手段也使不出来。

一人来探监，衣着光鲜，姿态优雅，与衣衫褴褛、肮脏不堪的囚徒相比，宛如天外来客。这是一个曾经调戏过她的人，一个曾经侮辱过她的人，一个曾经被自己拒绝的人。他的唇角挂着嘲弄的微笑，注视着李昌仪的眼睛道:“今日如何？”

世界就是战场，每一个活在世界上的人必须拿起武器为自己而战，不管为生命，为事业，为健康，为平安，为宁静，还是为自由，为荣誉，为理想。如果你为生命而战，那么必定要学会忍受屈辱，因为要命的你绝不是世界上最强大的人。

李昌仪知道，眼前这个男人不爱自己，但自己能够满足他一时的占有欲。对于自负的男人来说，得不到的东西就是好东西。现实如此残酷，注定要低头。李昌仪沉默不语，不再反抗。李昌仪的故事没有结束，后宫的丑陋和凶险为她这种女人提供了绝佳的表演舞台。

高澄扬扬得意，他不仅征服了一个女人，而且还要征服一个王国。他到邺城来肩负一项秘密使命，肃贪。这也是他千方百计换掉高仲密的原因。

贰 高欢反腐

东魏腐败异常严重。东魏延续北魏制度不给官员发工资。高欢手下的鲜卑将领们出自六镇中下层镇民，他们从塞外边城来到中原跟随高欢打仗创业，双手空空，没有土地财产，做官后一味搜刮。

邺城有四贵：孙腾、司马子如、高岳、高隆之。孙腾和司马子如是高欢在怀朔的好朋友；高岳是高欢的堂弟，军中高级将领；高隆之本不姓高，姓徐，从小养在姑父家里，跟着姑父改姓高，他不是六镇鲜卑，只因和高欢是战友，跟随高欢去晋州，一路打到洛阳，高欢认他做弟弟。四贵和高欢姐夫尉景、江南大行台侯景贪得最多。尉景竟然让农夫们放下农活替自己打猎抓野兽敛财，为之死掉三百人。

高欢见姐夫闹得实在不像话，想找个机会警告他一下。有一回，亲戚们吃过饭后一起看节目，那时没有电影电视，现场表演二人转，高欢最喜欢的演员石董桶领衔主演。

一边看戏，大家一边聊天。妹夫库狄干对高欢说："您让我担任御史中尉吧！"高欢很奇怪，库狄干官拜太傅，比御史中尉大许多呢。人们都希望往上爬，你怎么往下走？库狄干瞧了一眼尉景，恶狠狠说道："我想做御史中尉，只为捉拿尉景这种大贪官。"

正在演戏的石董桶一步一摇，轻盈走到尉景身边，动手脱尉景的衣服。尉景莫名其妙，我又不是同性恋，扒我衣服作甚。不承想，又过来一位优伶，两人合力把尉景脱了个精光。当着众人的面赤身裸体，尉景恼羞成怒，大声喝道："干吗呢你们，要不要脸啦！"石董桶笑道："您剥老百姓的衣服，董桶为啥不能剥您的衣服呢！"

众人哄堂大笑。高欢训诫道："你就别再贪啦！"谁知尉景抢过衣服，老着脸皮回答道："我和你比，咱们谁过得好？我不过从老百姓身上弄俩钱花花，你弄到皇帝的头上了。"

高欢自始至终面带微笑，笑而不答。他确实是六镇鲜卑人当中最大的受益者，封王开府，合法享受人民的赋税，甚至把皇帝的利益一并划归账下，那些鲜卑士兵们只不过刚刚解决温饱，还要替他出生入死。

鲜卑勋贵如此贪污，应该的，江山一起打下，有你的就有我的。上行下效，国家一片腐败。鲜卑勋贵的所作所为势必侵犯到汉化豪强的既得利益，土地财产没有法律保护，说不定哪一天让鲜卑贵族们搞去。在汉人豪强支持下，有识之士提议严法肃贪，以法治国。

霸府的存在和对外战争需要鲜卑武士，鲜卑武士需要贵族们去统领。高欢采取“和稀泥”的态度，睁一只眼闭一只眼。

每个时代都有痛恨贪腐的清官，杜弼就是那个时代的清官翘楚。老百姓需要清官，世界需要正直无私的人，只有他们能给这个世界带来一丝公平。

杜弼崇拜高欢，崇拜到希望高欢受禅称帝。高欢听到杜弼大逆不道的话，高举手杖把他赶出屋外。皇帝不是谁都可以做的。

杜弼正直，而且诚实，不仅文采出众，甚至有军功。小关之战，高欢特意让他担任监军，辅助先锋窦泰，结果窦泰兵败自杀，他却逃回来。高欢十分不满，怒道：“你们带兵出发的时候我反复告诫，为什么不按照既定指示去做？你为什么不劝？”

这个问题不难回答，只需将过错推到死人身上。杜弼不肯撒谎，平静地说道：“我是个刀笔小生，舞文弄墨尚可，没有战略远见。”高欢暴怒，差点杀掉杜弼，最终还是忍住。不是所有的领导都像高欢。杜弼正直的性格，轻率的言谈，在激流汹涌的南北朝，注定无法一生平平安安。

杜弼瞧不惯贪腐。高欢发现杜弼渐渐成为清流派领袖，时常发表一些义愤慷慨、不利团结的讲话。一天，高欢招手把杜弼喊到身边，语重心长地说道：“杜弼啊，你过来，我告诉你，贪污腐败由来已久，是一种无法改变的恶俗。现在天下三分，将领们的家属好多在关西，黑獭常常派人来做他们的思想工作。江东还有一个吴儿老翁萧衍，整天忙着搞文化建设，推广他的那套价值观，中原士大夫以为那里才是人类文明所在。我如果出手太重，武人投黑獭，文士投萧衍，人才流失，何以为国？”

杜弼不服，沙苑会战前夕再提“除内贼”。高欢问内贼是谁，杜弼道：“掠夺百姓的功勋权贵。”

为了让杜弼支持自己的决定，高欢的狡诈再次表现得淋漓尽致。

号角长鸣，铁骑奔涌，甲兵如山，刀矛似林，阳光照耀下闪烁着片片寒光。两对甲兵弓上弦，刀出鞘，高举戈矛，组成一条夹道。

杜弼强装镇定地从刀林矛丛中穿行，杀气扑面而来，近在咫尺的锋利刀矛散发出的死亡气息令他不寒而栗。杜弼汗流浃背，他从来没有接近死神这么近，只要刀唰地落下，或者弓弦一松，自己的命就没了。

高欢等杜弼心惊肉跳地体会到战争的残酷，随后说道：“将士们冒着刀林箭雨，百死一生，功劳还是大的，不能与普通人相比。”高欢嘴上如此说，心里也明白贪腐终究会动摇国家根基，故而向杜弼许诺：“你别着急，我不会忘记这件事的。”

叁 邺坡打虎

高欢处理贪腐的手法显示出一代奸雄狡诈、圆滑的本色，可官员们的贪虐像大石一样压在他心里。高澄看穿父亲的心思，要替父打虎。起初高欢不同意，怕高澄过于年轻会把事情搞砸，后来想了想只有高澄能办这件事，委屈儿子背恶名，但他将来会赢得百姓的民心。

邺城的文武官员们轻蔑地看着少年尚书令高澄入邺都主事，没有人相信这位少年会掀起什么风浪，不过贵族纨绔子弟而已，也就是练练手，预备接班。谁知高澄到京都之后，为政精明，处事果断，用法严峻，着实吓了人们一大跳。高欢见儿子做得有模有样，继续放权，让高澄兼任吏部尚书，选任天下官员。高澄一改官员靠资历晋升的老套做法，任人唯才，东魏官场风气为之一振。

反腐须从民愤最大的人入手，也要从阻力最小的人入手。司徒孙腾是第一个倒霉蛋。孙腾家住六镇时有一个女儿，六镇大起义时兵荒马乱走丢了，他怀疑丢失的女儿给人家当奴婢。孙腾显贵之后，只要有奴婢请求归良的报告不管合不合条件一律批准，希望以此使女儿摆脱做奴婢的命运。这件事触犯了众怒，谁也不希望家里的婢女一夜之间变成自由人。于是，孙腾免官。

第二个倒霉蛋便是尉景。此人贪得最厉害，最为放肆。崔暹奉命前去逮捕尉景。尉景两手一伸，依然一副死猪不怕开水烫的模样，对崔暹道：“回去告诉阿惠，这小子富贵了，是不是想杀我？”

高澄闻听，嘿嘿一笑：“杀你怎么啦，我就是想杀你！”

尉景入狱面临死刑，举国震动。高澄玩得有些过，高欢从晋阳星夜赶回邺城拜见孝静帝元善见请求赦免尉景。只有皇帝的赦令能救尉景。高欢接连三次进宫，伏地流泪，对孝静帝道：“没有尉景就没有我高欢的今天。”

尉景保释出狱，命保住了，却不领情。高欢亲自去家中看望他。尉景躺在床上不动身，心想，高氏父子就是在演戏，别把我当傻瓜。尉景看着床边的高欢，故意大声道：“现在来看我干啥，杀我的时候你去哪里了！”

高欢出生之后母亲去世，父亲高树把他寄养在尉景家里，姐姐常山君把他喂养大，常山君犹如高欢的生母，尉景犹如生父。常山君一边落泪一边道:“他都这把年纪了，离死不远了，你怎么忍心这么折腾他？想当年，我们在怀朔过着穷日子的时候，他为你提水，手都磨出厚厚的老茧。”高欢跪倒床前，手抚尉景的手掌，安慰道:“让你受苦啦。”

抓捕尉景，撤换高仲密，让世人领略到高澄的勇气和决心。邙山会战的胜利坚定了高欢肃贪的决心，组织起廉政小组，高澄担任组长，崔暹如愿当上御史中尉，任副组长。

一个默默无闻的小人物做御史中尉从北魏至东魏尚无前例，为使崔暹有弹压权贵和武将的威严，高澄与崔暹演了一出又一出好戏。

在人前，崔暹摆出一副傲慢的神态，与高澄分庭抗礼，毫不退让。高澄请客，权贵满庭，高官满座。酒席刚刚开始，两杯酒下肚，众人正酝酿情绪，崔暹起身告辞。高澄急忙低三下四挽留:“下官备有一点儿薄食，您务必多待一会儿。”崔暹把嘴一撇，说道:“对不住，工作忙，改天吧！”话刚说完，崔暹扭头就走，高澄亲自下台阶拱手相送。

没过几天，高澄和朝贵们出游，路上遇到御史中尉府的仪卫队。双方走了个对头，崔暹喝令仪卫手持赤棒击打高澄的队伍，高澄赶快回马避让。北魏国有制度，大监察官出门清道，文武百官的车辆远远让路，以此维护高级监察官的权威。御史中尉官衔不高。夸张一点儿讲，京都落下一片树叶就能砸到一位皇亲国戚、勋贵子弟。避让御史中尉的规矩在权臣当道的魏末和东、西魏已经不适用，高澄又把它拿了出来。

崔暹也给力，改换一大帮子御史整天盯着官员们挑毛病，比如专门用车辐条揍人的酷吏毕义云入选监察官。这位毕御史属于极品大色狼，极其淫乱，和家族成员乱伦。自己乱搞行，不允许儿子学坏。儿子和老爸的女人上床，毕义云一顿大棍，把马笼头套在儿子的头上，一根绳子系在树上吃了十天草料。

酷吏宋游道成为崔暹的搭档，列肃贪小组第二副组长。宋游道和陆操是东魏国司法界的名人，宋游道长了一张猕猴脸，陆操生得像蝌蚪。猕猴脸好理解，蝌蚪形什么模样，莫非头大身子小？反正两人长得非常对不起观众。他们两人是东魏国法官们当中比较受人们喜欢的。法官无情，生得丑陋的人容易心理变态，做法官更加无情。

宋游道和陆操有情。东魏国官场有句谚语:“游道猕猴面，陆操科斗（蝌蚪）形，意识不关貌，何谓丑者必无情。”陆操救过薛夫人；宋游道一诺千金，是性情中人。宋游道做官不清廉，但是贪来的钱自己不花，分给亲戚朋友中的穷人花。有一次宋游道断案，没收了三个富人的非法所得，然后判无罪，罚没款一并送给好朋友的两个穷儿子。

法官再有情也是法官，宋游道疾恶如仇，见人犯罪就想重罚，审案子把犯人往死里打。宋游道牙尖嘴利，嘴巴不饶人，有次因公事和毕义云吵起来，在朝堂之上当着同事们的面侮辱毕义云："《雄狐》一诗，千年之后都是讽刺你的。"

"南山崔崔，雄狐绥绥。"这是《诗经》上的诗，讽刺齐襄公和妹妹鲁桓公夫人文姜兄妹乱伦之事。宋游道说毕义云乱伦，丝毫不给他留面子。哪有这么说话的？虽然朝野尽知毕义云乱伦，那也不能说出来，说出来就把人家得罪了。毕义云脑子反应迟钝，口齿不利，竟然没回上话，吃了个哑巴亏。

正常人眼里的宋游道是个傻瓜，宋游道眼里的正常人也是个傻瓜。宋游道由河南去邺城，正赶上滂沱大雨，阴雨不止，一连数日，被困在河桥南岸过不得河。黄河浮桥乃南北交通要道，河桥不通，过往行人、商贩拥挤不堪，堆了个人山车海。宋游道每天待在帐篷里唱歌，乐不可支。行人们不高兴，指着帐篷里的人纷纷道："这个时节唱歌的人肯定是个大傻瓜。"宋游道听到了，哪能让别人占便宜去，大声回道："这个时节不唱歌的人才是个大傻瓜。"

高欢久闻宋游道大名，第一次见面，当着文武官员们的面敬酒："能喝高欢手中酒的人都是大丈夫，你有资格。"回晋阳时他拉着宋游道的手说："我知道朝中权贵恨你，不要怕，总有一天，我会让你和他们的官一般大。"高欢器重宋游道，想用他做御史中尉，最终没能拗过高澄，于是改任尚书左丞。高澄兴高采烈地对崔暹和宋游道说："卿一人处南台，一人处北省，当使天下肃然。"

廉政风暴席卷邺城，罢免之后东山再起的孙腾态度不够恭敬，高澄派人拉下座位，用刀环击打，罚到门口站立晒太阳。高欢二儿子高洋尊称高隆之一句"叔父"，被高澄当场责骂。听到权贵、战友们的诉苦，高欢故意长叹一口气道："儿子长大啦，不好管，诸位该避就避一避吧。"

司马子如、孙腾、高隆之、侯景、元羡等重臣无不受到崔暹和宋游道弹劾。元羡、元坦、可朱浑道元等人免官，司马子如下狱，执行死刑者不计其数，邺城笼罩在一片肃贪的恐怖气氛中。

司马子如狱中一夜白了头，没想到从高欢杖下救下来的阿惠会如此歹毒地对付自己。早知今日就不该去调解他们家中那些风流事儿。如今只有一人能救自己。司马子如赶紧给高欢写信，也不必客气，信中写道："司马子如从夏州策杖投奔相王。相王给了我一辆车，无盖无篷，另有一头弯角小母牛。小母牛道上死了，只剩两只牛角，除此之外皆取于人。”司马子如写得很明白，我拄着一根拐杖拿命帮你打天下，你给了我什么？一辆破夏利，现在就剩发动机能卖几个废铁钱，其他所有的东西，衣服、豪宅、名车、土地、财物都是贪来的，你看着办吧。

司马子如的话道出跟高欢打天下的权贵们的心声。东魏公务员不发工资，像他们这些出身寒微的镇民不贪污怎么活？宇文泰那边可以分地，关中人少地多，渭河流域沃野千里，土地属于上上等，只要肯开发，财富不在话下，而东魏要照顾河北、河南的汉化豪强的利益，没地可分。

高欢心知肚明，一封急件从晋阳送到高澄手中，信上只有寥寥数字：“司马令乃我旧日好友，从宽处理。”

高欢说话，高澄不能不听。司马子如迈出牢房看到湛蓝的天空和自由的飞鸟时恐惧到极点，扭头对正在为他打开枷锁的狱吏喃喃道：“不是想干掉我吧？”

摘去尚书令官帽的司马子如头枕高欢的大腿犹自惊魂未定。他一生也算经历过无数凶险，孝庄皇帝谋杀尔朱荣惊心动魄的政变也没有这一次来得令人惊骇，想不到高家父子会下如此狠手。高欢凝望司马子如憔悴不堪的容颜，轻轻抚摸司马子如花白的头发，捉着头发里的虱子，不由得想起年轻时在大草原的日子。那时节虽无富贵，但大家无忧无虑，一起饮酒游猎，天天欢声笑语。而今功成名就，个个富贵荣华，反倒过得提心吊胆，彼此生分。莫非真的印证那句古话“共患难易，同富贵难”？高欢长长叹了口气，说道：“我亏欠你太多，回去的时候多带些酒米和羊吧。”

廉政风暴仍在呼啸，宋游道鞭打官员，文武百官无不侧目而视。权贵们开始酝酿反击，从最嚣张的宋游道身上突破。

高澄和妹夫杨愔棋至中盘。高澄手捏着棋子发呆。杨愔道：“殿下似乎有心事。”高澄回过神来，瞧着棋局道：“今日宋游道在朝堂上与高隆之吵起来，大家一口咬定，宋游道说粗话辱骂高隆之。有人举证宋游道肆无忌惮地当庭咆哮：‘往日的官府是什么官府！以前的法律是什么法律！’更有人检举宋游道贪污，要求判处宋游道死刑。”

杨愔道：“贪污需要证据。”

高澄愤愤道：“他们倒没有找到宋游道贪污的证据，可他当众辱骂高隆之是众人亲耳所听。高隆之乃当朝太保，位列三公，我训斥倒也罢了，宋游道有什么资格骂人。这个家伙真是个耿直刚正的大浑蛋！”

杨愔笑道："这就好比养狗。养狗就是为了让狗叫，而今因为狗叫得多了就杀掉，恐怕将来再没有叫唤的狗啦。"

高澄狠狠落下棋子，咬着牙道："置之死地而后生，陷之绝地然后存，我没有退路。"

法院判决下达，宋游道罢官。权贵们愤愤不平，高隆之并不生气，他有最后一着儿。

有人来到宋游道家里，带来高澄的话："跟我去并州，不然，他们会杀掉你。"

宋游道来到晋阳，受到高欢热烈欢迎，成为霸府重要的官员。人躲到高欢那里，高隆之再有本事也无计可施。

肃贪风暴激起鲜卑勋贵们的怨恨，人人自危，很多人待在家里不出门。司马子如待不住，他是一个好动的人，想出去走走散散心。去哪儿呢？河南颍川吧，那里有一个老朋友，能够说真话的老朋友。

肆 圈套

一个身穿青衣、足踏长靴的瘦小中年人负手站立在高大的城门口，红脸膛，眉目疏朗，高高的颧骨，目光投向地面左顾右盼。此人身材矮小，立身于巍峨的城门口显得更加渺小，微不足道。若非身上穿的衣服质料极好，谁也猜不出此人会是达官显贵。他那双凶狠狡黠的目光电闪而过时，人们才会意识到这个人绝不是平凡的人。河南属于他，他是河南的主人。

风尘仆仆的司马子如露出久违的笑意，拱手道："子如而今只是一介平民，何敢劳动大行台大驾出城相迎？"

"嘿嘿，"河南大行台侯景嘶哑地笑了笑，"化成灰，我们也是朋友。酒席已备好，你，我，"说着用手一指，"还有他。"

司马子如这才注意到侯景身边站着一个穿白衣的年轻人，白衣一尘不染，谦卑的态度里挂着一丝自负。

司马子如不认识，如果此人有些功名不会如此眼生。司马子如连头也懒得点，更不想听侯景介绍，一行人穿城而过。

侯景走路不紧不慢，一瘸一拐，但是一步一个脚印，异常坚定。换作平时司马子如又将调侃几句，现在兴致全无。他们这些好朋友在这次肃贪风暴中毫发无损的人只有这个矮个瘸子。

没有人不怕侯景，敌人怕，自己人也怕。御史们弹劾侯景的表章有，有和没有并无区别，因为高澄怕他，怕他手下的十万雄兵。很难想象人们会惧怕一个矮小瘸子，论武功，侯景不如高敖曹和彭乐；论文采，侯景更是大字不识一个。但是，论用兵，司马子如至今未发现比侯景更高明的将领。尔朱荣破葛荣百万大军的滏口会战，侯景即是先锋官，一战名动天下。其后战败北魏名将贺拔胜，击败独孤信和杨忠，邙山河桥战役挡住宇文泰气势如虹的进攻，扭转东魏国败局。这也是高欢把河南和十万大军交给侯景的原因。

举杯消愁愁更愁，司马子如喝得无精打采。侯景冷笑道："瞧你一头白发，当年的锐气哪里去了，竟然怕鲜卑小儿到如此地步？"

司马子如叹了一口气："你不在京城怎么会知道尉景、孙腾、高隆之和我遭的罪。"

侯景轻蔑地一笑，放下酒杯道："高王若在，我不敢有异心。高王若是死了，我终不能与鲜卑小儿共事！"

司马子如闻听，腾地站起身，用手捂住侯景的嘴巴，环顾左右，屋里只有一个人在静静地吃酒，那个白衣人。司马子如从侯景的眼神里看得出这句话不是醉话，和这种人搅在一起凶多吉少。司马子如改变行程，住了一宿便匆匆告辞。

白衣人对侯景道："司马令匆匆忙忙离去，大人难道不担心他会告密？"

侯景晃了晃脑袋，说道："我们很早就认识，我清楚这个人的能耐有多大。你看他被高家父子折腾成什么样子，告密绝不可能。"

白衣人道："世子做事果断，性格轻率自信，乃匹夫之勇。大人若派一个刺客前去，举手之劳。"

侯景道："王伟，你记住，真正的英雄战场分雌雄，暗杀，那是小人干的勾当。"

高欢病危。高澄赶到晋阳后所做的第一件事即让人以高欢的名义给侯景写了一封信，让侯景速到晋阳开会。高澄感觉到父亲恐怕支撑不了多久，他自信能够摆平老百姓，摆平皇帝，摆平贵族，只有那个桀骜不驯的矮小瘸子时常幽灵般浮现在他脑海，令人恐惧，令人心惊胆战。必须在父亲离世前，以父亲的名义杀了他，永绝后患。

高欢真要死了，进入弥留之际，那双曾经令人丧魂失魄的眼睛一片灰蒙。高欢注视榻边的高澄良久，突然说道："你的忧虑不是因为我的病，因为怕侯景反叛。"

高澄点头道："对。"

高澄的回答令高欢那双死寂的眸子里重新闪出光亮，嘴角露出一丝吃力的笑容，声音变得清晰："侯景专制河南十四年，常有飞扬跋扈之志，我能养他，你却驾驭不了。打败侯景不难，只需一人出山，此人我一直不用，就想留给你。"

高澄忙问道："谁？"

高欢回答道："慕容绍宗。"

高欢一生最怕的人不是宇文泰而是慕容绍宗，如果不是尔朱兆过于糊涂，高欢早已死在慕容绍宗的计谋之下。侯景再刁滑也不及高欢，能够令高欢心惊肉跳的人怎能收拾不了侯景？

高欢雪藏慕容绍宗早有预谋。用人必须给好处，人家立了战功，必须再给好处。官越做越大，儿子以后凭什么让人家卖命？东、西魏战争如火如荼，战况再危急也不用慕容绍宗，足见高欢这份坚忍。

为使军事天才侯景真心实意替自己卖命，高欢做出巨大让步，侯景做了十四年河南王，我行我素。高欢得到的好处也是巨大的，邙山、河桥之战即是侯景的杰作。从那一场战役开始，东魏重新掌握因沙苑失利丧失的战争主动权。作为河南战区司令官，侯景在抗击着西魏和梁朝两大敌人，除了败给梁军名将之花白袍陈庆之以外，侯景再无败绩。贺拔胜、独孤信、杨忠等北方将领企图开辟河南第二战场的梦想均被其打破，一个个赶往江南去了。

如果提前任用慕容绍宗，慕容绍宗这种和侯景那样屡立战功、军功卓著、位高权重的名将一样是不会替青年高澄卖力的。现在，慕容绍宗若想建功立业，找侯景去吧。

搬掉心头巨大的石头，高欢平静许多，时断时续地说道："如今四方未定，我死之后不要急着发丧。鲜卑老公厍狄干、敕勒老公斛律金，此二人性情耿直，绝不会辜负你。可朱浑道元、刘丰生不远千里投奔于我，也不会背叛。贺拔焉过儿朴实，潘相乐心地善良，韩轨有些憨气，你要多多容忍。彭乐貌似粗鲁，其实心地难测，须多多提防……"

高欢一口气说了那么多，停下来喘口气，继续说道："段孝先忠心、正直、诚实、仁慈、厚道、智勇兼备，亲戚们中间只有这么一个顶尖的人才，军国大事务必与他商议。"说到这里，高欢似乎想起什么，眼睛睁得大大的，脸色变得令人恐怖，用尽气力喊着，声音嘶哑、尖锐："邙山之战，我不用陈元康之言，给你留下隐患，死不瞑目！"最后的力气用尽，高欢死去。

人活到这种地步是不是很可悲？守财奴临死时不忘的是金钱，大色狼临死时想到的是女人的裸体，高欢看到的则是权力。

高澄望着父亲苍白的脸，许久，手指轻轻拂过那双睁开的眼睛，静静地道："放心地去吧，我会把一切照顾得好好的。"

陈元康缓缓走了进来，一瞬间表情变得痛苦。只听高澄冷冷吩咐道："先王去世的消息不许向任何人透露，只有你我二人知道。"

高澄步履矫健地走出阴暗的殿堂，仰望南方的天空，眼睛露出一缕凶光："侯景该到了吧！"

第三章
跛脚奴与佛帝

河南大行台侯景已过不惑之年，这个年龄段的人不再为事业忧虑，因为他们能够丢弃不必要的幻想，准确找到适合自己的事做，对将来有清晰的判断。

侯景是个丑陋的人，身材矮小，上身长下身短，那双腿更要命，右足偏短，走起路来貌似瘸子。如果生于众生平等的时代，凤姐也未必肯收留这等残疾之人。好在人类永远不平等，除了等级时代便是金钱时代，南北朝靠拳头说话。侯景的拳头不硬，既打不死牛，也捣不碎沙袋，骑马射箭更不是长项，作为鲜卑人，这是一份可耻的记录。然而，侯景聪明，他的聪明全部用在打仗上。

东魏国勇将当属高敖曹和彭乐，万马军中取上将首级如探囊取物。在侯景眼里，他们就像野猪在敌人的阵里冲来突去，却不知道要干什么。东魏军沙苑失利后侯景放出豪言，向高欢讨二万精锐骑兵取宇文泰首级。高欢没有答应，不是害怕侯景做不到，而是相信侯景做得到。侯景又对高欢道:“愿得兵三万，横行天下，渡江捆萧衍老儿来做太平寺住持。”高欢又没有同意。高欢妻子娄昭君给出答案:“得到黑獭失去侯景，何利之有?”同样，得到萧衍失去侯景也没有利益。

如此看来，侯景的军事指挥才能天下第一，故而侯景得到东魏国唯一一个战区指挥官头衔，控制河南十三州，独立指挥一支十万人的军队。

壹 一封不带点的书信

高人一等的智慧、骄人的战绩使侯景极度自信，眼神更加锐利。他坐在一张精致的胡床上，穿着长靴的脚垂到地面。宋子仙、郭元建、王伟、索超世等亲信谋士、将领们分别列坐两侧。

侯景手握一封书信轻轻敲打膝盖，用他那独特嘶哑的声音问道："高王令我去晋阳，你们怎么看？"

王伟抢先说道："前些日子流传高王已死。无风不起浪，如若未死定患重病。侯公手握重兵，此去纵然无歹意，也将卸掉兵权。只需多拖些时日，等到高王去世，那时便无人奈何侯公。"

侯景表情相当愉悦，笑道："高王已死。"望着满脸惊诧的众人，侯景一字一顿地重复道："高王已死。"

众人依然一脸疑惑，侯景扬了扬手里的信件，说道："这封信告诉我了。"

索超世道："我们看过信件，和高王以前的书信相同，您凭什么认为此信不是高王所书？"

侯景嘿嘿一笑，说道："我以前和高王有过约定，只要是高王给我的信件，上面都要加上一个小点，防备敌人使诈用假信诓我。这封信上面没有小点。"

侯景是伪造信件的行家里手。邙山会战时虎牢关守将弃关撤军，即是侯景抓获西魏信使伪造宇文泰的手令，将坚守待援改为立即撤退所致，从而抓获高仲密的妻儿。经常骗别人自然须防备别人骗自己。

王伟兴奋道："若是如此，这封信定是高澄所为。侯公当世英雄，岂能受高澄摆布？"

王伟知道这句话一出，侯景必反。他亲耳听见侯景对司马子如说过，不能与鲜卑小儿共事。

鲜卑是个笼统的概念，笃信鲜卑文明即是鲜卑人。侯景虽是鲜卑人，骨子里却流淌着羯人的血液。侯景有一个高级文明人的名字，狗子。高欢的本名叫作贺六浑。狗子自然比贺六浑高雅，因为那是汉人的名字。

侯景瞧不起鲜卑人，却害怕高欢。高欢死了，天下之大再没有他畏惧的人。侯景锐利的目光掠过众人的脸，他想知道这批忠于自己的人有没有信心造反。

郭元建道："侯公不去，必然与高氏闹翻，双方兵戎相见，所辖十三州有多少州会站到我们这一边。况且河南乃四战之地，内忧外患，侯公守得住吗？"

侯景从胡床上站起来，一步一歪地踱到郭元建身边，鸱鸮般锐利的目光盯向这位得力的干将，慢慢说道："我二十五岁的时候打了一场胜仗，击败逆贼葛荣，从此所向无敌，贺拔破胡、独孤如愿都是手下败将。在邙山，差那么一点点杀死黑獭。我自信对得起天柱大将军，对得起高王。人可以做英雄的奴仆，不可以做蠢货的奴仆。至于大事能否成功，在天不在人。我相信一个道理，地狱为王胜过天堂为奴。”

众人知道侯景心意已定，接下来的问题不是讨论反与不反，而是讨论如何反。侯景心中充满称王的渴望，但他有自知之明，此刻绝不能自立为王割据称雄，那相当于把自己做成箭靶子，对东魏、西魏和梁朝说，射吧，往这里射。他要把河南当作诱饵，引诱三只野兽互相撕咬，趁他们精疲力竭的时候找准自己下口的机会。

散会。郭元建对王伟道：“侯公走在虎狼群中，危机四伏，你为何极力赞成而不劝止？”

王伟面无表情，静静道：“侯公官居何职？”

郭元建道：“司徒。”

王伟道：“你这一辈子有可能做司徒吗？”

郭元建愣了，摇头道：“绝无可能。”

“如果侯公从虎狼群中成功突围，明天你就是司徒大人。”王伟用手指指郭元建又指向自己：“你我都一样。”

两位使者分赴长安和建康，向西魏和梁朝献降书。侯景对辖区内的地方官进行了一次旁敲侧击的摸底。摸底结果令侯景沮丧，河南诸州只有颍州刺史司马世云铁心拥戴，其余各州长官态度模棱两可。

西魏和梁朝的援军到达之前务必将不服从的刺史换成自家兄弟。侯景诱骗各州地方官到颍川开会一并捉拿。西兖州刺史邢子才未到。侯景迅速派出一支两百人的突袭队，暮色中化装潜入西兖州抓捕邢子才。那位五天就读完一部汉书的邢子才聪明得出乎侯景想象。突袭队全军覆灭，侯景的阴谋暴露于光天化日之下。

侯景未到晋阳，高澄感到事情的不妙。高欢死讯未公开侯景便公然叛乱令高澄措手不及，对侯景的恐惧又加深了一层。侯景怎么会知道父王去世，难道他真是鬼才？

鲜卑权贵们兴奋不已。他们的观点出奇一致，若想拿回河南简单之至，只需将崔暹的脑袋装进匣子送到颍川，侯景之乱定然平息。

一切都是反腐惹的祸。众口铄金，高澄也相信这是唯一的答案。

陈元康爱怜地看着手足无措的高澄。从高欢寝殿里走出来的那一刻，他以为阿惠长大了，现在看来年轻人情绪起伏依然很大，遇到挫折会惊慌失措，有必要提一下醒。

“如今天下虽然仍未平定，国家法律却已经制定好了。为讨好几个叛将便枉杀无辜、破坏法典，当你站在上天面前，难道能说这是别人告诉我这样做的？即使天神宽恕，你又该拿什么来安抚人民的心？”陈元康盯着高澄的眼睛继续说道：“汉景帝杀晁错而七国之兵不退，他的良心一生难安。”

反腐只是手段，取信父亲、谋取权力和人心的手段。父亲死了，大权在握，不需要反腐，现在最需要鲜卑贵族和士兵去打仗，该不该用崔暹的人头祭旗？

杀崔暹等于亲手撕毁自己创建的法典，等于欺骗良心和人民，等于向那只瘸腿猴子示弱。该来的总会来，不会因为你的懦弱而不来。打不赢猴子坐不稳江山，大家都在看笑话。高澄握紧拳头，咬咬牙道：“叫韩轨来，我要与侯景决一雌雄。”

高澄不再慌乱，恢复了冷静与睿智，下令由韩轨总督各路军队讨伐侯景。高手对战容不得一丝疏忽，高澄意识到消灭侯景并非当务之急，稳住邺城的皇帝才是最重要的事情。如果傀儡皇帝得知父王的死讯，保皇派与侯景勾结起来，高氏家族将会面临真正的危险，此刻必须赶回邺都。高澄将霸府军事权及晋阳城的防务交给段韶，将内务交给赵彦深。赵彦深是高欢一手提拔起来的文官。为使赵彦深死心塌地卖命，临行前，高澄握着赵彦深的手泪流满面，哭泣道：“我把母亲和弟弟们都托付给你，希望你明白我的心意。”

东魏孝静帝元善见时年二十三岁，已经做了十二年傀儡。他在中国历史傀儡皇帝们中当属优秀者，集帅哥、文人、武士于一身，史载“好文学，美容仪，力能挟石狮子以逾墙，射无不中”。史家甚至把他比作孝文皇帝。

元善见命不好，东魏国的江山是高欢从尔朱家族手里打下来的，与他没有一点儿干系，他不过是一面招牌。不要以为元善见无能，即使康熙皇帝处于他的环境也是无能为力。元善见韬光养晦，一再要求做高欢的女婿，最终如愿以偿。可惜高欢的儿子太多，靠裙带关系很难继承高家产业。

北魏立国至今一百六十多年，上溯代国乃至称霸草原的时期至今近三百年。如此历史悠久的皇族毁于一旦，元善见想起来都隐隐心疼。哪怕有一丝希望他也要争取，他的身边慢慢聚集起一批亲皇族的势力。高欢去世的流言传到他耳朵里，元善见一阵惊喜。这是一个不是机会的机会，侯景的叛乱恰好在这个不是机会的机会上面增添了变数。

元善见举行盛大的宴会，为从晋阳回到邺都的高澄接风，想从高家大公子身上探出点蛛丝马迹。元善见及其保皇党们失望了。高澄容光焕发，谈笑风生，根本不像失去父亲的人。

元善见几乎绝望。保皇党不信，他们还要进行最后一项测试。

“没有人会在父亲死去的日子里跳舞。”说这句话的人一定忘记了另外一句话：“世界上没有绝对的事情。”

当贵族们邀请高澄跳舞时，高澄应声而起，翩然起舞。琵琶铮铮，管弦声声，宴会沉浸在快乐的海洋中。

陈元康注视着正在劲舞的阿惠，心头忽然涌动难以描绘的无尽悲哀。假作真时真亦假，人生恍如一梦。曲罢，高澄兴冲冲向陈元康走来，额头沁出微汗，压低声音略带喘息地说道：“我刚才想到一个好主意，韩轨集结大军需要时日，我们不如调拨邺城的禁军突袭侯景。”

邺城的天又变了。受尽反腐折磨的鲜卑权贵们发现出了一趟差的高大将军变得越来越可爱，孙腾升为太傅；司徒高隆之录尚书事；尉景拜大司马；可朱浑道元做司空；贺拔仁官拜太保。几个月前这帮人还在崔暹的大棍下瑟瑟发抖，而今个个升官晋爵。高澄的二弟高洋升任尚书令更加耐人寻味。新班子多了一张新面孔，诏令慕容绍宗由徐州刺史上调朝廷任尚书左仆射。

禁军将领武卫将军元柱率数万军队由邺城出发，渡过黄河，昼夜兼程，卷甲急趋，杀奔颍川。繁花似锦的五月本是一年中最美丽的季节，兵戈之气破坏掉人间的祥和。侯景伏击东魏军，元柱扔下遍野的尸体狼狈逃窜，轻视侯景的结果就是这样。

击败元柱，侯景主动后撤至颍川构筑新的防线。东魏的大军即将到来，单凭自己的力量无论如何不是高澄的对手。东魏有十多万常备军，数之不尽的预备役部队，雄厚的财力。侯景只有数万军队，十万那是号称。如果侯景继续以战区司令官的名义来指挥河南诸州，各州长官们必定唯命是从。以叛贼名义指挥，大家都需要考虑一下前程，这个赌注不能胡乱下。邢子才和邻近各州通气，大家一致认为猴子这回悬，故而各州拒绝侯景征调。

内部不稳，只能借助外部的力量。西魏和梁朝仍然没有动静。侯景胸有成竹，纵使黑獭狡诈奸猾，但没有人能抗拒利益的诱惑。为确保西魏出兵，侯景割去四个州。

长安离颍川近，宇文泰第一时间收到侯景的降书顺表。宇文泰的心动都没动一下。天上不会掉馅饼，利益只能靠自己去争取。高仲密投诚就是前车之鉴，引发的邙山会战导致西魏军惨败。高仲密手里只有一个虎牢关，而侯景拥有大半河南。这一次宇文泰不想做演戏的人，只想做个看戏的人。宇文泰接下侯景的降书，封侯景为太傅，河南大行台，上谷公。这个封号与侯景原有官职平级，可以说，宇文泰拒绝了。

不久后，宇文泰犹豫起来，因为侯景送来东荆、北兖、鲁阳和长社四座城池。先前口头承诺，而今真正的实惠来了。宇文泰不得不把亲信大臣找来商议。西魏国著名的战术大师于谨和宇文泰的想法一致，像侯景这种奸诈的人物最好离得远一点儿，越远越好。这种人绝不会平白无故给你一块肉。如果他给你一块肉，那就说明他想换取更大的肥肉。可是人家来投诚不好拒绝，那就继续加封有名无实的官，兵绝不能派。

英雄所见略同。宇文泰非常欣赏于谨，此人是天生的参谋，不承想荆州刺史王思政改变了宇文泰的想法。

北魏的荆州非传统意义上的荆州，它指河南邓州和南阳一带，与侯景的防区毗连。想必侯景向宇文泰写信的同时也向王思政求援。王思政接信后即刻发兵，这么好的机会怎么能浪费掉呢，先接收四州再说。

王思政的军事行动打乱了宇文泰的部署。王思政的荆州军只有一万人，一万军队深入敌境，万一有闪失岂不全军覆没？宇文泰虽说对王思政不经允许私自出兵甚为不满，但王思政用生命效忠过他，不能坐视不管。宇文泰当即派李弼和赵贵两位柱国大将军统率一万人马赶赴颍川接应王思政。同时加封侯景为大将军、尚书令，认可侯景的归顺。

此时，韩轨的东魏大军抵达颍川将侯景团团包围。听说西魏军增援颍川，魏将韩轨匆忙撤围退兵，他没有做好与西魏军队作战的准备。侯景不好惹，武川军团更不好惹。侯景和武川军团联手，那将是天下无敌。

东魏撤军，侯景非常得意。鸭子上了架休想再走，侯景开始琢磨如何收拾西魏军。想收拾西魏军必须借助梁朝的力量，萧衍老儿的军队怎么还没有到呢？

萧衍正舍身同泰寺做和尚呢，一个富贵皇帝去做清贫和尚，为什么？

贰 不得不舍

建康，同泰寺，九级浮屠高耸入云。

“南朝四百八十寺，多少楼台烟雨中。”中国佛教在南朝达到极盛，遍地佛寺远远超过唐代诗人杜牧的这首《江南春》所描绘的数量，仅京都建康的佛寺就达七百余所，“钟山帝里，宝刹相临；都邑名寺，七百余所”。塔寺之盛，佛乡天竺业已不值一提。

梁朝佛教之兴盛更是六朝之最，菩萨皇帝萧衍居功至伟。自永嘉之乱以来，南北分裂已二百多年，其间南北双方进行过无数次军事上的较量。祖逖、桓温、苻坚、谢玄、刘裕、刘义隆、拓跋焘、元宏等南北英豪的统一战争均折戟沉沙，双方文化上的较量也一直未停息。以正朔自居的南朝遇到北方佛教文化的强烈冲击，孝文汉化更是扒掉了南朝仅有的裤衩，南朝只剩狭义上的诗文优势，其实也难说优势，魏碑足以与晋字相抗。连陈庆之这种土生土长的南方土著也不得不承认“衣冠士族，并在中原”。

陈庆之的经历令萧衍感触极大，恰好北方掀起一股鲜卑化的热潮，接着战乱频繁，萧衍要一举扭转南方文化上的劣势。

萧衍是书生，而且是儒家大师，恢复传统文化本是第一选择。但是，孝文帝已将儒学发挥到极致，自己再怎么搞也搞不到北魏国的水平。包括萧衍在内的南朝历代开国皇帝都有极大的一个缺陷，按照儒学理论，他们都是贼。从刘裕到萧衍，短短八十二年，南方更换三个朝代，每一位开国皇帝都是弑君者，其中不乏杀父屠兄的人。这样的国度标榜正统，岂不被人笑掉大牙？魏国大臣李元凯曾经讽刺南朝说：“江南多好臣，岁一易主；江北无好臣，百年一易主。”

萧衍清楚，自己就是个弑君之贼。一个贼如何教育人民？萧衍内心深处极端自负，自以为是中国历史上最有才华的皇帝。不是之一，而是最。论年纪，名列前茅；论作诗，名列前茅；论治国，名列前茅；论武功，名列前茅；论写文章，名列前茅；论佛学造诣，名列前茅；论书法，名列前茅；论下棋，名列前茅。综合评价，第一。

这么一个优秀的人怎么会找不到前途？他选中佛教。

萧衍一生干过不少坏事。背叛竟陵王萧子良，欺骗齐明帝萧鸾，起兵攻打东昏侯萧宝卷，废杀皇帝萧宝融。放下屠刀，立地成佛。我萧衍把屠刀放下就是佛。这是佛学与儒学的区别。

北魏君主宣扬“皇帝即佛”，并将皇帝的面容雕刻于大佛之上。萧衍不会搞这些小儿科，太简单啦。屁民想出来的招，精英怎么会去做，何况萧衍是精英中的精英？

野蛮人和文明人的区别在于脑子。释迦牟尼之所以被称为佛祖，是因为他开创了佛教。受戒，穿上佛的衣服并不代表你就是佛。赋予佛教新的思想，让佛教打上你的烙印，才是真正的佛。

文化精英萧衍不难办到此事。断酒肉、素食、忏悔、敲钟，萧衍赋予佛教新的内容，若非侯景之乱，萧衍死后注定化身菩萨。萧衍之前，和尚们可以吃肉，如今必须素食。至于钟声，和寺庙永远相伴。

萧衍受戒，以佛教大护法自居，之前犯下的一切罪过一笔勾销，也为王朝找到永远存在的理由。当然有一个前提，必须举国信佛。江南的佛寺越建越多，梁国的僧人越来越多。萧衍认为，他的国家与佛同在。

自从秦始皇发明“皇帝”之后，中国人大都有一个皇帝梦，每个人都想当皇帝。皇帝的生活是尘世间最幸福的生活，集富贵于一身，掌大权于一人，美女如云，奴婢成群，想做什么就做什么。

正因为想的人多，皇帝成为世界上最不安全的职业。试想，全天下的男人，不排除某些疯狂的女人，做梦都想得到的东西，你揣在怀里安全吗？即使有智士猛将，数以万计的军队保护，又怎么知道他们睡觉的时候不会梦到那顶皇冠？

皇帝不受约束，天上人间，唯我独尊。欲望无限放纵，喜欢杀人，可以天天杀；喜欢打仗，可以天天打；喜欢女人，美丽的女人排成行；喜欢吃，山珍海味齐全；喜欢喝，美酒佳酿任选；喜欢睡懒觉，十天十夜睡在床上无人敢管。

南北朝是动荡的岁月，十六国姑且不考究。萧衍粗略计算一下，从刘裕建立宋朝到他登上帝位，短短82年的时间，换了15位皇帝，平均每个皇帝在位5年又4个月。如果把宋文帝刘义隆30年的皇帝生涯排除在外，每个皇帝在位3年又7个月。这真是一个骇人听闻的数据。如果拿三年又七个月换一生的时间，让你去体验一把皇帝梦，是否还有兴趣一试？可以肯定地说，有。不仅有，而且多得数不清。

这就是江南的现状，也是萧衍无法逃避的现实。我不想做皇帝，我要做菩萨，这是萧衍的心声，发自肺腑的心声。

做菩萨不是件容易的事情，萧衍不吃酒肉，每天一顿饭，衣着朴素，一顶帽子戴三年，一床被盖两年。五十岁以后拒绝房事，不和任何女人上床。工作勤奋，不睡懒觉，严寒的冬季亦不例外，手冻裂也不在乎。

作为富有四海的皇帝，这份意志力、这份坚忍足以成为万世楷模。苦行僧似的生活把萧衍打造成金刚不坏之身，整整活了八十六岁。如果不是跛脚猴子打破他清修的生活，萧衍绝对有和乾隆皇帝争一争中国历史最长寿皇帝的潜力。

长寿不是萧衍的目的，他希望建立一个长治久安的国家。

叁 假慈悲

三十八岁的萧衍登上江南那座貌似坚固实则摇摇欲坠的皇帝宝座时对范云说过一句话："今天我感觉似乎在用枯朽的缰绳驾驭六马。"

范云回答道："愿陛下日慎一日。"

一天比一天谨慎，一天比一天小心，天天生活在恐惧之中，我怎么会选择这么一个职业？赶快从恐惧中解脱出来，我是萧衍，无所不能的占星师。想从恐怖的坟墓里爬出来，从而长命百岁，必须解答一道难题：骨肉残杀之谜。

骨肉残杀导致南朝皇帝更换频繁。自刘裕建国以来，骨肉残杀始终是悬在南朝皇族头上的一把达摩克利斯之剑，一个血色魔咒。

"遥望建康城，小江逆流萦。前见子杀父，后见弟杀兄！"刘宋王朝五十九年，八易其主。宋文帝刘义隆杀弟；刘劭弑父；孝武帝刘骏杀兄屠弟；前废帝刘子业动辄赐弟弟自尽，圈养叔父；宋明帝刘彧变本加厉，孝武二十八子一个不剩；宋明帝的儿子们又被萧齐王朝建立者萧道成杀光。以至于末代君主刘凖哭泣说道："愿身后世世勿复生帝王家。"

萧道成鉴于宋亡教训，临终前告诫太子萧赜："宋氏若不骨肉相图，他族岂得乘其衰敝？"纵有血的教训和高帝遗训，齐代故事仍不断重复刘宋。齐武帝萧赜杀儿；齐明帝萧鸾大杀诸王，高武子孙死绝；东昏侯萧宝卷继续屠杀弟弟。

轮到梁朝开国皇帝了，萧衍没有手软。萧鸾的儿子中，除了逃到北魏的萧宝夤和一个哑巴之外，尽数诛杀。与刘宋亡国相似，萧齐皇族骨肉残杀致使萧衍轻松夺取天下。

有什么办法能解除骨肉残杀的魔咒，萧衍陷入沉思。看上去，皇族自相残杀的原因在于分封诸王制，那是心机不输给武功的刘裕的一项充满智慧的发明。东晋司马家为什么没有坐稳江山，因为皇权旁落，高门士族秉政。所以，刘裕大赌棍把赌注押在皇族身上，任命皇族出镇地方。诸王手握地方军政大权，野心自然膨胀。皇帝不相信诸王，而诸王又有条件发动军事政变。于是乎，皇族的血不停地流入长江。

萧衍想到鲜卑人。北魏不给诸王那么大的权力，故而政局平稳。这么看，最简单的办法当然是“削藩”。

假如真的如此简单，刘裕会瞧不出来？是的，藩不能削。萧衍和刘裕想到一处。南北朝有它的特殊性，庄园经济发达，士族豪门势力极为庞大，表现在政治上，即所谓“门阀制度”。不用诸王进行牵制，皇权难以强化。北魏有一支鲜卑兵，强大的军事力量足以震慑各地的豪强，南朝则无。

门阀制度注定皇族出镇，否则无法抑制高门豪强。既然经济基础和政治制度不可改变，那么只能另想办法。从哪里想办法呢？当然是人。做皇帝就是玩人的，你玩不转别人，只能让别人玩你。

人之初，性本善还是性本恶并不重要，重要的是人可以改变。只要一遍又一遍灌输某种道理，即使是谎言，人们也会相信。佛教具备此种功能，让人们变得善良，不打架，不斗狠，不杀生，更不会杀亲人造反。梁朝化身佛国，萧衍希望用佛法的慈悲改变人心，改变龙子龙孙们那一颗颗贪婪的心。

人的欲望是万恶之源。无论释迦牟尼、耶稣、孔子，还是马克思、毛泽东，谁都阻挡不住人们追逐利益的脚步。让人抛弃一切欲望本就是天方夜谭。

萧衍教育子民如何做人，梁国的皇族和人民的回答是：谋杀。

皇族们的所作所为也在考验着萧衍的仁慈底线，针对萧衍的谋杀案一起接一起。

萧衍有一次去光宅寺。光宅寺原是萧衍的故居同夏里三桥宅，称帝之后改作寺庙。去光宅寺须过秦淮河，有杀手夜间潜伏在骠骑航。萧衍过桥前突发心灵感应，告诉侍卫们说：“停一停，有埋伏。”众人绕行朱雀桥，避开杀手伏击。

杀手被抓，一口咬定受临川王萧宏指使。萧衍老三，萧宏老六，其他比萧宏大的哥哥们都死了。如果萧衍驾崩，兄弟中间萧宏是第一继承人。不用提审，萧衍也清楚是萧宏所为。世界上最好的预言家就是间谍，萧衍避开杀手绝不是佛祖显灵。

没有预想的暴跳如雷，没有人头落地。萧衍哭得很伤心，一边哭一边警告六弟：“皇帝不容易当，你干不了，别蹚这湾浑水，我不杀你，因为你太蠢不值得杀。”

萧宏不死心，不久又搞了一次谋杀，这次杀手是萧衍绝对不会想到的人。萧衍确实没有想到大女儿永兴公主萧玉瑶会充当萧宏的杀手。爱情的魅力，再加上一顶皇后桂冠，相信没有女人会拒绝。

谋杀计划设计得相当完美。两名杀手男扮女装跟随永兴公主混进皇帝的斋阁，再由永兴公主请求父皇屏去左右密谈，杀手们趁机动手。人算不如天算，完美无瑕的行动因为其中一个杀手丢失一只女鞋而失败。穿在脚上的鞋不会丢失，除非是套在鞋子外面的鞋。

杀手们再次供出萧宏。萧宏与永兴公主萧玉瑶有不伦之恋，许诺事成后立永兴公主为皇后。权力和欲望使灵魂扭曲。案情明了，萧宏杀兄，永兴公主弑父，证据确凿，罪大恶极，十恶不赦。然而，像秦淮河谋杀案那样，萧衍再一次淡然处之。两名刺客宫内斩首，派车将公主载回府第，对萧宏不闻不问。这件事到此为止，谁也不准再提。

两次谋逆大案，无论发生在哪个皇帝身上，恐怕都将是一场血雨腥风，而这里的黎明静悄悄。以德报怨，和睦皇族，这是萧衍透露出来的讯息，你们都要向我学习。

政治家是一流的表演家。萧宏病亡，萧衍先后七次到宅中看望，甚至到菩萨面前祈祷。我们不难理解，为什么萧衍会对叛国投敌的儿子萧综以及侄子萧正德宽厚仁慈。

对于女儿，萧衍流露出真正的感受，永不相见。永兴公主怨恨而死，她至死也不明白，同样犯了不可饶恕的错误，为什么差别如此之大？永兴公主死后，萧衍拒绝参加葬礼。

弟弟和女儿反对，老百姓也不买账。

投资须付出成本，骗天下所有的人成本更昂贵。佛教义理仅适用于文化精英，普通老百姓只会跪倒在高高在上、金碧辉煌的佛像下顶礼膜拜那些并不存在的神佛。

遍地佛寺动用大量的黄金和青铜，以至于铜的产量不足以供应货币铸造。萧衍改用铁币作为货币。能够意识到货币的流通作用，不拘泥于贵金属，萧衍又聪明了一把，只是他很快尝到聪明的苦涩。国家搞金融经济，管制必须到位，当时技术条件不够。

铁矿比铜矿多，家家户户有铁器，国家不好控制，防伪手段低下。假钱猖獗，物价飞涨。铁币开始流通时尚可，后来买棵大白菜所用铁币都要车拉牛载。天天张着大嘴巴喊，佛祖不许造假币不好使。

宗教和金钱紧紧相连。没有金钱，宗教不可能在世俗世界里茁壮成长。佛教讲布施，佛教子弟什么都不干，得依靠他人布施。我化缘，你布施。布施是最大的功德。

萧衍尽可能多给佛寺拨款，拨土地，希望佛教飞跃式发展。可萧衍手头紧张。梁朝实行私有制，贵族们广占土地和山泽，政府不能随意卖地搞土地财政，或者像美国那样印钞票，搞金融美元。增加税收更不可取，那是明火执仗地抢劫，不到万不得已不能用。

国家没有钱，只能依靠贵族捐款。大家不像萧衍那么想得开，凭什么把财产施舍给佛寺？南朝贵族比北朝贵族小气，鲜卑人本性豪爽，求个功德一掷千金，所以洛阳佛寺兴盛，南朝人多是北来文化贵族，书读多了，脑子聪明，不容易上当受骗，让他们捐钱太费劲。

萧衍自有绝妙的主意，出家做僧人，肉身布施乃极大的功德。想让我重返尘世做皇帝吗，拿钱来赎。萧衍四次舍身同泰寺，为佛寺募得金钱四亿。一箭三雕，其一为佛寺搞到发展基金；其二贵族们出钱，萧衍享受功德；其三让老百姓看到萧衍与佛祖的亲密关系。

肆 放纵腐败

梁国的敌人是谁？如果你回答鲜卑人，萧衍会笑而不语。公元 317 年建康成为都城到 547 年（梁武帝太清元年）整整二百三十年，你见过北方骑兵的一只马蹄到过建康城吗？

事实上，每个王国的统治者心知肚明，他们最大的敌人是国民。一个人无法管理一个国家，必须让一部分人富起来成为贵族，贵族若想常保富贵势必帮君主去统治王国。当贵族集团势力过于庞大时也会威胁王权。韩非子等人主张帮助君主防范贵族们的欺骗。梁国的门阀势力庞大，他们掌握着土地，掌握着国家的经济命脉，怎么收拾他们？

不战而屈人之兵的道理在于，如果不能做到比敌人更强大，那么就让敌人比你更弱小。萧衍得意地望着梁国贵族们一天比一天堕落，一天比一天不学无术，一天比一天更像女人。《颜氏家训》作者颜之推这样形容梁朝士族：“贵族子弟，多不学无术，没有勤奋工作的人，上班点过名走人，经常请病假。每个人都非常注重仪表，喷香水，刮脸蛋，做美容，开名车，穿高跟鞋，坐棋子方褥，背倚华丽的靠垫。举止潇洒，望若神仙。求官考公务员、赴宴作诗一律找人代替。”

贵族们越腐败，越堕落，萧衍越开心，这样的人如何与我争天下？

放纵腐败，使官僚和贵族们变成绵羊无力与自己对抗，这从萧衍与大臣的对话中可以窥到端倪。大臣贺琛写过一份奏章，洋洋洒洒，指出国家存在的弊端，大致讲了四件事：

第一，贪污。许多官员贪婪，横征暴敛，中央派下去的监察官与地方官联手搜刮老百姓。

第二，节俭。官员们为什么贪污，因为要追求奢侈的生活，互相攀比。百两黄金不够支付一顿饭的花费，其实吃不完，都浪费了。再者包养女人，养女人开销巨大。官员们养成奢靡的习惯，不当官以后仍然挥霍，钱不够用。大家会想，当官的时候为什么不多贪呢？国家应该提倡节俭，只有形成节俭风气才能抑制贪腐。

第三，分权。陛下您管得太多了，各部门都直接向您奏事，谁都能和您说上话，有些小人对上欺骗您，对下作威作福。

第四，精简机构。部门开销很大，该革除的革除，该削减的削减，该合并的合并，不必要的工程该下马的下马，整天劳役老百姓不可能富民强国。

应该说，贺琛所讲的四件事是历朝历代公认的难以解决的顽疾。萧衍看后大怒，逐一进行答复，言辞犀利。

“朕有天下四十余年，每天耳闻目睹太多这样的上书。你和他们说得一点儿区别都没有，不过图个虚名而已，只为有一天向人炫耀自己的正直，‘该说的都说了，皇帝不采纳’。你为什么不指出来某某人贪污，某某人奸诈，某某人渔猎百姓？你说出来，我查办。我怎么知道官员和贵族们吃什么饭，养几个女人。总不至于让我派人挨家挨户去查吧，那是扰民。莫不成说我浪费？除了公宴，我不吃国家的酒食有许多年。你说应该节俭，我住的地方四丨平方米，勉强放下一张床。为治理国家忙得每天吃一顿饭，有时不知道白天、黑夜，累得十围的腰围只剩二尺多点儿，腰带做证。

你说我不该事必躬亲，我把国政交给谁？秦二世把国家大事委托赵高，元后把一切托付王莽，结果赵高指鹿为马，颠倒是非，王莽改朝换代，怎么能效法他们呢！你说精简机构，减哪些个部门，裁哪些个人？哪些工程不急？什么税可以不收？你认为朝廷有错误，于是自以为是，你应该想一想导致错误的原因！你搞个具体章程出来，我把你的高见批转尚书省，向全国颁布，希望到时候人人讲仁义道德，讲文明，懂礼貌，从此国富民强。”

萧衍不想改变帝国的一切，整个官僚阶层的腐化堕落反倒衬托出萧衍的勤奋与俭朴，没办法，一头狮子带着一群绵羊治国，狮子只能付出更多。没人能够否认江南的繁荣。萧衍时代的江南一改东晋以来战火不断的历史，四十年江表无事，江南达到盛世顶点。中国“南贫北富”的局面悄然转变，财富中心由中原移向南方。

繁荣不代表平安。太康之治后有八王之乱，开元盛世后有安史之乱，乾隆盛世后有鸦片战争。把国民调教成听话的小绵羊，正好做饿狼口中的美餐。

侯景来了。

伍 佞臣朱异

侯景的降书送到建康时萧衍已八十四岁，在位四十六年。人生七十古来稀，古代人活到八十算是奇迹，何况是皇帝。萧衍创下最长寿皇帝的纪录，这一纪录只能由乾隆皇帝来打破了。

中原十三州的大彩票砸到萧衍脑袋上的那一刻，他的思维还是那么敏捷，思路仍然清晰，听力不错，嘴巴照旧好使，无须秘书传话，无须以笔代嘴，神态平和地对中书舍人朱异道：“朕前些日子做过一个梦，梦见中原各地的官员投诚。当时你说那是天下一统的吉兆。今日这梦应验了，这是佛祖的意志。佛祖之意或不可背，但是这件事不合常理，朕总觉得有些不对劲。我把国家治理得像金瓯般坚固完整，无一处缺陷，若接受侯景的土地引起混乱，悔之何及？”

朱异是谁？萧衍的秘书，晚年最亲密的朋友，虽然两人相差十九岁。“朱异早能同远见，青衫宁假帝登楼。”唐朝诗人周昙将朱异写进一首诗里，朱异跟着青衣人侯景沾光，否则后人怎能频繁地忆起一个不起眼的中书舍人？

浪子回头金不换可以形容朱异的少年时代。少年朱异与刘裕相仿，喜好玩樗蒲赌博。后来立志于学，青年朱异精通各门学问。上京参加公务员考试的时候遇到尚书令大文学家沈约。面试过后，沈约问道：“你年纪轻轻，为什么不清廉？”朱异不知如何回答，心想如果我有贪污的资格何必千里迢迢报考公务员。沈约笑道：“天下学问无外乎诗文、义理、棋艺、书法，你全占了去，真是大贪。”当时做官有年龄限制，必须年满二十五岁。二十一岁才华横溢的朱异被破格录用。

朱异精通一门一般人不擅长的学问——周易，周易恰恰是萧衍最喜欢的学问。两位天下的大才子大有相见恨晚之意。朱异升任中书舍人，大体相当于皇帝的小秘书。不要小瞧这个秘书，它和寻常意义上的秘书是不同的。汉武帝为架空丞相设计了尚书台，曹丕为架空尚书令设计了中书省，梁武帝为架空中书令，凡军国大事均与中书舍人商议。也就是说，梁王朝的一切事务，中书舍人先知道，不仅先知道，而且参与谋划。这与明代的内阁、清代的军机处有异曲同工之妙。

朱异入内廷担任中书舍人进入梁朝权力中心到死，历时二十五年之久。俗话讲，伴君如伴虎。朱异陪了二十五年老虎毫发未损，一直到死只受益不吃亏。萧衍从来没有批评过他一句，只有满意和恩宠，从无失望和责罚。当然不仅仅因为他知识渊博，围棋一流，朱异有他做官的诀窍。

一个字"顺"。像梁武帝这么优秀的皇帝不需要人参谋，不需要人指手画脚。他把一切都设计出来，下面的人执行就可以了。朱异曾对人说过："天子圣明，我不能拿一些道听途说的事干扰视听。"朱异办事干练，是一个完美的执行者。明朝的内阁和清朝的军机处职位设置都非一人，最少三人。朱异凭一己之力将国家各种事务处理得井井有条。

凭借数十年的统治经验，萧衍感觉嗜血成性的羯人会破坏他为梁国设计好的一盘棋。在这盘棋中，底层平民勤奋劳动创造财富，腐化堕落的贵族是监工，而漫天神佛作为心理医生安抚那一颗颗疲惫痛苦的心灵，他和萧氏皇族坐享其成。

萧衍乐于接纳降将，元魏皇族、北方将领来者不拒，杨华兄弟、羊侃、贺拔胜、独孤信、杨忠均是座上客，杨华兄弟、羊侃等人至今生活在南方。这正可以说明梁国是乐土，是人间美丽的天堂。

侯景不同，他有一块富有争议的土地。为了河南，太武帝拓跋焘和宋文帝刘义隆打了三十年，高欢和宇文泰争了十二年，为它死了那么多人的东西当然是无价之宝。宝贝谁不喜欢？当你把肥羊据为己有的同时也会把群狼引来，必须衡量自己是否有能力保得住。侯景还有一支嗜血的军队，这些鲜卑士兵是否肯听佛祖的话？如果他们不听，坚固的金瓯便会出现一条裂痕。

萧衍长眉低垂，陷入沉思。朱异的话在耳边响起，"陛下圣明，南北归心，如果不是神佛指引，侯景怎么能带来魏国一半土地。若拒绝侯景，以后谁肯投奔陛下呢？"朱异说出来的话就是萧衍心里想的话。萧衍做梦都想一统天下，朱异怎么会揣摩不透萧衍的心思？

二十年来，朱异如同萧衍的影子。这位菩萨皇帝孤单落寞，他的脑子里充满两个字——工作。虽然皇帝精神矍铄，但毕竟八十高龄，越来越倚重朱异，朱异俨然有种皇帝的感觉。皇帝舍身同泰寺的那些日子，唯有通过朱异与外界相连。

南朝等级森严，高门望族与寒门不通婚、不交往。出身寒门的朱异一副高高在上的样子。有人劝他谦恭一些，朱异道："我是寒士，贵人们依靠门第和祖宗轻视我，也就是靠冢中枯骨轻视我，倘若对他们谦恭，他们反会更加看不起我。与其如此，不如我瞧不起他们。"朱异明目张胆藐视士族，与萧衍有很大关系。兰陵萧氏属士族中的寒门，萧衍对门阀望族尊崇备至，实际心里特瞧不起不学无术的士族。他放纵士族腐化，选用寒门精英，裁抑士族，无怪乎高门望族渐渐瞧出门道，埋怨梁武帝"爱小人而疏士大夫"。

朱异喜皇帝所喜，恶皇帝所恶，萧衍与朱异几乎就是同一个人。有人还奇怪，朱异唆使萧衍接纳侯景导致被围台城，为什么萧衍依然那么信任他？朱异从来没有决定什么，这都是萧衍的主张。

人混到萧衍这个份上，谁不想一统天下，名垂青史？萧衍初登帝位时雄心勃勃，发动过南朝最大规模的一次北伐，洛口大败和浮山堰崩塌后雄心受挫。这份遗憾一直伴随着他，如今侯景再一次撩起老头的万丈雄心。

"老骥伏枥，志在千里；烈士暮年，壮心不已。"那就冒一次险，接受侯景。萧衍的决策遭到群臣拒绝。梁朝贵族们不想打仗，因为他们不懂战争，不会打仗，也就害怕战争。韦睿、曹景宗、昌义之、陈庆之等名将活不过菩萨皇帝，先后去世，江南只剩下涂脂抹粉的小男人。

萧衍挺起腰杆注视着满朝官员们，衰老的眼睛里流露出明亮的光芒，断然道："得到侯景，塞北可清，机会难得！"

第四章
四家斗法

八十四岁的菩萨皇帝打起精神，欲做人生最后一搏。萧衍册封侯景河南王、大将军、都督河南北诸军事。萧衍暗示侯景，他要的不仅仅是河南，还有黄河南北，让侯景放心，梁国必定全力支持。我们从中不难看出萧衍的雄心壮志，他想借侯景之手夺取河北将鲜卑人赶回草原。这是一项艰巨的任务，桓温未能完成，刘裕未能完成，刘义隆未能完成，萧衍的前半生也没能完成，现在这一切能够成功吗？

壹 各怀鬼胎

梁朝不尚军功，军户待遇不高，士气低落，以至于北方人笑话南方士兵，征兵时不锁着没人肯报到，半路逃跑。其实这种现象很普遍，拿破仑征兵时尚有装病逃避兵役的，何况梁军。各朝各代，各个国家，为躲避兵役自残者不在少数。据说世界杯期间，韩国足协为鼓励韩国球员努力踢球，曾许诺提议免除韩国球员服兵役。战争是会死人的，谁都不想死。

梁军不如鲜卑人勇猛倒是不争的事实。过惯幸福的生活谁肯去刀尖舔血？相比之下，游牧民不怕死。所以尔朱荣和高欢喜欢把军队放在塞上，让他们感受游牧民族的野蛮气息。萧衍为此留有一手，接收了许多从北方过来的降将，著名者如羊老虎羊侃，杨大眼的儿子杨华，王神念、王僧辩父子，以及羊鸦仁，他们的勇武会给梁军提供足够的帮助。

萧衍委派羊鸦仁担任北方战区司令官，统率三万人马支援侯景。羊鸦仁在北方只不过是一个小小的主簿，被萧衍一步提拔到刺史高位，怎能不卖力？接到命令立即率军押运战略物资和粮储赶往军事重镇悬瓠（今河南汝南）。

建康毕竟离得远，一来一往浪费不少时间。东魏军包围颍川，侯景割四州之地向宇文泰求援，同时向萧衍解释不得已而割地的原因，其中有一句表忠心的话值得玩味："臣既不安于高氏，岂见容于宇文？"这句话流露出侯景志气之高，既然不服高欢和宇文泰，日后未必肯臣服萧衍。

萧衍是何等的人物，经历过无数大风大浪，本身就是内鬼出身，抢别人家江山的主儿。侯景的那些花花肠子还不是和当年的自己相仿？现在是利用侯景的时候，不能把侯景逼到宇文泰那边去。萧衍淡然回信道："将在外，君命有所不受。何况创奇谋，建大业？你可便宜行事，不必费心解释。"

宇文泰横插一杠，抢了河南四州之地。萧衍想独吞河南，不能置之不理。萧衍下诏驻守襄阳的鄱阳王萧范率军进攻西魏国荆州重镇穰城（今河南邓县），令羊鸦仁分兵沿汝水向西推进，切断王思政军退路，逼王思政回军。同时，释放信息给西魏，河南之地梁国志在必得。萧衍的举动无疑令侯景安下心来，跛脚猴子觉得河南安全了。

西魏大将李弼、赵贵风尘仆仆赶到颍川城外，刚刚安下营盘，侯景的书信送到，那是一份请柬，侯景在颍川布下盛宴为两位大将军接风洗尘，感激援手之德。

两位西魏国的柱国大将军互相对望了一眼，心照不宣地想，这个跛脚猴子出名的狡诈凶狠，会不会是一场鸿门宴？两人先前的顶头上司贺拔岳即是被人暗杀的。轻易进入城中被杀，那可真是天大的笑话。

赵贵的眼珠转了转，对李弼道："我看，不如我们请客，让狗子来。"赵贵的聪明全部写在一张脸上，一看便知是个聪明人，往往这种聪明人只有小聪明。李弼看穿赵贵的心思，想把侯景诓到营中杀掉，从而夺取侯景的军队。

李弼摇摇头："想法不错，执行起来有困难。侯景狡猾多诈，杀不死他，两家打起来，我们人少吃亏，同时坏了丞相的大事。如果杀死他，谁能保证他的军队会听话？在人家的地盘上要慎重。"

论起战功，武川鲜卑人赵贵比不过身体强壮的李弼。小关之战，李弼凭借军功得到东魏大将窦泰的铠甲；沙苑会战，李弼率部下六十名骑兵冲阵，拦腰斩断高欢的大军；河桥之役，斩杀东魏大将莫多娄贷文，莫多娄贷文可是击败尔朱兆的勇将。赵贵的武功差许多，河桥之战，赵贵指挥的左军先败，导致全军失利；邙山会战，赵贵的左军又败。赵贵两次被撤职，总是不久之后又官复原职。因为他是武川人，又是第一个提议迎接宇文泰指挥武川军团的人。

赵贵佩服李弼，这个祖籍东北的汉子有鲜卑人的骁勇，有汉人的智谋，更难得的是这个家伙从不居功。不居功自傲的人容易被人接受。赵贵放弃杀侯景的念头，心里仍然不痛快："我们算什么，难道就这么莫名其妙地驻扎在城下替狗子做挡箭牌？"

帐外骄阳似火，热浪滚动，甲胄一丝不乱的李弼皱皱眉："颍川不安全，这里危机四伏，令人恐怖。"赵贵笑了，他以为让敌人闻风丧胆的李将军从来不知道害怕是什么。

李弼走到军帐口，望着远处隐约的颍川城："刚才得到消息，汝水发现梁国的军队。梁军已加入抢夺河南的行列，也就是说侯景把梁人引进来了。悬瓠在侯景的控制之下，没有侯景允许，梁军不可能长驱直入。梁人的胃口很大，想把河南和荆州隔断开，切断我们的补给线，便于他们抢占河南，这意味着梁人进入河南的兵力会非常之大。我们必须离开这里，在高家的军队再次大举进攻之前。"

赵贵赞同李弼的想法，转念想到一个人，问道："我们把高家军赶跑，解颍川之围，任务也算完成，是否通知王思政一起撤？"

李弼道："告诉他，我们走了。不过那个家伙固执得很，丞相的话都不听，我们的话更不会听，但愿他别把命赔在这里。"

赵贵不喜欢王思政，王思政和他们是两路人，那种标准的汉人，不被鲜卑人理解的汉人，爱洛阳胜过爱自己。

酒席摆下，樽中酒又重新温了一遍。侯景有些着急，李弼和赵贵怎么会迟到，他们并没有拒绝自己。殿内埋伏的甲兵也有些着急，握刀的手渗出汗，他们已经等了很久。

李弼和赵贵统率的一万军队是一支精锐的鲜卑兵，想到那些勇猛的鲜卑勇士，侯景的口水止不住流下来，杀死他们两个人，那支军队就属于我了。等我和梁军联手打败高澄，我就是真正的河南王。等我占领邺都，我就是第二个高王，让萧衍老儿见鬼去吧！

使者去了一拨又一拨，答复千篇一律，颍川城外不见李弼和赵贵的军队。昨日营帐数千，一夜之间杳无踪迹。

"大王不必等了，他们走了。"王伟改口称侯景为王，因为梁朝皇帝册封侯景为河南王。

侯景似乎对"王"这个称呼感到很满意，高兴一闪而过，脸色接着黑下来："怎么这么不仗义？"侯景一副失落的表情，仿佛李弼和赵贵让他砍下头来他才满意。

该来的没有来，不该来的却来了。王思政的一万人马浩浩荡荡开进颍川城。侯景对王思政一点儿也不感兴趣，他讨厌王思政，讨厌他的酸腐，讨厌他的假正经，讨厌他的那身破衣敝甲。难道堂堂西魏国荆州刺史真的没钱买一套新衣服？没钱置办一身坚固、精致的甲胄？

王思政喜欢身上的破军装，这身破衣敝甲救过他的命。河桥会战，王思政身负重伤昏迷在死尸群里。东魏士兵们从身边走了一趟又一趟，就是没有割下他的脑袋，士兵们认为穿破军装的人脑袋不值钱。“我喜欢这身军装。”王思政上下打量着自己，“这样能拉近和士兵们的距离，他们会认为我们是一样的人。”

侯景走了，带着数万精锐甲兵离开颍川去悬瓠。他不想杀王思政，杀王思政那是浪费工夫，他手下的士兵不值得去抢。“那些汉人士兵根本不会打仗，除了守城。”侯景不喜欢守城，野战才能展现出战将的本领。临行，侯景对王思政说：“颍川交给你，我带着军队出去再抢些地盘。”

王思政怀疑地望着跛脚猴子，没办法反驳。侯景此时是西魏国尚书令、大将军，比自己官衔高。行军途中侯景给宇文泰写信，要求宇文泰再派些军队来。他不死心，一定要夺一支鲜卑军队才肯罢休，四州之地不能白扔。

宇文泰果然改派韦法保和贺兰愿德率军支援侯景。事后西魏国大臣王悦表示反对：“侯景和高欢是老乡，小时候跟在高欢屁股后面叫大哥。高欢器重信任他，让他掌握河南军政大权。高欢刚刚死去，侯景便反叛，为什么？此人所图者大，终不肯居于人下。他既然背叛高欢，又怎么能忠心于朝廷！丞相派军队帮助他，恐怕将来为人所笑。”

宇文泰做人不固执，善于听取意见，这也是他的个人魅力之一，昔年众多武川豪杰肯听命于年龄比他们小的宇文泰就是看中他这一性格。宇文泰立刻想出一招试探侯景真实用心的计策，让侯景入朝。

侯景冷笑着把宇文泰的信件扔到一边：“入朝，笑话，如果只想做尚书令何必去长安？”侯景意识到必须赶快动手，否则这支军队会像煮熟的鸭子一样飞到天上去。

西魏军营中多了一个陌生人的身影。侯景跛着一只脚从这个营寨走到那个营寨。西魏的将领们从前多与侯景一道在尔朱荣帐下听差。无论去哪里，侯景身边的侍卫都很少。大家消除了戒心，觉得这位大将军真是平易近人，跟着他混，好处一定不少。况且侯景是北方著名的战将，西魏军中也有不少粉丝，比如一名叫任约的军官。

侯景和西魏军官们混得越熟，韦法保越害怕。谋士看出韦法保的心思，出主意道："侯景为人狡诈，看这意思一定不肯入关，不如设伏兵杀掉，将军功劳大大的。"杀侯景，吞其兵，功劳确实大。韦法保不敢做，他唯一能做的只是带领军队溜掉。侯景没吃亏，成功策反了任约的军队。

河南代表正朔所在。王思政对河南有种难以描绘的执着。侯景收缩防线，王思政开始扩张，抢占了河南七州十二镇。王思政的兵力更少了。他不是没有想过，以区区一万多人如何抵挡东魏大军的进攻。"大不了一死，有什么了不起。"王思政握着腰间的弯刀，"上天决定每个人的生死。"

既然这样，该摊牌啦！躲在颍川南面悬瓠城里的侯景感到非常满意。北面有王思政挡着东魏的大军，身边有梁军的护卫，怎么会不满意？侯景慢悠悠地对白衣谋士王伟道："给黑獭回信，就说我和那个鲜卑小儿同殿称臣都感到羞耻，怎么会与老弟共事呢！"王伟不假思索地落笔："吾耻与高澄雁行，安能比肩大弟！"侯景望着天空翻卷的乌云，心道：让暴风雨来得更猛烈些吧！

看到侯景的书信，宇文泰高悬的心也就放了下来，形势发展和当初于谨等人的预料一样。必须从河南撤军，势单力孤的西魏绝对挡不住东魏和梁朝的疯狂进攻。

东魏不会容忍侯景背叛，势必倾全国兵力大举进攻，梁国也摆出一副强取河南的架势。邙山大战，仅第一次战役西魏即被斩首三万人，兵员损失可想而知，元气至今未能恢复。高欢围攻玉璧五十多天，宇文泰未增援一兵一卒。西魏没有能力和东魏再打一次大会战，这也是李弼和赵贵匆忙撤军的原因。

还是坐山观虎斗吧。宇文泰召回前后援助侯景的军队，只有王思政的军队没有召回。不是宇文泰不想召回，而是王思政根本不会听。王思政正在走一步非常险的棋，一万多人占据七州十二镇。表面看上去地盘抢了不少，战果辉煌，实际上每占领一个地盘都要分兵去守，机动部队越来越少。反观侯景主动放弃地盘，收缩兵力，就像拳击比赛，想打人务必收回拳头，一拳击出才能雷霆万钧。

宇文泰挺有意思，把给侯景的官职和荣誉一并戴在王思政的头上，使持节、太傅、大将军兼尚书令、河南大行台、都督河南诸军事。中央大员、地方诸侯，一连串辉煌耀眼的官衔意味着王思政取得了和宇文泰平起平坐的资格。

王思政不要，也没有资格要。侯景为什么可以，因为给西魏带来了河南土地和数万精兵。王思政为什么不可以，因为城池是侯景主动给的，军队被侯景拉走。另外有一个原因，七州十二镇等于临时寄存，是高澄、萧衍和侯景存在王思政手里的宝贝。战争未开始，谁胜谁负尚不可知。胜利者最终将拿走战利品。

宇文泰一再强迫王思政接受新官职，因为宇文泰不会派大军增援，只剩精神胜利法，官帽相当于增援的军队，自己想办法，如果能守住河南，那么荣耀和官位就属于你。王思政只接受都督河南诸军事一职，可惜进入河南的西魏军队统统被宇文泰召回，都督实在是一纸空衔。

梁军主力并未出动，萧衍在等待，等待确认高欢的死讯。侯景说高欢已死，东魏方面至今没有动静，谁家人死了半年之后不发丧，何况是一代权臣？高欢在与不在，对萧衍和梁军的士气来说至关重要。一代奸雄高欢活着对萧衍有威慑力。东西魏打得那般惨烈，萧衍都没有分一杯羹的想法，他十分忌惮高欢和宇文泰这一对绝代双骄。

好消息来了，东魏国为高欢举行了隆重的丧礼。高欢一月病亡，时隔六个月才下葬，仁慈和孝心服从稳定团结，服从国家战略，服从所谓大事。高欢死讯传到江南，萧衍极为振奋。虽然耽误了两三个月，还好不算晚。萧衍亲自拟出作战计划：主力军团十万人攻击东魏国淮北重镇彭城，与驻扎在悬瓠的侯景和羊鸦仁的梁军相互呼应，东西并进，席卷河南，再进图河北。

战略计划拟好，萧衍突然发现缺少总指挥。

贰 谁做总指挥

北伐总指挥的人选令萧衍极为头痛，梁朝此时已无良将。开国功勋将领一一去世后，萧衍只培养了两员大将，陈庆之和兰钦。一北一南，一东一西。陈庆之的辉煌自不必说。兰钦是萧衍的救火队员，哪里有危险，哪里有兰钦，彭城大胜，岭南大胜，襄阳大胜，汉中大胜，处处有他。兰钦威震汉中时宇文泰特意派人送二千匹战马结盟。可惜一代名将镇守广州时竟被前任刺史下毒害死。如果兰钦和陈庆之不死，当有一位主将。

萧衍从不用高门士族子弟为帅，他们掌握着经济命脉，不能再掌握军队。当然，门阀士族不屑做军官也是他们担当不起重任的原因之一，没有做军官的经历直接做指挥官打胜仗的人不多。萧衍重点培养皇族，萧家子弟遍布全国担任地方大员，其中不乏勇武果敢、谋略出众的将才，鄱阳王萧范即是其中之一。

萧范是萧衍九弟萧恢的儿子，萧家子弟文士众多，萧范不好文学，也不好武功，自认为有一门学问了不起，也正是这一门学问害了他。什么学问呢？谋略学。有谋略的贵族容易被人们称为英雄豪杰，萧范荣膺此号。萧衍恰恰害怕这种人，因为萧衍本身就志向远大、谋略过人。

谁做北伐军统帅？萧衍算来算去，最符合条件的人非萧范莫属。老菩萨大笔一挥，圈定萧范。

朱异正在休假，游山玩水，自得其乐，有人对他讲北伐总指挥人选确定。朱异说我来猜："南康王。"来人摇头。朱异大吃一惊，他就是另一个萧衍，怎么会猜错？来人道："鄱阳王。"朱异猛然想到，他和皇帝的区别在于年龄，八十四岁高龄的人记性差。

朱异提前结束假期，急急忙忙去见萧衍，提醒道："鄱阳王盖世英雄，有本事让人替他卖命。陛下您忘记了一件事，那天您登北顾亭远望，曾经说过'江右有反气'。"

萧衍精通风水术，是一位望气的大师，曾经成功预测过孝文帝南征的具体方位和王敬则兵变，即所谓"汉北有失地气，浙东有急兵象"。前几年他又做过一番预测，就是朱异说的"江右有反气"。

江右指长江以西，笼统起来说，安徽南部、江西北部、湖北都算江右。萧衍望气时萧范恰好在长江以西，担任雍州刺史，治所在襄阳。当然不能据此判定萧范有反心，江右还包括江州和荆州，但是萧范的豪气和壮志令萧衍心存疑虑。

萧衍最担心骨肉相残，一旦这位被誉为"盖世英雄"的鄱阳王取得北伐胜利，甚至拿下河北，那就会声威显赫。萧衍活着倒也无妨，料他翻不了天。自己还有几年寿命屈指可数，儿孙们能否管得了萧范就不得而知。

萧衍时刻留心萧范的一举一动，处处提防，年纪大了，有些事情淡忘了，今日被朱异猛然点醒。萧衍沉默半晌，说道："萧会理如何？"朱异满意地回答道："陛下选对人啦。"

南兖州刺史南康王萧会理是萧衍四子萧绩的儿子。他的辖区靠近战略目标地区彭城，治所在广陵。由萧会理挂帅正合适，第一，萧会理辖区的军队肯定要出动；第二，根正苗红，正宗皇孙。

萧会理相对年轻，时年二十六岁。自古英雄出少年，年轻不算劣势，古人早熟，二十六岁算中年，像萧衍这样活到八十六岁的人凤毛麟角。萧会理十一岁丧父，萧衍觉得孤儿可怜，平日里特别关照，比其他皇孙优待。萧会理有个毛病，出门坐的轿子用木板钉起来，外面再蒙上一层厚厚的牛皮，权当防弹车，防备冷箭暗杀。萧衍极度不满意。战争年代倒也罢了，和平时期用不着全副武装，京都建康近五十年没有刀兵。这副模样只会给世人种下胆小如鼠的印象，丢了皇族的面子。果不其然，外界用四个字评价皇孙萧会理："懦而无谋。"

胆小者无谋。从萧会理日后两次策划起兵反抗侯景的作为来看，四字评语不恰当。做人应该谨慎小心。孙策勇猛，死于小人之手。林肯无备，死于刺客枪下。只是萧会理过于谨慎，适得其反。

萧衍选定萧会理担任北伐军总指挥，贞阳侯萧渊明为副总指挥，总督各路梁军北上。这一回，恐怕萧会理的战车一层厚牛皮也不保险，怎么也得蒙上几十层。

十万大军北上，浩浩荡荡，旆旗蔽日，刀林盾海。萧会理第一次指挥如此浩大的军团，没有经验，待在黑暗的战车里不见任何人，不听任何人的汇报。副总指挥萧渊明也难得一见，见了同样不理睬。萧渊明是萧衍大哥萧懿的儿子，论起辈分，那是萧会理的伯父。虽说远一些，不是亲的，那也不能不搭理。萧渊明与众将一起打小报告，总指挥不理人，不和将官们见面，仗怎么打？

梁军北伐，军事部署一概由萧衍亲自制定，从天监北伐开始均是如此。攻防用不着你，有将领们；谋划用不着你，有萧衍。总指挥只起协调的作用，所以萧衍并不看重主帅的军事指挥能力，但是协调和沟通能力必不可少，上令下达，下情上报，激励将士们作战，协调前方将领与各地及后方的关系，保证后勤补给和粮道畅通，萧衍看中萧会理身为一线战区指挥官和皇孙身份，认为他能有效完成上述任务，而今萧会理竟然不喜欢和人沟通，那怎么成？萧衍决定临阵换帅。

战车的门打开，两名手握腰刀的武士从蒙着厚重牛皮的战车里跳出来，萧会理探出头，纤细的手左右摆动，试图拂去眼前被战马、士兵踏起的飞扬的尘土，俊俏、苍白的脸挂着不满，不厌烦地问道："什么事？谁让车子停下的？"

乐呵呵的萧渊明身边站着一名风尘仆仆的朝廷使者，萧会理认识，皇帝身边的侍从，他奇怪地问道："你干吗来了？"

使者气喘吁吁道："陛下有诏，让您速归。"

萧会理眉头一皱，"什么事儿比打仗还急，等我拿下彭城再说"。

使者道："不能等，陛下说了，速归。"

萧会理瞧了瞧萧渊明，目光中透出一丝狡黠，冲马车夫摆摆手说道：“掉头，掉头，回广陵。”

车窗终于打开，远离漫天尘土，远离兵戈之气。萧会理仰头望望湛蓝的天空，悠悠的白云，长长吸了一口气，“哎呀，这里的空气真的好极啦”。

萧会理的那瞥眼光让萧渊明怔了良久，直直站立不动，使者走了，一排排甲兵从身侧穿行，一辆辆战车隆隆驶过。萧渊明突然有个问题想不明白，自己为什么把萧会理排挤走？因为看不惯他那副牛气哄哄的样子，身为大都督的官衔？

问世间傻为何物？直教人生死相许。

搏傻不分年龄。军将、幕僚们围着萧渊明，一个比一个笑得灿烂：“恭喜大王，贺喜大王。”

萧渊明倏地有一种奇怪的念头，想举起巴掌狠狠打他们的那一张张谄媚的笑脸。半晌，萧渊明回过神来，呆呆一笑，甩手道：“喝酒去。”

升官酒当然要喝，不承想萧渊明喝了个不亦乐乎，白天喝，晚上喝，天天喝，一直喝到彭城。

与萧会理同岁的高澄日子不好过。爹死了，河南丢了，元柱惨败，韩轨退兵。西魏的军队进入河南，梁朝大军北伐。梁军与侯景总兵力接近二十万，梁军十三万，侯景至少四万，所图不仅仅是河南一域。

真可谓遍地烽烟，纵是如此，外患仍不可怕，心腹之患最闹心。断了胳膊折了腿，接一接照旧用，坏了心脏伤了肺则无药可医。高澄掩盖父亲的死讯，最想欺骗的人不是侯景，而是另有其人。

叁 狗脚朕

二十四岁的东魏孝静帝元善见文武全才，像极北魏高祖皇帝元宏，性格温文尔雅，读书、写字、吟诗、做文章样样喜好，与寻常书生不同，元善见武功高强，弯弓射箭百发百中，臂挟石狮子翻越宫墙，又可见轻功之高。元善见有鲜卑人之勇武，汉人之博雅，是鲜卑人与汉人完美的结合。如果元善见去闯荡江湖，定是白衣秀士之类的人物，可惜他是皇帝，又是别人拥立的傀儡皇帝。

孝武皇帝元脩入关投奔宇文泰，上万名保皇派的将士跟随西去，只留给元善见半顶璀璨夺目的皇冠，另外半顶皇冠被元脩带去长安，至此立国一百四十八年的北魏王朝分裂为东魏、西魏。元善见戴上那顶残缺的皇冠变成跛脚人。不仅当时的人物，乃至后世的司马光也不认同他的那半顶皇冠，《资治通鉴》称西魏为魏，认可西魏的正统。

元善见不甘心，他要办的第一件事并不是使皇冠完璧，而是使半顶皇冠真正具有权威。权威在哪里？在拥立自己为帝的高家那里。将欲取之，必固与之。元善见把自己送给高欢，请求做高欢的女婿。

高欢犯愁，不愿嫁女。大女儿高高兴兴嫁给元脩，结果老公离家出走，被人家抛弃成了寡妇。二女儿难道继续走姐姐的路？做皇后真那么幸福？未必。

高家二小姐拒绝婚事，元善见不死心，软磨硬泡，利用仅余的皇帝影响力大造舆论。皇帝倒插门入赘高家，你高家一个破落兵户还不愿意，架子未免太大。

众口铄金，积毁销骨，口水淹死人。高欢挺不住，上一次赶跑元脩落下驱逐君主的丑名。虽然那是元脩挑事儿，但是你高欢做得好，人家会走吗？为避免重蹈覆辙，高欢对元善见非常恭敬，事情无论大小一律先请示皇帝后再办理，从不专权。每次参加宫廷宴会，高欢必不可少地例行一个节目，“俯伏上寿”，跪倒身躯，趴在地上，头贴在地面，祝皇帝万寿无疆。皇帝坐銮驾参加法会进香，高欢手持香炉，步行跟随身后，屏住气息，弯腰鞠躬，看着皇帝的眼色行事。满朝大臣、老百姓瞧在眼里，再跑就是皇帝不对啦。

这一回皇帝又扔个绣球出来，砸到高家头上啦。高欢叹了一口气，再牺牲一个女儿吧。天下早晚是高家的，女儿早晚不幸福，没办法，招进来，第二个皇帝女婿进门。

元善见是瞅着高家产业来的，女婿也有份。天下乃高欢从尔朱家族手里打下的，和他没关系。元善见有一大优势，自个是皇帝。元善见天天等、日日盼高欢到阎王殿去报到。高欢死了，他就可以争一争家产，关键是高欢不想让外人继承，元善见不知道高欢哪天走，高澄知道。

高欢死时高澄在身边，元善见听到一些风声，得到侯景起兵的消息更加深了怀疑。高澄回到邺城，元善见举行宫廷宴会欢迎，希望从大舅哥身上瞧出点蛛丝马迹。皇帝失望了，大舅哥又唱又跳，神采飞扬。元善见确定高欢未死，因而失去下手的最佳良机。

半年时间，高欢的旧臣纷纷官复原职，二弟高洋升为京畿大都督，掌握邺城兵权。鲜卑兵自晋阳南下云集京都，高澄亲自去各地视察，安抚地方官员的心。

高澄从容地安排好一切，这才将高欢的死讯公告天下，为高欢发丧。元善见无计可施，只得将高欢的一切职务转给高澄，大丞相、都督中外诸军、录尚书事、渤海王、大行台。高澄辞去王位和大丞相，依然担任大将军。

与父亲不同，高澄喜欢把皇帝妹夫像瓷娃娃般保护起来，不让他经历风雨和阳光，他认为这样做，对两人都有好处。元善见皇帝不喜欢做一枚任人摆布的棋子，如果棋手是高欢另当别论，仅仅年长三岁的大舅哥似乎无此资格。

两人想法不同，自然摩擦不断。高澄将心腹崔季舒安排在皇帝身边担任中书黄门郎，监视皇帝的一举一动。元善见将计就计，想把高家间谍改造成保皇派，亲切地称呼崔季舒为“奶母”。皇帝拍大臣马屁到这种份儿上，崔季舒也不领情。崔季舒虽出自崔陵崔氏，平步青云却缘自高家，尤其与高澄有狼友之谊。高澄找女人，总是崔季舒拉皮条。高欢身亡，侯景反叛这一段时间是高澄最紧张的时刻，即使身在晋阳也不忘写信给崔季舒，让他好好看住皇帝，从双方书信往来中可以看出两人的亲密，“痴人比以前怎么样了，痴傻度好一点儿了吗？你务必用心观察，别出差错”。痴人指皇帝，痴傻度自然是指反抗高家的情绪指数。

崔季舒十分用心，皇帝出城打猎，他派人紧紧跟着，绝不允许皇帝与陌生人等见面，更要防备高澄嘴里的痴人犯神经溜到侯景那边去。元善见皇帝骑术好，胯下宝马良驹，纵马如飞，负责盯人的监卫都督乌那罗受工伐跟不上，一边追，一边远远大声喊：“天子勿走马，大将军嗔！”

元善见心中窝火，乘兴而来，败兴而归。高澄从晋阳回来，两人一块儿喝酒，崔季舒作陪。高澄有些酒量，用大觞，大海碗。元善见喝酒不爽快。喝酒分人，酒逢知己千杯少，元善见就不乐意和高澄喝。高澄死皮赖脸，喝得兴高采烈，举杯劝酒：“臣高澄劝陛下一杯酒。”元善见不理他，高澄又劝：“哥们儿，来一碗吧！”元善见实在忍无可忍，火了，愤愤道：“自古无不亡之国，朕也用不着这么活着！”

高澄几大碗下肚，带着酒劲也火了，一腔兴致抛到九霄云外，父亲病亡、侯景反叛、梁军北伐一桩桩一件件让他焦头烂额，本想借酒浇愁，不想皇帝又来添堵。高澄把大觞往几案上一拍，怒道：“朕、朕，狗脚朕！”骂过人，高澄仍不解气，冲崔季舒道：“揍他！”

这位皇帝奶母二话不说，提起拳头赶上前去，照着皇帝的身子就是三拳头。换成鲁提辖，皇帝性命难保。崔季舒哪里敢真打，也就表示一下而已。再者说崔季舒是个文人，哪里打得过元善见？元善见玩石狮子像玩小猫似的，一旦惹毛了，还起手来，一拳还不把崔季舒打个无影无踪。但是，元善见不敢还手，一还手性命不保，当皇帝当到这个份儿上，实在用不着这么活着。

三拳打完，崔季舒收拳。高澄奋衣而起，甩袖子走人。第二天他派崔季舒进宫看望挨打的皇帝。崔季舒一颗心忐忑不安，生怕皇帝把自己的脑袋拧下来。转念一想，昨晚自己使出的功夫那叫作隔山打牛，也就蹭了一下皇帝的衣服而已，皇帝不应该恼自己。

果然，元善见笑脸相迎，非但不生气，反倒安慰崔季舒："朕喝多了，怪朕，你别往心里去，回去告诉大将军，让他也别往心里去。"说完，派人拿来一百匹绢布赏给"奶母"。崔季舒哪里敢要，打人还有功啊。皇帝赏赐不能拒绝，回去请示高澄，高澄让他取一段，意思意思。元善见笑了，"你呀，太谨慎啦"。吩咐人把一百匹绢布捆在一起，手指绢布道："这也是一段。"

望着崔季舒远去的背影，元善见脸上的笑容慢慢消失，暗暗道："人总有得意的时节，切不可得意忘形！"

元善见给讲师荀济下诏，上面只有短短一句话："欲以何日开讲？"哪一天开课啊？当然，这一封诏书逃不过崔季舒的检查。

元善见脑子里隐藏着什么骇人听闻的大秘密，只有讲师荀济了解。他给皇帝上课时，听到皇帝吟咏谢灵运的一首诗："韩亡子房奋，秦帝鲁连耻。本自江海人，忠义动君子。"秦国灭韩，韩国贵族张良不满意，雇用大力士刺杀秦始皇，搞出一个博浪沙大铁锥的故事；秦昭王称西帝，鲁仲连深感屈辱，鼓动魏国救赵抗秦。荀济听出弦外之音，魏朝什么时候能出像张子房和鲁仲连这样的忠义君子呢？

元善见找对人了，荀济真是一个忠义的君子。荀济祖籍颍川，八王之乱后渡江，世居江东，那时候叫外省人。荀济年轻时和萧衍是布衣之交。他听说萧衍有希望做皇帝，没有常人攀龙附凤的念头，反而对人道："如果萧衍真有不臣之心，我在盾牌上磨墨写檄文声讨。"萧衍听后愤愤不平，我们是好朋友，你不帮我也就罢了，还反过来打我？等萧衍进入南京称帝，荀济失去唾手可得的高官。有人向萧衍推荐他，萧衍道："荀济有才，但这个人喜欢唱反调，大家认为对的，他认为错，大家认为好的，他认为不好。此人不能用。"一句话，荀济不识时务。果然，荀济反对起当时风行的佛教，时常上书抨击。萧衍忆起荀济的种种不是，准备杀了他。幸好荀济与朱异交好，朱异通风报信，荀济逃往江北。

荀济过江又遇上贵人。高澄特别喜欢这位才高八斗的老夫子，推荐荀济去宫中担任侍读，皇帝讲师。高欢不同意，对高澄道："阿惠，荀济什么人，你瞧不出来吗？我喜欢荀济，想保全他，故而不让他入宫。如果他入宫做事，一生就完了。"高澄不信，荀老夫子七老八十，又是我们高家提拔起来的人，能有什么想法？在高澄一再坚持下，荀济入宫。

元善见皇帝只用一首诗就策反了荀济，正义的渴望和建立功业的豪气令荀济忘掉了年龄，忘却了危险，忘记了妻子儿女，答应做皇帝与保皇派之间的联系人。高欢死，高澄跋扈，元善见忍不下去，发出让保皇派立即动手的暗号。

荀济进宫带来一幅园林改造的图纸，宣称：皇帝认为御宫花园应该重新改造一番，起一座人工土山，然后再加以绿化，盖上亭台楼阁。工程大张旗鼓进行，荀济亲自挑选施工队。崔季舒笑了，没想到荀济老头生财有道，可有可无的一座假山连带出浩大的工程，石头、绿树、房子，其中油水不少。

月挂中天，万籁俱寂。皇宫千秋门守卫猛然听到一阵隐约的沉闷声传来，寻了半晌也未发现声音发出的所在。第二天夜里，奇怪的声音再次响起，比第一天还要响些，令人毛骨悚然。经过仔细察看，守卫发现声音不是从四周传来，也不是由天上传来，而是从地下传来。

卫兵将此事向高澄进行汇报。地下怎么会突然发出声音，莫非阎王盖阎罗殿？想起盖房子，高澄猛得记起崔季舒提及的皇宫花园改造工程。"痴人干傻事啦！"高澄冲崔季舒恶狠狠说道，"我带兵入宫，你去御花园察看一下挖土山的坑。"

高澄带甲兵进宫，崔季舒匆匆赶来，密报道："土山有地道，挖向北城。"高澄冷笑道："痴人想杀我！"他手按宝剑径直闯入皇帝的寝殿，甲兵各执明晃晃的利器紧随其后。高澄见到孝静帝也不参拜，大大咧咧坐下来，怪模怪样道："陛下为何要谋反？臣父子二人有大功于社稷，何曾辜负陛下？"

说到这儿，高澄顿了顿，带兵进入寝殿的那一刻，他发觉自己的行为过于轻率，父亲刚死，人心不安，侯景、宇文泰和萧衍的军队云集河南，自己若与皇帝翻脸，或者一怒之下废掉皇帝，天下必将大乱。必须尽快平息这件事儿，替皇帝找个替死鬼。找谁呢？高澄的脑子飞快转动，找女人吧。想到这儿，高澄接着说道：“想来不是陛下的主意，定是那些嫔妃挑唆离间，是谁呢？”高澄瞥了一眼正襟危坐的皇帝，继续道：“胡夫人是一个，李嫔也有份儿，对不对？来人……”

高澄话未说完，元善见皇帝手撑几案怒目而视，厉声打断他的话：“自古唯闻臣反君，未闻君反臣。你想造反，反过来责备我。我杀你则天下安，不杀你则社稷亡。我不会顾惜自己的生命，何况女人？你想弑君谋逆，早一天晚一天随便你。”

大殿里顿时鸦雀无声，空气凝固，紧张得让人透不过气来。高澄握剑的手忽然松了，“呼”地站起身。当人们以为高澄会恼羞成怒时，令人惊讶的一幕发生了。

高澄跪倒在地，放声大哭，泪流满面，叩头道：“臣有罪，臣有罪。”

酒席摆上，华灯高照，婀娜多姿的宫女取代如狼似虎的甲兵。高澄与元善见两人对饮，高澄又举起大海碗道：“臣向陛下赔罪，自罚酒一觞。”高澄连饮三觞。元善见也端起酒杯痛饮。二人同桌异志，各怀心事，但对人生艰难的感触却也相同。元善见身为皇帝受制于权臣，荣华富贵又有何用？他对不起皇帝这个天下独尊的称号，对不起大魏国江山社稷，更对不起从冰天雪地的大鲜卑山和西伯利亚艰难走出开拓一片天地的列祖列宗。高澄亦是苦涩，年纪轻轻独撑大局，外敌入侵，重臣反叛，皇帝和保皇派想要他的命，父亲的旧臣子有多少肯真心实意帮忙，有多少袖手旁观看笑话？高氏家族如同一座憋闷的火山，随时有崩塌的可能。孤独，这是两人共同想说的一个词。

深夜，月光如流水般铺在宫中石径上，高澄推开服侍自己的甲兵，东倒西歪地走着，一边走一边喃喃道：“我……没醉……没醉。”崔季舒站在殿门口，望着高澄的背影有种不祥的预感，“这么危险的关头，他竟然敢喝醉，疯子”。回过头来看殿内，皇帝躺在地毯上，微微蜷缩身子痛苦地呕吐。崔季舒长叹一口气：“这个世界本来就是痛苦的，没有例外。”

阴谋查明，荀济与皇族元大器、元瑾等人策划通过地道将死士送入宫中，伺机杀死高澄发动政变。元大器一干人等被高澄扔到大锅里煮掉。高澄信奉杜弼说过的一句话：“天下大务，莫过赏罚。赏一人使天下之人喜，罚一人使天下之人惧。”赏罚分明说起来容易做起来难，多少人做官靠真本事，靠政绩；又有多少人罢官是因为无才无德？

高澄觉得最对不起荀老夫子，若非违背父亲的话执意让他入宫，也不会出现这等事。高澄派妹夫杨愔去狱中劝老夫子悔过自新。人非圣贤，孰能无过。只要承认做错事，改过还是好同志。杨愔的劝说十分巧妙："您迟暮之年，何苦做这种事？"荀济气节矫矫，仰然道："壮气在，何关迟暮。"高澄亲自去狱中劝，问道："荀公为何要造反？"荀济大义凛然道："奉诏诛将军高澄，何谓反！"

高澄喜欢有才华的文士，执政多用汉人，连高欢也不得不承认高澄疏远鲜卑武人，"所用多汉儿"。喜欢是一回事儿，不为所用的人只能杀掉。高澄给荀济留了最后的面子，用鹿车拉到刑场一并火焚。

本案不能牵联到皇帝，皇帝杀臣子怎么能算谋反？荀济成了最后的替罪羊，判决书如下："自伤年几摧颓，恐功名不立。舍儿女之情，起风云之事，故挟天子，诛权臣。"为个人建功立业，挟持天子诛杀权臣。皇帝不知情，一切都是荀济等野心家搞的鬼。当然，元善见皇帝在处理此案时期失去了人身自由，不能见任何人。对此案的处理又一次显露出高澄高人一等的政治手腕。

保皇派针对高澄的暗杀以失败告终并不意味着高澄可以高枕无忧。梁朝的北伐大军杀到彭城，驻兵于十八里处的寒山。萧衍延续一贯的狡猾，不正面攻城，效仿浮山堰筑大坝截断泗水，汹涌的大水冲向彭城。

选帅。这道令萧衍烦恼的题目转到高澄眼前。

第五章 帝国鬼才

单凭战绩有时很难区别将领们的优劣。比来比去，人们会发现陷入循环往复的套子里。就拿高欢、宇文泰时代的将领来比较：高欢败在韦孝宽手下，韦孝宽战不过斛律明月，斛律明月又斗不过侯景，侯景玩不过慕容绍宗，慕容绍宗却离奇地死于围攻王思政的战斗中，而王思政又为高澄所擒，高澄和父亲高欢打一仗想来必败无疑。决斗和战争是两回事儿，决斗公平，拳击比赛甚至要求体重相当；战争则没有公平可言，决定战争胜负的因素太多，《孙子兵法》讲，道天地将法。但是，克星依然存在，比如侯景的克星慕容绍宗堪称东魏帝国将领中的鬼才。

壹 蒜者，算也

高澄任命叔叔高岳为大都督，潘乐为副将，总督各路军队发动反击。反击大军除斛律金镇守北疆、段韶留镇晋阳外，几乎荟萃东魏国名将精英，彭乐、刘丰生、斛律明月、张恃显等人榜上有名。

高岳由韩陵山大战的小将逐渐成长为成熟的将领，高氏王族成员身份足以镇住各路英豪。潘乐则是六镇名将，十九岁便在葛荣帐下封王，跟随高欢经历过大小战阵。两人配对已然是最佳搭档。

陈元康摇头道：“此二人不是侯景的对手。”

高澄实在想不出谁可以替代二人，只得问道：“那你说谁能打败侯景？”

陈元康没有回答高澄的问题，反问道：“先王怎么说？”

经陈元康提醒，高澄猛然想起一个人。高欢临终前留下话，只有慕容绍宗才能打败侯景。这一段时间发丧、谋反、暗杀、善后忙得高澄晕头转向，竟把父亲这么重要的遗言忘到脑后。高澄正待发话，忽然又闭紧嘴巴。

陈元康见高澄欲言又止，忙道："潘乐固然久经战阵，但他反应迟钝，对阵一般将领倒也绰绰有余，打侯景恐怕误事。先王遗命任用慕容绍宗，主公若用，侯景不足忧。"

高澄摆摆手说道："我不担心慕容绍宗的能力，先王看人不会出错。只是用慕容绍宗必然格外提拔，绍宗长年在地方带兵，现在这种形势下召入京城，他会不会害怕，万一叛乱那可画虎不成反类犬。"

高澄的担心不无道理，现在邺城正在大杀保皇派，这个时候告诉常年得不到升迁的慕容绍宗进京升官领赏，人家会相信吗？就怕官印没拿到，脑袋先丢掉。

陈元康微笑道："主公大可放心，绍宗知道元康蒙主公信任，前些日子派人送我黄金。"说到这儿，陈元康发现高澄脸色一变，赶紧继续说道："当下正值人心不定的关头，我怕严词拒绝会引起疑心，故而暂时收下黄金并写了回信。主公尽管任用，不必担心。"

高澄神色缓和下来，早听说陈元康爱财如命，收受贿赂，正所谓贼不打三年自招。不过，想想他的话不无道理，再者说爱财之心，人皆有之，不爱财当官做什么。

朝廷使者到达慕容绍宗官衙，慕容绍宗正在照镜子。这位慕容鲜卑硕果仅存的后裔自诩王佐之才，年近半百仍然挂职一州刺史。仕途挫折不能怨保错人，他曾是尔朱兆最信任的谋主。若非尔朱兆不听他的话，高欢岂能崛起，人头不过囊中之物。最清楚慕容绍宗本事的人即是高欢。高欢并非小肚鸡肠之人，亦非轻信之辈。慕容绍宗搞不明白，为何高欢会听信他人谗言不用自己？慕容绍宗任青州刺史时有人对高欢说："慕容绍宗登广固城长叹'大丈夫有复先业理否？'"广固城曾是慕容南燕国的都城，身为慕容恪的子孙凭吊祖先的辉煌遗迹并不过分，至于那句话完全是无中生有。从此，高欢不再信任他，东西魏历次大会战他均无缘参与。作为一名渴望建立功业的战将心中的难过和愤懑可想而知。他做过最大的官不过御史中尉，此后僻居徐州任刺史。南北朝的州划得很小，不是传统意义上的州，州刺史算不上地方大员，都督诸州军事和行台才是。

最近几天慕容绍宗忽然有些开窍，高欢不用自己是否与侯景有关。他最了解侯景的本事，知徒莫如师。他做过侯景的师傅。侯景不读书，酷爱排兵布阵，在尔朱荣帐下当差时常请教慕容绍宗兵法。青出于蓝而胜于蓝。慕容绍宗对侯景军事上的天赋大为惊叹。侯景不仅一学就会，还能举一反三。时间一长，慕容绍宗反过来请教侯景一些军事上的难题。

放眼东魏国，堪与侯景对敌的人只有慕容绍宗。心机深沉的高欢是否把自己压下不用而留给儿子高澄用？于是，前些日子慕容绍宗派人给高澄身边的大红人陈元康送礼试探。功名离自己越来越近。

慕容绍宗轻轻拢拢头发，盯着镜中鬓角的白发。头上白发二十岁就有了，古人称少白头为蒜发，蒜者，算也，他就是天生的谋略家。慕容绍宗轻叹道："有人少年得志，有人大器晚成，我算什么呢？早早成了名，这功业嘛，恐怕应在狗儿身上啦！"

慕容绍宗快马赶到京都，东魏各路军队集结郊区，粮草辎重堆积如山，一副打大仗的架势。高澄秘密召回留守晋阳的将军段韶，加之前来报到的慕容绍宗，邺城一时名将云集。

高澄派出十万军队，大军增设一个作战指挥部，指挥部由三人构成，大都督高岳、东南道行台慕容绍宗、军司杜弼。在指挥部的设立上高澄煞费苦心。三人并无明显上下级关系，从职务上可以看出作战指挥部的奥妙所在。按东魏制度，大都督统率中央军，东魏的中央军即为六镇鲜卑兵，高欢的嫡系部队。行台乃中央派出的地方军事机构，掌握地方的军政大权。也就是说慕容绍宗统领东南战区地方部队，兼管后勤保障。军司相当于政委，文职人员，政工干部。杜弼另有一项重要的任务，协调高岳和慕容绍宗的关系。

慕容绍宗力压诸多东魏名将升到帅位，可见高澄对他的器重。明眼人瞧得出来，慕容绍宗是这一场战役的真正指挥官。慕容绍宗倍感压力，他的部下有前任指挥官高欢的妹夫韩轨、老将潘乐、名将之花段韶、王朝未来新星斛律明月，还有参加过历次东西魏大战的各级战功卓著的将领。想让将士们认可，想让嫉妒的人闭嘴，想让人们歌颂赞美你，只有一个办法，打胜仗。

慕容绍宗迅速拿出作战计划，击败梁军先解彭城之围，转而攻打侯景。进攻梁军的同时派一支军队进驻谯城，阻击侯景东援彭城。

彭城岌岌可危，水深数尺，随时有沦陷的可能。谯城军队能守住城池多少天也未可知，留给慕容绍宗的时间已然不多。

慕容绍宗下令卷甲直奔彭城。他为军队指明第一战略目标，抢占橐驼岘。慕容绍宗担任过徐州刺史，对徐州地形了如指掌。东魏军远来疲惫，必须防止敌人发动先发制人式的打击，橐驼岘易于防守。

兵法讲"百里而争利，则擒三将军"，何况东魏军数百里而来？慕容绍宗依然担心梁军首先发起攻击，即使东魏军能守住橐驼岘，兵员受损，士气低落，很难短时间内解决战斗，一旦拖到侯景军队到达，势必加重战局困难。

上天眷顾慕容绍宗，当东魏军登上橐驼岘时，驻扎彭城南十八里处寒山的梁军主帅贞阳侯萧渊明正在喝酒。

贰 大战寒山

侍中羊侃步入大帐，脚步咚咚，虎虎生威。这位时年五十三岁的北魏国鹰爪王羊老虎豪气不减当年。

梁武帝萧衍担忧侄子萧渊明的军事经验不足，故而安排威震北方的降将羊侃负责监督拦河坝工程，给侄子派去一个参谋。萧衍不用羊侃而用萧渊明为主帅是梁军后来兵败的最大原因。如同天监北伐不用韦睿而用懦弱无谋的萧宏，这是萧衍一贯的伎俩，大军指挥权不能落入他人之手，必在萧家子弟手中。

羊侃冷眼端详趴在案几上眯着眼睛的醉鬼，说道："前些日子我劝都督乘水势攻彭城，都督不听，说'临时制宜'。而今北军杀到，敌情明了，我军无城防依托。北军多骑兵，擅长野战，等他们安营完毕，恐怕我军不是对手。莫如趁北军远道而来立足未稳人马疲劳之际迎头痛击，即使不能毕其功于一役，也能杀一杀敌人的锐气。"

萧渊明抬起眼皮望了望羊侃，手摸几案上的酒樽，口齿不清地咕噜道："羊公来得正好，你我再饮一杯。"

羊侃性情豪放，也是酒中豪杰，曾经与客人们游江采莲连日痛饮，流连忘返。灌得一位客人喝多了发酒疯玩火，烧掉羊侃七十多艘船。羊侃就像什么事儿没发生一样毫不在意，待宾客如初。双方二十万大军对峙，刀山剑海，生死一发之际，萧渊明敢喝得酒醺醺，这份境界，羊老虎也自愧弗如。

"都督，我看还是别喝了，回到江南我陪你好好喝几天。而今之计，立即出兵！"

萧渊明嘿嘿一笑："羊公，您忘记自己的职守在哪里！"

酷，有性格，这就是萧渊明。我的地盘我做主，不需多管闲事的人。守住拦河大坝，顶住敌人对河坝的进攻是你羊侃的职责所在。

羊侃走了，带走部下所有的军队移师河堰。嘁，萧渊明打败仗与我有什么关系。我所要做的就是，带着弟兄们安全地来，带着弟兄们安全地回，如此而已。弟兄们高兴，弟兄们的父母妻儿也高兴，这就是我的职责。

萧渊明依然在喝酒。浊酒一杯家万里，燕然未勒归无计。鲜卑山远着呢，归乡遥遥无期，再喝一杯吧。

侯景没有这份兴致，他正率领数万精兵急匆匆从悬瓠赶往彭城。侯景跨乘骏马，手执马鞭，神情严峻。他本想慢慢地前进，让东魏军和梁军好好打一架。坐山观虎斗，趴在桥头看水流多么惬意，这永远是聪明人的选择。遍数东魏国将领，侯景自信无一人是对手。高敖曹、彭乐之流如同野猪，只会横冲直撞，不懂策略，更何况东魏国第一勇将高敖曹已死。前些日子韩轨来了，侯景把嘴一撇："啃猪肠的小儿能有什么作为。"这一次高岳挂帅，侯景嘿嘿一笑，吐出四字评语："兵精人凡。"六镇鲜卑兵勇猛善战，可惜主帅太过平庸。不想侦候又补充一句："慕容绍宗与高岳并为主将。"侯景脸色大变，再也笑不出来，手敲马鞍喃喃道："谁让鲜卑小儿把慕容绍宗弄来！这么说，高王没有死吗？"侯景立即下令部队全速前进，另派使者骑快马飞驰梁军大帐。

慕容绍宗环顾满帐盔明甲亮、杀气腾腾的东魏国将领们，鲜卑诸将也看着慕容绍宗。慕容绍宗觉得好笑，这些刀林箭雨里拎着脑袋冲锋陷阵九死一生活下来，屡立战功的军官们，竟然不如他的官职高，为什么？因为我聪明有谋略。他们没有见识过，心里定然不服，不服就不肯听号令，就算勉强听号令内心也不服。与其让不服气的将领们冲锋陷阵，莫如我来打头阵。自己手下有一万多嫡系部队，一万人打得过十万梁军吗？慕容绍宗眼睛转了转，对诸将道："这一仗我主攻，你等只需观阵。我将吴儿引出来，你们从背后攻击即可。"

慕容绍宗选择梁军将领郭凤的阵营作为突破口，弓兵、弩兵、轻骑兵万箭齐发，矛兵、重装步兵轮番向敌人的防线发起冲击。

战争打响，萧渊明惊呆了，他没想到敌人这么快就发动进攻。他拒绝羊侃和将领们的建议，就为等萧衍皇帝的指令。南京离得太远，皇帝命令未到，怎么办？

当梁军各路将领纷纷进帐请示工作时发现主帅萧渊明醉了，醉得厉害，趴在案几上不停呕吐。诸将面面相觑，只听萧渊明喃喃道："喝……喝多了，实在抱歉，你……你们看着办吧。"

侯景的使者到达梁营，看到这令人啼笑皆非的一幕。使者没有笑，神情严峻，字正腔圆地一遍又一遍重复侯景的忠告：“河南王告知列位将军，追北军勿过二里。”

梁军将领们登上高坡眺望战场，前方激战正酣。慕容绍宗并不想诱敌，他一心想拿下郭凤军营，撕开梁军阵线的缺口冲进去，漫天箭雨掩护步兵一次又一次向梁军营垒冲锋。更远处，魏军的营帐和军队漫山遍野。

谁也不肯去增援，大家都在想，为什么我要上去呢？

胡贵孙挺身而出，对身边的将领赵伯超道：“我们带兵来到此地就为打仗，敌人近在眼前，怎么能不上！”

赵伯超不说话，大家都不说话。

胡贵孙拔出长剑策马飞奔，振臂大吼着向魏军冲过去，部下的士兵跟随主将奋勇冲杀。正在进攻的魏军突然遇到敢死军冲击，一时阵脚大乱，丢下两百具尸体向后退却。

见胡贵孙得手，梁军诸将跃跃欲试，鲜卑人的勇猛到底和传说有些差距。一批勇敢的将领指挥部队冲了上去，只剩下一些懦弱的军官，大家大眼瞪小眼，惴惴不安。鸟儿总是群飞，胆小的鸟更不会落单，无论前进还是后退。赵伯超赶紧安慰大家：“魏军强大，我们不是对手，进攻郭凤营寨的魏军只是其中一支部队而已，我们还是各自回营坚守吧。”

余下的军官们不肯相信赵伯超。魏军败了，敌人在后退，阵形杂乱无章，不像佯退。墙倒众人推，不推是傻瓜，省时省力抢功劳。此时此刻逃跑，最胆小的懦夫也做不出来。军官们鄙夷地望了一眼拥有士兵数量最多的赵伯超，匆忙点起各自军队追击东魏军。赵伯超叹了口气，对手下士兵们说道：“不管敌人真退也好，假退也好，我就一个字，撤。你们同意不？”“同意！您是长官您说了算。”士兵们异口同声。

东魏军真败了，慕容绍宗抵挡不住梁军持续不断的攻击，果断下达撤退命令。慕容绍宗撤退不丢人，出发前他已经想好理由，我就是引蛇出洞的兔子，蛇已出洞，下面的事情交给老虎们办。

老虎们早已等得不耐烦了，鲜卑人天生就是打仗的料，让他们观阵比送死还难受。不过，还要忍耐一下，等梁军追过两里之外再动手。梁军由步兵组成，距离越远，阵形越乱，空间越大。东魏军以骑兵部队为主，擅长机动作战，纵深穿插，迂回，包抄，突击。一旦步兵失去密集阵形的依托，那就是骑兵的口中美食。

步兵不能追击骑兵本是简单的用兵常识，但是步兵如果不追击骑兵就不会扩大胜果，也就不会有淝水大战的胜利，不会有却月阵和广固之战的胜利。战争的魅力在于变化。“战势不过奇正，奇正之变，不可胜穷也。”一成不变，战争就失去美感，不会让人们千百年来津津乐道。战场好比股市，股市不过红绿，红绿相生，一样无穷无尽，难以预测。

优秀的将领必须能准确判断出敌情，真败还是诱敌？或者退一步，固守军事理论。如同侯景说的那样，追北军绝对不超过两里地。侯景清楚，梁军绝不可能速胜像慕容绍宗这么优秀的将领。慕容绍宗即便真败也有后手。如果你是一名才智平庸的将领，宁可小胜，务必保持不败。可惜梁军最高指挥官喝醉了酒，萧渊明连平庸也算不上。

梁军各级指挥官早将河南王的忠告抛到九霄云外。侯景是什么东西，一个不入流的羯人，羯人中的粗野庸俗的村民。我们三千江东子弟闯荡中原的时候，羯人的祖先还趴在厚厚积雪的冰层上面凿洞钓鱼呢。

这场二十万人的大决战神速般结束，东魏军的骑兵在各支梁军留出的空隙里穿插奔腾，肆意蹂躏队形零散的梁军。战争胜利靠团队，醉酒的萧渊明、勇猛的胡贵孙全部做了东魏军的战俘。东魏军描绘胜利的檄文道出这场战争的轻松与残酷，“（梁军）亡戟弃戈，土崩瓦解，掬指舟中”。投降无罪，缴枪不杀，大批梁军投降，逃跑的梁兵争抢船只，砍落的手指头堆满船舱。

东魏军击溃萧渊明军团，气势汹汹扑向泗水堰，他们要把堰凿开，把守堰的军队杀光。梁军守堰部队的镇定令东魏军倍感惊讶。梁军兵败如山倒争相逃命，战场上的逃兵漫山遍野，先登上战船的士兵挥舞刀剑砍杀争船的自家兄弟，乱成一团。守堰梁军却阵容整齐，井然有序地向南撤退。当东魏将士看到军阵上方的旗帜时才恍然大悟，这是羊侃的军队。羊老虎威名远震，名气在北方大过南方。姑且不说他的鹰爪功和轻功造诣，单讲在长安城外壕沟里近在咫尺射死西北义军大将莫折天生那一箭，可谓一箭定雍州。这就是名将的荣誉，士兵们喜欢这样的将领，长志气壮胆量。

东魏军战略目标实现，没必要与羊老虎决一死战，白白牺牲士兵的性命，他们目送羊家军从容自若地离开战场。

萧渊明作为战俘来到东魏新都，元善见皇帝在宫门举行盛大的受俘仪式，邺城民众满怀好奇心围观大战前夕举杯酣饮的梁军主帅贞阳侯。萧渊明大有魏晋之风，风度堪比淝水激战正酣尚与人下棋的一代名相谢安。只可惜淝水打赢，寒山却打输了。

元善见皇帝态度和蔼，例行公事般严厉训斥一顿后宣布释放萧渊明。皇族之间惺惺相惜，用不着像刘裕那般砍皇帝的人头宣示赫赫战功。何况萧渊明是梁朝的老亲王，应该给予尊重。

皇帝身边的一个人引起了萧渊明注意，那人看他的目光有欣赏之意。此人特别年轻，不到二十岁，生得又黑又丑，大脸颊，脸上、脖子上覆盖一块又一块像鱼鳞般的银屑。萧渊明意识到此人患有严重的银屑病，就是牛皮癣。从官服上看，官居上品大员。萧渊明排除是高澄的可能，因为传说中的高澄英俊帅气，绝非此等模样人物。那人见萧渊明瞧他，憨憨一笑，小指挖挖鼻孔，将鼻涕随手抹在官袍上。

萧渊明心中一阵难受，这是谁呀，太恶心了吧。年纪轻轻官居高位定然是高门贵族子弟。从江南随手抓一个贵族出来也不至于在庙堂之上如此丢人现眼。

从邺城去晋阳见高澄的路上，有人告诉他那个年轻人的名字，高洋。萧渊明长出一口气："唉，事实证明我是个蠢货，但比高家二儿子强许多，瞧那副邋遢和恶心样注定不如我。"打死萧渊明也想不到，这个令人作呕的年轻人会用生花妙笔将他从阶下囚变成万人景仰的皇帝。除了好奇和恶心，萧渊明对高洋没有别的念头，一路上只记挂叔叔萧衍是否经受得起失败的打击。

梁军大败的消息传到南京时萧衍正睡午觉，宦官进来叫醒他，说朱异有要事启奏。萧衍惊恐万分，因为若无急事，朱异绝不会在他休息时间内打扰。急事必然是战报，又必然是坏事，倘若好事不必急于一时。萧衍急急忙忙上殿，他猜中了，朱异只轻声说了四个字："寒山失利。"

萧衍只觉脑子嗡的一声，他从基层做起，熟悉官场报喜不报忧的老套路，大胜即小胜，小胜即小败，失利就是大败仗。若非宦官眼疾手快去搀扶，恍恍惚惚的萧衍差一点儿从床上一头栽到地上。半晌叹息道："吾得无复为晋家乎！"（我也要像晋朝那些皇帝一样了吗！）

无怪萧衍过度紧张，寒山的十万军队是梁国的中央军、主力部队。一朝全军覆没，无异将萧衍的枪杆子硬生生折断。图霸中原，实现天下一统的梦想宣告破裂。梁军一败，侯景难以独善其身。一旦侯景再败，战火将引向江南。这还不是萧衍最忧虑的事情，十万大军一丢，从此中央弱地方强，各地诸侯王的军队盖过中央军，这才是最大的隐患。兵户中的小孩长大成人至少需要十年，自己不可能再活十年，骨肉相残的悲剧难道会再度发生？晋朝八王之乱的历史难道会重演吗？

不待老菩萨厘清思路，侯景的使者王伟来到建康。

叁 涡阳斗智

侯景第一时间得到寒山兵败的消息。十万大军一战而溃，侯景对梁军战斗力产生怀疑，与王伟谋划利用东魏国的内部矛盾做文章。邺城的变化逃不过侯景的眼睛，他与东魏朝臣有着千丝万缕的联系。孝静帝元善见锄奸行动失败被囚，保皇派们命丧黄泉，侯景认为有必要利用东魏国亲皇族的势力。

王伟来建康只有一个目的，希望萧衍从逃往江南的元魏皇族中挑选一人做魏国皇帝，借机把东魏国的保皇派拉到自己一边来。此时此刻，侯景的雄心仍然没有消退，企图在东魏国与梁国之间再造一个国家。当然，这个国家臣属于梁朝。侯景表态：“河之南北，为圣朝之郑莒；国之男女，为大梁之臣妾。”

侯景不指望萧衍继续派兵，萧衍也不会再派兵。寒山惨败，梁朝元气大伤。凭梁国的实力再次出兵支援侯景也不是不可能，中央军输了，还有地方军队。但是，萧衍派出军队的目的在于攻占黄河南北，而不是给侯景作嫁衣。如果北伐军兵力不足以控制侯景，夺了土地又有什么用？

侯景想建独立王国，放到几天前萧衍不会同意，而今不得不同意，有个缓冲区总比没有好。于是，萧衍派兵护送元魏皇族元贞渡江北返做这个所谓的魏国皇帝。然而，慕容绍宗不会给侯景机会了。

寒冬，北风呼啸。

东魏十万大军自彭城西进，慕容绍宗拿出全部家当，旗帜、战鼓、号角。红色的旌旗遮蔽长空，刀矛如林，盔甲耀日，号角长鸣，军乐队奏响鼓角横吹曲。一排排、一列列披着铁衣的马匹和骑兵在激昂的乐曲声中昂然前进，黑压压的步兵一眼望不到尽头。

心理战。慕容绍宗向侯景炫耀兵力，即使吓不住侯景，也会动摇侯景的军心。

由于谯城东魏军的顽强阻击，侯景未能突破谯城防线与寒山梁军会师。得知梁军失利，侯景果断放弃对谯城的进攻，转而攻占城防薄弱的城父，企图借助地利与慕容绍宗决战。当慕容绍宗趁寒山大捷的胜利耀武扬威而来，侯景再次退避三舍，避敌锐气，主动撤到涡阳布垒。

涡阳，淮北重镇，涡水横贯东西。侯景选择涡阳布防，利用北方和东方涡水流过的有利地形阻击东魏占优势的铁甲骑兵正面冲击，防止被东魏军包围。

慕容绍宗的先头部队抵达涡阳。正值北风劲吹，慕容绍宗立刻利用风向优势布阵抢到先手。侯景的营垒中飞出一骑来到魏军大阵前面求见慕容绍宗，带来侯景的问候："诸公想送客还是决雌雄？"

慕容绍宗嘿嘿一笑，全身而退日后东山再起，侯景的算盘打得很精。慕容绍宗环顾将士们的一片铁甲征衣，朗声道："欲与侯公分高低，决雌雄！"

"咣！"侯景的辕门紧紧关闭。

刘丰生道："侯景想等风停再与我军交战，莫如先冲一冲他的营垒。"

慕容绍宗神情严峻道："侯景诡计多端，不能像打梁军那样对付他。即使风不停，他也会有别出心裁的点子。传令下去，不许松懈，严加戒备。"东魏将士们不以为然，他们想不出侯景有何战术来破占有风向优势的铁甲骑兵阵。

不出慕容绍宗所料，北风未停，侯景的士兵们冲了出来，轻装短甲，手持短刀。侯景的敢死队冲到东魏军铁桶般的大阵前，魏军将士们轻蔑地笑了，这种装备单薄的士兵如何是铁甲骑兵的对手？然而，他们忽略了致命的弱点，人马披甲的具装骑兵的马腿。

中国的重装骑兵比西方所谓人马披甲的骑兵出现得早。东晋十六国时期中国发明马镫，重装甲开始装备骑兵，叫作甲骑具装。没有马镫，人骑在光滑马背上困难异常，不易于挥动武器时掌握平衡，何况再穿上三十公斤的铠甲。有了马镫，重骑兵现身战场。十六国之一的前燕国由于地处东北，出产大量优质的马匹，最先大规模装备甲骑具装，人与马匹全部有铠甲保护。

慕容燕国进入中原的廉台大战，前燕军主帅慕容恪将重装骑兵的威力发挥到极致，把五千铁甲骑兵分别用铁锁相连结成方阵，从而大败所向无敌的天王冉闵率领的百战百胜的步兵。

事物走到极致即走向它的反面。威力越大，弱点越大。人们往往被新生事物震慑，从而看不到弱点所在。冉闵的失败在于未能看到铁马骑兵阵的弱点，如果冉闵有侯景的聪明和狡诈，慕容燕国岂能进入中原？

慕容绍宗作为慕容恪的直系子孙，骑兵阵法和使用是家传本事。侯景此时仅有四万士兵，几千匹马，无法与占有绝对优势的东魏军抗衡。侯景想出奇招。他的敢死队冲进东魏大阵，不与骑士们交战，持短刀专砍马腿和人腿。具装由保护马头的"面帘"、保护马颈的"鸡颈"、保护马胸的“当胸”、保护躯干的“马身甲”、保护马臀的“搭后”以及竖在马尾上的“寄生”六部分甲胄组成。但是，马腿没有铠甲保护，人腿也没有铠甲保护。

侯景选马蹄和人腿下手，点中重骑兵的死穴。战马倒地，腿部受伤，身披重铠的骑士无用武之地。前排的骑兵阻碍后排骑兵行进，人仰马翻，阵形混乱，侯景的军队趁机发起冲击。东魏将领们顶在前面，慕容绍宗马腿受伤坠马，刘丰生被砍伤小腿，大将张遵业被擒。后世岳飞在郾城大破完颜宗弼的重装骑兵，与侯景的方法有异曲同工之妙，均是袭击重骑兵的马腿。

东魏军大败，慕容绍宗一口气逃到谯城。东魏军将领段韶、斛律明月率领后继部队陆续赶到。斛律明月对慕容绍宗的失利颇有微词。时年三十二岁的斛律明月少年得志，血气方刚。十七岁时跟随大军西征关中，单骑擒拿西魏大将莫孝晖，被高欢破格提拔为都督。

贝加尔湖是斛律明月的籍贯，敕勒川是斛律明月的故乡，高车是斛律明月的第一民族，弯弓射大雕是斛律明月的绝技，高澄是斛律明月射雕的见证人。

高澄洹桥围猎，有一只大鸟展翅翱翔于白云之间。斛律明月弯弓劲射，一箭正中大鸟脖颈，大鸟旋转落地，众人看去，乃大雕也。高澄感叹斛律明月的壮气，身边有人赞道：“真射雕手。”从此，落雕都督的美名传遍关东、塞北。猛将彭乐对高敖曹说：“不可小瞧斛律家小儿，你我的名头最终会被此人夺去。”

落雕都督用弓箭证明自身的价值，擒拿莫孝晖用的正是斛律明月的箭术绝技。落雕都督会告诉大家射雕的那一双手如何练成：“父亲，父亲的功劳。”

明月的父亲斛律金对儿子们要求严格。射猎是游牧民族的必修课，更是斛律家族的传家宝。一天一射，无一日不出猎。儿子们射猎回家，斛律金必定详细检查。有一次发现二儿子斛律丰乐比长子斛律明月射的猎物多，斛律金把二儿子狠狠揍一顿。射猎物多的反倒挨打，人们觉得奇怪。斛律金解释道：“明月射的虽少，猎物总是背上着箭。丰乐随处下手，胡乱射杀，数量虽多，比明月差远了。若换作敌人，你一箭射不死他，他便要射死你！”

有此绝技，斛律明月恃才傲视群将。斛律明月初出茅庐之时在侯景手下做军官，现在落雕都督认为，青出于蓝而胜于蓝的古训是正确的。

慕容绍宗显然与斛律明月意见相左，惊魂未定道："我自出道以来，经历无数次战役，从没遇过侯景这种难缠的对手。"

不是侯景厉害，而是你无能。慕容绍宗从落雕都督的脸上瞧出这句话。

被部下轻视实在不是件开心的事情。若想令轻蔑自己的人改变态度，让他明白不如自己最有效的办法就是亲自一试。慕容绍宗环顾周围的将领们笑了笑："你们谁想与侯景打一仗，可以出战。"

三位将领站出来，斛律明月、张恃显，还有段韶，那位被高欢誉为智勇双全的段孝先。三人顶盔贯甲，罩袍束带，系甲拦裙，拾掇已毕，正欲上马点兵出营，慕容绍宗淡淡叮嘱道："勿渡涡水。"

没有黄河的汹涌澎湃，没有长江的浩荡奔流，静静的涡水缓缓向东南方流淌。茂密的芦苇，千年的河湾，这里是道家真正的祖庭，老子和庄子诞生于涡河水畔。

"夫兵者，不祥之器也。战胜，以丧礼处之。"伟大的道家宗师老子漫步于涡水河畔，水面荡起睿智的思想涟漪。然而，数千年来，人们抛弃老子的忠告，一次又一次在狂热的欢呼声中走向战争。世界没有一处和平的乐园，铁骑将践踏每一处角落，宁静的涡水也不例外。

斛律明月、张恃显的部队抵达涡水北岸，吸取慕容绍宗战败的教训，斛律明月带来一支轻骑兵，张恃显带来一支步兵。敕勒轻骑，剽悍迅猛，所过之处一片箭雨。斛律家族一直保持着游牧民族弯弓盘马、忍饥耐寒的习俗，敕勒轻骑与草原原始的游牧骑兵毫无差别。

北风吹拂河岸的芦苇和杂草，水面荡起一片片波痕。斛律明月足踏马镫，举目远眺，涡水两岸不见侯景一兵一卒。斛律明月心高气傲，却非固执己见的人，他没有忘记慕容绍宗的话，下令安营扎寨。

东魏军在涡水北岸扎营盘，涡水南岸冒出侯景的大军，侯景立马大旗之下悠然自得。斛律明月大吃一惊，看来侯景早有防备，若轻易渡河，敌军趁半渡之际发起突袭，此时自己已然战败。

斛律明月轻轻一挥手，敕勒轻骑如飘风般疾驰奔向河岸。斛律明月一马当先，弯弓怒射侯景。叛军竖起大盾，遮蔽漫天箭雨。一轮箭雨袭过，敕勒轻骑返转军后辎重车中取箭。

数名亲兵护卫侯景纵马来到涡水边，远远瞧见斛律明月，朗声招呼道："明月！你追我为立功劳，我逃跑为保命。我是你父亲的好朋友，为什么射我！"侯景一边说，一边向身旁的军中神射手田迁打手势。田迁会意，藏身同伴身侧，悄悄弯弓搭箭瞄准斛律明月。

只听侯景继续道：“你怎么晓得不渡涡水的道理，定然慕容绍宗所教！”侯景话音未落，田迁的箭划出一道寒光直奔斛律明月的咽喉。斛律明月正寻思侯景何以知晓慕容绍宗之意，猛然听到利箭破空的声音，大骇，手勒缰绳纵马跃起。田迁的冷箭洞穿马的胸膛。斛律明月身手敏捷，甩身下马，跳上身侧的副马，拨马隐身到旁边的大树后。树能遮住人，不能遮住马。田迁第二支箭射到，又射倒一匹马。斛律明月只得再次更换坐骑，不敢待在军前，打马回到阵中。

号角响起，侯景的军队涌过涡水，向东魏军发起冲锋。斛律明月大败，张恃显做了俘虏。侯景正琢磨是否追击，只见涡水上游浓烟滚滚，烈焰借助风势熊熊烧来。处于涡水上游的段韶手挽马缰，乐呵呵注视着金蛇乱舞的火苗，只待大火烧过侯景的军队，就下令突击。段韶等了半天，突然发现火势停了，就停在侯景军队的上方。段韶觉得不可思议，火在，北风在，枯草在，芦苇在，火怎么就停了？

段韶亲自前去察看，发现侯景的骑兵们纷纷纵马跃入河水里，再湿淋淋从河里钻出来行走于芦苇枯草间。段韶恍然大悟，侯景骑兵们的马匹沾满水，行走时打湿地面，火自然烧不过去。段韶恶狠狠地骂道：“刁滑的狗子。”

侯景从容地收兵回营，斛律明月和段韶灰头土脸回到谯城，做俘虏被释放的张恃显更加抬不起头来。慕容绍宗迎上前去，问道：“几位将军回来啦，战况如何？”三将垂头丧气，一语不发，慕容绍宗早料到三人不是侯景的对手，嘿嘿一笑：“斛律都督还怪我吗？”斛律明月急忙向慕容绍宗请罪。慕容绍宗不会责怪斛律明月，打败侯景是慕容绍宗的职责，也是高澄越级提拔他的原因。而今诸将见识到侯景的厉害，不再横生枝节，慕容绍宗道出战胜侯景的诀窍：一个字，拖。

肆 留一手

侯景放弃河南土地，集中兵力于一点，收起拳头打人，利在速战。因为侯景主动把根据地让给他人，西魏王思政占去七州十二镇，梁军占去两州，东魏拥有四州。侯景完全丧失后勤补给地，只能依靠梁朝的物资支援。梁朝北伐大军在寒山惨败，各地梁军龟缩不前，据守悬瓠和项城的北伐军羊鸦仁和羊思达所部度日如年，提心吊胆，不敢支援侯景。寒山大败，梁朝失去大量的粮食和军用物资，萧衍不可能短时间内对侯景进行增援，邻近侯景的梁朝州郡更不可能给侯景送粮。东魏军只需拖到侯景无粮，到时进行追击，便可大胜。

任你再狡猾，没有粮食供应，钢铁之师也会瓦解。一个月过去，侯景最坚定的盟友颍州刺史司马世云率所部军队向慕容绍宗投降。瞧着降兵们狼吞虎咽的吃相，慕容绍宗明白，战胜侯景的时机已到。

慕容绍宗将大军布于涡水以东，自己亲率五千铁甲骑兵从谯城出发沿涡水西岸南下夹击侯景。慕容绍宗的铁骑驰到涡阳，天色已暗，繁星逐渐现出天际，侯景摆出所有的军队迎战。

事到如今，兵力、训练、赏罚、勇气已经难以决定战争的胜负，饥饿的军队没有战斗力。侯景的目光掠过跟随自己多年骁猛善战、勇敢无畏的将士们，笼络、训练士兵，让士兵们卖命，侯景自信做到完美，他们可以在敌人坚固的铁马利矛下冲锋陷阵无所畏惧，但有个前提，一定要吃饱饭，让他们认为有一个美好的前程。现在侯景什么也不能给他们，没有钱，没有粮食，没有梦想，只有一条死路，倚着兵器站立的士兵们的一只脚已经踏进鬼门关。

眼见部队即将土崩瓦解，狡诈的侯景亮出最后一张底牌。我仍然有东西给你们，那就是仇恨，仇恨的力量无比巨大，它甚至能一代又一代延续下去，英法百年战争，十字军东征的鲜血年复一年地流淌。

侯景大吼着，嘶哑的声音变得更加尖厉，像魔鬼的吼叫，他要让每一个人都听到这个令人恐怖的消息："你们的亲人被高澄杀害，一个不剩。我们要报仇！报仇！"将士们的热血蹿到脑顶，瞬间没有恐惧，没有饥饿，只有亲人的鲜血。

慕容绍宗听到了，不管高澄有没有杀害叛军们的家属，现在必须辟谣，马上辟谣，在叛军们行动之前。慕容绍宗大喊道："你们的家属平安无事，如果你们迷途知返，官职和勋爵照旧。"

战场变得静悄悄的，叛军将士们陷入迷惑。慕容绍宗示意身边的骑士举起火炬照亮自己，然后摘去头盔，抽掉发簪，披散头发仰望北斗星道："我，慕容绍宗向北斗起誓，所言句句是实，否则不得好死。"

毒誓发下，不容众人不信，叛军阵中一片喧哗，乱作一团。慕容绍宗缓缓戴上头盔，冷酷下令道："冲锋！"五千铁甲骑兵挥舞长矛呐喊着冲向敌军，共振的轰鸣声响彻夜空。叛军毫无斗志，为避免被铁骑屠杀，士兵们纷纷跳入寒冷的涡水里。

东方破晓，慕容绍宗骑马沿涡水前行。缓缓流淌的涡水不流了，河里堆满士兵们的尸体。负责打扫战场的东魏军官向慕容绍宗报告，未见侯景的尸体。慕容绍宗用力一挥马鞭，下令道："带足干粮，追！"

侯景沿涡河向南连夜逃窜，身边只有几个人几匹马。一行人从硖石渡过淮河方才长透一口气，再往南走便是梁朝的国土。侯景稍作停留，收拢残兵败将。号称十万大军，河南十三州土地，全部家当只剩下惨不忍睹的八百人和一顶河南王的大帽子。

和风吹拂淮水，滔滔河水无情东流。异国他乡的陌生土地，江淮潮湿的暖风令侯景极不适应，变得心烦气躁。这是侯景一生最大的失败。自从六镇大动乱投身尔朱荣以来，侯景屡立战功，仕途顺利。中途虽然高欢打败尔朱家族夺取政权，但侯景和高欢有同乡之谊，凭借出众的军事才能与参加过韩陵山大战的高敖曹、高岳等战将平起平坐，又借助东西魏大战登上地方诸侯的宝座，手握十万雄兵，成为仅次于高欢的东魏国实权派人物。

过度的顺利使侯景野心膨胀，他认为自己也是高欢一样的枭雄，既然高欢和宇文泰能在乱世中崛起成就霸业，凭什么自己不行？可惜，上天没能帮助他。短短一年光景，本钱折尽。机关算尽太聪明。他小瞧了高澄。这个好色的黄须鲜卑小儿猛如虎，狠如狼，狡诈如狐。他就能在父亲的丧期里谈笑自若、翩然起舞；他就能在孝静帝谋杀未遂后认错，仍然让皇帝抛头露面；他就能镇住反腐中纷纷落马的鲜卑勋贵和对汉化不满的各级鲜卑将领；他就能破格提拔慕容绍宗担任主帅；他就能在皇族和侯景发动叛乱及两国大军压境的情形下力挽狂澜，整合东魏国人心军心。

侯景长叹一口气，人活着生活还要继续。一个人如果在压力中倒下，在挫折中倒下，那么这个人绝不会干出一番大事。八百人，侯景最初投靠尔朱荣时就指挥这个数目的军队，二十年过去了，不过重新开始而已。越挫越奋，这是成大事的素质。

当人失意的时候总会被人笑话。平时受压抑、受欺负不敢开口说话的人总算出了一口恶气。那是一座小城，临近淮河，处于梁、魏边境。城中有个人手扒城垛子探出头来，注视着绕城而过的垂头丧气、破衣敝甲、狼狈不堪的败军。他看到侯景，那个跛脚猴子。人生得意和失意的时候真是两重天。这个人大声骂着，用最丑陋的语言辱骂道："跛奴，你也有今天。真是活该呀，看你还能做什么！"

侯景恼羞成怒，他最恨人骂他瘸子。他想忍，因为一句骂人的话攻打一座城池，万一追兵赶到得不偿失。但他忍不下去，尤其在这种境地更不能忍。侯景下令攻城。这座城池没有做好防守准备，城破，侯景亲手宰了骂他的人。

一刀下去，侯景又茫然，怎么办？去哪里？

前面是陌生的国度，后面有数万追兵。侯景知道梁朝人不欢迎他，他们不会欢迎一个没有兵没有地盘的丧家之犬。必须让慕容绍宗的铁甲骑兵停下来，否则侯景的人头会在南朝冰冷的城门前被东魏铁骑的战刀割下。

东魏的铁甲骑兵渡过淮河，不分昼夜地追击令将士们深感疲惫。骑士们松开甲衣枕戈休息时，慕容绍宗独自端坐帐内静静读书。侯景的使者出人意料地来到东魏军驻地求见慕容绍宗。慕容绍宗不抱侯景投降的念头，他不相信侯景会犯低级的错误，此时投降最终结果只能悬首都门。当然，侯景已无处可逃，没有哪一座城池敢于收留他，收留侯景等于引来东魏大军。

他想听听侯景临终前有什么遗言，人死之前的话定然特别有趣。听完使者带来的话，慕容绍宗不得不佩服侯景的机变。侯景给他带来的话不多却暗藏深奥的道理："侯景若被擒，慕容公还有什么用！"

是啊，杀死侯景，我还有什么用？狡兔死，走狗烹；飞鸟尽，良弓藏。若想不断受到重用，敌人就是朋友。没有劲敌，名将有什么用？夫差败，文种死；项羽败，韩信亡；长平战后白起自杀。天下太平武将无出头之日。留着侯景，哪怕他无一兵一卒，足以保我慕容绍宗余生官运亨通。

慕容绍宗退兵了，开出另外一个堂而皇之的理由：侯景已败，构不成威胁，我军的目标是悬瓠的羊鸦仁和颍川的王思政。打败他们，收复河南失地。

第六章
别怪我心狠

梁朝来了一位不速之客，萧衍为欢迎这位远客费了不少脑细胞。人们无一例外地认为萧衍对待客人过于客气，以至于喧宾夺主，鹊巢鸠占，为江南人民带来浩劫，落下千古遗恨。事实又是如何呢？三国时刘备曾收留落难的吕布，难道三顾茅庐的刘皇叔果真不识人？

壹 迎客

摆脱追兵，侯景长出一口气，对于未来他仍然是一头雾水。他需要一盏灯，一盏照亮江南的灯。

那盏灯在不远的前方恭候多时。侯景想不到梁朝有喜欢他的人。这个人只是一名小小的军官，梁朝南豫州辖下马头戍的戍主刘神茂。作为拱卫寿阳的淮河南岸一处军事据点的军官，大体相当于营长，刘神茂位卑人轻，他不甘寂寞，听说侯景渡过淮河，他感觉飞黄腾达的机会就在眼前。刘神茂与侯景素不相识。相人并不需要面对面，听听这个人的所作所为也就八九不离十。

侯景见到梁朝第一个欢迎者大受感动，说出心里话：“寿阳离此地不远，城池险固，我想前去投奔，不知韦黯能接纳我吗？”

南豫州刺史贞阳侯萧渊明此时正在晋阳做客，韦黯暂时监管州事，故而侯景提及韦黯。刘神茂恰恰与韦黯有矛盾，他跑来迎接侯景很大程度上与受到韦黯排挤有关。

刘神茂阴阳怪气地笑了：“您是河南王，韦黯不过监州而已，何必屈尊此人之下？您到寿阳，韦黯势必出城相迎，到那时将他拿下，寿阳即归大王所有。得到城池之后再慢慢上奏朝廷，朝廷喜闻大王安全归来，必不会责怪的。”

侯景愣了，一个素昧平生的陌生人竟然如此关爱自己，他几乎感动得热泪盈眶。世界上还是好人多啊。寿阳人真实在，这么妙的计策亏你想得出来。侯景上前一步，紧紧握住刘神茂的双手，连连慨叹：“不是你的主意，不是你的主意，是上天的主意，是上天教我这么做的！”

刘神茂不动声色，任由这个北方的精壮汉子用力摇动自己的双手，心中明镜般亮堂。世界上的好人并不多，我也不是，只不过你能帮我一步登天。刘神茂的宝押准了，短短三年，他从不入流的小戍长一跃成为当朝一品大员司空大人。

刘神茂是个投机专家，脸皮厚得出奇，最善审时度势。像他这种人，心里眼里没有所谓主子，更没有所谓国家，日本人强大投日本人，国民党强大投国民党，共产党强大投共产党，谁强跟谁。做投机营生的人有一点须注意，须把握住趋势拐点。投得早了吃苦，投得晚了人家不重视你。刘神茂看出侯景必定得志，他已洞悉梁朝统治集团内部及各阶层之间的矛盾。

做汉奸比较容易，趋利避害，恃强凌弱。寻常人都是事后诸葛亮，不可能从无尽的黑夜中看到未来，当黎明出现时相信大多数人都知道天快亮了。

做汉奸也要有本事。脸厚心黑是成大事的前提，还必须掌握特定的技能。侯景西征兵败，刘神茂像扔垃圾般抛弃侯景。但是此人的军事素质太差，故而虽然看到侯景败亡的命运，却未能挡住侯景的垂死挣扎。欺骗残暴的侯景下场凄惨，他最终被寸磔。

强中更有强中手。刘神茂是投机者，是汉奸。汉奸怕死，所以汉奸不可怕。复仇者可怕，比如羊鲲。

刘神茂之所以做汉奸，因为心中不平。很多不如他的人官职比他高，生活比他好，韦黯即是其中一员。韦黯出自高门士族京兆韦氏，父亲乃大名鼎鼎的名将韦睿，故而高官得做，财富如山。北魏孝文帝搬出九品中正制，人为制造等级引发了六镇大起义，江南的九品中正制已经存在二百多年，又一场革命的大风暴随着目睹过六镇动乱的侯景白马渡淮。

刘神茂没有猜中，韦黯不仅未出城相迎，反而披甲上城，断然拒绝侯景进入寿阳。刚刚燃起希望的侯景懊丧不已，对刘神茂道：“大事不妙。”刘神茂哼了一声：“庸才就是庸才。韦黯为人懦弱，缺少智谋，派个人去吓唬一下，把他想不到的事情说出来，他就听话了。”

派谁去呢？侯景想到徐思玉。徐思玉本是寿阳本地人，却在东魏做官。思乡心切，这一次追随侯景过淮河。背井离乡到异国他乡做官的人往往有真本事。徐思玉有口才，口齿伶俐，能言善辩。

徐思玉进得寿阳城，责怪韦黯道："河南王为朝廷所器重，您是知道的。而今兵败来投，为什么不接纳？"

韦黯满不在乎道："我的职责是守城，河南王打败仗与我有什么干系。"

徐思玉道："当然有关系。您不开门，魏军追来杀了河南王，寿阳城守得住吗？即使守得住，您有何面目去见朝廷？"

韦黯被徐思玉问糊涂了，哑口无言，历史就在韦黯一秒钟的思索间改变。如果他拒绝侯景入境，那么江南这一场浩劫可以避免，他也可以活下来，成为历史的功臣。然而，历史不可假设，韦黯同意侯景入寿阳。

瘸子乐得像个小孩子，一蹦三尺高，冲徐思玉大嚷道："你这个家伙救了我一条命！"

世界真奇妙，待在城门外面就是条丧家狗，进入城门里面便是一镇诸侯。进城的一刻，寿阳人领略到侯景枭雄的本色。

北军迅速控制寿阳四门。侯景阴沉着脸，怒斥韦黯为何不及时开门迎接，喝令左右斩杀韦黯。韦黯大惊失色之际侯景拍手大笑，命人摆上酒席，拉韦黯入席开怀痛饮。吓你一跳，报复昨晚城门外担惊受怕所过的一夜，又树立起自己的恩威。

客人不请自来，还擅自占到一个座位，给老菩萨萧衍出了一道难题。

侯景的到来引起朝臣们的争论，傅岐主张接纳，萧介主张杀之。

对于侯景，萧衍深恶痛绝。若非这个浑蛋拿河南土地诱惑，萧衍那颗早已宁静的心岂能重起波澜，怎么会有寒山大败？要知道，高欢与宇文泰斗得你死我活之际，萧衍也没有分一杯羹的想法。寒山惨败不仅折尽梁朝中央军主力，且使萧衍在臣民们面前大丢面子，容颜无光。萧衍恨不得将侯景千刀万剐。但是，侯景是客不是敌人，是萧衍册封过的河南王，侯景虽败，但无过错，自然不能赶将出去。萧衍以明君和佛教大护法面目出现在臣民面前，落井下石、乱杀无辜，那是暴君和小人所为。

拒绝接纳侯景只有一个办法，承认以前的决策是错误的，承认接受侯景投降是错误的，那就等于承认寒山大败的责任属于战略失误，而非萧渊明等人的过错。作为至高无上的皇帝，作为心高气傲的开国之君，这个人丢不起，自己打自己的脸更不可能。

萧介上了一道表章，写得非常好，告诉皇帝侯景是个什么样的人，背叛高欢，背叛宇文泰，是反复无常的小人，他就是杀董卓的吕布，他就是杀王恭的刘牢之。

侯景是什么样的人，不需要萧介提，萧衍看得非常透彻。他接纳侯景就是不想承认错误。萧介看出来，文中有一句话说得特别尖刻："陛下不悔前祸。"

"忠臣。"这是萧衍对萧介的评价。什么是忠臣，一心为国，一心为君，进不求名，退不避罪。萧介说出别人不敢说的话。如果萧衍不认同萧介的话，不会认为萧介是忠臣。然而，认同不代表执行。君主不会犯错误，犯了错误也不能承认。君主承认错误就失去威信，上司承认错误等于被下属抓住把柄。

侯景的表章送到，请求革职贬官。河南丢失，河南王的大帽子名不副实，委实应该摘去。萧衍没有摘，也没有斥责，而是好言安抚，并且就地任命侯景担任南豫州牧，坐镇寿阳。

真是件非常奇妙的事情。侯景逃往寿阳的同时，另一支北伐军将领羊鸦仁听闻侯景兵败，主动放弃悬瓠，羊思达放弃项城退回梁境。梁军在河南占有的两州同时失陷。应该说，羊鸦仁的选择无疑是明智的。他无力抵抗东魏大军随后的攻击。萧衍勃然大怒，怒责羊鸦仁，吓得羊鸦仁停军淮北不敢再退。

同样兵败，厚此薄彼，羊鸦仁虽然丢掉城池，但保留了军事实力。侯景失地丧兵，惨不忍睹。看上去，萧衍喜欢侯景，反感羊鸦仁，其实恰恰说明羊鸦仁才是萧衍真正的心腹，真正懂得权术奥妙的人在心腹面前才会流露出真实的感情。

萧衍任命侯景的官职耐人寻味，南豫州牧。州牧是古官名，汉成帝和汉灵帝曾经设立过，魏晋早已不用，而用刺史。这就相当于在今天任命知府替代市长和市委书记那么滑稽可笑。萧衍用小聪明向臣民们透露出信息，不承认侯景。侯景现在的官职为：一个没有河南的河南王、大行台，一个没有军队的大将军、都督河南北诸军事，一个莫名其妙的南豫州牧。

怪胎，就是要把侯景变成怪胎，在萧衍眼里，侯景就是怪胎。萧衍接纳过不少落魄的北方降将，如杨华、羊侃、贺拔胜、独孤信等，愿留南方者，高官待之；愿归北方者，厚礼赐之。以至于贺拔胜离开江南后从不射杀向南的飞鸟，以此来报答萧衍的恩德。他们都是贵族，杨华祖先为氐族酋豪；羊侃属泰山杨氏；贺拔胜和独孤信是武川望族。侯景是什么东西，羯族平民。先前有河南土地和十万兵马，尚有利用价值，而今不过丧家之犬，不配萧衍的礼遇。

礼义、仁慈、等级是萧衍为梁国制定的价值观，他将这种价值观推向北方，冀图感召天下士人。梁国价值观影响力巨大，高欢感叹过："江东有一吴翁萧衍，专事衣冠礼乐，中原士大夫望之以为正朔所在。"

萧衍如果杀掉投奔江南的侯景，他岂不变成高欢和宇文泰般的枭雄，梁国博大、仁爱的价值观岂不变得虚伪，谁还敢做叛贼投奔江南呢？不杀侯景，终成后患。萧衍脑海里有除掉侯景的办法。他未像以往亲自接见降将那般召侯景到建康认识一下，与群臣见见面，已经表明萧衍的态度。萧衍未给侯景换地方，他不怕侯景辖区临近北方，因为东魏执政官高澄与侯景有大仇。侯景还有最后的利用价值，榨干之后寿阳即是侯景的葬身之地。

贰 出卖

高澄的书信到了，求和，希望两国重建外交关系。战胜者求和必有阴谋。萧衍轻轻一挥衣袖，不准。第二封书信到了，那是萧渊明的信，信中明确暗示，只要两国通好，他就可回到故乡。萧衍哭了，朱异再一次读懂萧衍，率先提议两国议和。萧衍的悲伤感动朝臣，他们似乎忘记正是萧衍一意孤行才使原本和睦的两国关系破裂，兵戎相见，乃至损兵折将。群臣轻易原谅战争罪犯，甚至不需要萧衍承认错误，他们纷纷附和朱异，赞同议和。

大臣傅岐提出疑问："高澄为什么讲和？此乃离间计，离间陛下与侯景的关系。侯景猜疑，内心不安，心不安宁必然图谋叛乱。如果陛下答应与魏国通好，正中高澄奸计。"

萧衍泪痕未干，静静地注视着傅岐。离间计，这么小儿科的计策，我会瞧不出来？刘山阳当年是怎么死的，我用两封空信离间刘山阳与萧颖胄兄弟的关系，刘山阳脑袋传首襄阳，两封空函定荆州。高澄的计策比我的高明吗？根本不是一个档次。

萧衍当即给萧渊明回信，宽心留北方做客，我会派人出使邺城。信件交还萧渊明的使者是夏侯僧辩。夏侯僧辩回北方的路径很有意思，途经寿阳。寿阳是南京去东魏国的道路，却非必由之路。

夏侯僧辩被侯景拿下，讯问之后侯景大惊，梁国与东魏正在恢复外交关系，如果这样，自己的一生就结束了。人生的悲剧有二，没有理想和理想实现。依托梁朝打回北方去是侯景唯一的梦想。梁魏和好，自己的理想就破灭了。侯景立刻向萧衍上书，反对两国议和，告诫皇帝不要中了高澄的诡计，并派人秘密贿赂朱异三百两黄金。

黄金可以收下，事可以不办，因为死人是不会讨债的。朱异洞察到萧衍的意图，侯景非死不可。

果然，不顾侯景极力反对，梁国外交官大张旗鼓地出使东魏国。

侯景再次上书反对议和，萧衍只淡淡回复道："朕与公大义已定，绝不会成而相纳，败而相弃。"放心吧，我不会抛弃你的。

侯景急眼了，第三次上书，口不择言，流露出威胁的意味："臣今蓄粮聚众，秣马潜戈，指日计期，克清赵、魏。"话外之音说得很清楚，我招兵买马，既可以打北方，也可以下江南。

"不劳复启。"萧衍让侯景闭嘴。

形势不对头啊，侯景越来越感到恐惧。他发现满口仁义道德、大慈大悲的萧衍更加阴险狡诈。高欢人称奸雄，为人处世尚算磊落，用人不疑，疑人不用。高欢并非没有猜忌之人，对自己，对彭乐他就不放心。但是，既然用了，终其一生放权到底。萧衍老家伙说一套做一套，口口声声讲义气，不抛弃，却与高澄眉来眼去。梁魏议和，自己真能如萧衍所说安全平稳度过余生吗？别忘记高澄手里尚有萧渊明及数名梁朝的高级将领，如果高澄小儿执意用我来换萧渊明，萧衍老儿会怎么办？

侯景计上心来。伪造书信是他的拿手好戏，何不伪造高澄的书信试探一下萧老儿的态度呢？

一封高澄的国书放在萧衍的龙案前，上面清楚写到用侯景换萧渊明。这就是侯景最后的价值。恢复梁、魏邦交，换回萧渊明等战俘，萧衍等这封信等了很久。

见皇帝有意应允，傅岐急忙劝道："侯景穷途末路举义投奔我朝，弃之不祥。况且侯景骁勇，身经百战，怎么可能束手就擒？"朱异摇头晃脑反驳道："侯景败军之将，一个使者即可召来。"

萧衍不动声色，这两个人一人说对了一半。侯景投诚，道义上确实不能杀，杀降不祥，更何况是起义将领，绝不能让一名使者去把侯景传来杀掉。杀侯景另有办法，萧衍提起笔来写下八个字："贞阳旦至，侯景夕返。"

看到书信，侯景的心哇凉哇凉的，整个人如同落入冰窖。狠啊，这就是菩萨，这就是佛教法王。前两天信誓旦旦，大义大信，现在就翻脸不认人。事实证实了侯景的预感，侯景跺脚道："我就知道萧老儿薄情寡义，狠心肠。"

事到如今怎么办？

王伟道："造反。"

造反？说得好听。这里不是河南，这里是淮南。这里不是魏国，这里是梁朝。孤零零一座寿阳城，放眼四望，山水不识，举目无亲。十万大军，千里土地，一朝丧尽，凭区区八百残兵败将想打败一个地连数千里的王朝，那不是开玩笑吗？不错，梁军主力在寒山惨败，损失惨重，但是，再让梁朝拿出十万大军轻而易举，三十万都拿得出来。慕容绍宗打败梁军不假，梁军战斗力不强也不假。慕容绍宗能做到的事情，我也可以做到。可是，慕容绍宗用兵十万，铁骑成群，我只有八百人，二三百匹马。造反，说出来要笑掉人家大牙的。

侯景曾当着高欢的面发过豪言："愿得兵三万，横行天下，济江缚取萧衍老公，以为太平寺住持。"那毕竟有东魏国强大的力量做后盾，还要三万精兵。时势造英雄，不甘心居于人下需要实力，如今被人家打得屁滚尿流，寄人篱下，造反也是白白送死。有一线生机，侯景不反。王伟看出来，说了一句狠话："我们坐等梁国安排是个死，图谋大业也是个死，大王看着办吧！"

横竖是个死，为什么不死得轰轰烈烈？东晋将军苏峻有句名言："我宁山头望廷尉，不能廷尉望山头。"苏峻以一郡之地，万人之兵造反，一度攻入建康把持朝政，当然最后死掉了。

那就学苏峻，潇洒一回再去见阎王。

造反需要人，需要武器。武器好说，只要有人就有武器，去抢去夺，敌人给我们造。想鼓动人心，必须抓住这个陌生国家的弱点。

六镇动乱，侯景亲身经历，手下的将士们大多从那个时代过来。民不患寡而患不均。六镇边民原本生活在清贫的边疆，游牧养殖种地全都干，甚至还要出兵打仗。为什么孝文汉化后国家越发繁荣，北疆也太平，他们却要造反呢？贫富分化太大，塞上的鲜卑人看着汉化鲜卑人过得好生气上火。遇个天灾凶年，他们就造反。梁朝也是如此。梁武帝时期是江南最繁华的时代，超过元嘉盛世。南朝并不像北朝那么看重农业，但商业发达，人民富裕。"人人厌苦，家家思乱"，那是东魏宣传用语，夸大之词。梁武帝时期江南的繁华众所周知，何来"人人厌苦，家家思乱"？当然不排除有一些吃不上饭的穷困山区，那种地方历朝都有。

两百多年的九品中正制催生了一批豪门巨富，财富集中在少数人手里。西方社会为什么提倡公平竞争，能者上，庸者下，聪明人有钱。法律围绕公平竞争制定。如此良性循环，永远是聪明人统治愚蠢的人，那么国家就会长治久安。所以巴菲特、比尔·盖茨等亿万富翁不主张把钱留给子孙。搞慈善，回报社会不是他们的目的，他们的真实用心在于确保公平竞争。金钱集中也是一种垄断。

九品中正制不这样，财富世袭家传。国家不向上品贵族征税，更毋奢谈遗产税。贵族们越来越有钱，平民虽说吃得上饭，但生活质量不高。孟子说"君子之泽，五世而斩"，也就是说富不过五代。九品中正制那个年代不适用。国家从政策、法律、经济各个角度照顾世家大族的利益，确保九品中正制实施。门阀贵族们更是自觉维护他们的利益，不与庶族通婚、交往等。

相比南朝诸帝，梁武帝勤政，国家管理做得好，统治手段高明，对付下层人民既有国家机器，又有佛教洗脑，可贫富分化也登峰造极。《颜氏家训》讲过一些梁朝贵族子弟的逸事，上文亦曾提及，天天化妆啦，什么事儿不干啦。有一个人值得一提，认马做老虎的建康令王复，因为他被马的嘶鸣声吓坏了。马是当时主要的交通工具，王复竟然不认识，一说明他平常出门坐轿子、牛车和羊车；二说明他体质弱，心理素质差。王复他们不是富二代、富三代，都是富十几代啦。这样一些人，拿板砖就能把他们拍死，何谈做统治者？

我们不难理解为什么萧衍看到临川王萧宏富甲天下的财富后夸奖萧宏会生活。人家那是合法收入，萧宏放到今天是大银行家，放贷挣钱有错吗？欠债还钱抵账有错吗？

关于萧衍治国，有个老人曾经当面质疑过："陛下为法，急于黎庶，缓于权贵，非长久之术。诚能反是，天下幸甚。"

萧衍能听吗？当然不能听，他也没法子听。二百多年的九品中正制到梁朝气候正盛，财富垄断相当严重，难道让萧衍去搞杀富济贫的勾当？废除九品中正制，他没那个勇气。宋、齐两代经常发生夺位战争，财富尚可以重新分配一下。梁朝五十年和平，越和平问题越严重。

所以侯景只需鼓动起平民对贵族的仇恨，像六镇大起义那样发动群众，大功即可成就一半。说好听一点儿，革命；说难听一点儿，造反。怎么用词要看你站在哪一方的角度去看。革命者就是造反派。

侯景手下将领多是六镇出来的干部，不管是当时的镇压者还是当时的造反者，都有底层群众斗争经验，王伟、徐思玉等谋士出身庶族，对贵族统治有切肤之痛。

在这一批干部的努力下，一时间寿阳城煽动起来，市场税不收了，田租不收了，所有的赋税一律免，全民皆兵，女人也平均分配，配给将士，所谓将士就是些农民小商人。

叁 纵容

侯景征到八千士兵。有了兵，侯景心里多少有些底气，开始向朝廷要装备，要武器和军服，萧衍大方表示，给。

朱异存了心眼，侯景要一万匹锦做战袍，朱异以青布代替，武器只给劣等的武器。侯景很生气，上书向皇帝要铁匠工人，我们自己造武器。萧衍还是那个字，给。

侯景铁心造反，不再遮遮掩掩，略有些头脑的人都瞧得出来。那个被萧衍派给侯景做皇帝的元贞几次三番上表希望从寿阳调走。侯景大言不惭地对元贞道："河北虽然没有打下来，江南未必得不到，你再忍一忍。"话一出口，谣言成真。元贞心道："你就别害我啦，上一回空欢喜一场，差一点儿掉脑袋，这一回说什么也得开溜，造反，简直自不量力。"元贞不等朝廷调令下来，深更半夜化装逃出寿阳城来到建康，一五一十向皇帝汇报。

老菩萨依然不动声色，问元贞想去哪儿做官。元贞说当然越远越好。老菩萨一挥手，打发元贞去始兴做市长，广州韶关，千里之外，这下好，远离是非之地。奇怪的是，萧衍对侯景的叛乱全没当回事儿。

侯景拉拢豫州刺史羊鸦仁一同造反。一来认为他与羊鸦仁同属北方降人，两人在悬瓠共事过一段时间；二来羊鸦仁丢失悬瓠，受过萧衍斥责。羊鸦仁不这么想，他在北方默默无闻，萧衍一手提拔他至刺史高位，有知遇再造之恩。侯景谋反异想天开，摆明以卵击石。羊鸦仁感觉此事可笑，难道自己真长了一副傻瓜的模样，让侯景看中？羊鸦仁将此事上报朝廷，怕萧衍不信，索性将侯景的说客一道拿下送往建康。

如果说元贞口说无凭，那么这一回人证物证俱在。萧衍令人惊讶地将说客释放，朱异在朝廷上放风："侯景只有数百残兵败将，怎么可能谋反？"

不仅羊鸦仁莫名其妙，侯景也觉得莫名其妙。老菩萨葫芦里卖的什么药？侯景上表试探萧衍的态度："如果羊鸦仁所说属实，我受国法制裁；如果羊鸦仁诬告好人，请陛下治罪。"表章上去如同石沉大海。萧衍既不怀疑侯景，也不怪罪羊鸦仁。侯景更迷糊，又上一道表章，加重语气："臣觉得陛下与高澄议和十分可笑。臣粉身碎骨就想复仇，苦于没有地盘，请陛下将江西划给我控制，如若不然，臣当率铁骑渡江，直捣江东，到那时恐怕大家都顾不上吃饭。"

藐视朝廷，藐视皇权，是可忍，孰不可忍，萧衍又忍下了。朱异对侯景的使者转达皇帝的歉意："贫寒之家蓄养十个、五个客人，尚能让他们满意。朕唯有一个客人，却招来这么多抱怨愤慨之言，朕的过失啊。"萧衍嘴里的贫家不是指穷人，那是指九品中的寒门。江西不能划出去，萧衍不断赐给侯景财物，以至于建康和寿阳的信使道路相望。

侯景放下心来，那个以一州之兵取天下，获得过钟离大会战胜利，一度攻入洛阳，连北方奸雄高欢也深为忌惮的萧衍老了，不仅老了，而且糊涂了。就在双方如蜜月般甜蜜的时候，侯景造反了。

倘若在此期间萧衍稍作防范，也许就不会有台城被围之苦，但萧衍熟视无睹。有人说，萧衍希望以菩萨心肠感化侯景，希望魔鬼变忠臣，为他所用；有人说，晚年萧衍变成糊涂虫。

萧衍没有菩萨心肠，否则不会同意用侯景去换萧渊明。侯景背叛高澄，换到东魏国去只有死路一条。那么，萧衍是变糊涂了？

萧衍非但没有糊涂，反倒聪明过头。萧衍接受侯景投降一为利用侯景的力量收复中原，二为掩盖自己在战略上所犯的错误。收留下来再抛弃，那是落井下石，小人所为。如同傅岐所说："侯景以穷归义，弃之不祥。"侯景投诚，又曾是萧衍册封过的河南王，从道义上不能杀，杀降不祥，更何况起义将领？萧衍以明君和佛教法王自诩，岂能杀害归附自己的起义将领。

不杀侯景终为后患，且无法与东魏议和。怎么办呢？萧衍熟读史书，当然不会没有读过《春秋》。左传第一篇"郑伯克段于鄢"告诉我们一个故事，郑庄公姑息养奸，纵容其弟谋反，最后打败弟弟，却不背逐弟的骂名。

侯景反迹已露，也有人证和物证，就像郑庄公的弟弟共叔段，但是毕竟没有竖起反旗。萧衍效仿郑庄公，纵容侯景，让侯景认为他没有准备，放心大胆造反，而后萧衍再平叛，过错推给侯景，自己名利双收。

镇守合肥的合州刺史萧范洞悉侯景阴谋，多次上表请求攻打侯景，萧衍拒不同意，淡淡回信道："朝廷自有处分，你不必忧虑。"

胸有成竹，一切尽在掌握中。得知侯景起兵的消息后萧衍笑得很开心，说道：“是何能为！吾折棰笞之。”这家伙能有什么作为，我折根木棍就能揍他一顿。

萧衍当下做出战略部署，五路梁军分而进击，合围寿阳。合州刺史萧范为南道都督，北徐州刺史萧正表为北道都督，司州刺史柳仲礼为西道都督，西豫州刺史裴之高为东道都督，邵陵王萧纶拜大都督担任总指挥，五路梁军共计十余万。军队十对一，综合国力百对一，萧衍胜券在握。

世上有许多事不以人们的意志为转移，不可能尽善尽美，将所有的好事都揽到自己怀里，所有的坏事都推给别人，过于追求完美恐怕事与愿违。萧衍没有料到，侯景不是一个人在战斗。侯景戳到了梁朝的痛处，戳到了萧衍的痛处，拉来了帮手。

坚固的堡垒是从内部攻破的。没有八王之乱，匈奴人不可能进入洛阳。侯景清楚，想打败雄主萧衍只能从其内部问题入手。那是历代独裁统治者头痛的问题，政权交替，帝位传承。

南朝战乱自刘劭弑杀君父后，无一不是从皇子们争夺帝位开始的。为破解骨肉残杀的血色魔咒，萧衍定下一条极度苛刻、难以忍受的规矩：决不杀害皇族子弟。中国历史不乏明君，不谋反不杀是他们对待皇族最开明的政策。萧衍能做到即使谋反也不杀。六弟萧宏两次谋杀萧衍，萧衍不计较，也不处罚。他以绝对的高姿态告诉皇族们，和睦，和睦，再和睦。

欲望是魔鬼。帝位是最大的诱惑，是最大的魔鬼。立嫡以长不以贤的君位传承制度则是装魔鬼的瓶子。晋武帝司马炎宁肯立一个傻瓜做太子也不去动这个瓶子。明太祖朱元璋也是这么做的，宁立长孙不立次子。地下有知，司马炎和朱元璋都会为他们的选择感到后悔。但是，谁都不敢说，倘若不这样做结局会更美好。萧衍就违背了这一帝位继承制度。

萧衍有一位出色的太子，大名鼎鼎的昭明太子萧统。凡是喜欢传统文学的人不会不知道萧统，他编著过一本著名的书——《昭明文选》，是中国历史上最早的一部诗文总集。

萧统聪明，是神童级的人物，三岁读《孝经》《论语》，五岁遍读五经。如此聪明的太子做事自然有过人之处。萧统将自己塑造成道德模范标兵，不吃肉，衣着朴素，逢雨雪天灾，救灾捐款发放补助抢在人前，像雷锋一样做好事不留名。在社会风气奢侈轻浮的南朝，在吃喝玩乐的贵族子弟们当中，萧统绝无仅有。母亲去世，萧统汤水不进，一个大胖子硬生生变成小瘦猴。从十岁算起，二十余年不喜歌舞。有人劝他在后花园找几个女演员唱唱歌跳跳舞，萧统淡淡回答道：“何必丝与竹，山水有清音。”

萧衍的精明透到骨子里，萧统的精明不亚于其父。如此精明的太子却做了一件错事，即所谓腊鹅厌祷事件。母亲丁令光死后萧统选了一块墓地。萧衍身边有个太监收了另外一个卖地的人一百万回扣，对萧衍说，太子选的地风水不好，某某地好，利于皇帝。萧衍一听，那就买吧。安葬丁令光后，一位风水先生对萧统说，这块地不利于太子，弄个腊鹅压一压，萧统未多想就同意了。萧衍获悉后很生气，风水利于我，你就压一压，什么意思呀。这件事是不是兄弟们夺嫡的阴谋不得而知，父子之间嫌隙已成。

萧统三十一岁英年早逝。死因有些好笑，他在宫中池塘里游玩采莲，失足落水，摔伤大腿，不治身亡。史书记载，萧统害怕父亲担忧自己的病，不让宫人告诉皇帝。萧统过于谨慎，怕给多忌的萧衍种下坏印象。怎么能落水？采莲。和谁去的？宫女。这不是不务正业嘛，和萧统一贯的形象不符。

萧统未想到他会死，太巧了。人的生命也顽强也脆弱，有人开了一辈子车，不死；有人刚拿到证来，死了。有人冲锋陷阵，不死；有人待在指挥部，死了。世上有些事说不明白。

萧统的死，老百姓很悲哀，萧衍更悲哀。萧衍并不悲伤萧统这个人，而是悲哀这件事，装魔鬼的瓶子打开了。

第七章
瞧这一家子

魔鬼有几个？七个大魔鬼。七个魔鬼一个家。萧衍共有八个儿子，依次为：萧统、萧综、萧纲、萧绩、萧续、萧纶、萧绎和萧纪。

壹 萧衍的儿子们

萧家人太多，这么多人名怎么记，萧家系文化高门，梁武帝时代江南文化达到顶峰。中国历史诸皇帝们当中萧家文化程度最高。曹操也不错，可惜曹操不是皇帝。单从名字上看就是书香门第。八个儿子的名字都带绞丝旁，一个不差，容易记忆。下面有几个人名不需要去记，昭明太子萧统去世；萧综去北方做驸马死于尔朱家族之乱；萧绩和萧续分别死于529年、547年，死在侯景之乱前。

这样的话，萧衍只剩四个儿子，三子萧纲、六子邵陵王萧纶、七子湘东王萧绎和八子武陵王萧纪。另外加上三位，鄱阳王萧范，临贺王萧正德，岳阳王萧察。

为什么说这是七个大魔鬼呢？因为他们都有争帝位的心。有上进心是好事，为上进去损害他人的利益不算好人。介绍完这七个魔鬼，梁朝后期历史的脉络就清晰可辨了。

昭明太子去世，萧衍抛弃传统的君位传承方法，立三子萧纲为太子。萧衍犯下大忌，昭明太子萧统自有传人。萧统死了，由萧统儿子接替才是正统。皇帝死了儿子接，太子死了应该是皇孙继承。兄终弟及的方法自西周时代中国传统社会就不用了。游牧民族一直沿用，那是些非文明人。

这种传位方法有利于国家稳定，兄终弟及则容易引起动荡。萧衍的想法与众不同，或者说萧衍考虑事情有自己的一套。昭明太子去世时萧衍时年六十七岁，属于那个时代的高龄老人。萧衍不可能预见到自己尚有近二十年的活头，正如他给臣民开出的理由“不可以少主主大业”，要把国家交给成年人。萧衍完全吸取齐武帝萧赜的教训。萧赜死时就立二皇子与皇长孙徘徊不定，最终选择皇长孙，也就选择了被权臣萧鸾夺去政权、高武子孙死绝的道路。作为亲身经历的当事人，萧衍不想重走萧赜的老路。

萧纲错在不知退，坦然接受太子之位而不知隐患多深。当然，话又说回来，大哥二哥都死了，老三再没什么想法，只能是缺心眼。这样一来，有序的君位传承方式打破了。既然老大老二死了老三可以干，那么老三死了，老四也可以干。六子萧纶就这么想。当四皇子、五皇子又死掉的时候，萧纶的念头就更加强烈了。

说到梁武帝的儿子们，文学可以抛到一边不谈，因为他们是个顶个的饱学之士。借用萧纶的一句诗可以看出萧衍诸子中这个最为顽劣骄横的皇子的才华与抱负：“方同广川国，寂寞久无声。”

萧纶喜欢混在社会上玩，任南徐州刺史时曾微服到市场上去，碰到一个鱼贩子。萧纶问鱼贩子，本州刺史为人怎么样？鱼贩子道：“急躁暴虐。”萧纶大怒，让鱼贩子吞吃生鱼，活活将其撑咽而死。遇到送葬的队伍，萧纶扒下孝子的孝服自个穿上，趴地上号啕大哭。回到府里做了一口新棺材，将府司马崔会意钉进棺材里，雇了一批社会上的闲杂老太太唱着挽歌出丧。

崔会意从棺材里出来后单骑进京告状。萧衍大怒，下诏将萧纶下狱赐死。萧衍对待皇族，大棒从来是高高举起，轻轻放下，做做样子而已，最终不了了之。出狱后的萧纶派人找来一个长相极像萧衍的老头，戴上皇冠，穿上龙袍。假萧衍高高在上，萧纶跪拜痛哭，辩解无罪。越说越生气，从地上爬起来，将扮萧衍的老头扒去衣冠，拖到堂下一顿痛殴。萧纶甚至纵容手下打手杀害朝廷命官。不管他怎么闹也不影响前程，萧衍善待皇族的政策不变。

湘东王萧绎是萧衍自以为是的受害品。萧绎本来是挺英俊的一个人，小时候一只眼害病，萧衍忙活起来，他什么都懂，全才皇帝嘛，亲自开方治病，越治病越严重，结果瞎了一眼。

萧绎从小喜欢读书。手不释卷形容人爱读书，勤奋好学，并不是说整天拿着书不松手。萧绎就是手把书卷不松手的人，白天读书，晚上睡觉握着书。萧绎一只眼失明后看书累眼，不能天天看，改成听书，安排手下人读。萧绎听书不分昼夜，睡觉也听。

一个人读一晚上书太累，于是给萧绎读书变成一种职业，一个更次一班，轮班倒。古时一更相当于现在两个小时。晚上加两小时的班，工作量倒也不大。前半夜和黎明前当班容易，晚睡或者早起两小时而已。午夜当值困倦易寐，读书的人趁萧绎睡沉鼾声大起之时打个盹，偷个懒，少读两页。现代社会也有人睡觉时听唱片、看电视。但是，睡觉时听歌、看电视纯粹浪费电。萧绎不同，但凡有人偷懒，少读，跳跃着读，立刻就醒了，重读，罚款，打屁股。

萧家子弟读书各有目的。萧纲读书为了吟诗做文章。萧纲是大文学家、大诗人。观察一个人是否为某一行业的名师大家，除了看成绩之外，还要看此人有没有创意。萧纲写文章作诗有个口号，“文章且须放荡”。用现代话讲，写文章要写女人，写爱情，写风花雪月，写隐私，写床上事。

萧纲的观点被宋明社会视为惊世骇俗。有时候，真理需要穿透千年迷雾才能得到验证。近代社会，托尔斯泰、曹雪芹、雨果、玛格丽特等大师写女人谈爱情。现代社会，村上春树、贾平凹、六六等作者更是揪住性爱不松笔，反反复复，如此而已。色情文学的作者们需给萧纲立个牌位，上上香火。庙门的楹联题上萧纲的传世名言：“立身先须谨重，文章且须放荡。”

萧纶读书为了取乐，把荒唐经典化。坏人都会干坏事，但是把坏事干得有新意有内涵要靠胸中的墨水。萧绎为什么读书呢？为算计人。

萧衍能文善武，自然希望儿子们文武双全，有一次他问萧绎：“孙策在江东，于时年几？”萧绎答道：“十七。”萧衍道：“与你同岁。”

《三国演义》呼孙策作小霸王，冲锋陷阵，所向无前，十七岁丧父独创江东大业。萧绎不擅骑马，何止不擅，根本不会骑，他当然不希望做孙策，自诩诸葛孔明。论治国，论谋略，萧绎不及诸葛亮。论文采，论读书，论作诗，论算计人，诸葛孔明甘拜下风。

萧宏的儿子萧正信从小不聪明，却又喜欢附庸风雅，整天摇一把白团扇。身为堂兄的萧绎取笑他，假作好意题写八个字。萧正信不解其中嘲讽的意味，摇着团扇穿堂入户，招摇过市。

傻瓜不放过，聪明人更不放过。义兴昭长公主嫁给琅玡王氏王琳生了不少儿子，其中八九个儿子当世名气极盛，粉丝极多。萧绎嫉妒，把兵户出身的小舅子王珩改名叫作王琳。每逢与王氏子弟相遇，萧绎便将小舅子唤来，或者时常提起小舅子的名字。南北朝重家讳，王家子弟一听父亲的名字生气的生气，逃跑的逃跑，哭泣的哭泣，萧绎心满意足，扬扬得意。琅玡王氏毕竟是望族，若是那般小族人家的子弟才华学问高过他，比如刘之遴，直接毒死了事。

史书评价萧绎“性好矫饰，多猜忌”。坏人喜欢读书，有了知识，更恶毒。萧绎是最典型的代表。这种人想当皇帝，其不择手段，其卑鄙下流，可想而知。

有一件事最令人惊骇。萧绎听到五哥萧续去世的消息，非但不悲伤，反而兴高采烈，高兴得一跃三尺，连鞋都撑破了。亲情淡薄到极点，仇恨占据灵魂。其实两人小时候非常要好，因为萧绎的母亲阮令嬴之所以得到萧衍的宠爱完全倚仗萧续的母亲丁令光。

阮令嬴是谁？她本姓石，是萧遥光的妃子，后来萧遥光败亡，被东昏侯萧宝卷收了去。萧衍入建康，从萧宝卷的妃子里选了四个女人，潘玉儿、吴氏、佘氏，还有石令嬴。由于范云多嘴，萧衍把佘氏赐给大将王茂，潘玉儿不忍背叛萧宝卷自缢而死。也就是说萧衍霸占了萧宝卷两个女人，所以要给石令嬴改姓。两个女人各生了一个儿子，一个萧综，另一个即是萧绎。萧综自认为是萧宝卷的遗腹子，拒不承认父亲，跑到北朝去了。萧绎天监七年生人，实实在在是萧衍的亲生儿子。

丁令光与阮令嬴关系亲密，萧续和萧绎“少相狎”，相当于《红楼梦》中的贾宝玉和秦钟。两个少时好友反目成仇源自一个女人李桃儿，萧绎任荆州刺史时结识的红颜知己。李桃儿长得并不漂亮，但是才慧过人，乃当世才女。南朝才女如云，女人的地位在中国历史中数一数二，不讲三从四德，不讲从一而终，不讲无才便是德。宫体诗的繁荣离不开一大批女性读者的支持，李桃儿是其中的佼佼者。萧绎离任时携李桃儿入京城建康。宫中管制严格，李桃儿无名无分不得进入皇宫。这种闲事一般人懒得管，偏偏萧续告了一状。萧绎只得将李桃儿送回荆州，离别时赋诗一首，题目叫作《送西归内人》：“秋气苍茫结孟津，复送巫山荐枕神。昔时慊慊愁应去，今日劳劳长别人。”

萧绎也算多情种子，不明白萧续奈何拆散有情人，莫不成两人旧情未断？萧续是男儿中的大丈夫，勇武有力，骑射过人，被萧衍誉为我家任成王，比作曹操的那个黄须儿曹彰。独眼美少年千古罕遇，也许萧续是出于嫉妒吧。

萧续的儿子萧应值得一提，不是太聪明，而是有些弱智。萧续死后，萧应第一时间视察库房，发现一堆堆的金块，问身边的随从：“这东西可以吃吗？”随从道：“不可以吃。”萧应说：“既然不可以吃，你们都拿走吧。”这是题外故事，浪费大家一点儿时间。

不管怎么说，萧绎和萧续有怨。有怨归有怨，毕竟是兄弟。人死为大，人们须时刻铭记，丧钟为谁而鸣。齐国人笑看秦灭五国时殊不知自己将为亡国之人，英法出卖捷克时殊不知败局已定，苏联人笑看巴黎沦陷时殊不知自己将付出二千六百万条生命，希特勒占领欧洲时殊不知为日耳曼民族带来最大的灾难。

一个人活在世上极其孤单，若想做成事业必须有他人的帮助。赢得财富就需要让更多的人自愿地为你工作。怎么才能让更多的人心甘情愿对你好呢？首先你要对他人好。吴起为士兵吸脓即希望士兵奋勇杀敌。一个只懂得算计别人的人，即使满腹才华、聪明睿智、高贵尊荣，最后也会被他人抛弃。这是萧绎留给我们的教训，他的故事才刚刚开始。

世上的父母多钟爱最小的孩子，生性豪爽的蒙古人由排行最小的儿子继承财产，称为“守灶者”。老幺武陵王萧纪深受萧衍宠爱。扬州辖京都建康，兄弟们中间萧纪第一个任职扬州，萧衍亲赐四字送行：“清、廉、慎、勤。”

可惜萧纪的表现令老皇帝担忧。儿子们成年之后，萧衍重新划分他们的势力范围，萧纪担任益州刺史。益州地偏路远，萧纪哭闹着不去。萧衍叹息着说出心里话：“天下方乱，唯益州可以免祸，多多努力，好自为之。”萧纪出镇益州在梁武帝大同三年，北方双雄高欢和宇文泰激战正酣。梁朝未参与北方的战争，但是，北方政局连年动荡不可能不波及江南。

萧衍对前途充满忧虑，看不透后世和未来。宋、齐两朝骨肉残杀，四川由于地处千里之外的西陲，一观二望，反应不及。反应不及，往往救了坐镇蜀地的龙子龙孙的命。萧衍把最心爱的儿子封到蜀地，希望他远离京都，远离是非之地。舐犊情深，萧衍对远行的萧纪道：“你经常说我老了，我还想活到你从益州回来的那一天。”

萧纪辜负了老父亲一片心意，侯景之乱后非但不肯明哲保身，反而不远万里去建康争位，父子一门尽被萧绎杀害。

除去萧衍的四个儿子，孙子岳阳王萧詧对帝位也耿耿于怀。萧詧只是昭明太子萧统的第三子。萧统死后，萧统一系失去继承帝位的权力。大哥萧欢和二哥萧誉倒未表示出强烈的不满，萧詧则痛哭流涕，一连几天不吃饭。不满埋在心里，时间流逝，他仍旧不忘巨大的痛苦。

大有萧衍当年风范的侄子萧范对皇位亦抱有非分之想，这早已引起萧衍的注意。萧范属于重点提防人物，只是萧衍疏漏了一个不该疏漏的人。

贰 乱伦的准太子

从某种程度上来说，萧正德算萧衍半个儿子。萧衍早年无子，不是萧衍不能生育，而是妻子郗徽只会生女孩，一连生了三个千金。郗徽出自名门望族——高平郗氏，母亲是公主。南北朝讲究门当户对，她嫁给萧衍算下嫁。萧衍在家里无地位，不敢纳妾，直到担任地方大员雍州刺史才偷偷摸摸娶了汉水边漂絮的女孩丁令光。萧衍登基称帝时郗徽去世，难怪萧衍见到萧宝卷的美女们挪不动腿，欲望的弹簧压抑了太久。

没有儿子之前，萧衍从六弟萧宏那里过继了一个儿子抚养，就是萧正德。萧正德给萧衍当了四五年儿子。后来，丁令光生出男孩，萧衍将萧正德送回家。这样一来一往，萧正德深受打击。寻常人家倒也罢了，这可是太子之位，一国的储君呀。好比中一份亿万元的大彩票，等领钱的时候人家告诉你，号码公布错了，什么心情啊。

萧正德越想越气，一怒之下跑到北方去，留下一首诗《咏竹火笼》道出此时的心情："桢干屈曲尽，兰麝氛氲销。欲知怀炭日，正是履冰朝。"竹火笼即一种内置瓦器蓄火、可供燃香的竹编香笼，功用相当于现在的暖手宝、热水袋之类的东西。有大有小，做工精致，用来温被、暖袖、熏衣等。萧正德的诗喻义明了，竹火笼用于寒冷的季节，如同当初你萧衍没有儿子过继我。现在呢，有儿子啦，我失去作用，就像垃圾般任意抛弃。

萧正德自称废太子，在北方过得更不如意，受到北魏国的两位驸马萧宝夤和萧综的排挤。他没有萧宝夤和萧综那般感人泪下的故事，魏人听不到传奇，不予重视。两相对比，还是江南好，萧正德又逃回梁朝。萧衍不予追究，一边流泪，一边规劝。萧正德破罐破摔，与几个贵族子弟干起拦路抢劫的勾当。杀人越货，抢人妻女，无恶不作。他不缺钱，缺的是那份刺激，那份快感和郁闷的发泄。萧正德混上了江南四大恶少的名头。不久，那三个恶贯满盈的贵族子弟纷纷正法，因萧正德做过几年萧衍的儿子，照旧逍遥法外。萧正德做得最过分的事莫过于兄妹乱伦。当然，那个时代这种事屡见不鲜。

萧正德的妹妹长乐公主所嫁亦是豪门——陈郡谢氏谢禧，谢安一族的后人。萧正德与妹妹偷情乱伦，长乐公主嫁人后两人仍藕断丝连。为长相厮守，萧正德与长乐公主定计，找来身材、相貌与长乐公主相仿的婢女，穿戴公主的服饰，手臂戴上公主的玉钏，一身珠光宝气，捆绑起来，扔到公主的床上。然后，萧正德纵火焚烧公主府第。人们找到婢女的尸体时，误以为公主被大火烧死。真正的长乐公主已隐姓埋名，自称柳夫人，与萧正德双宿双飞，生有两个儿子。

这一招不是萧正德的专利，前废帝刘子业为娶姑姑新蔡公主曾经干过一次。世上没有不透风的墙，刘子业与姑姑未能保守住秘密，萧正德兄妹乱伦的事一样不胫而走。黄门郎张准当着皇族大臣的面大骂萧正德道："我的野鸡不是长乐公主随便你夺走！"张准驯养过一只诱捕野鸡的雉媒，羽毛华丽，国色天香，被萧正德看中抢走。雉媒就是人们利用野鸡好色的毛病，施展美鸡计，诱捕野鸡的美鸡。当时诸王在，皇太子也在。张准当众宣扬萧正德的丑事，想瞅准时机要回美鸡。两人几乎动起手来，多亏武陵王萧纪劝架，好说歹说，萧正德把美鸡还给了张准。

萧正德郁闷，这不是一只鸡的问题，也不是长乐公主的问题。倘若自己是皇太子，张准胆敢如此嚣张吗？萧正德暗中囤积粮食和物资，蓄养死士。总有一天你张准得乖乖把美鸡送来，我和妹妹也不必偷偷摸摸。怎么才能有这么一天呢？做皇帝，只有当上皇帝才能为所欲为。

叁 跳出包围圈

侯景谋士徐思玉看透了萧正德这个人，一个敢想敢做无所畏惧的家伙，这样的人才是真正的造反派。侯景联络萧正德，许诺立萧正德为皇帝。强盗遇上土匪，臭味相投。萧正德比侯景还着急，写信忽悠侯景赶快起兵，越快越好，没有万一，只有一万，你在外，我在内，大事肯定成功。

所以，当五路梁军分四路杀来之时侯景并不慌乱。王伟献计避实击虚，直取建康。长江自古号称天险。曹操兵败赤壁，太武帝拓跋焘数十万铁骑临江叹息，难迈大江一步。侯景区区数百名骑兵，不到一万步兵，想过长江那是痴人说梦。但是，拓跋焘骑兵虽多但没有船只，侯景有船。萧正德有船，侯景就有船。曹操的失败，在于敌人有所准备，侯景行动必须快，快到敌人尚未封锁江面已然渡江。

眼下之计，先跳出五路梁军的包围圈。王伟再献妙计，明修栈道、暗度陈仓，然后再声东击西。

侯景的叛乱属于超级大冒险。刘裕京口建义时尚有恢复晋朝的响亮口号，有一定的号召力。再者刘裕击败孙恩后在百姓和军队中享有声望。侯景不过丧家之犬，走投无路来到梁国，人生地不熟，江南百姓如何肯跟侯景造反？何况侯景不是汉人，而是北方的羯人。

只要走错一步棋，满盘皆输。难以想象的是，侯景每一步军事行动都走对了。寿阳城自然有朝廷的密探。侯景先做出死守寿阳的假象，然后以打猎为名率兵出寿阳，人们毫无察觉。大家发现出城的侯景没有回来，产生疑惑，侯景已扬言南下攻取合肥。

合肥是鄱阳王萧范的地盘，精兵锐卒尽在城中，侯景打合肥纯粹找死。未等人们回过味来，侯景率军突袭谯州（今安徽滁州）。谯州守将萧泰猝不及防，城破被擒，侯景一举跳出梁军包围圈。侯景继续发力，兵进历阳（今安徽和县）。历阳守将庄铁有所防备，夜袭侯景。庄铁毕竟不是久经战阵的侯景的对手，偷袭失手后投降。庄铁的建议证实了王伟奇袭建康计划的可行性。梁朝太平的时间太长了，五十年，长江天险防守薄弱，大江之上只有王质的三千水军，至关重要的采石渡口竟然无兵防卫。

侯景的军队赶往大江，江面出现数十艘大船，那是临贺王萧正德的接应船。侯景没发现梁朝水军的一只战船，江面宁静得可怕。侯景派出士兵驾小舟侦察。侦察兵渡过长江，折返回报："王质的水军从采石撤退了。"

侯景拔出长剑差一点砍下侦察员的脑袋。

自起兵叛魏以来，侯景一直倒霉，运气非常差，十万军队越打越少，最后只剩八百人。叛变梁朝，侯景运气出奇的好，从八百人慢慢发展到一万多人，每走一步似乎都有上天护佑。强占寿阳，萧衍不怪罪；壮大自身，萧衍不起疑；成功跳出梁朝大军的包围圈；得到萧正德渡江的船只；长江上唯一一支水军竟然不战自退。侯景不相信迷信，只相信实力。运气太好，说明不正常。侯景起了疑心，怀疑侦察兵胆小怕事，根本未过长江，故意欺骗他。侯景令侦察兵再次渡江，务必折一根树枝来。

江东树枝到手，不由得侯景不信。不到岸边折不到树枝，侯景确信大江之上没有敌人，他喜出望外，现在可以说，胜利在望！

侯景接连施展出妙招，而萧衍则是昏着儿迭出。虽然朝廷受到侯景欺骗，对叛军下一步军事行动缺乏预判，但是各地仍不断将叛军动向情报送往建康。侯景向长江方向挺进之际，萧衍仍然未能明确判断出侯景的军事意图。

梁朝中央官员没打过仗，也不会打仗，只有羊侃有资格与萧衍讨论军事问题。萧衍向羊侃征求意见，羊侃建议速派两千人马占据采石渡，修筑防线，向邵陵王下达袭取寿阳的命令。羊侃的应对之策算得上狠毒，直接端掉侯景老巢，釜底抽薪，叛军前进不得，后退无路。这支刚刚组建起来的乌合之众只能解散。

一向果断的萧衍此时犹豫起来。朱异提出反对意见：“侯景必无渡江之志。”侯景不渡江向长江出击做什么，莫非到江边几日游？谁都听得出朱异的话毫无道理，偏偏萧衍认可。

有人认为萧衍晚年昏聩，侯景献地两年来所做的一切可以证明；也有人认为萧衍过于轻视侯景。对于真正的军事家来说，战略上藐视敌人，战术上必须重视敌人。萧衍可以公然宣称折根木棍就揍侯景的屁股，但在军事战术上不能不小心谨慎。邵陵王萧纶奉命出征时萧衍做过最高指示：“侯景小竖，颇习行阵，未可以一战即殄，当以岁月图之。”对付久经战争考验的侯景，不能指望一战而胜，依靠军队和物质的优势拖垮敌人，这是萧衍的战略思想。十倍于敌人的军队，百倍于敌人的土地和资源，萧衍做出持久战姿态，表明他非常重视侯景，也惧怕侯景过人的军事指挥能力。

侯景当然不可能来江边旅游，那么只有三种解释。一是无目的逃窜；二是渡江袭击建康；三是急于决战，诱使梁军主动出击。无目的逃窜字眼用在身经百战的侯景身上，那是一种侮辱，绝不可能。渡江袭击建康，萧衍认为也无可能。长江不是陆地，不是城镇，说过就过。侯景无船，即便抢些渔船，岂是梁国水军的对手？侯景放弃陆战优势，与梁军争胜于大江，那是极端的军事冒险。萧衍判定侯景在玩引蛇出洞的把戏，渡江乃是佯动，诱使梁军主动进攻，然后各个击破。若依羊侃对策，五路梁军不再协调统一，到达寿阳势必有先有后，正中侯景诡计。

勇于承当责任是奸臣的优良品质之一，优秀的领导不会轻易表明态度。世事无常，谁又能保证自己永远正确？一旦错了，贻笑千古。岳飞不是秦桧可以杀死的，但秦桧杀掉他，替宋高宗赵构背了上千年的黑锅。洞察萧衍心理的朱异揽过责任，无论日后侯景渡与不渡，我都没有错。这也是秦桧敢于用“莫须有”罪名除掉岳飞的原因。当然，拿秦桧杀岳飞的卑鄙无耻举动来比朱异的军事战术选择不是很恰当。但是，古今人心深处千般雷同，读史使人明智不是说说而已。

熟悉北方鲜卑人不畏死亡冒险精神的羊侃叹息道：“我们败了！”

未能迅速攻击寿阳，萧衍错过了消灭侯景的最佳时机。但是，萧衍不会坐视侯景军队向江边移动而不加理会，尤其在历阳发生战斗之后。朝廷任命萧正德坐镇丹阳郡，负责建康及长江防务，同时下令王质的水军向采石方向巡逻，屯驻采石渡。

肆 长江无险

任命萧正德担任城防司令实在是件有趣的事情，那就等于用侯景守建康。萧衍最大的失误在于未能认清萧正德的真面目。他做梦也不曾想到萧正德会帮助侯景造反。

人做每一件事须想到后果。萧正德帮助侯景会得到什么？萧正德希望当上皇帝，这是根本不可能的事情。侯景失败，萧正德会丧命；侯景成功，也不会立萧正德，因为萧衍的子孙们控制着梁朝大部分土地。立萧正德等于把侯景推到国家公敌的位置上去。与其让萧正德做皇帝，何如自己来做？

萧衍忽略了人性的贪婪。人性的贪婪使人往往不计后果。资本之所以在全球掀起大风大浪，正是依附在人性贪婪之上。300％的利润下，有人敢于冒绞首的危险，皇帝的诱惑远远超过300％。贪婪冲昏了人的头脑，泯灭了人的理智。

对于侯景来说，长江是不可逾越的天险，即使渡过也无粮食补给；对于萧正德来说，送侯景过长江易如反掌，补给更非难事。

难事变成易事，坏事变成好事。祸兮福所倚，福兮祸所伏，这是自然界的规律。

长江之上原本有一支常驻水军，在将领王质带领下移师采石渡。偏偏此时此刻，临川太守陈昕向朝廷请命去守采石渡。陈昕是白袍将军陈庆之第五子，武功高强，曾单骑擒杀北朝勇将，是梁朝硕果仅存的优秀青年将领。十二岁参军，跟随父亲一路打往洛阳，途中生病回到江南逃过白袍队全军覆没之灾。历阳战事爆发，朝廷调陈昕回京。一心报国的陈昕认为王质的军队不堪重任，主动请缨，用心是好的，萧衍也挺高兴。殊不料陈昕的军队尚未出发，朝廷调王质为丹阳尹的诏书已到。王质一刻未耽搁，立即动身去丹阳。

一般来讲，官员调动需要交接，新官未到旧官不能离职，何况采石乃长江防线至关重要的一节。细想一下，王质匆忙离职也不难理解。此时坐镇丹阳郡负责京都防卫的镇北将军是萧正德。萧正德把大船派出去接侯景，巴不得王质赶快走，恰好王质新职务是丹阳尹，归萧正德管辖，他十万火急把王质催来。有句俗语叫作“铁打的营盘流水的兵”。这句话在南北朝时期不适用。将领们手下都有自己的部曲、家兵。部曲、家兵不属于国家，是私人武装，所以陈昕才说王质的水军轻弱，而自己的部队久经战阵。王质一走，带走部曲、家兵。用人用自家人，这些人都是部队中的骨干人员。军官、骨干们一走，剩余的士兵们群龙无首，不可能去长江上击沉侯景的战舰，何况侯景乘坐的船只名义上是萧正德的补给运输船。

曹操、拓跋焘引以为恨事的长江天险形同虚设，侯景如履平地。萧衍最放心的一环成为最致命的一环。侯景渡江，军马数百，士兵八千人。

萧衍大为震惊，事实证明他的战略战术彻底失败。萧衍的威信在臣民心目中一落千丈。当太子萧纲一身戎衣出现在净居殿时，萧衍清楚，到交权的时候了，紧紧握了四十七年的皇帝权杖该换人了。世事变幻莫测，几天前萧衍信心满满、踌躇满志，而今一盆冷水浇下。残酷的事实摆在面前，不服老不行，八十五岁，莫非真老了？

萧纲向皇帝请示方略，萧衍说了一句话："这是你的事情，何必来问我？内外军队全部交给你。"

临阵换帅乃兵家大忌，但战争中走马换将的事屡见不鲜，人们渴望通过换人改变旧有的模式，激发士气，萧衍也想赌一把。姜是老的辣，萧衍老谋深算。老谋深算意味着考虑事情太多、太全面，想尽善尽美，往往事与愿违。乱拳打死师傅，老师未必一定比学生强。萧衍 VS 侯景，萧衍败在过于追求完美。诛杀侯景想杀得名正言顺，擒拿侯景想拿得稳稳当当。对比双方力量，让侯景过了长江，萧衍败得彻头彻尾。

几个回合下来，萧衍的自信荡然无存，提前将帝位让给儿子。萧衍又大错了一回，无论从哪个角度看，萧纲均难比萧衍。萧衍搞不定的事，萧纲如何能搞定？萧衍的心理素质本不至于如此之差，但毕竟八十五岁高龄，身体各个部分机能都在下降，短短一年多发生的事情，尤其对战侯景的结果令萧衍心态失衡，他对自己的能力产生了怀疑。

如果继续由萧衍掌握全局，尚有击败侯景翻盘的机会。换成萧纲，一点儿机会都没有。

写写淫诗艳曲，一百个侯景不如一个萧纲。用兵打仗，一百个萧纲不如一个侯景。萧纲对叛军的情况一无所知，而侯景对建康城中的情况了如指掌。不仅仅因为有萧正德，谋士徐思玉也孤身进入建康城打探消息。此时入敌营九死一生，徐思玉敢来。徐思玉欺骗城中人，说他背叛侯景投降朝廷请求面见皇帝。有人怀疑徐思玉是刺客，朱异一口否定："徐思玉岂是刺客！"徐思玉当然不是刺客，也不是叛徒，而是密探。他身上带有一份能保证自己有来有回的文告，那是一份侯景起兵的文告，文告宣称侯景起兵只为清君侧，清除皇帝身边的奸臣。谁是奸臣？朱异。

来而不往非礼也，人家敢来，我们岂能不去？朝廷使者来到侯景的营盘。当使者责问侯景起兵原因时，侯景大言不惭地对使者道："做皇帝。"一边的王伟嘿嘿解释道："朱异乱国，侯王除奸臣而来。"

清君侧，古老的欺骗手段，掩耳盗铃而已，没有一个忠臣会用武力清君侧。

攻城战一触即发，对比双方实力，各有所长。侯景的长处在于将领，军队的各级军官均为百战之将。萧纲的最大优势在于军队，建康人口据《太平寰宇记》载，城中二十八万余户。按每户四人计，已过百万。一百万人中能拿起武器作战的男人少说也有十万之众。但是，没有优秀的军事指挥官。建康城太平近五十年，优秀贵族子弟大多在边镇为将，剩下来的只是些涂脂抹粉的小男人。这些人一生不会骑马，没见过兵器、铠甲。写写诗、泡泡妞那是可以的，指挥军队打仗，冲锋向前，拼刺刀见红，开膛破肚，实在不行。故而王伟笑话建康城中的人："城中非无菜，但无酱（将）耳！"

建康城中有没有将领呢？只有一位，从北方来的羊老虎羊侃。好在太子萧纲意识到这个问题，军事指挥权全部交给羊侃。

太子萧纲有城池，有粮食，有援军，有补给，侯景没有。侯景渡江时，《南史》和《资治通鉴》记载马数百匹，兵八千人。按《梁书》记载，马数百匹，兵千人。即使《梁书》记载有误，侯景兵力也不足一万，要粮食没粮食，要补给没补给，要援军没援军，处于大大劣势。然而，侯景只用了一仗就改变了这个局面。

伍 奇袭建康

侯景奇袭建康。奇袭战讲究出其不意。叛军渡过长江，战略目标暴露。

南京城素有"龙盘虎踞"之称，自古形胜之地，地势雄伟险峻。滚滚长江由西南北上折而向东，沿江丘陵起伏；北依鸡笼山、覆舟山、玄武湖；东濒青溪；秦淮河穿过城南。因山峰和江河之险，梁都建康延续东晋南朝传统，无外郭城墙，由几座城池结合构成。西面有石头城和西州城；北面有白下城，东面有东府城，南面有丹阳郡城，呈众星捧月般护卫着内城，内城中心即皇宫所在地——台城。

建康易守难攻，城中粮食物资充足。侯景只能寄希望于快，速战速决。叛军推进速度极其迅速，十月二十二日渡江，二十四日抵达秦淮河。

侯景能从长江边上兵不血刃一口气杀到秦淮河，在于防守建康南大门丹阳城的萧正德故意放水。萧衍与太子萧纲直到此时仍未意识到朝中有内奸，竟将防守内城宣阳门的重任交给故意败退下来的萧正德。丹阳郡城丢失，叛军直接面对秦淮河。

庾信负责秦淮河防务。庾信是南北朝的大文学家，极负盛名的《哀江南赋》即出自此人的手笔。从文学创作的角度说，庾信须感谢侯景。侯景之乱改变了庾信的一生，并让他写出流传千古的优秀作品。在此之前，他是个情色文学作家，宫体诗的代表人物。再怎么说，情色文学也受正统文学的排斥，《红楼梦》都曾被道学家们贬为“淫书”。侯景乱梁，庾信才会来到长安。人生历练、失败之痛、思乡之苦、悲国之愤激发了他的创作。西魏、北周、隋均尊庾信为文坛一代“宗师”。庾信的《怨歌行》即为他个人命运的真实写照：

> 家住金陵县前，嫁得长安少年。
> 回头望乡泪落，不知何处天边。
> 胡尘几日应尽？汉月何时更圆？
> 为君能歌此曲，不觉心随断弦。

北朝文学大宗师此时此刻正端坐在朱雀门城楼上，一袭大袖宽衫，脚踩木屐，口嚼甘蔗，优哉游哉。魏晋南北朝讲究风度，南朝更甚。前秦天王苻坚百万大军压境，谢安从容对弈，区区侯景万把人马，庾信更不会放在眼里。庾信来守秦淮河，因为他是太子的人。

太子萧纲一朝权在手，便把令来行。他的战略思想就是防守。梁军中央军主力在寒山损失惨重，萧纶进攻寿阳又带走一部分人马。城中训练有素的士兵所剩无几，甚至把监狱里的囚徒都武装了起来。建康城太平日久，禁卫军们站站岗、走走队列倒也称职，与叛军打野战恐怕不是对手，临时组织起来的民兵队伍更是乌合之众。建康与寿阳不同，寿阳位于南北朝边境线上，萧衍为争夺寿阳与北魏打了二十多年的仗。寿阳人会打仗，建康人不会。萧纲认为，不和侯景硬拼，守住建康城，用不了多久各地勤王部队到达，叛军必败。

萧纲军事部署如下：保卫建康的总指挥是萧纲长子萧大器，副总指挥才是羊侃；五子萧大春守石头城；东宫学士、建康令庾信守秦淮河的重要通道朱雀桥；萧推守东府城；谢禧、元贞守白下城。事实证明萧纲就是一个蠢货，他任命的将领，除了羊侃都是些扯淡的人，庾信扯了第一把淡。

朱雀桥是秦淮河最大的浮桥。太子萧纲想把浮桥拆了。萧正德不让拆，桥拆了，侯景怎么过来？萧正德说，拆桥会动摇民心。现在军队乱了套，都往军械库跑，抢武器、抢装备。老百姓再乱起来，趁机打砸抢，控制不住局面。

萧纲一想，也是个理儿，桥不拆，派重兵把守。于是庾信手拿甘蔗，带着宫中三千禁卫军防守朱雀桥。

道理再简单不过，既然不想主动出击，留着浮桥做什么。转眼间，尘土大起，喊杀震天，侯景的军队杀到。庾信一边嚼着甘蔗，一边慢条斯理下令拆除浮桥。刚刚拆了一条船，叛军就冒出地平线，庾信看到了令人恐怖的一幕，外星人入侵，魔鬼来了。

庾信的上一任建康令王复不认识马，误以为大老虎。庾信自我感觉良好，认为自己有将才，因为他认识马。然而，庾信不认识侯景阵中的马，哪有穿衣服的马，还穿着铁衣？当然有，不仅有，还存在了两百年，只是庾信从来没有打过仗。马是怪物，骑在马上的人也是怪物，铁衣铁面，只有眼睛和手露在外面。

建康人没见过铁甲骑兵，上一次见北方人马披甲的重装骑兵尚要回溯到一百三十多年前，当年，刘裕利用投降的南燕国铁骑保卫被卢循围困的南京城。侯景的军队，连重装步兵均面戴铁面具，透过铁条是一双双被欲望扭曲充满疯狂的野兽般的眼睛。

这是一支亡命之师，从他们渡过长江那一刻起，侯景就在他们的心里刻下了一行字：胜者称王，败者做鬼。

抵御亡命徒，需要拿出不怕死的精神，这种精神恰恰是有钱人缺少的。他们牵挂太多。世间的人牵挂太多，胆子也就变得越来越小。庾信就是这种人。门阀贵族的优雅在于国家和法律的保护。失去国家和法律的保护，仍能从容面对贪婪、凶恶的人们，那才是真正的优雅，才是真正的勇士。否则，优雅和高贵只是贴在脸上的一张华丽的纸，风一吹便脱落了。

铁甲兵手握刀矛，一排排向秦淮河涌来，有如青色的海洋。乱箭划破长空。庾信咀嚼着甘蔗，已经品尝不到甜蜜的滋味。“嗖”，一支冷箭钉在身旁的城门柱上，箭尾摆动，发出“嗡嗡”的响声，手中那截甘蔗应声而落。庾信惊得灵魂出窍，如果继续留在朱雀桥的城门楼上，会有一支箭钉进他的胸膛。

庾信跑了，扔下三千将士不管。士兵们见长官不见了，也纷纷逃命，又一道天险让给了侯景。萧正德党羽修好浮桥，迎接侯景渡河。庾信若能坚持一小会儿，太子萧纲派出的三千援军就到了。对比双方人数，六千对八千，又占有地理优势，怎么也能抵挡一下。

战争绝不是简单的比人数。一名优秀的军官抵得上十万雄师。援军将领是那位水军统领王质。当他的号称精锐之师的三千人马迎头遇到叛军时，不等摆好阵式，士兵们就先跑了。难怪陈昕说王质军队的战斗力差。即使士兵如虎，怎奈军官如羊。

宣阳门下，大叛徒萧正德与侯景会师。梁朝军袍红色，由于朱异供应青布给侯景，所以叛军的军服是青色。萧正德的军队反穿军袍，露出青绿色的里子。两家会师，叛军声势更盛。最要命的是，萧正德防守宣阳门，宣阳门是建康内城的大门。进入内城，气势宏伟的皇宫就映入眼帘。

出奇的顺利，大大出乎侯景的预料。从渡江到皇宫，侯景几乎兵不血刃，未遇到像样的阻击。如果说这是萧正德的功劳，令他更为诧异的事接连发生。萧大春放弃石头城逃跑，谢禧、元贞放弃白下城逃跑。拱卫皇宫的四座重要的城池只剩东府城尚在朝廷手里。石头城那是梁国屯放常平仓粮食的地方，萧大春等于将叛军最缺乏的东西拱手相送。

萧衍父子龟缩到皇宫内，人们争先恐后地逃往皇宫，聪明人开始向皇宫运米。一座小小的宫城，聚集了十万男女，搬进四十万斛粮食。

形势发生令人啼笑皆非的变化，短短一天的时间，侯景占领了大半个建康城，控制数十万居民，又得到常平仓的大米，萧衍父子反倒处于劣势。

不堪一击，不堪一击啊。侯景万分得意，上天的旨意，不信不行啊。又一个高王诞生啦。高欢是侯景的偶像，眼见比肩偶像，梦想成真。

倘若战争就此结束，那么建康上百万居民会从噩梦中解脱出来。因为侯景出兵前效仿高欢发布过命令，不乱杀人，不拿群众一针一线，令行禁止。但是，侯景高兴得太早，噩梦才刚刚开始。

第八章
台城保卫战

侯景离台城仅一步之遥，北朝降将羊侃却阻击了他，拖至援兵到达，行百里者半九十。台城保卫战才刚刚开始。

壹 猴子天敌

萧纲基于儿子、亲信们的无能，做出一个明智的决定，台城防务全权交给羊老虎。

历史为羊老虎叫屈。假若羊侃做北伐军总指挥，假若萧衍接受羊侃建议突袭寿阳，这一切都不会发生。但是，萧衍心里清楚，不管羊侃受何种委屈，侯景都是他的天敌。

在羊侃眼里，侯景不是乱国者，而是乱天下者。

天下和国家是两个截然不同的概念。顾炎武曾经有过一段精辟的解释："易姓改号，谓之亡国。仁义充塞，而至于率兽食人，人将相食，谓之亡天下。"

每个人心目中都有一个天下。这个天下是什么？保护自己利益的文明和秩序，也可以说是文化。

顾炎武心中的天下是仁义社会。对他来说，只要不改变仁义社会，亡国不亡国并不重要。

羊侃心目中的天下即是九品中正制的贵族社会。在贵族社会里绝不允许像侯景这种出身低贱的人跃居高位，甚至做皇帝，那样的话，不是亡国，而是亡天下。

羊侃出身门阀望族，承袭贵族所有的优点，也继承着贵族的坏毛病。羊侃通晓音律，喜好歌舞，能谱曲，生活奢侈，姬妾成群。羊侃养的艺人名冠江南。古筝艺人陆太喜的假指甲用鹿角，鹿角爪长七寸；舞女张净琬腰围一尺六寸，能做掌上舞，时人比之赵飞燕；孙荆玉反腰贴地，口衔席上玉簪；歌手王娥儿、屈偶之江南第一。羊侃乘船去广州，在两艘船上改建起三间通梁水斋，帷屏飘扬，锦缎珠玉为饰，美女歌手满船。乘潮解缆，临波置酒，两岸观者如山。后世隋炀帝杨广下江南想必也参考了羊侃的创意。

有同学从北方来，羊侃召集三百多人陪酒，不说饭菜多么精妙，盘子、杯子、碗、筷等食器镶金嵌玉。日落西山，一百多名婢女手执金花烛，衣袂飘飘，明光满室。

羊侃等级观念浓重，莫说平民，九品中的下品也进不得羊侃的家门。宦官张僧胤有一次去见羊侃。张僧胤是萧衍身边的贴身太监，大家都很尊重，张僧胤自我感觉也很好，来到羊侃家一屁股坐到床上，不是睡觉的床，而是一种简易的坐具。古人招呼客人都坐床上。张僧胤大大咧咧地坐上去，很自然。羊侃生气了，撇撇嘴，说道："我床非阉人所坐。"我坐过的床，太监不能坐。也就是说，太监坐过的床，我不能坐。这张床的最终命运恐怕和王僧达那张被路琼之坐过的床一样，烧掉了。只是王僧达做得特别过分，当着客人的面把床烧了。羊侃没做那么出格的事儿，但是，始终没出来见客人。

侯景出身草莽，当官之后不改贱民习气，手下文武官员聚在一起嘻嘻哈哈，不分贵贱，在江北如此，在江南也是如此。在装上，侯景不如高欢，也不如李虎、杨忠。人家高欢属于渤海高氏，李唐皇族属于陇西李氏，隋杨皇族来自弘农杨氏，虽然纯粹是猪鼻子插大葱，装相（象），但大家就认这个。侯景不会找爹，更不会找祖宗。其实谁都不知道侯景的祖宗八代，侯景也只记得父亲名字，随便攀附一个就是。不过侯姓在南北朝之前名人不多。

侯景太实在，人们瞧不起。侯景背叛东魏国，妻子儿女统统被高澄扣下，打了几年光棍，在寿阳时曾经请求萧衍皇帝做媒，想娶王、谢两家的女人。这不是癞蛤蟆想吃天鹅肉嘛。萧衍当时一口回绝，说道："王、谢门高非偶，可于朱、张以下访之。"

侯景大怒，我堂堂河南王，王、谢两家不行倒也罢了，还得朱、张以下。朱、张是江东大姓，江北门阀不屑一顾的。朱、张再往下，侯景只配和陈庆之、陈霸先之流联姻啦，那些人都是南蛮子。

当时侯景说了一句狠话："会将吴儿女配奴！"把你们那些名门淑女、贵妇名媛统统配给奴隶，贵贱配。

不是侯景想配，是不得不配。

侯景忽略了一个绝不该忽略的城池，皇宫的宫城。偌大的建康城都进来了，还差一座小小的皇宫吗？但是，这座叫作台城的皇宫是意想不到的坚固。坚固的台城不是用来对付敌国的，因为那是长江的职责。万里大江有效地执行着这一任务，自晋廷东渡两百多年来，江南经历无数次入侵，一匹胡马也未渡江。台城是用来对付自己人的。东晋、桓楚、宋、齐、梁政权更迭，江南五次更换主人，其间大大小小的叛乱更是数之不尽，台城越建越坚固。

大军顿兵于坚城之下，鲜有不败者。如王莽之于昆阳，拓跋焘之于盱眙，玉璧之于高欢，钓鱼城之于蒙哥……

台城向侯景招手，试试吧，跛奴。

侯景兵围台城，青衣黑旗，具装铁面。夹带侯景檄文的箭射进台城。侯景依然不断欺骗城中人，他只想杀朱异，不想杀任何人。只要朱异死，他便退兵。

萧衍要动手了，想动手杀死最亲信的朱异。他问太子萧纲："侯景说朱异作威作福，贪污受贿，有这些事吗？"

萧纲回答道："有。"

"杀掉他！"

萧衍的心从来不软，他能够出卖任何人，本来自己就是靠无间道起家的。他要朱异去死，不是因为贪污，也不是因为弄权，更不会天真到相信侯景会退兵。而是堵侯景的嘴，巩固城内的人心。汉景帝曾干过这种事，诛杀主张"削藩"的晁错。杀晁错后七国之兵不退，汉景帝懊悔地认错不过是故作姿态。牺牲一个晁错，让天下人看到吴王刘濞的真面目，打掉某些人心中的幻想，值与不值，不言自喻。

萧纲怕遭人耻笑，劝萧衍不杀朱异。萧衍已经放权，不想自作主张，未来的事儿，让小儿辈去做吧。

羊侃指挥城中两万将士挡住叛军一轮又一轮的疯狂进攻。双方斗智斗勇。侯景放火，羊侃用水；侯景用战斧劈城门，羊侃用长矛隔门刺杀；侯景造木驴撞门，羊侃用发石车击碎；侯景造不畏石块的尖顶木驴，羊侃用灌油脂的雉尾炬烧毁之；侯景又造高大的登楼车，怎奈壕沟土松，登楼车倒塌。侯景甚至抓来羊侃的儿子威胁，羊侃弯弓射向儿子。

六天过去，台城岿然不动。战术多变，打仗狡猾的侯景未占到一丝便宜，叛军损失惨重。侯景手下只有一万多人，萧正德的部下也不超过万人。不到两万人强行攻打坚城的话，很快就会死光。

与贵族社会决裂的时候到了。侯景给过贵族们机会，贵族们拒不接纳。世界不容我，那么我就另造一个世界。

解放奴隶，解放穷人，革命。

陈胜、吴广，绿林、赤眉，黄巾军，瓦岗寨，黄巢，王小波，刘福通，朱元璋，李自成，太平天国等都是这么搞的。人民战争是战争的最高境界。一个个强大的王朝、数以百万计的军队在人民战争的汪洋大海里显得微不足道。

革命需要土壤。萧梁王朝创造了这种土壤。等级自古都有，但是贫富分化不能过大，人民不能吃不上饭。萧梁王朝富有，商业发达，人们手里有钱，如同现在的利比亚。利比亚是非洲石油储量最大的国家，国家非常之有钱，然而革命还是发生了。你可以认为是西方国家挑唆，但是外力只是水，侯景就是水。水再多，没有土壤，种子也是不会发芽的，更不用说长成参天大树。国家有钱，不代表人民有钱，人民有钱，不代表穷人有钱。萧梁王朝和利比亚、埃及、突尼斯的情况相同，钱在少数人手里，收入不平等，引爆点也相同，那就是通货膨胀。

贰 都是钱惹的祸

南朝备受货币之苦。南北朝初期商品经济不发达，原因可以上溯到东汉末年。东汉末年有黄巾大起义；黄巾大起义接下来军阀混战，十八路诸侯讨董卓；再下来魏蜀吴三国鼎立；西晋刚刚统一天下，又逢八王之乱；民族迁徙浪潮滚滚而来，中国叫五胡乱华，外国人叫民族大迁徙；胡人搬到中原来住，一部分汉人搬到江南去住；搬得差不多了，南方、北方各类政权不断出现混战。

此国兴，彼国亡，此起彼伏，谁顾得上铸钱？战乱频繁，经济不发展，要钱也没用。自己种粮食，自己织衣服，自己做鞋子。东汉开始形成庄园经济，贵族们圈地，不断地圈地，自给自足。无论有钱人还是穷人都不在乎钱。有它也过年，没它也过年。平常用的日用品，用东西直接换，货币成了辅助性的东西。

这种情况一直持续到东晋末年，社会上流通的钱越来越少，大家还在用三国孙权造的钱。老百姓没有钱，钱都屯在有钱人的库房里。物以稀为贵，直接造成物价低廉的经济现象。粮食如果太不值钱的话，农民不都破产了？那位小时候杀兄弟鹅的桓玄上台后想了一个妙招，直接把钱作废，改用谷和帛进行交易。桓玄真是有魄力，有钱人能愿意吗？于是乎，不等废钱，有钱人先把桓玄废了，换刘裕上台。

刘裕总计在位三年，没工夫倒腾货币。刘裕的儿子宋文帝刘义隆在位三十年，江南经济大发展，再不发行货币真不行了。元嘉七年，刘宋王朝开始铸钱。可能刘义隆当初考虑到铸钱的成本不能太高，为省点铜，多铸了点。我们现在用纸币，就没那么多讲究。

刘宋王朝铸的钱是四铢钱，古币是五铢钱。聪明人立马意识到发财的机会来了。四铢钱和五铢钱一样用啊，五铢钱完全可以砸下一铢铜来另外铸钱。大家拿锤子，动剪刀，用牙啃，从五铢钱上偷铜偷了十七年。元嘉二十四年，刘义隆发现了人们这一可耻的行为。不知道是刘义隆够聪明，还是大臣们忽悠了他，朝廷下诏，大钱和小钱不能一样用，大钱一枚顶小钱二枚，就是说五铢钱顶四铢钱两个用。

这样一来，有钱人乐了，凭空资产翻倍，一百万变成两百万。平民哭了，一千变成两千，看似也翻倍，其实物价涨了，能买的东西更少了。穷人活不下去了，没有钱怎么翻倍？这项政策只实行了一年，并不愚蠢的刘义隆发现被人忽悠了，下诏废止资产翻倍计划。

南方是门阀贵族的国家，王与马共天下。皇权远没有秦汉和北方强大，不可能重农抑商，门阀贵族想发财，想发财就要做生意，做生意就需要钱。到了刘义隆的儿子孝武帝刘骏时，市场经济继续发展，刘宋王朝继续铸钱。当时开采技术落后，铜矿少，社会上的铜更少。如果当时开采技术像现在这么先进，我们还买什么江西铜业、云南铜业的股票，早给先人们挖光了。其实用不了一千年，子孙就会骂我们。

铜少，国家铸的钱更小、更薄，说是四铢钱，连三铢重也没有。正因为小、薄，铸钱的技术含量太低，谁都能铸，搞一片铜就是钱，于是假币猖獗。刘骏也狠，造假钱者一律斩首，一个县斩了一千多人。欲望害死人，造假者还是前赴后继。

这样斩下去也不是办法。刘骏的儿子刘子业做了皇帝，就是那个娶姑姑、允许山阴公主养面首的前废帝刘子业。国家的铜越铸越少，刘子业再出妙招，改四铢钱为二铢钱，更薄，更小，而且和大钱一样使。如此一来，造假钱的人疯了一样。刘子业会怎么办？他有办法。允许女人娶四十个男人的天才能想不出办法吗？不可能。

用什么办法呢？不要回答继续斩人，那种野蛮的法子，刘子业是不会用的。

刘子业想，既然社会需要货币，国家又没有足够的铜来铸币，而人们又喜欢造假钱，那么，为什么非要禁止人们造假钱呢？让老百姓造的假币合法化，正好弥补货币缺失。在刘子业的指示下，朝廷宣布允许民间铸钱，无论谁铸的钱都可以流通。

刘子业放开货币管制，允许私人发行货币，可惜江南没有保罗，没有摩根，没有洛克菲勒。应该说，当时的江南大有希望出现上述人才，因为江南的经济实际控制在王、谢等几大门阀的手里。然而，他们无一意识到货币的重要。中国人的劣根性又一次暴露无遗，老百姓蜂拥而上，竞相铸钱，所铸钱币根本不合乎标准。二铢钱，一铢重也不到，人们称为“鹅眼钱”，此钱“入水不沉，随手破碎”，铜钱漂在水面，一捏就破，一千钱串在一起，不满三寸，商人根本不敢用。

货币混乱，宋明帝刘彧上台，尽废新币，只允许古钱流通。刘宋王朝四个皇帝走了一圈，又回到起点，社会上还是没有钱。

几经战乱，江南在萧衍的统治下重新走上繁荣，又需要钱了。萧衍无疑是中国历史上最聪明的皇帝之一，他当然意识到货币的重要。谁掌握货币的发行权谁就拥有财富。

萧衍开始铸钱。萧衍铸钱和刘宋王朝不同，刘宋王朝允许古钱流通，萧衍严禁古钱流通，这样可以杜绝新钱和旧钱轻重比价不一的混乱，又能把货币发行权牢牢控制在自己手里。

想法是好的，执行起来不如意。老百姓不买账，照旧用古钱做交易，而且国家的铜依然不足。

这难不倒萧衍。和刘子业相比，萧衍是自私的，绝不会把货币发行权让给老百姓。既然铜不足，那么就用铁，铁要多少有多少。如何让老百姓放弃手里的铜钱呢？不能强迫，那只有靠佛祖的力量了。佛在萧衍眼里就是一个工具，用来统治人民的工具。佛教长老们出来说话了，佛祖需要青铜，需要青铜来铸佛像，一座佛像一个大功德，一个铜钱贴上去，一个小功德。加上政府部门推波助澜，铜像越造越多，社会上流通的铜钱越来越少。人们开始求萧衍想办法。

高手做事都这样，明明是我求你们，非要你们来求我。萧衍说，办法有，用铁铸钱。还有反对的吗？没有了吧？

铁币发行了，政府不断地铸，民间也不断地造假钱，因为铁多，家家都有。通货膨胀猛如虎，人们用大车拉着铁钱上街买菜。史家无一例外地认为，萧梁王朝的通货膨胀就是因为造假钱，但是造假钱能造得用牛车拉着钱买东西吗？萧衍在其间无疑扮演了一个极不光彩的角色。

凯恩斯说过："不断发行货币引起的通货膨胀，可以秘密地，不为人知地没收公民的财富，一百万人中很难有一个人能够发现这种偷窃行为。"当今社会的人都难以发现，何况一千五百年前的南朝社会。通货膨胀的结果只有一种，多数人贫穷，少数人暴富。

萧衍不听歌，不饮酒，衣着俭朴，穿布衣，戴旧冠，每天吃一顿饭，饭菜不过豆羹糙米饭，睡的地方仅能放下一张床，四更天起床工作，寒冷的冬天都冻裂了手。如此勤政的皇帝带来了什么？一个繁荣的社会，一个富裕的王朝，一个贫富差别如同天堂和地狱的江南。

侯景来了，受等级压抑、通货膨胀折磨的最底层穷人和奴隶翻身的日子来了。侯景并不想让他们翻身。能与贵族们同流合污，侯景也不会去找穷人。但是，贵族们不需要他，以拥抱他为耻，而他却有巨大的野心，需要人打仗，需要人冲锋，需要人做炮灰，这些无法维持生计的穷人才是他的主力军。

侯景发布解放奴隶的宣言，不管谁家的奴隶，只要投靠我，一概解除奴隶身份，上升为平民。此令一下，建康城投奔叛军的奴隶不计其数。台城城破，萧衍与侯景曾有过一段著名的对话，萧衍问侯景兵力，侯景回答过江时千人，围台城时十万。挤除侯景话中的水分，围城兵力七八万人比较客观。除去侯景和萧正德的两万人马，其余兵员都是在建康城就地补充的，且是在二三十万梁朝各路援军包围中招募的。如果是抓壮丁抓来的，那就无法解释侯景军队旺盛的战斗力。穷人和奴隶死心塌地为侯景卖命才是真正的原因。

侯景甚至做了台城里奴隶的统战工作。朱异府里投降侯景的一个家奴穿着锦袍，骑着骏马，指名道姓找昔日的主人朱异对话辩论。朱异想，怕你一个低贱的叛奴吗？不忠不义，寡廉无耻，丧尽天良，背叛祖宗，哪一罪过拿出来都够你喝一壶的。

两人一对话，朱异发现上当了。这个家奴的话并不是说给他听，而是说给城里的奴隶们听的。

家奴趾高气扬地说："你做官五十年，当了个中领军。我刚刚投奔侯王，已经是开府仪同三司。"

开府仪同三司是魏晋南北朝常设的一个官位，仅次于三公，从一品，相当于现在国家级副职。顾名思义，开府，开设府第，设置官吏。仪同三司，仪仗等同于三公。

短短的一句话蕴含大道理。朱异虽蒙萧衍宠信，权势骄人，但他毕竟出身寒门，属九品中的下几品。像朱异这种人在梁朝不能做高官，也不能做清闲的官。那些官只能留给门阀贵族做。无论多么努力，朱异五十年宦海生涯中最高的官衔就是中领军，掌管禁卫军的最高统帅，从二品，省部级副职。他的另一官职中书舍人更不上台面了，从五品，地厅级副职。中领军没有开府设置官员的资格。

这也是朱异心中的痛，一生的恨事。朱异不掩饰对门阀贵族的痛恨，对待他们态度轻蔑傲慢。有人劝他收敛些，他说，我出身寒门，凭实力和机遇才走到今天的地步，而这帮人倚仗冢中枯骨轻视我。我对他们恭敬，他们更瞧不起我，所以不如我先瞧不起他们。

朱异死去的时候，他的好朋友对萧衍说，朱异生平最大的愿望是想做个执法官。萧衍满足了他，死后追赠他为“侍中、尚书右仆射”，堂堂正正地当了一回国家级副职。应该说，如果没有侯景，朱异死了也别想当国家大员。朱异保卫台城有功，萧衍顿悟了人生，也没人议论了。面临死亡的威胁，吃了上顿没下顿，贵族们没力气举手反对。

家奴一副小人得志的模样，你朱异五十年得不到的东西，我一天就到手了，怎么样，服不服？这就是革命，这就是革命的效果。自从商汤和周武王发明了革命，革命经久不息，这就是革命魅力所在。

家奴的话刺激了朱异，更刺激了城中的奴隶们。三天之内，奴隶从台城逃跑投降者数以千计，这些人无一例外地变成侯景的敢死队。

侯景兵员激增，后勤保障发生困难。叛军没有根据地，人多粮少，坐吃山空。石头城常平仓的大米很快吃得精光。人吃不上饭，什么纪律都不管用。侯景一声令下，抢。叛军抢米抢人，强迫老百姓挑土筑山，不管你是贵族还是平民，一律干活。

城外筑土山，城里也筑土山。打起仗来没什么贵贱之分，也不分什么有钱人和穷人，除了皇帝和太子，所有的人都要参加劳动。太子萧纲也没闲着，捧着装满金钱的银马鞍四处给将士们发工资，发奖金，许诺战后的福利。这一轮土山对攻战，台城占优，因为城里人不仅建起土山，又在高高的土山之上竖起四丈高的高楼。双方各据土山对射，箭雨昼夜不歇。萧纲不愧文人墨客，高楼起名“芙蓉楼”，高楼和土山之上的两千敢死甲兵称作“僧腾客”。芙蓉楼好理解，高楼用彩帛包裹，色彩斑斓。啥叫“僧腾客”，捉摸不透。假若萧纲还活着，肯定会有战地记者做专访。可惜，离我们年代太久远，我们无从得知。

与叛军坚固的土山相比，城内土山属于豆腐渣工程。可能因为皇宫地方狭窄，土量少，大家偷工减料，根基不敦实。再者，城中达官显贵居多，从没干过活，难以保证质量。一夜大雨，城内土山崩塌，芙蓉楼及僧腾客统统压在泥水里。

这让侯景看笑话了。看笑话不妨事，叛军趁机发动进攻。敌人爬上土山，凭借土山的高度向城里放绳索，士兵们借助绳子滑向城内。梁军奋起抵抗，无奈叛军越聚越多。关键时刻羊老虎现身，指挥士兵们投掷火炬和燃烧的柴火，纵火形成火墙。城里的人们迅速筑起一道新的城墙将叛军隔到城外。

攻防战异常艰苦，朱异仍然幻想击退敌人，不听羊老虎劝告，派出一千多人的敢死队出城突击。敢死队刚过吊桥就往回跑，吊桥狭窄，士兵们互相争抢、挤踏，落水者不计其数，出去一千，回来二百。城里的人们气急败坏叹息不已，又让侯景笑话一回。观此情况，羊老虎又气又急，生病了，带病坚持上了一个月的班，再也坚持不下去了，带着忧虑离开了世间。

城里数万军民恐惧地注视着羊老虎离去。羊侃是他们的精神支柱，建康城的保护神，羊侃走了，谁来保护他们呢？

叁 有个将军范桃棒

城里人不是没有机会，机会被太子萧纲错过了。

侯景喜欢有本事的人，惺惺惜惺惺。叛军向建康进兵时抓获陈昕。想当年，陈昕的父亲陈庆之孤军入洛阳，侯景只是尔朱荣帐下一名小将，崇拜“名师大将莫自牢，千兵万马避白袍”等纵横中原的传奇名将。后来有幸与白袍将军一战，结果侯景大败，终于佩服得五体投地，而今遇到明星的儿子，自然欢喜得很。侯景与陈昕开怀畅饮，他希望陈昕将白袍队再组织起来，只不过白袍军要为他服务。陈昕哪里肯听，喝喝酒，扯扯皮，吹吹牛，可以陪你，组织人手替你卖命，不干。

酒喝了，菜吃了，事没办成，侯景这一顿酒席请得冤枉。侯景心道，我不是冤大头，不答应条件不给你自由。

自由，不是别人给的，是自己争取的。陈昕明白这个道理。

负责看管陈昕的人叫作范桃棒，是侯景的大将，手下有五百人。北方人敬重好汉，尤其像陈庆之那种光芒四射的英雄，陈庆之的神话传遍大江南北。范桃棒非常想知道白袍军的战绩和故事。恰好陈昕对那段历史了如指掌，他是亲身经历者，虽然中途生病回到了江南。

陈昕给范桃棒讲故事，讲白袍队的故事。讲来讲去，两人成了朋友。干大事必须像我父亲那样，勇猛无畏，七千人对战三十余万人，四个多月的时间攻下三十二座城池，打赢四十七场战役，攻入大魏国都。瞧瞧侯王，过淮河时多少人，八百人，包括你在内，一寸土地都没有。现在呢？拥有数万大军，眼见大梁国都到手了，这才是英雄好汉。再看看你，不觉得活得很窝囊吗？

范桃棒感觉人生的成功离自己非常之近，只需要杀掉侯景即可名扬天下。别人怕侯景，他不怕。陈昕劝范桃棒袭杀侯景等人，范桃棒提出一个要求，要面见皇帝。萧衍是至高无上的皇帝，又是佛教的护法，范桃棒需要精神鼓励和物质肯定。范桃棒的要求并不过分。不能陈昕说什么我就做什么，即使我相信你，我手下的弟兄怎么肯相信你，莫忘记我们还是叛贼。

陈昕偷偷潜回台城报信。萧衍大喜，真是天无绝人之路。不就见见面嘛，太容易了。萧衍特意为范桃棒做了一面银券，就是常说的丹书铁券，免死金牌，上面刻着几行字："事定之日，封河南王，拥有侯景的军队，外加黄金美女。"银券一分为二，朝廷留一半，范桃棒留一半。

萧衍兴奋地忙碌完，发现太子萧纲用狐疑的目光瞅着他。萧衍心里一凉，想起自己已经交出权力，城中里里外外一把手是太子。看来太子有不同意见。果然，萧纲认为范桃棒诈降。萧衍转喜为怒，斥责道："接受投降是件寻常的事情，何必疑神疑鬼。"换作从前，萧衍怎么说，萧纲只能服从。如今萧衍的话不再是金科玉律，接受侯景投降搞到今天这步田地，又要接收范桃棒投降。如果范桃棒诈降杀进城来，责任谁来负？

萧纲拒不接受范桃棒投诚，萧衍无奈。陈昕只得潜出城去再和范桃棒商议。范桃棒想，太子不相信自己也有道理。这样办，我和部下们到达城门口主动脱下铠甲，裸身入城总可以了吧？只要皇帝与我们见一面，许诺免去罪过，奖励我们，我保证捉拿侯景献给陛下。

范桃棒说得越坦诚，萧纲越不相信。朱异又一次坚定地站在皇帝身边，劝萧纲接受范桃棒投诚，拍着胸脯对萧纲说："失去这次机会，国家就完了。"朱异知道萧纲心里想什么。萧纲心中存有侥幸，盼着诸侯的援兵。梁朝各地的军队加起来数十万，只要来一半军队勤王，解围轻松容易。朱异叹口气，幼稚啊，地方军队控制在诸王手里，谁都可以盼诸王的救兵，唯独你太子不能抱幻想。说句不中听的话，太子是诸王的绊脚石，他们都盼着你死呢，能指望他们吗？当然，朱异这话不能说出口，离间皇族那是大罪。这些罪恶的念头只能一个人在静悄悄的夜里安静地想想，想的时候会毛骨悚然，都是亲兄弟啊。寒山之败，萧衍为何那么震惊，中央军主力丧失殆尽，此消彼长，地方诸王势力变强。即使没有侯景，萧衍百年之后江南必有兵变，只不过侯景把这场兵变的时间提前了。

机会稍纵即逝，抓不住就会溜走。萧纲的犹豫使得范桃棒命丧黄泉。消息泄露，侯景抓捕范桃棒和陈昕，残忍地将范桃棒斩去四肢。侯景逼陈昕写信，诈说范桃棒愿意只带几十人不穿铠甲入城。陈昕算得上有骨气的汉子，宁死不屈，拒不写信，遇害。

萧纲等待的援兵从四面八方赶来，合州、司州、衡州、江州、西豫州、湘州诸路军先后抵达建康，荆州军在途中，萧纶所率中央军主力业已渡过长江。各路诸侯的部队越聚越多，从两三万到十余万再到二十余万，军威盛大。各路诸侯互相不服，联军群龙无首。其实，联军有一个名正言顺的盟主，就是萧衍的六子邵陵王萧纶。皇帝和太子被围在台城里，萧纶是城外排行最大的皇子，又是萧衍钦定的讨伐侯景的总指挥官。但是，萧纶将为鲁莽付出代价，不仅未能号令群雄，反而栽了一个大跟头。

萧纶性子暴躁，是连皇帝老爹都敢戏弄的主儿。不管怎么说，到了关键时候萧纶挺身而出，尽到了做儿子做臣子的责任。听闻台城被围的消息，萧纶率三万多中央军急匆匆往回赶，不顾天气状况强渡大江。天地不仁，以万物为刍狗。大自然最是无情无义，不可怜任何人。萧纶渡江遭遇大风浪，损失了一部分船只和人马。

此时台城形势危急。叛军攻克建康城最后一座堡垒东府城，侯景拥立萧正德为皇帝组建新政府，萧正德下诏委任侯景为丞相。侯景另立中央，无疑极大鼓舞了叛军士气。但是，这等于与萧衍和他的儿子们划清界限，依萧纶的火暴脾气决计容不下他。

建康附近的长江易渡之处有二，上游的采石渡和下游的瓜洲渡。萧纶选择了瓜洲渡。“京口瓜洲一水间，钟山只隔数重山。”从京口到建康距离最近。救兵如救火，萧纶的选择原本没有错。然而，这样一来，萧纶的军队与其他诸侯的军队分开来，其余诸侯多由长江上游而来，从采石渡登陆。

从战略角度来说，萧纶选择由瓜洲渡江是正确的，正好对侯景形成南北夹击之势。侯景做出相应的军事部署，派出一支军队到江边阻击。

萧纶出征寿阳前，萧衍叮嘱过，不要急于进攻，等待各路军队会齐，依靠优势兵力取胜。论指挥作战的艺术，论战争经验，萧纶不如侯景。侯景身经百战，从下级军官一路摸爬滚打升上来。六镇大起义，东西魏大会战，侯景是以绝对主力身份参加的。

我们从事后看，萧纶最好的选择是从采石渡江，与各路诸侯的军队共进退。从瓜洲渡江也可以，必须协调南方诸侯军队同一时间进攻。急躁冒进，等于给侯景各个击破的机会。

萧纶急于立功，或者说有些轻视侯景，他不联络其他部队，单独进攻。萧纶手下部将，寒山战役中未战先退的赵伯超提议不走大路，走小路，绕过叛军的阻击防线，出其不意，直接向台城北门广莫门突击。出奇制胜，是一条妙计。赵伯超作战不勇敢，鬼点子倒是不少。《资治通鉴》称赵伯超被东魏军俘虏，看起来记载有误，他应该先溜了，否则怎么会回来参加萧纶的军队？萧纶认同赵伯超的作战计划。

说起来容易，做起来不易。建康北面有鸡笼山、覆舟山、蒋山，山峦起伏。萧纶的军队夜间迂回行军，迷失道路，多走了二十多里。凌晨从大山里走出来一看，哇，到了建康东北的蒋山。萧纶下令就地安营。

即使多走了二十里地，依然达到了突袭效果。侯景得知台城北方出现大批敌军后大惊失色，惊慌失措中下令将战利品统统送往石头城装船准备撤退，同时派出三路军队向萧纶进攻。萧纶依托蒋山地势还击，大败叛军。

此时萧纶犯下一个小小的错误。时值冬月，天气寒冷，山顶堆积的积雪尚未融化。萧纶把队伍从寒冷的山里带出来驻扎在山下爱敬寺。梁军以步兵为主力，步兵适合山地作战。侯景有一支精锐的骑兵部队，适合开阔地作战。侯景迅速观察到梁军变化，亲自率军队推进到覆舟山。萧纶侧倚玄武湖摆开阵式。两军对峙到日落西山，侯景一时捕捉不到最佳战机，下令退却。萧纶阵中勇将南安侯萧骏独率手下数十名骑兵追击。

萧骏上当。侯景学寒山战役慕容绍宗的诱敌之术，故意露出破绽，抓住战机，指挥叛军反攻。梁军寡不敌众，受到冲击的萧骏骑兵大乱，向后奔败。叛军趁势向萧纶大军杀来。面对疯狂杀到的敌人，赵伯超再次临阵脱逃。梁军抵挡不住，开始溃败。萧纶逃到蒋山天保寺，三万人马只剩一千余人。叛军火烧寺庙，萧纶弃寺逃往京口。

萧纶兵败给了侯景喘息之机，他可以安心对付来自长江上游南方的联军。此时此刻，联军正为盟主之位争得不可开交。

第九章 这里的黎明静悄悄

这是一场静悄悄的战争，数十万梁朝援军坐视台城沦陷，他们在想什么呢？

壹 激战秦淮河

人情冷暖心自知。萧纶被打败后，各地方的龙子龙孙连人影也不见，合州刺史鄱阳王萧范，江州刺史当阳公萧大心不错，派出一支部队来。南兖州刺史，那位出门坐防弹车的南康王萧会理确实走不开，正和萧正德的弟弟北徐州刺史萧正表打仗。萧正德做了皇帝，正德家一帮子兄弟自然帮他干架。

益州刺史武陵王萧纪离得远，知道权当不知道。实力最为强大的荆州刺史湘东王萧绎倒是起程了，世子萧方等率一万马步兵走旱路，大将王僧辩率一万舟师沿江东下，萧绎总督三万精锐甲兵随后进发。三路大军总计五万余人，浩浩荡荡，声势不小，只不过走得有点儿慢，萧绎每天待在船上边赏风景边下棋掷色子。湘州刺史河东王萧誉和他一个德行，慢慢悠悠，走一会儿歇一会儿。

到达建康的各地诸侯准备进兵，打仗需要指挥官，需要盟主，龙子龙孙们没到，轮到地方大员，共有四位有资格做盟主：西豫州刺史裴之高，衡州刺史韦粲，前司州刺史羊鸦仁，司州刺史柳仲礼。

羊鸦仁虽然也是刺史，但有个前字。本来他是司州刺史，梁军占领悬瓠，萧衍兴奋之下另设一个新州——豫州，派羊鸦仁担任刺史。被侯景战败，羊鸦仁弃州而走，豫州刺史有名无实，只能算前司州刺史。他可以剔除，败军之将不足以言勇，想当然，大家也不同意。

衡州刺史韦粲不争，推选司州刺史柳仲礼，因为柳仲礼是他表弟。柳仲礼有没有资格做盟主？有资格。梁朝讲究门第，柳仲礼有个祖宗很厉害，柳元景，乃南朝名将。柳仲礼也有一项傲人的纪录，曾经打败过北魏名将贺拔胜。

柳仲礼根正苗红，又有战功，大家都满意，除了裴之高。老将军裴之高年近七旬，年龄大，资历高，而且鄱阳王萧范任命他总督江右援兵，萧范的儿子就在裴之高帐下听差。裴之高一句话就把韦粲的提议否决掉，“柳节下是州将，何须我复鞭板？”柳仲礼就是个州将，刚刚提拔起来，老头子我怎么能伺候他呢！

大家热烈讨论好几天，没有结果。好在韦粲舌头灵活，亲自跑去做工作。论门第，我出自京兆韦氏，韦睿是我爷爷；论年龄，我也比柳仲礼大。为什么让他做盟主呢，就为了赶快把皇帝和太子救出来。大家争来争去，什么时候争到头，等叛军攻下台城，我们都是罪人。

韦粲三寸不烂之舌把老将军说哭了，柳仲礼的盟主之位定了下来。韦粲不曾想到，他的一番苦心反把性命搭进去了。

柳仲礼指挥联军向秦淮河推进，部署兵力的时候犯难了。按照柳仲礼的设想，侯景擅长野战，联军采取步步为营的战略，推进到秦淮河南岸趁夜色筑营。大营建起来，侯景也就无能为力了。但是，有一处地方不好安排，那就是青塘。

青塘是战略要地，临近河中沙洲。夺取了青塘，联军的水军船只就可以开进秦淮河停泊沙洲。而且，青塘处于通往石头城的道路正中。石头城是侯景唯一一处渡口，侯景兵败，只能从石头城乘船逃跑，青塘的重要性不言而喻。正因为青塘战略地位重要，叛军一定会派重兵争夺。各路诸侯谁都不肯去，柳仲礼想到了韦粲。

韦粲也不想去，太危险啦，极有可能全军覆没。柳仲礼道：“兄长不肯帮我，我真没办法，这个地方别人守不住。如果觉得兵少，我派兵增援你。”柳仲礼把刘叔胤的水军调给韦粲。

联军各路军队向秦淮河进兵。天不助人，当夜大雾弥漫。韦粲的七千人马迷失道路，到达青塘时三更天已过。士兵们忙着建营盘。当年，韦睿在北魏数十万大军眼皮底下一夜之间建起一座坚固的大营。时间紧迫，韦粲未能创造他爷爷的奇迹。

天刚破晓，侯景接到联军大举进攻的消息，登上禅灵寺楼阁举目远眺，一座座梁军大营沿秦淮河拔地而起。他最关注的青塘方向，梁军的军营也在营建中。侯景当即点起人马直扑青塘向韦粲军进攻。

韦粲拼命，别人不想拼命。刘叔胤的水军抵达古禅灵渡，士兵们站在船头看两军厮杀，无一人肯登陆从背后攻击叛军。郑逸打不过侯景，败退回营，叛军趁势杀入。众人一看情况不妙，拖着韦粲撤退。韦粲抱定一死的决心，任凭部下拉拽屹然不动，指挥军队死战。

南北朝时期将领们都有部曲、家兵，所带部队骨干均由自家人构成。正因为如此，梁军战斗力不强，直追东晋时代，勇于追击，怯于逆战。喜欢打顺风球，不习惯打恶战，遇恶仗就跑，每个家族都想保存实力。与中世纪的欧洲相比，东晋南朝的门阀贵族瞧不起武人，未能培养起一个具有忠诚、勇敢和荣誉精神的骑士集团为他们打仗。

没有一支勇敢无畏的军队就难以保证财富永远存在，门阀的没落是早晚的事儿。侯景掘好了门阀贵族的坟墓，韦粲为门阀贵族唱响了最后一曲悲壮的挽歌。重文弃武的中原衣冠将成往事，随风飘逝。自此以后，江南注定成为奴隶们的天下，先有羯奴侯景，后有南蛮陈霸先。

此一战，韦家伤亡惨重，韦粲父子及兄弟四人以身报国，韦家亲戚死者数百人。盟主柳仲礼正在吃早饭，听闻韦粲被攻击的消息，将筷子一扔，披甲上马，手执长槊，率数十骑杀奔青塘。北方智将与南方勇将一场大战，柳仲礼舞动长槊横冲直撞，斩杀数百个敌人，叛军上千人投水而死。柳仲礼只差那么一点儿就结束了侯景的性命，长槊将要刺中侯景时，叛将支伯仁的长刀砍向柳仲礼。柳仲礼肩膀中刀，马陷泥淖，十余名叛兵各执明晃晃的长矛齐刷刷向柳仲礼扎来。部将郭山石拍马赶到，杀散叛军救下柳仲礼。

联军目的达到，攻占青塘，军队推进到秦淮河南岸。侯景再也不敢轻易渡过秦淮河发动进攻，沿秦淮河北岸构筑防御工事，双方隔河对峙。

这一场恶斗杀得人人心惊，个个胆寒，柳仲礼初来的锐气丧尽。一方面见识到叛军的勇猛，另一方面也看到皇族和诸侯们的丑恶嘴脸。只有他和韦粲拼死作战，结果自己身负重伤，韦粲一门死伤无数。此战过后，众人寄予厚望的荆州军只到了两万人，萧绎迟迟不见影子。要知道荆州那是南朝实力最强的州，战士有十万之众。既然皇子皇孙们都不担心，我操得哪门子心？从此柳仲礼闭口不提打仗的事儿。

终于有位皇子来了，萧纶带残兵败将绕道来到联军驻地。萧纶后悔，若非急躁冒进损兵折将，现在他就是大军的盟主。三万军队打得只剩下几千人，啥都别说了，听人家安排吧。尽管萧纶放低姿态，柳仲礼还是瞧他不起。萧纶天天到大帐来请示工作，柳仲礼一脸傲慢，爱理不理。如此对待身为皇子的萧纶，其他人可想而知。

将帅不和，将领们之间也矛盾重重。有人想战，有人想守。萧嗣、萧确、庄铁、羊鸦仁、柳敬礼、李迁仕、樊文皎等几位有勇气的将领聚在一起率部队渡过秦淮河，与叛军激战于东府城。

侯景把主力放在台城的南面和西面，南面防联军，西面通石头城，确保后路不被切断，东面防守力量相对薄弱。联军选择从东面撕破侯景的防线可谓聪明之举。李迁仕、樊文皎所部五千锐卒一度攻到菰首桥。菰首桥是青溪的一座桥梁，过青溪就到台城。不想两人中了叛将宋子仙的埋伏，樊文皎战死，李迁仕逃回。

樊、李两将虽然战败，但此次联军的进攻战果显著，把东面的叛军从秦淮河压迫到青溪，一举切断东府城与侯景主力军队的联系。顺便介绍一下庄铁，此人原本投侯景，见联军势大，又转投回来。

侯景十分害怕，因为东府城有粮食，东府城的粮食足够叛军吃一年，如今有粮运不出来。如果派大部队去东面夺回粮道，联军主力极有可能从南面渡过秦淮河，这一仗胜负就定了。叛军无粮，优势转到联军方面，侯景急得团团转，狡猾的王伟又想出了馊主意，求和。

贰 古老的计策

求和，太古老的计策，弱者往往以求和作为脱身之计，拖延时间，摆脱不利的局面。刘邦在荥阳求和忽悠项羽，白登山求和忽悠冒顿；侯景台城下求和忽悠萧家父子；听说利比亚反对派也玩过相同的手法忽悠卡扎菲。

侯景提出议和，一为避开联军初来的锐气，二为得到东府城的粮食，三为寻找最佳战机。侯景提出的议和条件非常诱人，不打了，退兵渡江回家。

凭借多年的斗争经验，萧衍当即否决议和，怒气冲冲道："和不如死！"姑不说议和是真是假，我堂堂大梁朝皇帝，你说造反就造反，你说和平就和平，面子上过不去，以后怎么统治人民？

萧纲想法和萧衍不同，萧衍八十六岁，那时节人生七十古来稀，您还能活几年哪，多活一年少活一年有什么区别？我不行，才四十六岁。虽然说四十六岁也不小啦，但是和您比起来，还有四十年活头，现在去死，多可惜呀。再者说，实在打不下去啦。

叛军自548年十月二十五日围城，到今天549年二月初三，整整三个月零八天。城里有没有粮食？有。叛军逼近建康的时候，聪明人已经往台城运了四十万斛米，至今没吃完。但是，光有粮食没有柴火，没有草料，没有盐，没有肉。人们扒掉宫殿挑出的木头也差不多烧尽。不吃肉没力气打仗。大伙吃马肉、吃老鼠肉、吃死人肉，顾不得瘟疫传播。三个月前男女十余万、甲士两万人，如今还剩二三万人，都是些老弱病残外加伤号，能登城作战者不过四千人。到台城里转一圈，“横尸满路，烂汁满沟”。这场仗没法打。另外，城里人不知道援军究竟进展如何，围城三个多月，援军就算爬也该爬进了台城，分明不用心、不使劲，时间耽误不起，再耽误两个月饿都饿死了。

羊老虎死了，朱异死了，城里的主心骨都死了。萧衍万般无奈。想想也是，自己无所谓，一大把年纪，怎么也得为年轻人着想。萧衍让步了，对太子萧纲叹息道：“你看着办吧，勿令取笑千载。”别让千秋万代的人笑话你，别说千秋万载的后人，两年后萧纲自己都会笑话自己今天的决定，幼稚，可笑。

同意议和。萧衍又一次毁在萧纲手里，一世英名付之流水。历史就是一面镜子，照到过去，照到今天，照到未来。

双方停战。侯景如愿以偿，一次又一次提出无理要求拖延时间。先是向朝廷要地盘，请朝廷割让江右四州之地；再让萧纲的儿子萧大器到军中做人质。条件满足之后，侯景提出双方会盟，联军不准再采取任何军事行动。萧衍再次照准，双方派出使臣对天盟誓，恪守条约，并正式封侯景为大丞相。侯景宰了头牛，把血抹到嘴唇上，遥对台城歃血为盟。上述表演结束，该撤军了。侯景又说，没有船怎么过江，过江的时候联军追击怎么办？双方开始商议怎么办，讨论来讨论去，十多天过去了。

此时，南康王萧会理打败萧正表后率两万青兖军队入援已到长江，侯景害怕萧会理由白石垒登陆，与南方联军形成夹击之势。又对萧纲说，萧会理的军队妨碍撤军，让他到秦淮河南边去。萧纲同意，萧会理移师秦淮河南岸。刚处理完这事儿，侯景又来事了，说东魏军队已经攻占寿阳和钟离，我无家可归，先把广陵城借给我，等打下寿阳，再把广陵还给朝廷。过两天又说，联军驻扎秦淮河南岸离石头城太近，我不能从石头城撤军，必须从京口撤。萧纲又同意。

双方一来一回，一商一议，又过去好几天。猴子变身耍猴人，萧纲倒被猴子耍得团团转。侯景一算计，时间还不够，米没运完，怎么办呢？正巧，萧纶的儿子萧确隔着秦淮河站在阵地最前沿跳脚骂侯景：“你等着！天子和你结盟，老子和你没完！”

又让侯景抓住一个理由，给皇帝上表章：“萧确这个毛头小子态度恶劣，是个危险分子，我撤军怕他会来追，必须把他调往台城。”

萧衍派人召萧确进城。萧确心想：侯景算什么东西，为什么要听他的？他再三给皇帝写信，拒绝入城。萧衍当然不同意。萧确一天不进城，侯景一天不退兵。萧确是头犟驴，放出话来，再逼我进城，老子去荆州。

萧纶急得哭了，对儿子道：“台城围这么久，我们担忧皇上的处境，早早把侯景打发走算啦，以后怎么收拾他再说。”萧确听不进去，对老爹道：“侯景想走早走了，围困台城的军队不撤，他根本不想走，和我进不进城一点关系都没有。”萧纶怒道：“皇上定的事必须执行。”拿皇帝吓唬别人行，萧确唬不住，稳稳当当坐着不动地方。萧纶火冒三丈，冲身边的赵伯超道：“把这小子给我宰了，提他的人头进台城。”赵伯超多聪明，真把萧确杀了，萧纶会和他拼命。赵伯超当即拔出钢刀，斜视萧确道：“伯超识得君侯，刀不识君。”

父子闹到兵刃相见那是何苦，萧确痛哭流涕答应进城。萧纶转怒为喜，塞给儿子一篮子鸡蛋。不是给儿子吃的，那是给父皇萧衍吃的。萧衍吃素几十年了，从来不破戒。台城里蔬菜吃光，只能吃鸡蛋。议和这段时间城里城外有了联络，萧纶听说后收集几百只鸡蛋让萧确捎进城去。

萧确提着篮子进城，城里惨不忍睹，一片世界末日的景象。大街小巷满是尸体，沟里流淌着死人腐烂的脓汁。进得皇宫见到皇爷爷萧衍。八十六岁的老人颤巍巍接过鸡蛋，泪流满面，哽咽哭泣，亲自下厨做鸡蛋。那种境地下，皇帝也没人伺候，性命不保，谁管谁呀。

一代开国之君落到亲手做煮鸡蛋的田地，放眼中国历史绝无仅有。望着皇爷爷孤单瘦弱蹒跚的背影，萧确泪湿眼帘一片模糊。

碧水蓝天，春柳轻拂，湘东王萧绎正悠悠然与幕僚萧贲下棋。荆州大军行到武昌，萧绎无论如何不肯再行。与他同样停军不进的大有人在，河东王萧誉的船队停泊青草湖，信州刺史桂阳王萧慥的水军停在西峡口。他们的理由出乎意料的一致，等待援兵聚齐。倘若他们继续等下去，援兵永远不可能聚齐。

萧绎神态宁静，一只独眼略有倦意，轮到萧贲走棋。萧贲吃子良久不见落子，萧绎怪道：“为何不下？”萧贲轻轻嘘口气道：“殿下都无下意。”萧绎一皱眉，猛然意识到萧贲不是说下棋，借谐语讽刺他停军不发无东下救援国都之意。萧绎根本不想救父亲和兄长，因为他想做皇帝。父亲和兄长死掉岂不如自己意？萧绎心里实在感激侯景，盼着跛奴早早成就大事，怎么肯去妨碍他？萧贲说中他心事，心中秘密竟然被他人窥破，他不禁恼羞成怒。萧绎强忍心中不满，这件事拿不上台面，更不要说治萧贲的罪。

朝廷与侯景议和的信函传到萧绎手里，萧绎想了想，瞥了一眼萧贲笑道："不必再下啦，朝廷已与侯景讲和，我军即刻班师。"萧贲不假思索道："议和分明是假，侯景若放下武器，不待过江，小孩子都能杀他，他有这么傻吗？殿下拥兵十万，未见到叛贼便退兵，为什么？"

萧绎恨得牙根痒痒，为什么？你说为什么？我若不撤退，恐怕侯景真的议和退兵啦。萧绎面露微笑，心道："亏你还叫我叔叔，让你多管闲事，回头宰了你。"

正直的萧贲未能躲过心狠手辣的萧绎的毒手，萧绎找个理由杀了他。但是，比萧贲狂的人还有，徐怦就是一个。身为武陵王萧纪参军的徐怦不断催促发兵救援台城，萧纪抱着和七哥同样的心思，拒不发兵。事后萧纪诬陷徐怦谋反，且假惺惺地对徐怦道："顾念交情一场，我放过你的儿子们。"徐怦讽刺道："生儿悉如殿下，留之何益！"徐怦这句讥语让他的儿子们也都命丧黄泉。

世界需要正直的人，而正直的人往往得不到好结果。但有一点也毋庸置疑，迫害正人君子的人一样得不到好结果，对父亲和爷爷的生死置之不理的萧绎、萧纪、萧誉和萧慥们均未得到好下场。

转眼一个月过去了，侯景再次成功拖延时间，不仅东府城的米全部运进叛军控制的石头城，而且梁朝实力最大的荆州军从武昌撤回江陵。侯景兴奋异常，直斥梁武帝及太子萧纲十项大罪，撕毁条约，背弃盟誓，再次掘开玄武湖的水，水淹台城，叛军四面进攻。

叁 静坐战争

从来都是萧衍玩别人，这回被猴子侯景玩个团团转。打了一辈子鹰，到头来被鹰啄瞎眼。萧衍又羞又怒，生气上火也没办法。城里只有四千能喘气的上城打仗的人，剩余的人虽然能喘气，但拿不起武器。城里人只能指望援兵，人们听说柳仲礼是盟主，便把柳仲礼的爹搬出来。你柳仲礼可以不管我们，总不能不管自个的爹吧？

柳仲礼的父亲柳津爬上城头声嘶力竭地呼喊儿子："你的君主、父亲都在城里遭难，你却在外逍遥快活，不肯尽心竭力作战，百世之后的人们会怎么评价你呀！”

东面的联军打到青溪，已经看到台城的城墙，有人听到柳津的喊话，急忙转达给盟主。柳仲礼此时正在大帐里听歌看舞，饮酒作乐。联军的军纪不严，上司们吃喝玩乐，士兵们欺压百姓。联军进京以来．尤其打过秦淮河的部队看到叛军抢珠宝、抢美女、抢古董，发了大财，手心痒痒，也学叛军搜刮老百姓。谁让建康城富甲天下呢？百姓们算看透了，什么官军，什么叛军，都一个样子，土匪！

停战大半个月，每个人都有时间静下心来理一理思路。柳仲礼曾经和侯景隔着秦淮河交流过，侯景还派人送了一件金环作为礼物。经过不断琢磨，柳仲礼发现一件有趣的事情，侯景攻入台城非但不是坏事，反而是好事。为什么这么说呢？侯景拥立萧正德做皇帝，如果打进城去，天无二日，国无二主，必然杀掉萧衍父子。到那时柳仲礼再率领群雄杀死侯景，替皇帝报仇，拥立新皇帝，那么他就是第二个侯景。萧纶对此也似乎心照不宣，否决掉了萧骏三路进兵的建议。

秦淮河和青溪南北两重天，河的北面上演莫斯科保卫战，河的南面这里的黎明静悄悄。

任由老爹喊破嗓子，儿子按兵不动。柳津对萧衍哀叹道：“陛下有邵陵王，臣有仲礼，不忠不孝，如何平定叛乱！”

最无耻的人不是萧纶，萧绎等人更无耻。萧家子孙中并非全是无耻之徒，被人们讥笑为“胆小鬼”的萧会理就铁心救台城。事实证明萧会理非但不胆小，而且勇猛坚毅，只有他在台城最危急关头联络羊鸦仁和赵伯超部向叛军攻击。仗打得不顺利，羊鸦仁失约，赵伯超逃跑，萧会理一战损失五千人。

再也无人肯站出来，台城陷落是早晚的事。重压之下，城中出了叛徒，汉奸们引导叛军杀进城来，萧确奋勇拼杀，怎奈叛军越涌越多。眼看大势已去，萧确从城头放下绳索，顺着绳子滑下城来，飞也似的进宫报信。

血染衣袖的萧确脚步踉跄、神色慌乱地推开宫门，抢进宫去，大叫道：“台城失陷啦！”萧衍刚刚和衣卧下，闻听此言，出奇的宁静。他静静地在床上一动不动，神色不变地问道：“还可以再战吗？”萧确回答道：“不能再战啦。”萧衍一声叹息，说道：“自我得之，自我失之，亦复何恨。”

萧衍算不得中国历史上的亡国之君，但梁朝实实在在亡于他的手里。侯景列举的十项大过失虽然有的比较牵强。比如说萧衍喜欢祥瑞，不把地震等自然灾害当作天谴；说萧衍曲解六艺，排斥正宗儒学，搞王莽那一套。

其实什么算正宗儒学，人们理解的儒学都是后人解释的。孔子大师一句话，大家开始解释，孟子一套，荀子一套，董仲舒一套，王莽一套，程朱一套，陆王一套，梁漱溟、熊十力一套，从当时的社会需要和自己的理念出发，各说各的。凭什么不允许萧衍来一套，解释六经，不能算错误。

但是，也有很多指责可谓诛心，大体反映了当时梁王朝社会存在的弊端。第一，货币混乱，通货膨胀；第二，机构臃肿，人浮于事，侯景有话，官太多，像烂羊头、烂羊胃一样不值钱；第三，任人唯亲，有才干的人得不到提拔，除了皇族子弟就是门阀贵族；第四，崇佛；第五，官员贪污腐败；第六，社会风气奢侈、轻薄；第七，皇族不和，皇子们不忠不孝，皇帝有难，无人肯真正出力。

侯景围台城这段时间，萧衍也在思考，究竟什么原因使建康的一部分人民背弃自己，心甘情愿帮助叛军？我给你们带来半个世纪的和平，解决了温饱，建康人民的生活水平已经达到小康，包括那些奴隶。贫富分化固然很大，但是有哪个社会绝对公平，至少我萧衍没有看到。事到如今，萧衍仍然不服气，煮熟的鸭子嘴硬。我得到的东西，自己把它弄丢了，没什么可惜的。也就是说，我尽力了，换谁都没用。

达到萧衍水平和境界的中国皇帝凤毛麟角，可能武功比萧衍好，但是文采比不过；可能文采出众，但是武功又不如萧衍；也可能文武全才，但是下棋未必赢得了；即使文韬武略，琴棋书画皆通，佛学造诣、道家修为、占星术又比不了。梁之前，史书都是断代史，萧衍曾经主编过六百卷《通史》，自负地对群臣说："我造《通史》，此书若成，众史可废。"萧编《通史》到宋朝失传，否则司马光的《资治通鉴》没必要从战国写起。

萧衍有自负的资本，可惜他是皇帝。中国历史有个规矩，成者王侯败者寇，只要失败了就是贼，因为历史由成功者书写。

"自我得之，自我失之，亦复何恨。"萧衍的境界中，生死已然是身外之物，也只有将生死荣辱置之度外，才能有这般的豁达和洒脱。纵观古今亡国之君，有杀身成仁者，有忍辱偷生者，似萧衍这般宁静淡然，从容淡定，恐怕前无古人，后无来者。有一句话用在萧衍身上非常恰当——神马（什么）都是浮云，生命是，皇冠是，国家也是。

萧衍没有像纣王、崇祯皇帝那样自杀，没有像北魏孝武帝和陈后主那样逃跑，也未像宋徽宗和宋钦宗那样躲起来不见人，而是登太极殿正式召见侯景。

肆 侯景进城

侯景趾高气扬地迈上太极殿的石阶，身后顶盔贯甲全副武装的五百名甲士相随。侯景有资格傲慢，一年前如同丧家之犬，而今是大国征服者。侯景一跛一跛地迈着步子，谁敢笑话我，我砍下他的一条腿。

侯景的傲慢只表现在太极殿外，进了大殿，他立即感受到无尽的压抑。须发皆白的老皇帝萧衍不怒自威，宛如一尊古佛高踞须弥宝座。在胜利者面前，萧衍依然展现出皇帝的震慑力和至高无上的尊严。侯景不由自主地跪倒身躯，以额触地，行参拜大礼。其后由典仪官引导至三公榻前落座。萧衍神色不变，静静道："卿在军中日久，真是劳苦功高啊！"

听着老皇帝的讽刺，侯景不敢仰视，一时间说不出话来，汗水不由自主从额头流下打湿脸颊。萧衍接着问道："卿何州之人，敢到这里来，妻子儿女仍在北方吗？"这些都是很简单的问题，侯景竟然紧张得答不上话来，倒是站在殿下的叛将任约心情淡定，替侯景答道："下臣侯景的妻子皆为高氏屠杀，只身一人归附陛下。"

接下来，萧衍问了一个不该问的问题："当初渡江时有多少人？"这回侯景镇定下来，这是他引以为傲的一件事，他结结巴巴答了两个字："千人。"萧衍又问道："围台城几人？"侯景又回答了两个字："十万。"萧衍仍然问下去："今有几人？"可能萧衍认为侯景围攻台城肯定损失了不少人马。侯景的回答平添一股豪气："四海之内都是我的人。"萧衍猛然醒悟，这句话不该问，当即低头不语。

侯景吹牛了。你现在还被梁军包围着呢，说什么拥有四海？有时候人就需要吹牛，尤其是做大事的人。吹牛皮长志气。先不管别人信与不信，吹上一顿再说。人们穿名牌，开名车，购古董、字画，买豪华游艇，买飞机，其实未必有那种闲钱，也是一种变相的吹牛，向对手示威，抬高自己的社会地位，结交更高层次的朋友，容易办事。

侯景不是不会吹牛皮的人，南北朝社会环境将侯景从小塑造成一个低等人。别看侯景咬牙发狠，发誓将贵族们的女儿配给奴隶，实际内心深处有种深深的自卑。这种自卑感根深蒂固，深入骨髓。在北方他是个贱民，在南方他更是个贱民。侯景所能想到最伟大的事情无非做个大将军。将军再大，也是个将军。有没有文化并不在于你读多少书，识多少字，而在于你的思想境界，能像陈胜那样说出"王侯将相宁有种乎"的话，你就是大字不识一个，也算个哲学家，而不是一个奴才。

没文化太可怕。钱越多、官越大越能体会到这句话的意义。钱多官大，社交圈子不同，社会知名度也不同。别人说话，你听不懂，搭不上腔，偶然搭上一句话让人家笑话半天。

侯景可悲之处在于，混到征服者的份上，登顶上流社会，睁眼一看，渺小啊。自卑并不是对方比你行，而是自己觉得自己不行。侯景战战兢兢离开太极殿到永福省见太子萧纲。太子身边的侍卫们都吓跑了，萧纲面无惧色，神色自若。侯景大大咧咧地进屋。太子侍臣徐摛告诉侯景："侯王，进来拜见要遵守礼节，怎么能这样？"言外之意，乡下人，别不懂礼貌。

侯景跪下磕头。萧纲和他说话，侯景又答不上来。南北朝好玄学，萧纲整天满口老庄，说出话来云山雾罩。侯景听不懂是一方面，另一方面肚子里没货，搞不出什么好词妙句，更没有什么闪烁思想火花的精辟名言。

侯景见过萧家父子后对自己的临场表现感到十分惊讶，冲身边亲信说："我戎马一生，面对刀丛箭雨心情平缓，毫无惧意。今见萧公，不由自主恐惧他，难道是天威难犯！我不能再见他啦！"

侯景未能意识到思想层面与萧衍的差距，他将恐惧心理归结为天子的威仪，认为皇帝的与众不同在于包装。所谓"佛要金装，人要衣装"。把一块普通的石头放入名贵的盒子里，那么这块石头的价值也会水涨船高。皇帝的冠冕、仪仗、侍卫、乘舆者都起着盒子的作用。将盒子毁去，石头也就恢复本来面目。于是侯景下令撤掉两宫的侍卫，故意纵容将士们哄抢皇帝的车辆、服装，连宫女也抢了个一干二净。这如同扒掉人的衣服，让他赤裸裸地站到人前，这种情形下还能保持做人的尊严和威仪吗？侯景的认识不能说没有道理，但是，那只是针对平凡的人，萧衍心中已无畏，故而冷静和镇定远超寻常人。侯景自始至终未能让萧衍屈服，所安排的官员，萧衍一概不准。有人在他面前提及"侯丞相"，萧衍必大怒，斥责道："是侯景，何谓丞相！"

面对萧衍的不合作态度，侯景无可奈何。他不可能废掉萧衍，因为台城之外尚有梁国二十余万大军，梁国大部分国土仍控制在萧衍的子孙手里。他只能做"挟天子以令诸侯"的人。叛军破城的那一刻，侯景所做的第一件事即是派人保护皇宫，将企图杀死萧衍和萧纲的伪帝萧正德挡在门外。

萧正德过了两个多月的皇帝瘾，降格到大司马。如果事前告诉萧正德，拿出家里所有的钱财做叛贼，奖励是大司马，他肯定不会干。萧正德想做皇帝，侯景也是这般许诺，信誓旦旦说破城之日绝不留下萧衍父子。萧正德很傻很天真，竟然相信侯景这种人的话。

摘去头上的皇冠，萧正德悔之不及，以泪洗面，哭诉的对象竟然是伯父萧衍。看着给他和国家带来巨大痛苦的叛徒侄子哭泣哽咽的表情，萧衍并未破口大骂，只是淡淡吟了一句诗：“啜其泣矣，何嗟及矣。”这句诗出自《诗经》，描绘一个被无情男友抛弃的女孩失恋痛哭流泪的样子。骂人不吐脏字，笑话人不吐脏字，这是大师级的文化人。这首诗前面还有一句，遇人之不淑矣。怪谁？只能怪你眼瞎交了个无情无义的男朋友，嫁了个中山狼。萧衍讥讽萧正德像个弃妇“哭得这般伤心，感叹不能和他在一起了吧”！

和萧正德一样失落的人还有联军盟主柳仲礼。他没有等来皇帝被害的消息，反而等来一纸宣布诸军解散的诏书。柳仲礼召集各路诸侯商议，萧纶第一个表态：“怎么办，我们听你的。”

柳仲礼良久注视萧纶的眼睛不说话，他清楚六皇子内心深处的想法。六皇子希望自己下达进攻的命令，而且暗示得很明白，听你的，获胜之后自然还是听你的。诸将似乎义愤填膺，王僧辩和裴之高道：“将军坐拥百万大军，致使皇宫沦陷，正当决一死战，有什么可商议的！”

此时进攻，名不正言不顺。大家说得很好听，有多少人肯卖力气，别忘记皇帝和太子在人家手里。以前是保皇党想打，现在是保皇党不想打，同样人心不齐。打败了，身败名裂；打赢了，万一皇帝有个闪失，谁也承担不了。但是，就此接受诏令宣布解散的话也太丢人了。柳仲礼想了一个办法，不表态。既不说解散也不说进攻，就这么耗着。

耗不起的人都走了，先是皇子皇孙，后是各镇诸侯，最后只剩下柳仲礼、柳敬礼、羊鸦仁、王僧辩、赵伯超五镇诸侯，五人大开辕门向侯景投降。五人中只有柳仲礼的弟弟扶风太守柳敬礼另有想法，他想干掉侯景。

诸将入台城先参见侯景后再拜见萧衍，老皇帝静静安坐，一句话也不说。此时无声胜有声，萧衍的愤懑可想而知。

侯景试图拉拢柳仲礼等将领对抗各地的皇子皇孙，留下柳敬礼、羊鸦仁做京官，让柳仲礼和王僧辩继续回地方任职。侯景忽略了一个人，一个至关重要的人，那就是王僧辩。放走王僧辩是侯景最后悔的事情，他没有料到这位湘东王萧绎的参军、竟陵太守竟然是南朝为数不多的出类拔萃的将领。正是由于王僧辩成功取得巴陵阻击战的胜利，侯景重蹈曹操赤壁覆辙，二十万水军兵败大江，从此走上下坡路。

侯景轻视王僧辩，看中柳仲礼。柳仲礼西归之日，侯景江边设宴送行，紧紧握着柳仲礼的手说道："天下之事尽在将军，郢州、巴西托付给你了。"侯景向柳仲礼许下重愿，希望柳仲礼帮自己平定长江中上游诸州，到那时自然裂土分封。自诩大英雄的柳仲礼有机会杀掉侯景，因为他和弟弟柳敬礼事前商议好，酒席之上由柳敬礼抱住侯景的身子，柳仲礼拔佩刀斩杀。

送别的宴席暗伏杀机，柳敬礼几次示意哥哥发出行动暗号，柳仲礼见侯景身边甲士林立，安保措施严密，主动放弃了暗杀。

除掉侯景的机会失去了，侯景自封梁朝丞相，挟天子以令诸侯。挟天子以令诸侯不是件容易的事情，听与不听全在诸侯们。有成功者，有失败者，曹操成功，董卓失败。所以三国袁绍和刘表等人弃汉献帝不顾也在情理之中。侯丞相面临的局面依然严峻，江南之大，只有建康城在侯景控制之下，侯景说的话根本没人听，何况净居殿尚住着一位拒不合作的天子。

侯景不敢见萧衍，派太子萧纲去劝。萧纲泪流满面地劝说父皇与侯景合作。萧衍冷冷道："谁让你来的！如果社稷有灵，国家仍能匡复，如其不然，哭有什么用！"

萧衍志气凛然，侯景生气了，不敢见不等于没有办法收拾你。萧衍不合作，侯景也不合作。你不批准我的计划，我就不给你吃饭。该吃三顿吃一顿，该吃二两馒头就给半两。

五月的建康，气候闷热，老翁萧衍躺在床上口中发苦，向侍从索要蜂蜜。不是纯蜂蜜，而是一种蜂蜜制的饮料。大家知道蜂蜜有润肺止咳、促进消化、消炎等功效，古代贵族对蜂蜜情有独钟，尤其老年人。三国袁术兵败时也想喝蜂蜜饮料，结果找不到，吐血身亡，活活气死了。萧衍也是如此。左右侍从告诉皇帝，侯景不给蜂蜜，没有蜂蜜无法调制饮料。纵使萧衍淡定豁达，堂堂一国之君混到没有蜂蜜水喝，怎么能不生气？老头子"嗬！嗬！"两声，去世了。

回顾萧衍的一生，奋斗过，成功过，失败过，平淡过，辉煌过，失落过，可谓品尝到人生的酸甜苦辣。若非晚年侯景之乱，萧衍在中国历史足以与乾隆皇帝比一比文治、武功和寿命。萧衍比乾隆少活两岁，白手起家，以一州之地平定天下，开启江南五十年繁荣，取得钟离大会战胜利，拓土开疆，梁军一度攻克北魏国都，可惜晚年名节不保。世人对萧衍最负面的评价即是：晚年昏聩。昏聩吗？从侯景之乱的种种迹象看，答案是否定的，不是昏聩，而是聪明过头。

我们从他和中国禅宗始祖菩提达摩之间的对话中看到了一个真正的萧衍，也看出他人生失败的原因。萧衍曾经自负得意地问达摩：“我做了这么多事有多大功德？”达摩道：“无功德。”萧衍又问：“何以无功德？”达摩说：“此是有为之事，不是实在的功德。”

“有为之事”四字可谓是萧衍一生最真实的写照。萧衍所做的每一件事都有目的，背叛竟陵王萧子良，欺骗齐明帝萧鸾，起兵攻打东昏侯萧宝卷，崇佛愚民，发行铁币，对待侯景两面三刀，包括为女儿选择夫婿，无不显示其自私自利的性格。真正的大功德，真正的大慈悲，不是特意去做，而是发自内心。萧衍的一生不停地算计人，到头来聪明反被聪明误，竹篮打水一场空。

萧衍死了，侯景在江南的故事没有完，只是刚刚开始，一幕幕暗杀、兵变、战争的大戏等着他出场，精彩的故事一个接一个。但是，现在我们必须转过头向北望，因为大江之北一个大人物去世了。同年八月，东魏国大执政官高澄死了，死于一场偶然的事件，被一个平凡得不能再平凡的厨师杀死。世界上没有偶然的事情，偶然的背后总有原因。

第十章
高澄遇刺谜案

“日中则仄，月满则亏。”太阳到了正午就会慢慢向西方坠落，月亮到极圆时便开始出现月缺。自然界如此，人生也是如此。人的体质和智力达到最佳时期会开始慢慢变弱，故而人生最危险的时刻莫过于达到事业的顶峰期。二十九岁的高澄一只脚迈进人生最高的殿堂，一时间也危机四伏。

壹 水淹长社城

三年间高澄一手抚平因父亲高欢去世引起的国家动荡。粉碎了保皇党的政变；大败十万梁军于寒山；把跛脚猴子赶到江南祸害梁朝去了；西魏抢占河南七州十二镇，高澄派高岳、慕容绍宗、刘丰生诸将收复失地。

萧衍和侯景兵败意味着西魏对河南的军事占领已经走到尽头。高澄绝不会允许西魏军占有河南土地。西魏河南军队总指挥官王思政对此有着清醒的认识。

西魏权臣宇文泰不看重河南，并非他不喜欢河南，而是考虑到以西魏国现有国力很难与东魏争河南。河南对东魏来说太重要了，东魏已经丢掉皇帝，再把北魏国都丢了，正统性更难保证。从军事角度看，西魏军占领河南直接威胁到东魏新都邺城。宇文泰与高欢为争夺河南打了两次大会战，每次都是先赢后输，裤衩都输掉了。第一次宇文泰逃得晚上睡不着觉；第二次若非高欢追击不够坚决，关中能否保住尚不可知。另外两次战役——小关、沙苑之战均发生在河南之外的地方，包括玉壁，西魏都打赢了。

从兵员配置上可以看出宇文泰不重视河南的战略思想。西魏最精锐的军队武川军团扩编为府兵，分属六大柱国、十二大将军。莫说柱国，直接统领军队的十二大将军无一人驻防河南。也就是说，一旦东魏向河南发起总攻，宇文泰不会派大军决战。

作为汉人，王思政对河南土地抱有根深蒂固的感情，明知不可为而为之。为此，王思政拒绝将河南行台驻地由靠近东魏国的长社城移到靠近西魏国的襄城。王思政对朝廷表明态度："我守颍川，敌军水攻一年之内，陆攻三年之内无须派救兵，过期之后，请朝廷斟酌。"如果敌人够聪明的话用水攻，我守一年，陆路进攻，我守三年。王思政有意用自己的力量拖垮进攻的敌人，到那时你们还不敢出兵决战吗？

王思政不是吹牛皮，他做到了，守了诺言。击败侯景后，东魏大军包围王思政于颍川。东魏水淹长社城，前后两次出动兵力达到二十万人，史载"倾国之师"。战争开始于公元 548 年四月，持续到次年六月，王思政率八千勇士整整守了一年零两个月，使东魏军付出了惨痛的代价。击败侯景的战术大师慕容绍宗及优秀将领刘丰生均死于此役。

慕容绍宗和刘丰生之死有一定的偶然性。东魏军堵塞洧水淹长社，两位指挥官去围水的大坝视察工作，不承想刮起沙尘暴，两人急忙跑进楼船里避风。更有令人意想不到的事情发生，暴风刮断缆绳，大船向长社城漂去。城里人用长钩拉住船，向船里放箭。为避免被射成刺猬，两位指挥官跳水逃生。慕容绍宗水性不好，跳到水里淹死了。刘丰生水性不错，可惜游得太慢，被乱箭射死了。

据说慕容绍宗前些日子照镜子时有过预感，对人说："我二十岁就有蒜发，昨天蒜发忽然没了。蒜者，算也，难道我的聪明才智尽了？"古代称白发为蒜发，慕容绍宗年轻生白发，与血液有关，和谋略恐怕没什么关系。白发突然没了倒是件奇怪的事儿。不管怎么说，两人真的好倒霉，尤其是慕容绍宗，被高欢雪藏十多年，好不容易出人头地做回大事业，却不明不白地丢掉性命。真如挽歌《薤露》所唱："薤上露，何易晞。露晞明朝更复落，人死一去何时归！"人的生命如同草上的露水，太阳一出也就没有啦。

再不出兵增援就要被别人看笑话了。宇文泰按照事前约定，一年后派柱国大将军赵贵率军队由穰城（今河南邓州）北上增援。赵贵的军队经南阳盆地北上，行军路线地势低洼，面对淹没道路的大水，只能选择停军不进。

西魏国救援王思政有不少选择，或者从玉璧进兵山西，或从潼关进攻洛阳，均可牵制住东魏国兵力，减轻王思政承受的军事压力，又岂止南阳盆地一条路？

宇文泰没有与东魏军决战的想法。王思政的战略思路固然不错，中原为四方中枢，历代兵家必争之地，古有逐鹿中原之说。以前宇文泰也是基于此项战略思想与高欢争夺天下。

经过两次挫败之后，宇文泰的想法发生了一些转变。对待侯景投降的瞻前顾后与之前以倾国之兵接应高仲密叛逃形成鲜明对比。中原四面受敌之所，下过围棋的人都懂得一个最基本的道理，金角银边草肚皮，腹心地带最难以经营。西魏没有足够的实力越过三川河谷与东魏争洛阳和许昌。（南北朝与三国的地名有所不同，颍川及其治所长社城与许昌大体同属一地。）这也是宇文泰没有派出大部队进占河南的原因，那样的话又是一场大决战。

宇文泰现在的眼光不再向中原看，而是投向巴蜀和荆襄。侯景乱梁使宇文泰更加坚定了这样一个思路，欲想争霸中原，夺取天下，必须经营好边角之地，取四川和湖北，以巩固壮大自身。

为了国家大战略，牺牲一枚棋子太普通不过，王思政注定是牺牲品，而且王思政并非宇文泰嫡系。他的发迹不是靠宇文泰而是靠北魏孝武帝元脩。王思政固然一再向宇文泰示好，但人心隔肚皮，谁知道他内心深处真实的想法？身为西魏国权臣的宇文泰不能不提防一切与皇族有瓜葛的势力。

王思政愿意死，就由他死去吧。宇文泰这样想。

名将慕容绍宗和刘丰生之死在东魏军队及朝野掀起轩然大波，军队士气低落，臣民惊讶丧气。陈元康劝阿惠及时挺身而出："这是天赐良机给大王。大王虽然打败侯景，但侯景是内贼，大家会说您只会打内战，欺负自己人，内战内行，外战外行。颍川陷落在即，大王正可将功劳据为己有。"

此时阿惠已非吴下阿蒙，已晋位齐王，正式拜相国。无功不受禄，受禄要有功。高澄立刻点起步骑十万浩浩荡荡兵发长社城，下山摘桃子。和慕容绍宗及刘丰生相同，高澄亲自跑到建筑工地监督拦河大坝工程。高澄幸运得多，有慕容绍宗的前车之鉴，别说沙尘暴，即使发生龙卷风，也不会去坐船啦。齐王亲自督阵，士兵和民工们仍然不给力，拦河坝三次决口。高澄大怒，在我眼皮子底下敢搞豆腐渣工程。一声令下，将背土的人和袋子一齐推下去堵塞缺口。

高澄不算心狠手辣的人，但发起火来一样非常可怕。高澄此人最大的优点在于有坚韧的精神，轻易不发脾气，不轻易杀人，可能是被高欢用棍棒拳脚练出来的。比如他处理侯景家属一事。侯景的母亲、弟弟、妻子、儿女早在侯景造反时就被高澄抓起来了，双方作战，直到侯景南逃，高澄一直没有处理他们。因为他们仍然有利用价值，一方面对侯景有所牵制，另一方面也给侯景回归留有余地。

侯景领会错了，认为高澄不杀他的亲属有意拉关系。侯景兵围台城时向高澄示好，说他即将掌握梁朝的军国大权，希望高澄放掉他的妻子儿女。高澄答复是：五个儿子中大儿子先剥脸皮，然后扔到大锅里烹掉，剩下的小儿子们集体阉割。

侯景自以为大功将成，有与高澄谈判的筹码。其实在高澄眼里，侯景家属的利用价值已然失去，侯景绝不会再北归，可以报复一下侯景的叛逃之仇。剥脸皮、割蛋蛋两项报复措施明明白白地告诉侯景：第一，你不要脸；第二，让你无后。

援兵止步不前，大水冲刷着城墙，长社城的陷落不可避免。八千人打剩三千人，王思政坚守了一年零两个月，洪水冲坏城墙。东魏军杀进城来，将王思政包围在城内的土山上。

高澄爱才，尤其爱忠义之士，他想了一个花招保住了王思政的命。他对城里人说："有送王大将军投降者封侯，若王大将军有半点损伤，左右亲信皆斩。"这等于断了王思政死路，身边的亲信们轮班蹲点，昼夜看护王思政，就怕王思政自杀。城破之日，王思政仰天大哭，向西跪拜，挥刀自刎。众人早有准备，抱身子的抱身子，扯胳膊的扯胳膊，理由说得震天响："您常说，拿您的人头可以换富贵。如今反过来，您的命才能保全一城的人。您死啦，等于全城的人都死了。"

王思政没死成，手下的将士也都活了下来。王思政在战场上虽然打败了，却赢得了大多数人的尊重。高澄待他礼遇隆重，也有人不服气，卢潜对高澄道："王思政不能以死保全气节，有什么值得看重的。"按照此种人的看法，打败仗要么战死，要么自杀。姑不论说这话的人事到临头能否做到，世界上生命最珍贵，不管做什么事，生命是底线，不可践踏。按照所谓愚忠理论，关云长也曾是出名的大叛徒。

作为西魏的降将，《周书》为王思政立传，赞美道："忠节冠于本朝，义声动于邻听。虽运穷事蹙，城陷身囚，壮志高风，亦足奋于百世矣。"

人的品格是否高尚只能由事实来说话。王思政任荆州刺史时，部下修城墙挖出三十斤黄金，夜间悄悄送来。天知地知你知我知，换你怎么办？王思政上缴国库，一克不留。西魏国改革分土地，王思政分到一处田园，家人种上桑果。在外领兵的王思政回到家里听说后大怒，把果树全拔掉了，边拔边道：“匈奴未灭，去病辞家，如今大贼未平，置什么产业！”这就是王思政的不对啦，搞点灰色收入可是官员们的心声，何况是自家的资源。

历史和雄心万丈的王思政开了一个玩笑。如果王思政平平淡淡做事，定会在关陇门阀中占有一席之地，百年之后王家不会寂寥。话又说回来，哪一个家族能保证长盛不衰？数百年后，兴盛于北周、隋和前唐的关陇门阀难道不是化为历史长河中的一缕轻烟了吗？

贰 高澄的女人们

高澄出出手，大地抖三抖。接连击败侯景与西魏，恢复东魏国疆域，高澄的威信在臣民们心目中陡然提升一个档次。人们不再视高澄为黄毛鲜卑小儿，高澄的野心也极度膨胀起来，似乎看到至高无上的皇冠在向他招手。高澄想做皇帝。皇帝不是随随便便想做就做，高欢威震四海尚不敢冒天下之大不韪。年轻人有朝气，高澄不管那套，密谋小组成立了。

密谋小组由四人构成，高澄是头头，还有散骑常侍陈元康、吏部尚书杨愔、黄门侍郎崔季舒。

陈元康和崔季舒，前文说过他们，大家想必非常之熟悉。高欢曾说过，陈元康必与我儿相抱死，足见陈元康与高澄的亲密关系。崔季舒与高澄是狼友，高澄寻花问柳多由崔季舒拉皮条。崔季舒甚至为高澄开了臣子暴打皇帝的先例，揍了孝静帝元善见三拳。皇帝可以杀，可以废，不能侮辱，过分了。

杨愔，北朝高门望族，标准的弘农杨氏，隋朝皇室即是冒充他的家族。杨愔是高欢的女婿，高澄的妹夫。虽然是妹夫，但杨愔比高澄大九岁。大家要特别留意杨愔这个人，了不起啊，娶过高欢两个女儿，其中一位即是孝静帝的皇后，以后的历史他就是主角啦。

密谋成员有了，接头地址选在邺城东柏堂。东柏堂不是齐王府，那是个什么地方呢？高澄养小三的别墅。

高澄乃当世美男子，史载“美姿容，善言笑，谈谑之际，从容弘雅”。容貌英俊，举止风流，谈吐诙谐不失风度翩翩。如此帅哥怎么会不讨女人喜欢呢？高澄不仅继承了高欢英俊的外表，且承继了高欢旺盛的性能力。高欢一生有十五个儿子和六个女儿，这是最保守的估计。不算夭折的小孩，十五个儿子毫无疑问，但女儿们未必全部载入史册。高澄十二岁时娶孝静帝元善见姐姐冯翊长公主，十七年婚姻生活，生下六个儿子，两个女儿。

高澄有一点儿不像高欢，高欢整天一副庄重严肃的表情，内心掩藏很深，不多说话，属于闷骚型深沉男。高澄的聪明流露于外表，眉目传情，举止风流，私生活轻佻放荡。这种人，唐之前称为“王孙公子”，宋元时称为“衙内”，现今社会叫作“官二代”。我们已知高澄搞过三个女人，两个得手，一个未得手。得手的是父亲的宠妃郑大车、高仲密的妻子李昌仪，未得手的是薛置书的妻子元氏。

论及高澄与郑大车的风流韵事，说高澄调戏郑大车，莫如说郑大车勾引高澄，鸳梦惊飞时高澄仅十四岁，当时年少春衫薄。那是他第一次和人妻偷情，敢偷小妈足见高衙内的胆量，结果被打得屁股开花不说，还差点被废去世子之位。高澄色心不改，调戏元氏未曾得手，又去调戏李昌仪，把人家的衣服都撕破了。这一次的代价更加惊心动魄，引发东西魏一场大会战。好在战争打赢了，否则高衙内又要吃不了兜着走。

李昌仪出自名门望族，是东魏国公认的大美人，“艳且慧，兼善书记，工骑乘”。如此聪明美艳、文武双全的女人，云雨巫山春风几度后，高澄便悄然远去。李昌仪似乎并不得宠，未给高澄留下一儿半女。高澄生出厌倦之心，我想很大程度上在于李昌仪心机太深。心机深沉的女人喜怒哀乐深锁于心底，没有感情的女人不完整。

父亲去世，高澄又踏上寻花之旅。一朵又一朵，随手拈起，随风飘落。都道哥有钱有势，谁知哥心中寂寞。天下女人不少，却无一人长相知。

芳草遍天涯，只需有心人，恰恰高澄是个有心人。一次邂逅，一次偶遇，注定一世的情缘。人的一生会与许多人擦肩而过，如同浮云掠过蓝天不会留下任何痕迹，即使双目交织瞬间擦出火花，许多人也抓不住。其实只需紧赶几步，像高澄那样搭个腔，说句话儿，或许你的一生就此改变。

一个陌生的女子，只因街角擦肩而过的一次回眸，一段爱情诞生，一个阴谋也由此形成。

高澄遇到的女人无家可归，徘徊街头，是她人生最落魄的时节。她叫元玉仪，原本有一个辉煌而又高贵的家庭，她是北魏国首富高阳王元雍的孙女。玉面修罗尔朱荣发动河阴之变，元雍和儿子元泰一同遇难，其后洛阳战乱不止，迁都、打仗，昔年富贵冠一国，童仆六千，伎女五百，出则仪卫塞道路，入则歌吹连日夜的高阳王府败落了。兵荒马乱之际母亲带着元玉仪与家人走失。《北史》载元玉仪“不见齿”，或许只是个婴儿。幼小的元玉仪被孙腾收留。元玉仪遇到孙腾并不奇怪，高欢哥们孙腾在怀朔的女儿也走丢了，所以他特别留意道路上无家可归的女孩子。

元玉仪在孙腾府当了歌伎，长大成人后孙腾打发她走了。据我猜测，高澄看中的女人不会是寻常货色，孙腾之所以不要元玉仪，极有可能因为她是走丢的女孩，让他想起自己可怜的女儿，不能下狠手啊。

元玉仪想认祖归宗难于上青天。父亲元泰死了，她又拿不出什么有力的证据，再者说她是庶女，同父异母的哥哥元斌继承高阳王爵位，不可能认一个曾经做过歌伎的女孩做妹妹来分家产。

幸运的是，她遇到了高澄。

高澄陷入爱情的旋涡不能自拔。有什么可以证明元玉仪和高澄的感情超过其他女人呢？

高澄女人很多，载入史册的有十个，简简单单一笔带过的女人就不浪费诸位的时间啦。宋氏、王氏、陈氏、燕氏，这些女人能够载入历史书，不过是因为记录她们儿子时捎带上。还有一位无名氏，就是那位大名鼎鼎的面具之王兰陵王高长恭的母亲，神秘得连名字也未留下。五人之外，有高澄的正妻冯翊公主元氏；柔然公主；李昌仪；元玉仪和她的同胞姐姐元静仪。偷情的郑大车自然不能算在内，她是高欢的妃子。当然，十人之间仍有一位高欢的妃子，就是柔然公主。

高欢娶柔然公主时已五十岁，那是一桩政治婚姻，因为高欢需要得到柔然汗国支持来对抗宇文泰。提亲时，高欢考虑到自己的年龄，压根儿没想老牛吃嫩草，派出使者给世子高澄提亲。谁知柔然可汗阿那瑰说了一句令使者瞠目结舌的话：“高王自己娶可以，别人娶免谈。”北方游牧民族重英雄，爱英雄，高欢英名动于塞北，柔然的公主宁可嫁给暮年的英雄，也不嫁给年轻的帅哥。

球踢回来，高欢没法子接。高欢性能力十分旺盛，但是毕竟五十岁了，好汉不提当年勇。高欢身体不好，娶人家一个小姑娘太不负责任，再者说五十娶新娘，身体能不能受得了呀？架不住大家都劝，尉景劝，高澄劝，最难得的是娄昭君也劝。为国家大事做一回牺牲吧，豁出去了。

高欢同意了，亲自去迎接柔然公主，彭城王妃大尔朱氏同行。我们以前讲过，大尔朱氏就是尔朱荣的女儿，北魏孝明帝的妃子，北魏孝庄帝的皇后。尔朱氏走到晋阳北面的木井不肯走了，心里吃醋。这就是尔朱氏与娄昭君的差别，也是娄昭君战胜尔朱氏的原因。尔朱氏扔下高欢不理，高欢只得一人带队伍去塞上迎亲。

柔然公主既不坐轿，也不坐车，跨乘骏马。迎亲队伍回到木井，高欢想给新娘子介绍一下大姐姐，尔朱氏避而不见。柔然公主骑马在前，尔朱氏纵马在后。一只鹞鹰滑翔于蓝天之上，柔然公主弯角弓仰身一箭射去，鹞鹰应弦而落。队伍后面的尔朱氏不甘示弱，拉开长弓斜射空中的乌鸦，也是一箭中的。看着自己的女人斗箭，高欢笑道："我的两个女人都可以杀贼。"

回到晋阳，娄昭君搬到侧室去住，腾出正室给柔然公主居住。妻子识大体，妻妾和睦，新婚之夜也算快活。高欢挺高兴，不过有些太早，他担心的事还是发生了。柔然公主性格古板，不合拍，一生不肯说汉语，也不说鲜卑话，只说柔然语。更糟糕的是，柔然可汗阿那瑰派弟弟秃突佳跟着公主，秃突佳有一项重要的使命，等待公主生儿子。阿那瑰说了："不见外孙，不要回草原。"秃突佳着急回故乡，天天盯着高欢，一天不到公主房里都不行，有病也不行。高欢生病单独住了几晚上，秃突佳生气发火不满意。为了两国邦交，高欢硬着头皮抱病和柔然公主上床。高欢急于进攻西魏攻打玉壁，与想躲开柔然公主纠缠有一定的关系。

即便高欢非常努力，他和柔然公主依然未能生出儿子，倒是高澄和柔然公主生下一个女儿。不是高澄耍流氓，而是柔然公主主动送上门。按照游牧民族父死妻则其后母的风俗，儿子有照顾后母的义务。况且高家亦是游牧文明熏染出来的，于情于理，为国为家，高澄没有否决的权力。

柔然公主不是高澄心爱的女人，元玉仪才是。高澄得到元玉仪的当天就对狼友崔季舒夸耀："你天天替我找漂亮女人，不如我自己找到的绝异者。"

什么叫绝异？绝即是极，第一，再也没有；异，与众不同。绝异即与众不同、独一无二。

元玉仪到底哪一方面与众不同，容貌？气质？举止？谈吐？史书无记载，无从知晓。这也不难解释，情人眼里出西施。每个人的审美观念多多少少都不同，否则天下男人岂不是要打群架？

元玉仪果然迥乎常人，与高澄未相识几天便介绍了另外一个女人给高澄，一母同胞的姐姐元静仪。"落花人独立，微雨燕双飞。"买一送一，确实独特不凡，不愧绝异。

高澄不仅让元玉仪认祖归宗，回到高阳王府，而且请皇帝册封元玉仪为“琅玡公主”，元静仪也一并封公主。元静仪是人妻，老公黄门郎崔括。崔括此人豁达开通，妻子和别的男人有染不以为意。他自己升官发财不说，爹也跟着沾光，父子二人一同升官一同领赏。

和崔括性情相近的大有人在，高澄的好朋友徐之才即其中之一。徐之才最高官职为尚书令（总理），当然那是齐后主时代的事情。徐之才的出名不靠官职凭才能，他是南北朝一代名医，妇产学科有很深的造诣，“逐月养胎法”就是他最先提出来的。

此人看中东魏广阳王的妹妹元氏，可他是南方降将，人望低，根基浅。徐之才机灵，托高澄做媒。这一招好使，意中人娶进门来。后来元氏与小白脸和士开偷情，和士开祖籍西域，人长得俊，弹得一手好琵琶。有一回徐之才撞见两人卿卿我我，如胶似漆。

猜猜徐名医怎么做？徐之才急忙躲起来，生怕被二人看到，不仅如此，还说了一句千古雷语：“不要打扰少年人的戏笑。”（妨少年戏笑）这种豁达的境界，我等俗人自叹弗如。再猜猜人家活了多少岁，八十岁。在禽兽王朝里做官能活到八十岁，不服不行。

又扯远啦，还是回过头来讲一讲元玉仪怎么个受宠法。大家还记得东魏国大法官崔暹吗？那位反腐大红人。高澄迷恋上元玉仪最害怕崔暹道貌岸然地出来嚼舌头，什么美色误国啦，红颜祸水啦。所以，高澄先下手为强，见到崔暹板着脸爱理不理。崔暹第二次来，弯腰时一不小心从怀里掉出一张名刺来，就是古人拜访时互通姓名的名片。高澄十分奇怪，你到我这里来用得着这玩意儿吗？崔暹道：“我尚未拜访公主呢！”高澄心花怒放，挽着崔暹的胳膊进内室见元玉仪。

崔暹的名片是故意掉出来的，对此崔季舒洞若观火，对人说：“崔暹常常说我巧言谄媚、拍马屁，该杀。你瞧他那做派，远过于我。”能让东魏国堂堂大法官演一出戏屈身拜见，足见元玉仪在高澄心中的地位。

就是这个元玉仪，间接地要了高澄的小命。

叁 遇刺前后

高家住晋阳，晋阳高府号霸府。高澄很少待在晋阳，邺城待的时间长一些，一则高澄十五岁入京辅政，住习惯了；二则高澄和汉人亲近，与鲜卑勋贵较为疏远。高澄在邺城住北城东侧的柏堂，我们姑且叫作“东柏堂”。为方便与琅玡公主往来，高澄经常把侍卫打发到府门外。

从外面看东柏堂貌似戒备森严，实际府内疏于防范。有人抓住这一重大的疏漏策划了一起谋杀案。谋杀选择的时机恰到好处，在高澄策划逼迫孝静帝禅让帝位自己做皇帝的秘密会议上动手。由于会议机密，只有亲信大臣陈元康、杨愔和崔季舒三人在屋内，门外有两名库直（高级侍从武官），王纮和纥奚舍乐，其余侍卫远在府外。

谋杀案主角是个小人物，厨师兰京。谋杀的动机很单纯，据史书记载纯属个人恩怨。兰京是南朝大将兰钦的儿子，被俘后做厨奴。兰钦想用钱把儿子赎回去，高澄不肯，兰京几次三番哀求遭到毒打，故而萌生了杀害主人的罪恶念头。

事情的经过也很简单。事变起因于高澄那张口无遮拦的大嘴。厨师兰京给屋里人送食物，高澄让他退下，对陈元康等人说："昨夜梦见此人杀我，得赶快把他杀了。"不想此话被兰京听到，索性一不做二不休，盘下藏刀，借口上饭，再次端着盘子进来。高澄恼怒道："我没要饭，你进来干什么！"

平时温顺的兰京脸色突然变得狰狞可怖，从盘下抽出明晃晃的利刃，恶狠狠道："来杀你！"

屋中人被这突发变故惊得目瞪口呆，一个奴才胆敢刺杀齐王、大将军，这是谁也不曾想到的事儿。世界上没有什么绝世轻功，凌波微步、踏雪无痕、神行百变都是传说，在戒备森严的府第里公开持刀行凶根本无法逃脱，结果只有一种，被杀。在座的四个人博古通今，恐怕都读过《战国策》，唐雎有段名言："若士必怒，伏尸二人，流血五步，天下缟素，今日是也。"卑贱的奴才发怒、挺起腰杆做人就不能再称之为奴才，而是士，是勇士，是壮士，是死士。

软的怕硬的，硬的怕横的，横的怕不要命的，兰京不想活了。高澄端坐床榻，震惊之下反应依然机敏，从床上一跃而下。不能坐等兰京的刀砍过来，他有两种选择，一种是反抗，一种是夺路而逃，不论哪一种选择，都必须先从床上下来。当高澄跳下床时发现自己采取的行动是错误的。由于跳得急，崴了脚，扑倒在地面，动弹不得。此时兰京扑了上来，陈元康挺身上前试图夺兰京手里的钢刀。陈元康替高澄赢得喘息之机。高澄脚部受伤，不能站立，一眼瞅见床底，不假思索三下两下爬进床下躲藏。

堂堂齐王、当朝宰相被奴才吓得像狗一般爬进床下，脸面丧尽，但是保命要紧。高澄这一次选择倒也正确。第一，床榻沉重，兰京搬床需要一定的时间。第二，屋内有三个自己人，门外还有两名侍卫。即使这五个人不能制伏兰京，堂外院内的人赶来，自己也能得救。

高澄想得挺美，从床底下也看到闯进来的杂七杂八的脚。但是，进来的人除了门外的王纮和纥奚舍乐，还有兰京的人。兰京不是一个人，是六个人。堂内的人数对比六比六，双方扯平。刺客有备而来，手里都拿着家伙。从武器装备上看，刺客占有绝对优势。高澄佩刀剑的可能性不是很大，虽然鲜卑人喜欢佩刀，但是南北朝的士人不喜欢舞刀弄剑，高澄附庸风雅，以文雅自诩，自己家里开个小会未必佩刀在身。陈元康等人自然也不会带武器，从事态的发展看，侍卫统领纥奚舍乐和王纮手中也无兵刃。

真正短兵相接，武侠小说中什么降龙掌、伏虎拳、一指禅、二指禅、鸳鸯腿均不好用，有家伙最好用。不等你扯开架子，人家武器招呼过来了。双方扭打成一团，陈元康争刀，怎奈兰京力气大，玩笔杆子的怎么比得过抡大勺的？兰京一刀捅去，正中陈元康小腹，肠子流了出来。纥奚舍乐和王纮空手与手执利刃的刺客搏斗，纥奚舍乐丧命，王纮身负重伤，犹在奋战。

千钧一发之际，杨愔和崔季舒选择了逃跑。杨愔和崔季舒虽然都是儒士，但是杨愔的一生历尽艰难，经历过韩陵山大战，每战当先，令士人大为感叹，赞为“仁者必勇”。打仗冲锋在前的杨愔非但不上前助拳，反而撒丫子往门外跑，惊慌失措地跑丢一只靴子。崔季舒和高澄是狼友，交情莫逆，熟悉殿内的格局设计，溜进厕所藏了起来。生死关头见真交，妹夫和狼友都跑了，反倒年龄比高澄大十四岁的陈元康以身捍卫。

两位侍卫头子不能跑，侍卫就是保安，拿人钱财替人消灾。保安逃跑，太没职业道德。武侠小说里侍卫都是武林高手，其实不然，没那么多高手。反正纥奚舍乐和王纮未表现出侍卫头领的风采，一死一伤。

殿内六个人，两人逃跑，两人受重伤，一人丧命，另外一人缩在床底。六名刺客搬开大床，面对明晃晃的利刃，高澄懊悔，怎么能愚蠢到把侍卫安排去府外呢。后悔晚啦，刺客们一拥齐上，乱刃杀死高澄。

南北朝又一个大帅哥死掉了，死得不值，命丧一伙奴才的刀下，时年二十九岁。再过些时日，此人将注定成为一代君王。

东柏堂事件是一起偶然事件吗？阴谋论者绝不会认同，因为其中疑点太多太多。大家把怀疑的目光投向此事件带头的刺客以及最大的受益者身上。

我们先看完故事的结局。首先，厨房里的厨师们最先得到消息，大小伙计们在厨房主管薛丰洛的带领下拿着烧火的火棍等家伙把兰京等人抓获。可能与此同时，侍卫们也纷纷回到府里帮忙。接着，一个重要的人物登台亮相，高澄的二弟太原公高洋。

高洋从城东的双堂飞速赶到，处变不惊，神色平静，叛乱事件处理得干净利落，将六个人一刀刀切成肉块，脑袋漆成尿壶。让人们感到惊讶的是高洋接下来的举动，高洋告诫在场所有人，忘掉刚才发生的一切，大将军活得好好的。

东柏堂喧哗的声音响遍四邻，早已传得沸沸扬扬，宫廷人员、王公大臣纷纷赶来询问发生了什么事儿。高洋出来见客，缓缓来到众人面前，淡淡道："奴才们造反，大将军受伤，并无大碍。"

冷静、老到，这是聪明人稳定局面的做法。而年仅十九岁的高洋此前给人的印象却是一个流鼻涕的大呆瓜。史书对此有过记载，高洋流鼻涕，三弟高浚看不过眼，经常训斥高洋身边的侍从："为何不给二哥擦鼻涕！"

一个流鼻涕的大呆瓜瞬间变成老谋深算的政客不是件非常奇怪的事情吗？众所周知，高洋是高澄死亡的最大受益者，继承了高氏家族的一切，最终当上皇帝。我们将此案的疑点一一罗列，希望能从中找出一些有利于还原历史的蛛丝马迹。当然，这段历史相隔今天一千五百多年，非常之遥远，况且此案已有定论，我们只能试着做一番推敲。

疑点一，兰京的身份。兰京有两个名字，另一个名字叫作兰固成。《资治通鉴》《北齐书》和《北史》均称兰京是梁朝名将兰钦之子。此事似乎板上钉钉，但是《梁书·兰钦传》未提及兰钦有这么一个流落北方的儿子。如果确有此事的话，岂不轰动江南，怎么能不记上一笔呢？

疑点二，兰京的五个同谋。倘若说兰京的刺杀行动源于高澄不批准其南归，且遭毒打，心生报复，又无意中窃听到高澄扬言杀他的话，出于保命才行凶杀人，那么怎么会有五个同谋？这五个同谋既未被高澄打过，也不存在南归的问题，更没有受到生命威胁。他们会置身家性命不顾去帮助一个伙伴吗？也许会有一两个为朋友两肋插刀的人，一下子出现五个视死如归的人不合乎常理。

疑点三，高洋的处理。如果想查清事情的真相只需审讯案犯即可水落石出，可高洋却第一时间处死了他们。有一点需注意，这个案子高洋审过，只得出一条线索，兰京供出另外一个同谋阿改，这个阿改竟然是高洋的贴身带刀侍卫。

疑点四，兰京的供词。《北齐书》和《北史》略有出入，《北齐书》称阿改和兰京是同事，《北史》则说是兄弟。兰京供称，他和阿改密谋，这边动手杀高澄，阿改若听到东斋的喊叫声就拔刀杀高洋。遗憾的是高洋这一天不在府里，去了城东的双堂。

疑点五，高洋不在府里的理由，据《北齐书》载是因为孝静皇帝立太子，高洋进宫上奏章祝贺，事后去了双堂。但据《北史》载孝静皇帝立太子是高澄死后的事情。

疑点六，面对突发事件，高洋赶到的速度非常之快，应对措施从容冷静。

疑点七，事发几天前，崔季舒无缘无故在北宫门外当着权贵的面朗读鲍照的诗："将军既下世，部曲亦罕存。"声音凄切，泪流满面，大家觉得莫名其妙。高欢第七子高涣事发当日的表现更令人奇怪。十七岁的高涣正在西学，听说东柏堂有喊叫声，大惊失色说了一句匪夷所思的极准确的预言"大兄必遭难矣"！弯弓搭箭奔向东柏堂。

综上所述，我们可以得出一个结论，这是一场有预谋的刺杀。像高涣和崔季舒等人已经预感到高澄身陷危机中，他们事前必然听到一些风声。刺客们绝不是临时起意，而是蓄谋已久，从他们轻松对抗纥奚舍乐、王纮和陈元康的反抗来看，绝非一般的奴才。

那么，幕后的主使人是谁呢？这要看谁希望高澄死。

最希望高澄死的人莫过于被高澄骂作"狗脚朕"的东魏孝静帝元善见和保皇派。"韩亡子房奋，秦帝鲁连耻。本自江海人，忠义感君子。"元善见吟这首诗的目的即希望忠义之士挺身而出保卫皇帝。元善见得知高澄死讯后难掩兴奋心情偷偷对身边的人说："大将军今死，似是天意，从此大权归于皇家。"六名刺客中有没有保皇派的人呢？琅玡公主元玉仪是否保皇派施的美人计呢？如果元玉仪是间谍的话，她推荐的厨师自然会顺利进入王府。当然，我们从元善见皇帝的话里不难看出他并不知道内情。但是，谁又能保证元善见皇帝不说谎，保皇派未参与此事呢？

高澄亲近汉人，以法治国，严法肃贪，实际上断绝了鲜卑贵族敛财之路。鲜卑权贵们内心深处对高澄恨之入骨。侯景造反大致顺应了鲜卑贵族的民意。以侯景为代表的鲜卑贵族们也希望高澄死，尤其是侯景，儿子们被高澄阉割后仇恨心更加强烈。谁能排除他不会与鲜卑贵族勾结往王府里塞"厨师"行刺呢？

当然，我们不应该遗漏最大的嫌犯高洋，阿改是他的贴身侍卫。

肆 流鼻涕的王子

高洋是中国历史上最坚韧的皇帝。高欢这样评价二儿子："此儿意识过吾。"高欢是堪比曹操的世之奸雄。"比我还强"这是一句极高的评语。少年高洋确实是人中之杰，高欢曾经让儿子们整理乱丝，看谁智力高、理得快。高洋一刀斩断，从此留下一个典故——"快刀斩乱麻"。为测试儿子们的胆量和勇气，高欢先让儿子们各带一支小分队出门办事，然后派大将彭乐率铁甲骑兵发起攻击。高澄等人恐惧不已，不知所措，唯独高洋抽刀迎敌，带着小分队奋勇冲杀。彭乐等人不敢真打，被杀得大败。彭乐摘下头盔告饶："别打啦，都是自己人，是你爹派我来的。"爹派来的也不行，少年高洋将彭乐捆将起来去见高欢。

随着年龄增长，高洋变了，不再是那个果决勇敢的高洋，变成整天流着大鼻涕傻乎乎的憨蛋，天天闷着头不说话。高澄到邺城辅政，高洋担任尚书左仆射（副总理），对皇帝恭恭敬敬，对臣僚客客气气，该叫大爷叫大爷，该叫叔叔叫叔叔。有一次他叫高隆之叔父，被高澄一顿臭骂。

开始高澄不相信，又拿出看家本领，调戏高洋的妻子李祖娥进行试探。李祖娥出自名门赵郡李氏，长得漂亮，品德贤淑。高家人开舞会，李祖娥光彩照人，风头盖过高澄的正妻冯翊公主。高洋和李祖娥感情极佳，经常给妻子做些精巧的礼物，买些精美的衣服。高澄看到后总是说，哎，这衣服不错啊，脱下来给你嫂子穿；这玩意儿好精致，你嫂子一定喜欢。一次两次倒也罢了，几次三番，李祖娥特别生气，怎么说也不给了。高洋笑道："这种东西还可以再弄，不要小家子气。"有时高澄故意拿走东西又退还，高洋随手取走，好像一切都合情合理。

回到家里高洋也不说话，关起门来静坐，一连好几天不说一句话。李祖娥默默看着丈夫，不离不弃，无微不至地照顾。李祖娥嫁给高洋算是一朵鲜花插到牛粪上。高洋人憨，长得也恶心，又黑又丑，生有两个脚后跟，还患有严重的银屑病。他经常发神经，天寒地冻，光着脚丫子满院子跑，上蹿下跳。李祖娥问，你干吗呀？高洋一阵憨笑："给你表演个节目。"

人们瞧不起高洋，此人不是傻瓜就是脑残。其实仔细想一下，会得出另外一种截然不同的答案。陶渊明的曾祖父陶侃也曾经做过类似的事情，搬砖，书房里总存了一百块砖头，白天搬出来，晚上搬进去。陶侃说，这是锻炼身体。身体是人的本钱，是做一切事业的本钱。我们现在某些人出门驾车，上厕所驾车，身体一天天肥胖，体质一天天虚弱。等到需要拿出精力来的时候，才知晓身体难承重荷。搬砖，很多人不屑于做此类活动，总喜欢玩一些高档次的运动，譬如射击、高尔夫、网球。古代也有贵族运动，骑马、射箭等。但是，高洋不那么做，那么做就是一个正常的人，而高洋则希望自己是个傻瓜、蠢货。

我们现在当然知道高洋是在伪装。高洋为什么要这么做？因为他目睹了一场残酷阴谋。

高洋有个亲叔叔，高欢的亲弟弟高琛，和高欢的小妾小尔朱氏偷情被人发现。高欢大怒，打了高琛一顿屁股，结果打死了。高澄和郑大车偷情也被打了一顿屁股却活蹦乱跳。忍受不住杖刑的人大多是老弱病残。二十三岁的高琛正值体质最好的年龄，长于塞外，从小骑马射箭，身体比少年高澄棒得多，但是死了。只有一种解释，高欢下了狠手。

为什么？就因为是高欢的弟弟。东魏是一个鲜卑化与汉化杂糅的国家，高家是鲜卑文化熏陶出来的人。按照鲜卑化的习俗，兄终弟及。高欢死了，高琛有权力继承高家的一切。即使高欢不想给，也会有鲜卑人支持，而借机搬走一个早晚出事的火药桶岂非一件美事？被高欢誉为“意识过吾”的高洋洞悉了其中的阴谋，他和高澄的关系便如父亲与叔叔。

数以年计地装傻，其中的痛苦有谁能体验？高详不敢与人多交往，多说话，睡觉说梦话也会被人察觉。为防止露出马脚，被他人看破，高洋只和李祖娥一个人睡，姬妾虽多，从来不碰。高洋和李祖娥深厚的感情建立在这一段共患难时期的基础上。日后高洋酗酒，凶性大发，几乎所有人都被他折磨过，包括母亲娄昭君，唯独未碰过李祖娥一根指头。

高洋不是神经过敏，他所处环境的确异常凶险。高澄一直未停止对高洋的怀疑，据崔暹说，高澄曾怀疑高洋装傻，准备收拾他。崔暹认为高洋真傻：“有一次朝会，我用手板打二郎后背。二郎非但不生气，反而用手里的犀牛角手板换我的竹手板，还玩得津津有味，以此看，纯粹痴人。”

一个人或许会看走眼，但不会所有人都看走眼。高澄终于相信二弟是个傻瓜，对人道：“此人能得到荣华富贵，相书上怎么解释得通？”

世上装傻充愣的人不少，像高洋一装近十年，骗过所有人的眼睛确实少有。当他果断平息叛乱时人们惊诧万分。这样一个人，又和刺客有关联，怎么能不让人有所怀疑？

也就是说，东柏堂事件不是偶然的，而是一起阴谋，是鲜卑贵族与汉人豪强争权夺利、高洋夺嫡的阴谋。六名刺客之中既有鲜卑贵族的人，也有高洋的人，甚至可能有保皇党和侯景的人，只不过受辱的兰京阴错阳差变成主谋。历史中同类事件层出不穷，林肯和肯尼迪均是得罪了既得利益集团而被刺杀。谋杀者选择的时机恰到好处，再过些日子高澄就要做皇帝了，刺杀皇帝便不是那么容易的事情。

陈元康在高澄身前挡刀的时候，高澄说了四个字：“可惜！可惜！”他为什么事情感到可惜？为陈元康，为自己，还是为天下？

御史贾子儒一句话点中高澄命运：“人有七尺之形，不如一尺之面；一尺之面，不如一寸之眼。大将军脸薄眄速，非帝王相也。”脸薄，脸长得不厚重；眄速则指眼神流动很快。高澄轻率不稳重、心浮气躁等性格弱点全部表现在一双眸子里，他的敌人恰恰利用了这一弱点从王府内部布局进行刺杀。

性格决定人生，高澄注定只能做一件嫁衣，一件北齐王朝和高洋不可替代的华丽嫁衣。

伍 飞龙在天

抛掉伪装的高洋决计废掉东魏皇帝开创新王朝。高氏父子对旧王朝皇帝的态度截然不同，高欢毕恭毕敬，高澄蔑视傲慢，而高洋则赤裸裸地恐吓。高洋去晋阳霸府接收军队前带八千甲兵入宫晋见皇帝。两百名盔明甲亮手按刀剑的武士簇拥高洋登阶上殿，高洋甚至不和皇帝说话，让人传了一句话：“臣有家事，须去晋阳。”说罢，不等皇帝批准，拜了两拜，转身离去。尚未从高澄去世的喜悦中走出来的孝静皇帝犹如当头一盆冷水，遥望高洋的背影叹息道：“此人不像容我之人，真不知朕会死在哪一天。”

高洋武装到牙齿，不给孝静帝一点机会，莫说皇帝没有杀他的计划，即使有的话，高洋随身护卫两百余人，殿外有八千甲兵，谁敢动手？甲兵登上昭阳殿石阶，孝静帝预感到末日来临，他的预感非常正确。

高洋到晋阳，大会霸府文武，神采飞扬，谈笑风生，思维敏锐，与那个流鼻涕的大呆瓜判若两人。为取悦鲜卑勋贵，高洋一改高澄亲汉人的倾向，将崔暹和崔季舒各自抽了两百鞭子发配边疆。人们这才意识到，高家二郎是一个深藏不露的绝顶高手。

谁也不曾想到，年纪轻轻的高洋抛出一个疯狂的计划，做皇帝。

大家的震惊刚刚平息，又来了一次。高欢不敢做的事儿，高澄未曾做的事儿，高洋一接手高氏家族就敢做。

反对！一片反对声！娄昭君坚决反对，言辞尖酸道：“你的父亲像龙，你的兄长如虎，他们都不敢窃居天位，一生为臣，你是什么人，敢做舜、禹禅让之事？”

一个政权能否长久维持下去绝对不是靠武力，而是靠文化，中国古代封建社会靠封建道德。你可以说孔子迂腐，但在这一件事情上孔子大师高瞻远瞩。礼乐崩坏，八百年的周王朝灭亡了，周朝存在八百年全靠道德文化维系。秦始皇不相信文化的力量，焚书坑儒，二世而亡。刘邦建国约法三章，并非不讲文化，是法律为文化服务。汉武帝复兴儒学，汉王朝先后四百余年。这一切被曹丕破坏了，社会风气急转直下，人们都不讲忠义了。司马氏一家火上浇油，继续改朝换代，弱肉强食，狡诈厚黑得势。其后五胡十六国、南北朝政权更替，强者称王，这都不奇怪，因为统治者做出样子来了。所以当东晋明帝司马绍听王导讲先人创业故事的时候羞得把脸伏在床上叹息道：“若如此，晋朝基业安得长久？”

司马家的事业不是靠光明正大获得的，而是靠下三烂手段获得的，这就等于告诉大家，谁都有权这么做。弱肉强食，当你弱小的时候，当你无助的时候，人们就要落井下石。一个政权必将以光明、正义的面目出现，人们才会支持你，国运才会长久。整天骗人也可以，但是，总有出问题的那一天，早晚会被人唾弃。

五胡十六国，此兴彼衰，换皇帝和换衣服一样容易。到了北魏国，人们不敢轻易去换。尔朱荣、高欢、宇文泰皆是人中英杰，他们都不敢。因为北魏孝文帝复兴了儒学，复兴了传统文化，拓跋鲜卑人完全改换了门庭，变成汉人，祖先都是黄帝。

把好不容易建立起来的道德文化再打破，下场和晋王朝差不了多少。晋朝有多少皇帝被杀，多少皇帝做了奴仆？

尔朱荣、高欢、宇文泰不敢做的事情，高洋就敢做。高洋和曹丕、司马炎一样，骑虎难下，得罪人太多，交出权力焉有活路？

在古代中国破坏传统道德早晚是要灭亡的。高氏家族如此，宇文家族如此，隋杨家族也是如此。中国传统文化道德的精粹是什么？民主。不要天真认为中国传统文化中没有民主，那是历朝历代统治者不肯对你说的话。“民为贵，社稷次之，君为轻。”孟子大师反复地讲，就是没有人听到。

娄昭君的话就是鲜卑勋贵的话。娄昭君这个女人相当不简单，有眼光，识大体，见识长远。选女婿选穷小子高欢，一眼识破侯景的狼子野心，支持老公娶柔然公主，并且主动将正房让给十几岁的小姑娘。这都不是一个寻常女人能够做出来的事情。一个成功男人的背后总有一个出色的女人。要么聪慧，要么默默付出，要么睁一只眼闭一只眼。娄昭君将做妻子的优点全部占据，生下六个儿子、两个女儿，其中三个皇帝、一个摄政王、两位皇后。纵观中国历史，蒙古大汗拖雷的妻子唆鲁禾贴尼生有四个皇帝荣登榜首，娄昭君位列榜眼。唆鲁禾贴尼沾了拖雷的光，而娄昭君却是实实在在打下的天下，帮老公打天下，还要帮儿子夺天下。

做开国之君不同于守成之君，不是你有没有本事的问题，而是有没有德，有没有顾念天下苍生的品德，有德才能改朝换代，才可以做禅让的事儿。否则，你建立的王朝在老百姓心中扎不下根，遇到难关就会土崩瓦解。

娄昭君反对，鲜卑勋贵们自然反对，斛律金、司马子如、高隆之等人均不支持高洋称帝。“德”这个东西拿不上台面，只能意会不可言传。老子称之为“玄德”。你总不能说高洋无德，德行不够，不会顾念天下苍生，依据何在？杜弼的意见大体代表反对派的意见：“如果殿下做了皇帝，关西宇文泰挟天子以令诸侯发兵讨伐，怎么办？”

娄昭君和杜弼并非不想改朝换代，儿子做皇帝母亲能不高兴吗？杜弼也曾经怂恿高欢称帝。但是，他们一致认为年轻的高洋不足以担此大任。

大家都反对，高洋有点打退堂鼓的意思。高德政、徐之才、宋景业等人极力煽风点火。高德政和高洋从小玩到大；徐之才以前介绍过，本是南朝降将，因医术高明进入霸府；宋景业是著名的易经学家、占星学家、天文学家。徐之才驳斥娄昭君和杜弼的看法，对高洋道：“正因为殿下比不上您父亲和兄长，才应该早下手。殿下打过猎吧，一千人追一只兔子，有一个人追到，大家也就不追了。宇文泰心里也想做皇帝。殿下做皇帝，他正好借坡下驴，怎么肯来打我们呢？”

娄昭君一眼看出这些人怂恿高洋称帝的心思，只想借机升官发财。只要高洋做了皇帝，这些小人物都会变成大人物的。娄昭君当众道：“我的儿子一向懦弱、耿直，必无此心，定是高德政等人教唆。”老将斛律金甚至为高洋想好退路，杀宋景业，让宋景业背黑锅。

娄昭君小瞧了她的二儿子，高洋的野心和坚韧远远超过高欢和高澄，如果他不想，别人岂敢说？

毕竟太多人反对，高洋迷信了一回，采取北方游牧民族的传统习俗铸金像问天意。凭高洋的心理素质，金像一铸而就。天意啊。高洋不再犹豫，带领军队兵发邺城。

木已成舟，鲜卑贵族不能再反对，毕竟他们与高氏家族同处一条船。禅位仪式进行得非常顺利，没有一个人出来闹事。经过高欢和高澄父子的苦心经营，魏国人心已去。孝静帝元善见效仿汉献帝爽快地让出帝位，签字之后淡淡道："我住哪里？"杨愔道："北城馆宇。"元善见在满宫的哭声中登车离去，两年后被高洋毒死，东魏的历史结束了。

公元550年五月初十，北齐王朝建立，高洋成为北齐第一任皇帝，年号天保，尊高欢为高祖武皇帝，高澄为文襄皇帝，又一个鲜卑与汉人大联盟的国家建立。然而，两种文明交织的北齐王朝能存在多久？这是一条不归路，高氏断子绝孙的不归路。

正当高洋喜气洋洋登上帝位之时，跛脚猴子和萧衍的子孙们也在为各自的皇帝梦不择手段地拼死搏杀。谁也不会想到，他们为之奋斗的不过是一抔埋人的黄土。

第十一章
诸魔的黄昏

梁武帝萧衍去世，群魔狂欢。侯景和萧家子弟们看到做皇帝的希望，美丽的江南成为诸魔口中的美餐，谁都企图吞而食之。战争残酷而又激烈，不幸一个接一个降临到他们头顶。当最后一位夺位者得到幸运女神青睐时才发现大家一起挖了一个坑，一个大大的坑，埋葬别人的同时也埋葬了自己。

壹 宇宙大将军

大将军，中国古代领兵统帅的最高封号。现在不少国家称为元帅，美国则称为五星上将。大将军最早始于战国，后来在大将军之上冠以称号，我们熟悉的有骠骑大将军、建威大将军、中军大将军、抚军大将军以及四镇、四征大将军等。南北朝比较有意思，因为有少数民族参与，军号颇为另类，出现柱国大将军、天柱大将军的称号，这还不算离奇，更加骇人听闻的封号出现了，是什么呢？宇宙大将军。全称是“宇宙大将军、都督六合诸军事”。颁发勋章的人是梁简文帝萧纲，受勋者是侯景。

古代中国对宇宙的解释为：“四方上下曰宇，古往今来曰宙。”“宇”代表上下四方，即所有的空间，“宙”代表古往今来，即所有的时间。宇宙大将军即为所有空间、所有时间的大将军。创意十分雷人，那些什么大将军、元帅、五星上将之流望之便矮了半截。

萧纲虽然是颁发勋章的人，却非原创，这是侯景自己的创意。梁朝相国、汉王不足以显示侯景的与众不同，唯有这项震古烁今的名号“宇宙大将军、都督六合诸军事”叫起来响亮。据说最初萧纲听到这项伟大创意后大惊道：“将军也有叫宇宙的吗？”这如同小孩子斗嘴，一小孩说我有一百颗糖，二小孩说我有一万颗糖，三小孩说我有万万万颗糖，侯景说从有糖的那天算起每一个地方的糖都是我的。即使心里一百个不满意，萧纲依然认可侯景胡闹。萧梁文化达到历朝之最，反被文盲出身的侯景教育。

侯景拥立萧纲继承皇位，两人开始时相处融洽。侯景与萧纲共登重云殿对佛祖礼拜盟誓，称“自今君臣两无猜忌，臣固然不负陛下，陛下亦不得负臣”。

为表示诚意，萧纲不惜将十四岁的女儿溧阳公主嫁与侯景。这一招倒也管用，溧阳公主万千宠爱集于一身。唐代诗人李商隐做过一首《无题》诗，诗中提到溧阳公主：“溧阳公主年十四，清明暖后同墙看。归来展转到五更，梁间燕子闻长叹。”诗中描写了一位家境贫寒嫁不出去的大龄美女趴在墙头观看溧阳公主等贵族女孩少年得志、夫妇同游的情景，悲叹自己的贫贱命运。其实，天下红颜同薄命。东家老女感叹命薄之时，外表风光的溧阳公主何尝不自伤？嫁给一个给家国带来无限伤痛的丑陋男人，绝非溧阳公主心愿。侯景败亡之后，梁人给她预留一份丈夫的人肉汤。至于这位天使般的少女喝未喝，便未可知了。

萧纲与侯景在西州举行宴会，侯景的党羽们作陪。宴席奏起梁朝旧时音乐，萧纲一边听一边落泪。侯景奇怪道：“陛下为何不高兴？”萧纲勉强笑了笑问道：“丞相说索超世知道这是什么曲子吗？”索超世是侯景心腹，官拜右仆射，分管梁国文化建设，故而萧纲有此一问。侯景摇头道：“我都不知道，索超世更不知道。”言外之意，我没文化，索超世比我还没文化。江南风流名士们与不懂音乐的索超世共事算不算一种痛苦？外行领导内行，自古如此啊。

萧纲让侯景跳舞，侯景闻声起舞。音乐是人类共同的语言，无论鲜卑人还是汉人，亦若其他民族的人。侯景邀请萧纲一起跳，萧纲欣然应邀。两人跳罢，众人尽兴而欢。萧纲抱着侯景道：“我心里念着丞相。”侯景回答道：“陛下如不念臣，臣怎么能到这一步？”

肉麻吗？肉麻，政客都这样。这就是人类，他们是人类的精华。

可怜的世界，可怜的人们，可怜的侯景与萧纲。这一对君臣，无论萧纲还是侯景，各地诸侯根本不予承认。宇宙大将军的命令只在南京城被人遵守，皇帝的诏书也出不了这座孤零零的都城，放眼四望，南京以外的土地全是萧梁子弟的地盘。侯景的处境更凶险，四方诸侯抗命，城内的皇族蠢蠢欲动，阴谋一个接一个。

侯景废掉伪帝萧正德。萧正德不是好惹的人物，派人联系镇守合肥的鄱阳王萧范，让萧范带兵渡江攻打侯景。不巧书信落入侯景之手，侯景用一根绳子将萧正德送上西天，吃里爬外的萧正德没有得到好下场。

处理完萧正德，侯景又险遭暗算。这一次是那个隔着秦淮河跳脚骂人的萧确。萧确的英勇打动了侯景，两人交上朋友，萧确之所以肯和侯景交朋友就想暗杀他。侯景打仗鬼点子多，玩政治有些嫩，过于相信别人，经常受人欺骗，比如庄铁、陈昕、范桃棒，还有以后的刘神茂、羊鹍等人。萧确抓住侯景的弱点，假意迎奉，暗中等待机会。机会也有，但并不是每个人都能抓住。有一次，侯景带着人去钟山打猎，队伍中就有萧确。众马奔腾穿行于山林，萧确弯弓瞄向侯景。萧确的箭法原本很准，百发百中，射飞鸟应弦而落。这一次萧确有点儿急，急于一箭射死侯景，用力过猛，拉断弓弦，被侯景的党羽察觉，遇害。

面对建康人的反抗，侯景实行白色恐怖，在石头城设立大石碓，犯法的人一律扔进碓内捣杀。侯景完全抛弃初到建康时良好的军纪，任由部下烧杀抢掠。“民不畏死，奈何以死惧之？”残暴统治的结局无非一个败亡，用武力对付人民不会长久。侯景越把自己塑造成魔鬼形象，人民反而越不害怕。

南京孤城一座，坐吃山空，各地诸侯根本不肯往京城送粮食。为确保吃上饭，侯景首先发兵攻打盛产粮食的三吴地区。

此时江南群雄割据，势力较大的诸侯有以下几位：郢州的萧纶，荆州的萧绎，益州的萧纪，合肥的萧范，江州的萧大心，湘州的萧誉，雍州的萧察，会稽的萧大连，广州的萧勃，司州的柳仲礼，等等。萧纶、萧绎、萧纪分别是梁武帝萧衍的六子、七子和八子。萧誉和萧察是昭明太子萧统的儿子。萧大心和萧大连是萧纲的儿子。萧范和萧勃是萧梁宗室。群魔之间的战争就此展开。

侯景叛军接连攻克吴郡、吴兴，杀向会稽。会稽兵多粮足，士兵数以万计，粮食堆积如山，而且江东人听说叛军烧杀掳掠导致建康死了那么多人，心中非常害怕。大家同仇敌忾，憋了一股劲保卫财产、女人和孩子。

江东人占有天时、地利、人和，与侯景叛军足以一战，不想指挥官太无能。萧纲第五子萧大连担任会稽守将。萧家子弟均文采风流，萧大连的音乐、绘画造诣颇高，就是对政治不感冒。面对侯景军队的进攻，萧大连不知所措，茫然若失。侯景到底算什么？说他是敌人，却是父亲任命的大丞相；说他是自己人，又不像。想得萧大连头疼，干脆不想了，喝酒。

酒是好东西，李白斗酒诗百篇：“飘飞骤雨惊飒飒，落花飞雪何茫茫。”艺术家们酒醉之后才思妙作泉涌。酒也是人们避世的港湾，魏晋时代的嵇康、阮籍、刘伶、阮咸，及之后的陶渊明、李白、杜甫等人都把精神寄托于酒的虚幻世界，远离世间的一切痛苦。齐和帝萧宝融死前索酒："我死不须金，醇酒足矣。"

今朝有酒今朝醉，明日愁来明日愁，快乐一天是一天。萧大连天天喝得酩酊大醉，直到被叛军抓获用大车拉回南京城尚未醒酒。

萧纲皇帝偷偷拉上大殿的帷幔，抬手用袖子遮住脸暗自流泪。悲哀萧梁王朝的命运，痛惜儿子们不争气，一个不如一个。他把二儿子萧大心安排到江州，四儿子萧大临安排到吴郡，五儿子萧大连安排到会稽，希望他们各自守卫疆土，呈环形保卫建康抗衡侯景，谁知四子、五子接连败下阵来，"大心啊，全靠你啦"。

江州刺史寻阳王萧大心的日子也不好过。江州邻近建康，处于对抗侯景的第一线。侯景打下江东，巩固东方根据地，下一步就要西征各路诸侯，江州首当其冲，萧大心拉来萧范帮忙。

形势逼迫萧范和萧大心走到一处。侯景包围建康的日子，东魏国没闲着，抢了寿阳、钟离，又来抢合肥。萧范北有东魏大军压境，南有侯景的叛军。他急中生智，想出一招置之死地而后生的妙计，把合肥让给东魏大军，条件是东魏出兵帮助他攻打侯景。东魏方面当然满口答应。萧范倾巢而去，率军队驻扎长江，撒下英雄帖，召集各地诸侯讨伐侯景。谁知，得了合肥的东魏军不肯帮萧范打侯景，各地诸侯的军队一支也未到。东魏不出兵有内部的原因，萧范让出合肥一个月后东柏堂事件发生，高澄身亡。

萧范的粮食供应不上，部队哗变，将领裴之悌率一支队伍投降了侯景。正在萧范窘迫的关头，萧大心伸出援手，邀请萧范到江州来住。萧范大喜，来到江州反客为主，占了江州许多城池。萧大心引狼入室，后悔不及，立即停止供应粮食给萧范。这件事萧范做得不地道，你走投无路，人家好心好意请你来，安排住处，酒肉招待。你霸占人家城池不说，还支持反叛萧大心的队伍，鸠占鹊巢，一副狼子野心。这下可好，人家不提供粮食，派兵监视。萧范军队又吃不上饭，江南公认的大英雄萧范又气又急，发病身亡。侯景大将任约趁机进攻，两家兵败，萧大心投降。

叛军南下西进，攻势凌厉，各地诸侯作壁上观，实力最为雄厚的荆州刺史萧绎不仅不支援，反而和两位侄子打了起来。

萧绎不是个简单的人物，一门心思想做皇帝。他排行老七，老二、老六都活着，做皇帝怎么也轮不到他，那就凭刀剑说话。荆州，四面受敌之处。萧察在北面的襄阳，萧誉在南面的长沙，萧纶在东面的武昌，萧纪在西面的成都，谁都不肯听他的话。

国难当头，萧衍直系子孙还没有人敢于自相残杀，萧绎敢。萧绎读书破万卷，真不知哪一本书教人明目张胆杀害亲人。信州刺史萧慥是萧绎杀害的第一位萧氏子弟，有人告密说萧慥与萧誉兄弟谋夺荆州。不管消息真假与否，信州地盘从此归属萧绎。屠龙刀落下去收不回来，第二刀又砍向萧誉。

萧绎借口进攻侯景，向长沙征粮征兵，萧誉断然拒绝，虽然你是叔叔，但是我们平级，凭什么听你的？萧绎就等这句话，荆州兵杀向长沙，领兵将领是萧绎的世子萧方等。

萧方等文武双全，《三十国春秋》就出自他的手笔。萧方等不喜欢做人，喜欢做鱼和鸟。鱼畅游于江湖，鸟飞翔于天空，自由自在，适性任情。他说过一段充满哲理的话："人生处世，如白驹过隙耳。一壶之酒，足以养性；一箪之食，足以怡形。生在蒿蓬，死葬沟壑，瓦棺石椁，何以异兹。"人的一生短暂，一壶酒、一顿饭足以让人快乐。生在荒野里也罢，死在沟壑里也罢，葬在瓦棺里也罢，埋于石椁中也罢，没有什么区别。萧方等曾做荆州军的先锋救援台城，与叛军对战身先士卒。萧绎对萧方等生母徐昭佩感叹道："如果再有这样一个儿子，我有何忧？"大家都会感觉这是一句夸赞萧方等的话，但是，徐昭佩听后一句话不说，哭着转身离去。

出征前，父子之间有过一段奇怪的对话。萧绎说："你命中有水厄（溺水之灾），千万小心。"萧绎博览群书，精通易经，写过一卷《周易讲疏》，搁到今天怎么也得算周易学大师，批批八字算算命这些小儿科的把戏还是会的，不知道萧绎有没有算出自己命中有土厄。据说，算命的大师级人物算别人总是挺准，算自己却马马虎虎。

萧方等回答道："这一仗我必死，死得其所，我不会爱惜生命。"明知必死还要去，萧方等傻吗？他自然不傻，因为他知道去是死，不去也是死。

贰 半面妆

徐昭佩是南北朝时期人们常挂在嘴边的一个女人，名气却因南北朝的默默无闻而不为人知。"徐娘半老，风韵犹存"，徐昭佩给世人留下了这个人们津津乐道的词汇。可谁又知晓这句话的背后隐藏着多少痛苦哀怨、辛酸苦涩？

徐昭佩出自南朝世家高门。东晋时代徐家算不上望族，东晋末年徐羡之辅佐刘裕称帝开创刘宋王朝后一步登天。刘裕死后，徐羡之名列第一位辅政大臣。经过徐氏家族数代人的不懈努力，到梁朝开国，徐家已是名满江南的门阀。徐昭佩嫁给萧绎做湘东王妃门当户对，极其自然。

徐昭佩腊月出嫁，那天风雪交加，大雪弥漫天际，房屋帷帘一片白茫茫。上天似乎暗示这一场婚姻不会风和日丽。徐昭佩相貌普通，两人结合乃父母之命，媒妁之言，萧绎不喜欢她，徐昭佩也看不起萧绎。

一生嗜书如命的萧绎心机深，心眼小，没有爱心，又瞎了一只眼，可能生理的残缺导致心理扭曲。缺点归缺点，萧绎才华横溢。有一首《折杨柳》诗可见他的才华："巫山巫峡长，垂柳复垂杨。同心且同折，故人怀故乡。山似莲花艳，流如明月光。寒夜猿声彻，游子泪沾裳。"才高八斗的文人大多自恋，容不得他人小瞧，更何况心胸狭窄的萧七官？

南北朝的女人特立独行，往往做出一些出格的事情来。萧绎不喜欢徐昭佩，徐昭佩自有奇妙的法子疏解郁闷的心情。喝酒。又是酒。魏晋南北朝不仅文人好酒，女人也好酒。南北朝流行诗酒之会，徐昭佩时常喝得酩酊大醉，喝醉了随意呕吐，每每吐到萧绎的衣服上。那个时代的人率直任情，吐脏衣服洗洗也就罢了。徐昭佩还有更绝的奇思。有一次萧绎去徐昭佩的房里，发现徐昭佩只化了"半面妆"，半面浓妆，半面素颜。

破坏即创造。在现代前卫的人看来，这是多么绝妙的艺术创意，但对萧绎来说，不啻一记长鞭狠狠抽到心头，痛彻心房。"半面妆"流露出来这样的内涵：你只有一只眼，给你一半脸欣赏也就不错了。萧绎大怒，拂袖而去。唐代诗人李商隐写过一首《南朝》诗，这首诗几乎把徐昭佩写成整个南朝的象征："地险悠悠天险长，金陵王气应瑶光。休夸此地分天下，只得徐妃半面妆。"龙盘虎踞，长江天险，不过是徐昭佩半边脸而已。

萧绎的所作所为根本就是不要脸。一个男人的好与坏，妻子最了解，一个连妻子都瞧不起的男人会好到哪里去？

圆镜已破，萧绎不知悔改，迷恋上王氏姐妹，将徐昭佩扔到脑后，两三年才到徐昭佩房里去一次。以彼之道还施彼身，徐昭佩的报复针尖对麦芒，你找女人，我便找男人。年龄已过三十的徐昭佩招蜂引蝶，与美男子暨季江、贺徽，以及智远和尚私通。妖媚的姿容、多变的手段让情人们兴奋不已。暨季江每每对人感叹道："柏直狗虽老犹能猎，萧溧阳马虽老犹骏，徐娘虽老犹尚多情。"说徐昭佩风流而又多情，貌似赞美之词，但把她与狗、马相比实在不像好话，隐约有种不屑和鄙视。交上这种情人，也算遇人不淑。

明目张胆给老公戴绿帽子，依萧绎恶毒的性格岂能容得下徐昭佩如此放肆？但是，萧绎忍了，忍了十多年。之所以忍耐，无非是在精明的梁武帝面前展现家庭和睦、婚姻幸福罢了。徐昭佩肆无忌惮，原也仗着老皇帝和娘家的势力，老公不敢拿自己怎么样。南朝讲究门第，皇家没有什么了不起。谁知跛脚猴子侯景打破了江南的宁静，打破了萧绎与徐昭佩互不干涉的私生活。老皇帝死了，衣冠凋谢，萧绎不怕了，谁也不怕了。

萧绎的报复手段既歹毒又天真，他把老婆偷情的事儿张榜公开。萧绎文笔好，用优美犀利的语言描绘妻子红杏出墙的淫行，与情人尼姑庵中相会，白角枕上情诗唱和……再加上徐娘半老，风韵犹存等名句渲染，轰动荆州，传遍江南。

萧绎时年四十一岁，四十不惑，竟然也能干出这种幼稚的事来。徐昭佩固然名声扫地，萧绎难道不受影响吗？这不等于告诉世人，萧绎是个绿毛龟吗？什么叫作恨之入骨，什么叫作恩断情绝，萧绎给出了绝对答案。

公布丑闻只是开始。萧绎不想让徐昭佩生活在这个世界上。宠妃王氏突然死了，萧绎把王氏之死怪罪到徐昭佩头上，认为是她下的毒手，因为徐昭佩总与失宠的妃子把酒相欢，而仇视受宠的女人，据说曾经杀过一个怀孕的宫女。

萧绎逼徐昭佩自杀。身败名裂的徐娘心知必死，索性一了百了，跳井自尽。人死万事空。萧绎仍不解气，把尸体捞将上来送到娘家，名曰出妻。休掉死去的妻子总可以了吧？不行。萧绎将前妻徐昭佩的风流韵事记录在《金楼子》的书里。《金楼子》是萧绎亲自操刀写的一本传奇故事。好作品流传万世，萧绎想让前妻遗臭万年。历史让萧绎失望了，现代女人读到徐娘半老的故事，只有膜拜模仿，绝无轻蔑之意，更加谈不上鄙视。

萧方等是有血性的男儿，岂能容忍这等羞辱？他没有怪罪可怜的母亲，一句话揭示父亲的险恶用心：“昔申生不爱其死，方等岂顾其生？”申生不怕死，我就怕死吗！

春秋时代晋献公宠爱骊姬，想立骊姬的儿子为继承人，逼太子申生自杀。有人劝申生向父亲申诉。申生说：“不必辩解。我爹没有骊姬寝食难安，而我不讨老爹喜欢。与其让老爹失去骊姬，不如失去我。”有人劝他逃跑，申生又说：“如果我逃跑就等于向天下人揭示老爹的短处，我不愿意老爹被人笑话。”

萧方等以申生自诩，一方面向人们暗示父亲有意废掉我，立王氏的儿子为世子，另一方面抱定必死的决心。

读到这里，大家自然会明白，当萧绎说出“若再有一个像萧方等这样的儿子，我有何忧”的话，徐昭佩为何会哭；又为何会默然离去，因为萧绎已经不打算让萧方等活下去了。

攻打萧誉，骨肉相残，这是萧方等不愿意看到的事情。无论胜利或者失败，萧方等都不想活在这个阴险无情的世界上。麻溪之战，荆州军兵败，萧方等投水而死，化为一条自由自在的鱼儿畅游五湖四海，再也不做那万般烦恼作茧自缚的人。

世子阵亡，萧绎面无悲伤之情，忙着重新选帅。这就是读万卷书的萧绎。南朝无将，选个优秀将领太难，谁可以担任攻取长沙的主将呢？不仅仅是长沙，萧绎要整个江南。

王僧辩，你来。

在萧绎眼里，除了王僧辩，没有人能够荡平江南。江南无将，王僧辩不是南人，是北人，随父南来的北方人。虽然王僧辩跟随柳仲礼投降过侯景，但萧绎明白，那不是他的错误。萧绎对王僧辩寄予厚望，王僧辩来到梁朝，第一时间跟随自己，担任萧绎的办公室主任。萧绎任荆州刺史，王僧辩升任荆州军指挥官兼参谋长，又拨给他一块地方任太守。萧绎对王僧辩可以用一个词来形容——恩重如山。报恩的时候来了，萧绎下令王僧辩即日起兵攻打长沙。

信州刺史诗人鲍泉与王僧辩同行。军队集结中，王僧辩问鲍诗人：“这仗怎么打？”

鲍诗人怪道：“什么怎么打？荆州军骁勇，如汤沃雪，去就可以啦。”

王僧辩一笑：“你们文人想法太简单，河东王从小喜欢军事，最近又打了一场胜仗，没有一万精兵断断打不赢。竟陵兵是我一手训练出来的，打过不少仗，有军事经验。他们已经出发了，竟陵离得远，我们再等几天。”

鲍诗人道：“我没问题，你说了算。湘东王那里怎么交代？”

王僧辩考虑过了，他去做萧绎的工作，请鲍泉到时候帮着他说几句，鲍诗人满口答应下来。

他们万万不曾料到萧绎勃然大怒。王僧辩跟随萧绎多年居然摸不透主子脾气。萧绎背负骨肉相残的恶名，此时此刻压力还是蛮大的。历史总由胜利者书写，唯有打胜仗才能改变这一切，王僧辩是他的希望所在。王僧辩为人正直，萧绎一直怀疑他不肯同流合污，不肯杀皇族。万事开头难，人做了一件坏事，接下来会不断地做坏事。反正已经是坏人了，人都这么想。必须让王僧辩去，萧绎恨不得他马上启程。王僧辩来了，萧绎当头第一句话便是："准备好了吗？什么时候启程？"

王僧辩开始解释，调动军队和保障后勤需要一定时间，最精锐的竟陵军没有到，等两天再走不迟。王僧辩不看领导脸色说话，此时萧绎的脸色越来越阴沉，鲍诗人看出来了。两人说好王僧辩打头，鲍泉帮衬。这时节无论王僧辩怎么给他使眼色，鲍诗人也不肯发言。萧绎勃然大怒，手按宝剑当头怒喝："你害怕打仗吗！是不是想做贼！"

领导用上狮吼功，一般人早噤若寒蝉。王僧辩不怕，面不变色心不跳，依然坚持自己的意见。做坏事的人最怕遇到好人。王僧辩请求推迟进兵时间证实了萧绎的疑虑。一时间，羞愧、愤怒、焦虑涌上心头，气得萧绎直转圈，一溜烟跑后堂去了。

萧绎让王僧辩气跑了？不可能。

时间不大，几十名王府打手蜂拥而出，把王僧辩抓了起来。萧绎紧紧握着宝剑气冲冲威胁道："你敢抗命，我杀了你！"

如果王僧辩说个软话，赔个不是，同意马上出兵，指挥官继续当，工资照旧拿，偏偏王僧辩也是个犟种，梗梗脑袋道："我受殿下大恩，您杀了我，我也不恨，但恨死前不能见老母亲。"

萧绎更火啦，拔出宝剑，恶狠狠一剑砍去。

王僧辩悠悠醒来发现身处荆州大牢，大腿血流不止，疼痛难忍。王僧辩常年带兵却非那种武艺高强的将领，和陈庆之相仿，射不穿札，射箭穿不透木片，可想而知此人有多大力气。王僧辩不如老爹王神念。王神念一手舞刀，一手持盾，纵马往来，所向披靡。社会风气影响巨大，如果王僧辩常年住北方，骑射功夫必定过人。走马鲜卑儿，即使汉化的鲜卑贵族也保留着尚武的习气，北方贵族聚会唱歌跳舞走马射箭。南方上流士人聚到一处，饮酒赋诗做文章吹牛皮，舞刀弄棍让人瞧不起。

入乡随俗，北来的王僧辩放弃健身运动，身体变得柔弱。萧绎一剑砍中左腿，竟将王僧辩砍晕，鲜血涂地。

适量放点血，降低血液黏稠度有益健康，古代有放血疗法。但是任由鲜血流个不停，再强悍的人也顶不住。快快止血！大家不敢。谁敢救治湘东王砍伤的人。王僧辩尚不知闯下多大的祸，儿子侄子也受牵连，统统被抓进大牢。

王僧辩母亲来了，摘去簪珥珠饰，披头散发，身穿素服走进湘东王府下跪求饶，替儿子做检讨。人不能太傲气，该低头处且低头。萧绎在萧衍面前低头，在太子面前低头，你王僧辩凭什么在我面前梗梗脑袋？

道歉，一种廉价的社交手段。人要学会道歉。有错，道个歉，对方可能会原谅你。没错，道个歉，对方会感觉有些对不起你。硬扛下去，只有一种结果，双方结怨。西德总理勃兰特下跪华沙，赚走多少波兰人民的眼泪，释去多少难以消除的仇恨。当然，道歉也要有个度，像俄国作家契诃夫笔下的小公务员那样频繁道歉反而适得其反。

王僧辩母亲的道歉令萧绎气消了不少，原本他就不想要王僧辩的命，如果想要命的话，那一剑不会砍向大腿。萧绎给了几味珍贵的草药止血，王僧辩总算保住了一条性命。王僧辩有用，是人才，是个值得留住的人才。没过多久，王僧辩出狱的机会到了。

那位鲍诗人惊得神魂出窍，一句话不敢说，立马回到军中点起部队出发。经这么一吓，倒把鲍泉的勇气激励出来，出兵慢一点砍腿下大牢，打败仗指定死路一条。鲍泉鼓起勇气，冲锋在前，杀败萧誉的军队，将萧誉包围在长沙。

萧誉向三弟萧詧求救。萧詧尽起雍州大军，骑兵两千，步兵两万，从襄阳出发浩浩荡荡南下攻打江陵，意图解长沙之围。谁来抵抗素来善战的雍州兵，萧绎又想到王僧辩，转念一寻思，这家伙被我放了那么多血，会不会记仇？萧绎留了个心眼，先派人到狱中向王僧辩请教什么方法可以守住江陵城。

王僧辩详细地向来人讲解保卫城池的方略，最后献上一条妙计，离间萧詧军中的主要将领。萧绎仔细听取来人的汇报，感觉王僧辩诚心诚意出谋划策，不像敷衍。于是释放王僧辩出狱拜将，负责江陵城防务。行家伸伸手，便知有没有。萧绎依计策反萧詧的将领杜氏兄弟，杜氏兄弟率五百骑兵偷袭襄阳。大雨中萧詧匆忙退兵，损失无数粮草辎重。

江陵之围解除，鲍诗人包围长沙两个月攻不进城去，王僧辩接替鲍泉继续围攻，又攻了半年，拿下长沙生擒萧誉。萧誉被俘后说了一句话："勿杀我！得一见七官，死亦无恨。"见了叔叔的面怎么下手啊，这话说了等于白说。萧誉见到七叔时只剩一颗人头。

攻打长沙的同时，萧绎也想打下襄阳。荆州兵力不足，萧绎想到了司州的柳仲礼。梁末拥有重兵的外姓诸侯不多，柳仲礼是一位。

上天给过柳仲礼机会，柳仲礼没有抓住。半年前柳仲礼身为天下诸侯盟主，手握二十余万大军，虽说人心不齐，但名义上终究归他节制。而今天下兵马散去，柳仲礼又变回一镇小诸侯。回到义阳驻地的柳仲礼本想坐观天下形势，谁知湘东王萧绎以藩王名义下令柳仲礼进攻襄阳。纵观江南诸王，萧绎势力最大，最有可能笑到最后。柳仲礼选择了萧绎，率军由安陆出发气势汹汹杀向襄阳。事实证明柳仲礼站队正确，但是这一次他的对手不是萧察，换成了宇文泰。

大雨冲醒头脑。从江陵回师襄阳的萧察意识到单凭自身的力量敌不过狡猾凶狠的七叔，转向西魏求援。萧察主动求援正中宇文泰下怀。宇文泰笑了，他大展拳脚的时机到了。昔日强大的梁朝分崩离析，此时不取，更待何时，宇文泰放出了一头猛虎。

叁 流浪虎

猛虎叫什么？猛虎就叫猛虎，当然他不止一个名字，汉名杨忠，鲜卑名普六如奴奴，表字猛虎，隋文帝杨坚的父亲。

杨忠流浪半生，最后红得发紫，生前官拜太傅、大司空、隋国公，获得北周国最高荣誉称号柱国大将军，死后官职更高，受封隋朝太祖皇帝。杨忠为什么会大红大紫？命好不如生得地方好。

杨忠生得好，生在武川。武川，好多人没听过。打听一下，原来在内蒙古呼和浩特山北的小农村。出门举目四望，大草原、大戈壁、大山，一眼望不到尽头。有比武川穷的地方吗？好像不多。但是，这里是皇帝家族的摇篮。北周王朝、隋王朝和唐王朝的祖先都生活在这片贫瘠的土地。

为什么穷地方容易出皇帝？穷山恶水出刁民。皇帝就是最大的刁民。杨忠是不是刁民，作为开国皇帝的老子，你说呢？

中国的塞北像中世纪的中东，沙尘暴、大雪、茅屋、牛羊、城堡和凶悍的柔然人。恶劣的环境练就了武川人一颗颗勇敢的心，他们必须像狼一样凶狠和团结。春夏放牧，秋收冬藏。每逢秋高草黄，武川人结伴纵马深入大戈壁侦察、巡逻，防备柔然人。凭借勇敢和团结的精神，武川人在魏末乱世的刀山箭雨中顽强活下来，相扶相持，一步步走到渭水平原，开创了一个属于武川人的王朝。

有人问杨忠是汉人还是鲜卑人？这个问题并不重要。对外星人来说，我们都是地球人。杨忠家族在武川生活了五辈，世代做军官，你可以说他是一个鲜卑化的汉人。杨忠自称弘农杨氏，据陈寅恪先生考证，杨氏祖籍或在山东。当然仅凭妻子吕苦桃的穷出身未必能判定杨氏家族籍贯的真伪。

杨忠身材魁梧，打仗勇猛，曾经单独制伏一头猛虎，左手抱虎腰，右手拔虎舌，故而将士们给杨忠起外号“猛虎”。久而久之，猛虎成为杨忠的表字。杨忠的历史几乎就是那个时代真实的写照。

公元523年，杨忠十六岁那年六镇大起义爆发。两年后，杨氏家族同所有六镇兵民一道向河北迁徙，乱军中杨忠与家人走散，来到山东泰山，遭遇北伐的梁军，被抓往江南。五年漫长的囚徒生涯，杨忠北望长江感叹命运多舛，第一个贵人元颢出现了。陈庆之奉萧衍之命率白袍队护送元颢北归称帝。杨忠加入元颢的队伍，摆脱了做奴隶的命运。杨忠并非白袍队的成员，白袍队是七千江东子弟。

元颢兵败被杀，北魏孝庄帝元子攸与天柱大将军尔朱荣光复洛阳，杨忠投靠了尔朱度律。元子攸谋杀尔朱荣，杨忠站到尔朱兆一边。高欢起兵，尔朱家族败亡，杨忠转投新朝廷。高欢与孝武帝元脩闹翻，杨忠随独孤信一道追孝武帝入关。

吕布是三姓家奴，观杨忠为人，似乎也是有奶就是娘的主儿。但是，杨忠的选择与荣华富贵无关，带有鲜明的倾向性。魏末鲜卑有两股大势力，汉化贵族和鲜卑武人，鲜卑武人又分三类人，洛阳的禁卫军集团、尔朱家族的契胡人和六镇鲜卑，六镇鲜卑又衍生出怀朔兵团与武川兵团。

当汉化贵族与鲜卑武人起冲突时，杨忠选择鲜卑武人；契胡人和六镇鲜卑打起来，杨忠选择六镇鲜卑；怀朔兵团与武川兵团打架，杨忠选择武川兵团。当然，杨忠跟随元颢属于迫不得已，那是做南人与北人的选择。

武川人在关中，杨忠向西去，见到昔日的兄弟们，不停流浪的猛虎似乎找到了归宿。然而，杨忠流浪的脚步并未停息，命运让他二入江南。

虽然独孤信与杨忠都是武川人，但他们和孝武皇帝元脩一同来到关中。宇文泰毒杀元脩，猜忌独杨二人，打发他们率军队攻打荆州，独孤信为帅，杨忠打先锋。荆州到手容易，守住难。东魏军大举反攻，得不到关中支援的独孤信和杨忠逃往江南。梁武帝萧衍非常欣赏二人，封杨忠为关外侯，想把他留在梁朝为将。杨忠不肯，与独孤信一同重返西魏国。两人眼光的确犀利，一者武川军团是他们的根，二者江南重文轻武，留在南方没有发展前途。侯景乱梁给了投奔江南的北方人大展拳脚的机会，但是，羊侃、羊鸦仁、杨华、王僧辩等北方人最后都没有取得成功，原因不难解释，江南没有他们生存的土壤，根基不厚。消灭侯景威震江南的王僧辩最终败于土生土长的南人陈霸先之手便是明证。

杨忠第三次前往梁朝与前两次不同，这次不是俘虏，亦非降将，而是作为西魏军主将应雍州刺史岳阳王萧詧之约协守襄阳。今非昔比，东西魏大会战，杨忠屡立战功，官拜骠骑大将军，荣登西魏府兵十二大将军之列。西魏府兵有六军，所谓六大柱国各领一军，其实就是司令，每大柱国下辖两大将军，即军长，军长真正领兵打仗，杨忠就是直接指挥打仗的军长。

长社城被围，宇文泰不肯大举救援王思政，坐视颍川失守，却在同年十一月下令屯驻穰城的杨忠兵进襄阳，助萧詧取荆州。穰城在今湖北邓州，北连宛洛，南接荆襄，是西魏国经营江南的前哨。从中明显看出宇文泰战略思想的变化，趁江南大乱向荆襄拓展领土。

杨忠率两千骑兵向襄阳进发。两千骑兵？对，杨忠的全部人马。萧詧进攻荆州不仅带了两千骑兵，还有两万步兵，结果打败了，区区两千骑兵又能起多大作用？杨忠揣摩到萧詧的心理。兵在精不在多，这条用兵之道已被无数战例证明，但是寻常人眼里仍是兵多占优，纵使解释得天花乱坠也是无用。

兵者，诡道也。敌人要欺骗，盟友有时也要欺骗。为让萧詧安心，杨忠在汉水之畔举行了盛大的阅兵仪式，两千骑兵更换旗帜重复行进。

萧詧果然登上襄阳城头眺望，只见汉水边旆旗飘扬，络绎不绝，数了数，约有三万人之多，杨忠凭空增加十倍兵力。莫说萧詧用肉眼观察，即使用高倍望远镜也休想察觉丝毫破绽。真正伟大的军官，不是冲锋陷阵在前，而是要做个魔术师。“能而示之不能，用而示之不用，近而示之远，远而示之近。”不是用嘴说出来的，是用脑子想出来的。

柳仲礼的军队杀向襄阳。杨忠不救襄阳，采用围魏救赵之计绕道义阳攻打柳仲礼的根据地安陆。西魏军攻克随郡，兵锋直指安陆。柳仲礼匆忙回军。西魏将领纷纷请求抢在柳仲礼回归之前迅速拿下安陆。杨忠不认同诸将看法，围魏救赵的精髓既不在于围魏也不在于救赵，而在于打援，消灭敌人的有生力量。

朦胧夜色里一支两千人的骑兵队出现在梁军必经之地漴头，杨忠出其不意打了柳仲礼一个伏击战。西魏军大败梁军，生擒柳仲礼。安陆、竟陵守军不战而降，杨忠收获汉水以东大片土地。江南第一大将柳仲礼光环消去，荆州的噩梦开始。

萧绎此时只想与兄弟侄子们争帝位，无心与西魏军对抗，于是向杨忠求和，重新划界，承认西魏军对汉东的军事占领。杨忠既救援了襄阳，又得到汉东土地，便兴冲冲回长安领赏去了。

卖国打内战。要不说萧绎这个家伙坏，白读一肚子书，说好听一点，攘外必先安内；说不好听一点，典型的投降派。西魏军护着襄阳打不过，萧绎下一个目标轮到郢州（治所在今武昌）的六哥邵阳王萧纶。

侯景大将任约进攻郢州，萧纶撒下英雄帖征召天下诸侯攻打侯景。天下诸侯没有到，王僧辩的荆州大军开到。萧绎向六哥下达最后通牒，离开郢州去长沙享福，否则别怪我不客气。

萧绎收拾侄子萧誉的时候，萧纶就料到会有今日。萧纶劝七弟不要骨肉相残，萧绎哪里肯听。萧纶写信把王僧辩损了一顿："将军前年杀了人家的侄子，今年又来打人家的哥哥，不怕天下人耻笑吗？"王僧辩将此信转交给萧绎。萧绎脸皮够厚，看罢一声令下，进攻！

萧纶年轻时胡作非为，长大后反倒识大体，不干骨肉相残的事情，何况也打不过王僧辩。萧纶流着眼泪与将士们告别，哭道："我志在灭贼，绝无做皇帝的意思。湘东王说我想争帝位，我不能和他打，也不想无罪被杀，我走啦。"萧纶拒绝将士们出战的要求，逃往汝南。

萧纶的结局很凄凉，因为萧绎不肯放过他，毕竟萧纶排行老六，萧绎排行第七，做皇帝有先有后。萧纶一天不死，萧绎一天不安心。萧绎使出一招毒计，派人向宇文泰告密，说萧纶在汝南招兵买马，与东魏国眉来眼去，想打安陆的主意。凭萧纶那点兵力如何攻打西魏，完全是假情报，宇文泰不管那套，萧纶身为皇子有号召力，一旦发展起来必为心腹之患。

很快，杨忠领兵打下汝南杀掉萧纶。萧纶之死与柳仲礼有很大的关联。萧衍善待过杨忠，故而杨忠上次抓获柳仲礼，待他比较宽厚，送到关中。昔日二十万大军的盟主柳仲礼在众人的鄙视和嘲笑中失魂落魄地来到长安，有机会做大英雄却当上个大狗熊，为万众讥笑。

柳仲礼不从自身找原因，一腔怒气撒到杨忠头上，恰好宇文泰给了他机会。宇文泰想通过柳仲礼了解梁朝的军事情报，两人经常聚在一起聊天。柳仲礼在宇文泰面前夸奖杨忠，说他缴获了无数的战利品，有多少黄金、多少奇珍异宝。宇文泰拿出杨忠上交清单一对照，发现缺不少东西。宇文泰特别生气，本想派人仔细核查，又觉得杨忠功劳大，不能打击他的积极性，最终从轻发落。

杨忠后悔不及，早知今日就该第一时间杀了柳仲礼。柳仲礼杀不了，萧纶倒霉。杨忠打萧纶又搞了不少战利品。萧纶是皇子，宇文泰更要亲近，不能送到长安乱嚼舌头，直接杀掉。

肆 决胜大江

北方骁骑纵横平原山川，却无法称雄水面。继曹操之后，又一个枭雄倒在波涛汹涌的大江之上。侯景重蹈赤壁之战的覆辙，王僧辩做了周瑜，陆法和变身诸葛孔明。

有如曹操轻松降服荆襄九郡，侯景的西征最初看上去一帆风顺。江州刺史萧大心屈膝求和，萧范发病身亡。叛军前锋任约连破二镇诸侯，拿下江州和豫章（今江西南昌），杀向郢州。萧纶与萧绎争郢州，萧纶弃镇逃跑，任约轻松攻取郢州重镇西阳（今湖北黄冈）和武昌。

独眼书生直面宇宙大将军，两人的碰撞有如火星撞地球。萧绎调兵遣将，让鲍泉辅佐二儿子萧方诸坐镇江夏城，大将徐文盛率数万水军东进。徐文盛进抵西阳西面的贝矶水面，大败叛军水军。任约向南京告急，侯景急令宋子仙率二路军两万余人增援任约。萧绎也增兵，从江夏抽调两万守军支援徐文盛。

公元551年三月，徐文盛一举收复武昌，进军芦洲，任约再次向南京告急。最大的敌人不能不除，侯景决心以进攻的姿态消灭萧绎，留王伟守建康，亲率两万军队增援。

决定江南命运的大决战拉开了序幕。这场战役侯景凶多吉少。侯景放弃北方将士擅长的陆战，与南方军队争胜于万里大江，以己之短对敌之长，胜算不大。侯景与赤壁战争的曹操犯下相同错误，轻视对手，企图快速取胜。叛军各级指挥官多是跟随侯景南逃的八百北方人。这些人经历无数阵仗，军事经验丰富。然而那是陆地作战经验，与打水仗是两回事儿。隔行如隔山，经常打胜仗的任约指挥水军每战必败，军事天才侯景能好到哪里去呢？

但是，无论曹操和侯景都不可能放弃水上进兵转由陆路进军，因为陆战困难更大，古代南方的地理和气候条件不适合北方人长期作战，逐一城市进攻旷日持久，旱路运输粮食物资不如水路便捷，大家只能赶鸭子上架，硬着头皮上。

果然，双方庞大的船队一交手，叛军在小船上射箭便勉为其难。

侯景毕竟有军事头脑，迅速察觉到敌人的弱点。梁军主力集中于西阳江面，江夏空虚。侯景派出一支奇兵，宋子仙、任约率四百精骑从江北偷袭江夏城。城中兵力不多，四百人足够。突袭的效果就是出其不意。江夏守将萧方诸和鲍泉丝毫未加防备，这一老一小正玩得开心。

这一刻，萧绎恐怕会思念文武双全的长子萧方等。萧方等死后，年仅十五岁的萧方诸成为世子，方诸比起志气慷慨的哥哥差得没边。前方激战正酣，萧方诸与鲍诗人天天下棋、喝酒、玩游戏。鲍诗人有意奉承未来的太子，任由萧方诸胡闹。据说叛军杀进城来，萧方诸正骑在鲍泉肚子上用五色彩丝扎胡子做小辫。宋子仙等人闯进屋，萧方诸倒也不慌乱，起身相迎，大有魏晋风度。鲍诗人却有些丢人，钻进床下躲藏，不承想五色彩丝暴露了行踪。

占领江夏，侯景不再与徐文盛纠缠，举帆西上，越过梁军营垒进入江夏城。这一下徐文盛傻了眼，粮道断绝，处于叛军东西夹击之下。徐文盛索性将军队遣散，逃归江陵。

颇有些军事头脑的萧绎意识到江夏是最薄弱的一环。他将手头仅剩的兵力全部交给王僧辩，委任王僧辩为大都督统率诸路兵马增援郢州。可惜迟了一步，王僧辩走到巴陵（今湖南岳阳），江夏已经失守。

侯景乘胜西上，联旗千里，舳舻相接，战船满江。叛军号称二十万，意图一鼓荡平荆州。侯景水上部队据称是晋廷南渡以来规模最为庞大的一支水军，史载“江左以来，水军之盛未有也”。

叛军距离荆州治所江陵城不过两百多里地。侯景站在楼船甲板上瞭望长江，扬扬得意，击败了萧绎，江南再无敌手。

船队乘风破浪行驶在辽阔的江面，“洞庭西望楚江分，水尽南天不见云”。南北朝时的洞庭湖方圆五百余里，水天相接，一望无际，浩瀚无垠，日月若出没于其中。

侯景陶醉于江夏战役的胜利中。从荒凉的大戈壁、茫茫大草原到美丽的中原，再到如诗如画的江南水乡。他一个小小的六镇边民凭借顽强的意志和聪明的头脑不停奋斗，眼见功成名就、位极人臣，却又跌入人生的低谷。从狗屁不如到牛气哄哄再到狗屁不如又重回牛气哄哄，其中的酸甜苦辣他人岂能懂得？所幸，最终的胜利不远了，数千里走过来，只剩短短二百里。独眼龙，拿命来吧，经过大风大浪，怕你这条小阴沟。

前面是一座小城，小得不能再小的城池。古人叫巴陵，今人叫岳阳。东吴大将鲁肃建的阅兵楼上站着大袖宽衫衣袂飘飘的王僧辩。四百九十五年后范仲淹先生就在王僧辩大都督站过的地方写下不朽名篇《岳阳楼记》：“不以物喜，不以己悲。先天下之忧而忧，后天下之乐而乐。”这算不算对王僧辩迟来的褒奖呢？

天还是那片天，水还是那片水。浩浩荡荡，横无际涯。水面覆盖数不尽的战船，陆地旌旗遮蔽长空，望不到尽头的叛军像滚滚涌来的潮水出现在巴陵城下。

城中偃旗息鼓，王僧辩独自一人静悄悄负手远眺。心里担忧，表面却十分淡定。王僧辩不怕敌人进攻，而是害怕敌人不进攻。必须骗一骗那个狡猾残暴的跛子，王僧辩正想着，城下有人来了。

那是侯景的侦察骑兵，望上去趾高气扬。巴陵城似乎捏在他的手心里，仿佛踢上一脚，立刻就将城池踢进洞庭湖。侦察兵只看到一个人，一个站在城头看风景的名人。侦察兵想俯视弱不禁风的书生，不想那个家伙站得高，只得仰面傲慢地问道："谁在城里啊？"王僧辩徐徐道："王领军。"侦察兵嘴一撇，喊道："出来投降！"从武昌到这里，他都是这么说一句，然后城里的人、兵营里的人连滚带爬出来笑脸相迎，缴械投降。不想，城上人纹丝不动，静静道："大军到荆州去吧，这座小城不碍事。"

侯景一身戎装，跨乘骏马来到城下。他十分清楚城里有军队，也清楚王僧辩是荆州军的指挥官。王僧辩的话是真还是假？当然是假。舍弃巴陵取荆州，这支军队一定会断大军的粮道。拿下它，才能万无一失。我有十万大军岂能打不下一座小小的巴陵？侯景大手一挥："攻城！"这个决策如同起兵叛变东魏的决策一样把侯景送入了地狱，所不同的是，这一次他再也爬不出来。

传令兵立刻四下传达进攻的信号。战鼓响起，数以万计的人拿起武器、云梯、绳索向城墙冲去。

军乐奏响，城头冒出万千甲兵。王僧辩不由得轻嘘一口气，这一仗赢定了。侯景，你输了，因为身后的江陵是一座空城，而这里聚集着荆州军所有的精锐。

萧绎坐卧不安。侯景二十万大军压境，益州的八弟武陵王萧纪与襄阳的侄子岳阳王萧察先后率军队向荆州进发，名义助拳，实际觊觎荆州土地。两线作战必败无疑，何况三线都有敌兵。

萧绎虽然只有一只眼，但是这一只眼直指人心，看穿了兄弟和侄子的弱点。萧纪见机迟钝，可以欺骗；萧察胆小，可以吓唬。

萧绎只用两封信就打发走了这两位不速之客。他对萧纪说，"你别来啦，等我消灭侯景，咱们哥俩做刘备和孙权吧"。刘备与孙权一个独霸江东，一个称帝四川，分荆州而治。萧绎表明态度认可萧纪做皇帝，平分天下，互相承认。书信之意正中萧纪下怀，萧纪高高兴兴揣着七哥的允诺带军队返回成都做皇帝去了。

成功骗走萧纪，大家急忙给萧绎出主意再去骗萧察，就说我军已打败侯景。萧绎摇头，这个主意不好，这么说不是退兵之计，反倒逼萧察急速进兵。因为他必须抢在击败侯景的大军回归之际拿下江陵城。对付萧察不能说好话，要吓唬。此人遇到厉害的人物就害怕，否则怎么会投靠西魏呢？

有一个人足以吓唬他，谁呢？胡僧祐。

胡僧祐与羊侃、羊鸦仁一样，是南来北方人，曾在北魏朝做官，官拜银青光禄大夫，这个职务品级不低。河阴事变，尔朱荣大杀汉化文官，魏国大乱，胡僧祐来到江南。江南不重视武官，胡僧祐鼓吹北伐，被萧衍安排到北疆做军官，后来担任天门太守。老将军堪比廉颇、黄忠，一身好武艺，伐蛮战役中屡建战功，威震荆襄。

人在哪？监狱里。萧绎喜欢把有用的人才请到监狱里做客，因为他过于猜忌，为人小心眼。此时正值用人之际，又要把人家放出来。对外高调宣称拜胡僧祐为大将，率二万精锐甲兵，五千铁马骑兵抵御襄阳兵。萧察素知胡僧祐是个人才，真就不敢进兵，把军队召回。

别说五千铁马、两万精甲，五千纸马都没有，萧绎能拿出手的兵力只有区区一千人。不管三路敌军哪一路来，江陵必丢无疑。

听说侯景围攻巴陵，萧绎拍手大笑，今年吉星高照。自己最清楚自己的弱点。萧绎分析侯景的前途：用一部分兵力牵制住王僧辩，分兵取江陵，上策。取长沙，攻略湖南，从南部就近运粮到洞庭湖，中策。围攻巴陵，下策。巴陵城小，易守难攻。城池打不下来，士气低落，粮运接济不上，加之夏季暑疫流行，必败。

萧绎正高兴，又来了一个人，主动请缨捉拿侯景。

此人不能称之为人，所以叫将军不合适，叫先生也不合适。不是人，神仙吗？答对了，就是一位神仙，准确说是半仙。此人自称荆山居士陆法和。居士，也叫沙门，僧人，大法师。

神仙没有家，陆法和也没有家。

谁也不知道他是哪里人，只知道他住江陵百里洲，是穿草鞋讨饭的苦行僧。与别的苦行僧不同，他身边有个女人相随。女人身披法衣自称“越姥”。一听越姥，大家释然，原来是个老婆婆。错，那是望文生义。不是老婆婆，而是少女。两人同居吗？不知道，但是可以负责任地告诉大家，他们没有孩子。

伍 西风

神仙有神迹，陆法和当然也有。陆法和有诸多奇妙的本事，替人看病，三服痊愈，不必多用一服。有人杀牛，陆法和说杀牛有报应。不出一月，杀牛者死。陆法和说不能把马系在磨盘的柱子上，有人不听，结果马死。不管你信与不信，他就如此灵验。于是，他拥有不少粉丝和信徒。

侯景投奔梁朝，陆法和对弟子朱元英道："施主和我一起打侯景吧。"朱元英不信，此时侯景正蒙梁武帝信任。第二年侯景渡江包围台城，朱元英进山寻访问计，陆法和道："果子熟了自然会落，施主只需耐心等待。"

四年后果子熟透，侯景兵围巴陵，陆法和率八百蛮兵来见萧绎请求攻打侯景。萧绎大喜，真是雪中送炭，不管你是什么人，什么来历，只要帮我就是好人。

其实读到这里，我们可以大体推断出陆法和及其身后的势力。陆法和极有可能出身于江南蛮族，傒、俚族类，他们这一类人在南朝没有社会地位，侯景给了他们兴起的机会。陆法和意识到侯景会引发江南的变乱，而这一场变局正是他们下等人翻身的大好机会。不仅陆法和看到了，陈霸先也看到了，他们两人均是蛮族杰出的人才，两人背后均有蛮族支持。陈霸先以后再讲。

陆法和来到江陵，选择时机恰到好处，正值江陵空虚，萧绎最窘迫之际。萧绎顾不得夷夏之防、华夷之辩，立刻加封陆法和为信州刺史，与胡僧祐一同增援巴陵。一个来路不明的野和尚在讲究门阀的南朝社会竟一步登天做刺史，侯景之乱前不可想象。没办法，陆法和身后有荆襄一带大大小小的蛮族支持，随身带有八百蛮兵。梁朝没有亡于侯景之手，没有亡于北齐和西魏之手，最终亡于南方蛮人之手，也算情理之中。侯景耗尽江南士族的力量，外省人和楚人让位江南土著人也是历史的必然。

胡僧祐年已六十，气概不减当年，出发前他流泪对儿子道："你在家开两扇门，一扇朱门，一扇白门。打胜仗我从朱门进，打败仗我从白门进，尽忠报国，不捷不归。"胡僧祐当然知道，戴罪再打败仗的话，想回来恐怕萧绎也容不下。

与胡僧祐的悲情不同，陆法和居士登上战船望了一眼环列的士兵，大笑着说了一句豪言壮语："无量兵马！"太多啦！用不了。多吗？不多，也就一千人。这一千人是萧绎拿得出来的最后军队了，毕竟还要留点人手防备萧察和萧纪。加上陆法和的八百蛮兵，总共一千八百人。

陆法和胸有成竹，论打水战，姑不论荆州兵，他手下的蛮兵以一当百，这一场仗未战胜算已定。陆法和等了四年，精心准备了四年。侯景，你完蛋啦，你就是我成就功名的梯子，你就是南方土著扬眉吐气的嫁衣。

二人一前一后分路进发，胡僧祐居前，陆法和在后。离巴陵不远，援军遭遇叛军阻击。叛军大将任约率五千人马水陆并进阻挡援军。胡僧祐远远望见叛军的船队，掉转船头往回跑。任约见梁军船只少，兵力不多，指挥军队一齐追赶。胡僧祐坐船在长江里跑，叛军水军慢，任约率马步兵在岸边追，一边追一边喊口号："吴人小娃娃早早投降，能跑到哪里去呀！"

自然有好地方去，赤沙亭。赤沙亭又叫赤沙湖，长江中一处大湖泊。据考证，赤沙湖当时为洞庭湖一个组成部分。胡僧祐与陆法和早已商议好，将叛军引入赤沙湖一举歼灭。因为在长江作战，敌军可以依托旱地立水寨，进入湖泊只能是战船的天下。

任约见敌船逃入湖内，带领陆军上船追进赤沙湖。举目一望，碧波万顷，波浪起伏，一片云水茫茫。任约在马背上能征善战，登上船有些犯晕，不敢贸然前进，进湖不远便扎下水寨。

陆法和搞了一次水上侦察，轻衣简从，乘坐快船，顺流而下到距离敌军水寨一里处返回。陆法和回来后对大伙说："本居士发现敌营上方的龙昏昏欲睡，我军上方的龙斗志昂扬。如果明天发起攻击，我军不损失一人即可大获全胜。"

谁见过龙？你见过？他见过？没有一个人见过，因为世上根本没有龙。中国人喜欢把子虚乌有的东西奉若神明，皇帝自称真龙天子，以此表示不凡。陆法和也是如此，进行实地侦察，摸清敌人虚实，回来实话实说吗？他不，故弄玄虚。愚民是中国古代精英一贯的作风，自己懂科学，用科学，偏偏不告诉别人科学，这也是变相的炒作。

战士们兴奋起来。陆法和又道："好是好，有一事不妥。进攻敌人必须用火攻，可是风向不对。"逆风放火岂不烧到自己？大伙一听，十分泄气，这话说了等于没说。陆法和一笑："山人自有妙计。"

第二日火船备好，万事俱备，只欠西风。陆法和白羽扇一挥，风向转过。此为陆法和版"借东风"。不过，梁军自西北而来自然要用西北风，而夏季多刮东南风，与赤壁之战恰好相反。三国在南北朝之前，故而人家会认为陆法和抄袭诸葛亮。大家冤枉了陆大居士，诸葛孔明借东风不载正史，是《三国演义》写的。《三国演义》系明朝作品。相反，我倒认为罗贯中先生盗版陆大居士。再说，诸葛孔明借东风，又是筑台，又是念咒，哪里及得上陆法和居士挥扇之间潇洒。当然了，风向变化和挥扇子没有丝毫关系，只和天文有关系，和科学有关系。陆法和系炒作大师，包装大师，把蛮族出身的自己炒成了半个神仙。

烟焰冲天，梁兵火烧叛军水寨，打水仗任约根本不值一击。大火烧得叛军将士花了眼，只见梁军水兵们个个踏水无痕，漂在水面。人怎么能漂在水上。据我判断，要么踩筏子，要么坐小船，风疾船快。梁兵水上技术高，动作不走形。反观叛军，江北、江南人员构成复杂，指挥官不懂水战，大火一烧，一个个像饺子般扑通扑通落下水，一会儿的工夫全军覆没。

梁军打扫战场，未发现叛军主将任约。大家感到奇怪，难道任约能上天入地？山人面前讲什么神话！陆法和羽扇轻扬，淡淡道："明日午时就能找到。"

第二天午时很快到了，任约依旧踪迹全无。大家不好意思地怀疑起神仙来："大师，您的话好像不灵验啊。"陆法和有话说，他不慌不忙道："此地水干的时候曾经有一座佛塔，这座佛塔会指引你们寻到贼帅，何不到那里去找一找？"大家半信半疑找到水中那座佛塔，果然看见任约搂抱佛塔尖，仰着头，鼻子露出水面呼吸。

神人啊，大家又一次佩服得五体投地。从侦探角度解读搜寻任约过程并不神秘。叛军被全歼，任约自然逃不出这片湖泊，想必落水淹死。陆法和说明天能找到，恐怕算计尸体会浮出水面。如果没有的话就说明任约还活着。湖水浩瀚能藏到哪里去，熟悉此地地形的陆法和自然而然想到佛塔顶端。

面对任约，陆法和又神了一把，对任约说，"施主的面相不会死于兵刃，你与湘东王有一段缘分，不要多想，湘东王日后尚需你一臂之力"。

陆法和预测任约不仅性命无忧，反而会受到重用，事实也是如此。细想之下此事不难揣度。南方将才匮乏，骑射出众的任约大有用武之地。谋略家之所以总能比大众看得长远、判断事物准确，就在于能勤于思考。

四年间陆法和观察时事，江南各地势力的大小人物莫不装在头脑之中，包括任约。作为侯景方面主管军事的大司马，任约指挥能力无可挑剔，这也是当时侯景千方百计把任约从宇文泰那边挖过来的原因。任约会说话，萧衍与侯景那场世纪对话，最初侯景紧张得答不上话来，便是任约主动替答。任约将汉化与鲜卑化两种文化融合得比较好，做人低调，人缘好，无论哪一方均能接受他，包括北齐。而且陆法和想到了任约的用处，日后任约助陆法和抗击萧纪的川军，为萧绎立下汗马功劳。任约相遇陆神仙对其人生也有帮助，水上功夫长进神速。日后陈霸先大败十万北齐军，焚烧北齐军战船，北齐军四十多名高级将官被擒，浮尸漂满长江，唯有任约等少数几人逃过江去，相信任约必定效仿陆神仙扎了小竹筏。

后话不提。任约兵败，围攻巴陵的侯景心知大势已去，慌忙烧营夜遁。顿兵坚城之下鲜有不败者。侯景败在对江陵虚实判断失误，未用大部队袭击江陵城。侯景有他的想法，一旦攻不下江陵，粮运被王僧辩断绝，后果不堪设想，可能全军覆没。攻建康用了五个月，谁知晓江陵无兵？侯景保守了一回，仅仅一回，这一回足以决定侯景失败的命运。他在江南孤立无援，容不得一次失败。

长达四年之久的侯景之乱出现了转折，胜利的天平倒向萧绎。打了败仗的侯景又干了一件蠢事，做皇帝。也许高洋称帝刺激了他那颗不安分的心。有心称雄，无力回天，再不做皇帝就没有时间了。上到侯景，下到王伟等跟着侯景出生入死的兄弟们，大家想法一致，过一把瘾就死，不给人生留遗憾。

一步步按着程序来，废帝，立新君，然后禅让，王伟导演着一切。萧纲退位，父子死得志气昂然。两年半的傀儡生涯让萧纲意识到自己的命运只有死亡，他曾指着宫殿对人说:“庞涓当死此下。”当王伟等人带着酒菜声称祝寿时，萧纲微笑着说道:“所谓寿酒，寿尽于此的意思吧！”

听着琵琶弹奏出的美妙音乐，痛饮人间美酒，萧纲度过人生最后的时光。沉醉的萧纲叹息道:“没想到这是人世间最大的快乐。”

醉了，睡了，死了。王伟等人用装满泥土的布袋窒死了萧纲，尸体留在城北的一间酒库里。“终无千月命，安用九丹金。阙里长芜没，苍天空照心。”慷慨沉郁的悲歌和着“梦笑开娇靥，眠鬟压落花。簟纹生玉腕，香汗浸红纱”丽靡婉约的艳曲仿佛像天边灿烂的晚霞随着萧氏家族的败落慢慢消散于历史的天空。

太子萧大器的从容超过父亲，叛军想用衣带绞杀，萧大器淡然道:“衣带太软。”随手一指系帷幕的绳子说:“不如绳子。”萧大器的从容在于他早早就看到未来。他对身边的人说:“叛贼成功，我必死；叛贼失败，我依然要死。终究一死，何须烦恼。”

人生自古谁无死，难得的是死得从从容容，死得了无牵挂，死得像一阵轻风掠过树林，悄无声息。

昭明太子长孙萧栋登上帝位只是演戏的一个过程，三个月后即被侯景废掉，侯景建立了一个新王朝。新王朝的名字出人意料，叫作“汉”。这是对汉民族的嘲讽还是推崇？反正鲜卑文化熏陶出来的大字不识几个的羯人侯景自诩正宗汉人。

侯景登上皇帝宝座，数万党羽吹口哨，喊口号，大呼小叫涌向太极殿，宛如群魔狂欢的万圣节。在这群奴隶们心中，侯景是不可替代的神。他们的神占据了神圣辉煌的皇帝宝座，颠覆了人间一切游戏规则。光明结束了，黑暗就要诞生。他们都这么想，包括谋士王伟。

王伟要给这个黑暗的政权蒙上光明的外衣，就像他身上的白色长袍，只可惜这位饱读诗书的文士并不知何为光明。王伟请侯景立七庙。侯景不懂什么叫作七庙。王伟解释说:“就是祭祀陛下的七位祖宗。”关于祖宗，侯景只认识一个人——侯标，这个人是他的老爹，其他祖宗一概不知，既不知模样，也不晓名字。侯景说:“前世吾不复忆，惟阿爷名标。”阿爷？大家不感到熟悉吗？对。“阿爷无大儿。”花木兰称呼父亲亦是这般叫法。

侯景皇帝还讲了一句大实话:“我的老爹埋在怀朔，哪能跑到这里来吃祭饭？”内蒙古与南京相距千里，中间隔着黄河和长江，死人实在没有力气为啃个猪头赶这么远的路。大家都笑，笑话皇帝说疯话。

王伟告诉新皇帝，祖宗可以乱认，祖宗可以乱搞。当然这些不能拿到台面上，只能私下运作。于是，侯景皇帝的祖宗七位，一个不缺，都有堂而皇之的名字。始祖侯霸，东汉光武帝刘秀的司徒；七世祖侯瑾，东汉的文学家；祖父侯周；等等。在这一连串名字当中，只有父亲侯标名实相符。祖父侯周其实叫作乙羽周。这个多音节名字不是侯景忆起来的，而是跟随侯景的塞上的叔叔大爷们硬生生从记忆深处抠出来的。

王伟教导侯景做个真正的皇帝：坐有坐相，站有站相，不能出宫遛弯儿，不能骑马，不能用弹弓射飞鸟，更不能随便见人。满足虚荣心的侯景终于体验到做皇帝的辛苦。纵横塞上中原、大江南北，一生我行我素后却失去自由:“简直坐牢，早知如此，皇帝不做也罢。”

侯景后悔，那帮兄弟们更后悔。以前大家不分贵贱地聚在一起有说有笑嘻嘻哈哈，想什么时候在一起就什么时候在一起，如今想见一面都难。

阳光之下的一切都是光明的，阴影里的全部是黑暗的。皇宫大内是最阴暗的地方，皇帝是最阴暗的人。皇帝要防备天下所有的人，不得不阴暗，不得不厚黑。中国的皇帝制度是黑暗的制度，仅仅好过中世纪的欧洲，那时的欧洲蒙受王权与宗教双重的欺骗。帝制扭曲人性，束缚人心，对人民如此，对皇帝本人也是如此。好人做皇帝也会变坏，皇帝的位置不是为好人准备的。但是，皇帝谁都想做，无论北方的胡人，还是南方的蛮族。请看下一位，蛮帝陈霸先。

第十二章
蛮帝陈霸先

陈霸先这个人很特别。说他特别，因为做皇帝的江南人不多见，著名者更不多，其一孙权，其二陈霸先。有人说，北朝乃少数民族的天下，陈霸先败侯景，胜高洋，保住东南半壁河山，捍卫中原传统文化。其实陈霸先的出身仍然是个谜，他并不像自己宣传的那样，家族来自中原，而是地地道道的吴人。

壹 从村长到名将

南北朝时期及之前，江南人不是中国人。当然，此中国非彼中国，而是指中原，指华夏。不是中国人那是什么人？蛮人，野兽。中原冠带呼江东之人皆为貉子，若狐貉类云。吴、越、奚、俚，泛称南蛮。

《三国志》记载过一个故事，孙权为儿子向关羽求婚，关云长一口回绝，大骂使者。《典略》记录关公的粗话：“貉子敢尔。”你一个野兽怎么敢要我的女儿呢！关云长的女儿怎么可能嫁给狐狸貉子呢！关羽并非出身贵族，却瞧不起江东孙氏家族，就因为他是中国人，而孙权是吴人。这句话激怒了孙权，吴军偷袭荆州，杀害云长公，可谓一言丧命。

南朝国都定在南京，南京在长江之南，南朝绝大部分国土在江南，这么说来南朝人是平等的，不存在文明人与野蛮人之分。事实并非如此，南方社会中的许多人自称是从北方搬来住的，祖籍中国，仍然具有真正的华夏血脉。这些人构成南朝社会上等人，即侨人。

吴人自然是二等公民。陈霸先是吴人，吴兴郡长城下若里人，即今浙江省湖州市长兴县人。出生在哪个地方不是个人的错，那是祖宗的错。陈霸先不甘心，给自己找了一个祖宗，东汉名士陈实。侯景能把侯霸弄来当祖宗，陈霸先为什么不能找个祖宗？攀上陈实，也就攀上中国人。于是，陈霸先声称我家也是从北方渡江过来的，谁不服可以去考证。两百多年了到哪里去考证？不管陈霸先如何大声疾呼，大家都不信，吴人就是吴人，官府籍贯上明确记载他是长城人。陈霸先又说，那是成和土断时搞的，咸和年间人口普查重新划分籍贯时定的，不能说明问题。口说无凭，南史如实记载：“自云汉太丘长实之后也。”

认祖宗认根是中国社会特有的一个文化现象，数千年不变。以前称华夏，称中国，现在称汉族，出门称华裔。哪里好，中国好，从黄河流域扩展到长江流域，扩展到东北的森林和内蒙古的草原。这种文化制约了中国人走出去。阿拉伯人地跨亚非欧，欧洲人可以去寻找新大陆，中国人只能守着自个儿的一亩三分地，虽然这块地曾经那么富饶，那么广袤，但是相比世界也就是一小块而已。所以，中国人见不到大世面，不会做生意，只会给人家打工。话又说回来，对文化的认同感又顽强地守卫着这片土地。无论谁过来，结果都是一样，把你变成一个中国人，变成我们的孙子，当年的蛮、夷、戎、狄、鲜卑、契丹、女真，都是如此。

言归正传。《建康实录》里说陈霸先家里穷，吃不上饭，陈霸先这个家伙又不愿意下地干活，那怎么办呀？饭要吃，衣要穿，只得捕鱼维持生计。这段话不可信，因为陈霸先哥仨混得都不错。陈霸先有个哥哥陈道谈官拜东宫直阁将军，是护卫的禁卫军官，侯景叛乱，在保卫台城战役中不幸中箭身亡。陈霸先的一母胞弟陈休先也在太子宫任职，后来被太子萧纲外派担任将军召集民团对付侯景，也死了。能与太子挂上钩，说明陈家绝不是底层的穷人。陈霸先的爹至少有两个老婆，又怎么会穷？但是，无论北人侨民，还是吴人豪强，陈霸先的庶族身份没有什么可争论的，这是共识。

再来看看陈霸先的经历，生平第一个官——里正，小村长。别拿村长不当干部。村长也不是你想干就能干上的。南北朝选村长多选村里的大户。

南北朝时土地私有，没地可卖，没有灰色收入，村长充其量就是政府的小听差，陈霸先不爱干。让未来的皇帝做小村长那不屈才嘛，陈霸先跑了，跑到义兴。不打辞职报告弃官走人有罪，所以陈霸先躲到邻郡。不承想有一天撞到熟人吴兴太守萧映。皇族萧映回京都建康路过义兴，冷眼一看，哎，那不是下若里陈村长嘛，怎么跑到义兴来啦。

陈霸先说，自个儿不想待在乡下，想到京城闯荡闯荡，见见世面，开开眼。梁朝商品经济发达，士族大多聚集在沿江一带的大城市里，仅南京城就聚集了一百多万人口。

萧映感到非常惊奇，那个年头有大志的人不多，本本分分的老实人居多，而本分的老实人往往做不成大事。“想长见识，可以，去做个油库的看守吧！”

油库长或许比里正的官高不了多少，重要的是从长城下若里的小农村走出，来到繁华的京城。

幕僚们不理解萧映为何抬举一个私逃的村长。萧映说了一句令人惊讶的话：“此人前程远大。”

别人吃惊，陈霸先不吃惊。陈霸先身怀武功，从小喜欢读兵书。他对自己充满信心，对前程毫不怀疑。

萧映说过这句话后似乎就把此人遗忘了。贵人提携的人无外乎三种，亲戚、马屁精、对他有用的人。陈霸先既非萧映亲戚，又非马屁精，只能做有用的人，可惜什么也不缺的萧映用不着。

油库中的物资进进出出，日复一日，年复一年。陈霸先的同行们忙着倒腾油，领国家的一份薪水，另外赚一份利钱。油库长们时常凑在一起喝酒玩乐，陈霸先从来不参与。白天陈霸先围着油库走来走去，晚上回家欣赏漂亮妻子吴娃章洁白红润的长指甲。

陈霸先的乐趣依然是读兵书，只有在兵书中才有一股纵横之气。建康繁华依旧，几十年的太平岁月已经让建康人遗忘什么叫作战争。

有人的地方就有战争，和平永远只是暂时的。一位与陈霸先有着同样志向的越南人向陈霸先招手：兄弟，我等你。这一年是公元540年，陈霸先三十八岁。

越南人叫李贲，说越南人只是让大家好记，因为他出生于今天越南的河内，当时是梁朝的地盘，叫作交州。李贲是河内一带的土豪，有心建立一个新王朝。在他的挑唆下，梁朝南疆动荡不安。

梁武帝萧衍委派萧映担任广州刺史，希望这位萧家的千里驹能够安定南疆。岭南处于王朝南端，大山相连，穷山恶水，人民未开化，聚山林，住岩洞，大大小小的花果山，三十六洞主、七十二妖王之类，不好管理啊，萧映想到了“前程远大”的陈霸先。

陈霸先终于从不入流的弼马温熬上了品，萧映提拔陈霸先担任中直兵参军，六品官，条件很简单，跟我去广州。

广州地理位置优越，商业发达，中外商人云集，是个好地方。但是，此时谁都能闻到战争的气息。越是艰难的地方越能显出个人的勇气，越是困难的工作越能显出个人的才华。有些人眼里建康是天堂，在陈霸先眼里广州才是天堂。

陈霸先的人生之路走对了，像他这种二等公民在建康削尖脑袋也升不了大官，来到野蛮的岭南却步步高升。到达广州，萧映安排工作，命令陈霸先召集人马把不服的山大王、洞主们收拾收拾。陈霸先带着一千士兵出去，不一会儿的工夫荡平两个县的山头。

萧映满心欢喜，又给陈霸先升官，官拜西江督护、高要太守。西江督护可是肥缺。梁朝商业发达，商业靠交通，交通主要走水路。为保证河道通畅，梁朝设置了督护，专门负责水运治安。往来运输的货物包括珍珠、象牙、犀角、珊瑚和香料等利润极大的高档奢侈品，这里头油水有多大问问海关和税务便知。史书中明确记载督护官不需要大贪，也能富兼十世。稍微伸伸手指头，十辈子花不完。当然，萧映也有条件，一定要保护好我的安全。

萧映眼光贼亮，陈霸先不负所托。公元 541 年十二月，李贲聚众起兵，原因极其简单，梁朝不拿俚人当人看，我们不服。南北朝时的俚人古称百越，汉称南越，现在应该叫黎族。叛军占领河内，交州刺史萧谘使了一招金蝉脱壳，用钱买命。李贲见钱眼开，不管什么与俚人苦大仇深的贪官污吏，见钱放人。萧谘狼狈逃往广州，逃亡路上一纸御状告到朝廷。萧衍勃然大怒，搭个草窝在树上住的人敢闹事，这还了得？据史书记载那时候的俚人“巢居鸟语”，比貉子更野蛮，更不开化，难怪李贲等俚人豪族当不了梁朝的大官。

朝廷发下公文，由萧映和萧谘两人负责，抽调新州和高州二州兵捉拿鸟贼。二州刺史请求拖延一下时间，现在是春季，到达河内必是夏季，时值高温，沿途山林荒野瘴气横生，不利行军，拖到秋天进兵最好。萧映初到广州不懂南方的地理和气候环境，加上立功心切，严词拒绝。萧谘熟悉情况，但他白白送出许多年搜刮来的金银珠宝窝了一肚子火，恨不得立刻把钱财抢回来，半年拖下去利息得多少钱？二人意见一致，立即进兵。两位刺史只得硬着头皮带兵平叛，走到半路，疫病流行，死了大半人马，溜了不少人，大军不战自溃。

萧映和萧谘傻了眼，萧谘赶紧想馊主意，不能承认瞎指挥，要找替罪羊。这是中国人惯用的手法，坏了事要有人顶罪，美其名曰丢车保帅。萧谘抢先上表，诬陷二州刺史通敌。什么瘴气之类的理由都是他们编造出来的，其实就是不想打。远在千里之外的萧衍相信了两位侄子的话，赐二州刺史自杀。

一石激起千层浪，惹了众怒，官军哗变，军官杜天合带领二州将士包围广州城，扬言斩二萧祭旧主。一天工夫，广州城下聚集数万叛军。二州将士都是梁朝南方军的精锐之师，消息传到建康，萧衍意识到自己错了，两手一摊，完啦。想增援，远水不解近渴。两位侄子的命保不住倒也罢了，自己人打起来，从此南疆永无宁日。

萧衍尚未从懊恼中回过神来，一份捷报送到。高要太守陈霸先率三千兵马日夜兼程，临阵斩杀杜天合，解广州之围。这是萧衍第一次听到陈霸先的名字。

谁说江南无将？前有陈庆之，后有陈霸先。萧衍立刻诏令画师飞赴广州为陈霸先画像。萧衍想认识一下陈霸先，这是皇帝对臣子最高的奖赏。

陈霸先一战威震岭南，在官军和各地土豪洞主面前树立起威望。公元544年冬季，萧映病亡，陈霸先亲自护送灵柩北归。没有萧映就没有陈霸先的今天，对于萧映的恩惠，陈霸先永志不忘。

如果陈霸先就此回到建康，陈霸先与侯景的决战就会提前到来。陈霸先能否挡住侯景进攻，消弭侯景之乱，我们难以预知。历史没有假设。

有人舍不得他走，就在同年一月李贲建立了新王朝万春国，越南的所谓前李朝，自称“南帝”，世人称为“李南帝”，定都交州治所龙编，即今越南河内。萧衍再次震怒，封杨瞟为交州刺史，陈霸先为交州司马，督率南疆军队平叛。

接到诏令的陈霸先率部折回，与各路军队会合。军队中有人不愿远征，杨瞟犹豫起来。陈霸先一句话坚定了杨瞟决心：“您不进兵，以前的两位刺史就是前车之鉴。”

这一场战役名义归杨瞟指挥，实则是陈霸先，陈霸先显露出舍我其谁的霸气。越南李南帝与陈霸先的决战以李南帝的完败告终。梁军水陆大军纵横河流湖泊，横扫北越南，连败叛军。无计可施的李南帝逃入洞穴，被当地土著斩首，传首南京。梁军夺回交州，恢复对北越的统治。

陈霸先的赫赫战功并未使自己再上一个台阶，除被加封振远将军、督七郡诸军事外，仍然是西江督护、高要太守。萧衍不肯将州一级的官职封给吴人庶族，只有从小跟随萧衍的陈庆之例外。

江南现有的秩序需要有人来打破，不是南人，而是更具破坏意识的北人，侯景来了。

贰 回家战侯景

侯景乱梁，陈霸先预感到机会降临，不必再屈身南海，可以回家了。这一次回建康他不再是那个平凡的油库长，而是威镇岭南的大英雄，这叫作曲线人生。

有一个人挡住他的路，顶头上司新任广州刺史元景仲。元景仲是北魏皇族，来到江南二十年，岁月改变了他的容颜，却无法改变他那颗高贵的心。侯景一句话把他骗倒："欢迎我吧！让你做皇帝。"

不管这句诺言有多大的水分，元景仲死心塌地拥护侯景。但是，侯景的影响力比起萧梁皇族在岭南差得太多。陈霸先只用一句话就把第一块绊脚石踢进南海："元景仲勾结叛贼，朝廷将他开除，新任刺史曲阳侯萧勃大军已到。"广州的官员和将士们一哄而散，元景仲无奈悬梁自尽。

元景仲上吊，陈霸先这才把定州刺史萧勃迎进广州城。骗人难以服众，周边州郡不服萧勃。陈霸先出手将不肯归附的人暴打一顿，先后讨平岭南十郡，这会儿大伙不敢不服。

北方诸侯与侯景互相讨伐，激战正酣。陈霸先准备北上，不想又冒出第二块绊脚石——萧勃不肯让他走。陈霸先是个人才，谁不喜欢人才？岭南这么乱，留着他看家护院多好。再说陈霸先经营岭南这么多年，人气旺、物资多，走了可惜。

萧勃想得挺美，割据岭南做一镇诸侯。燕雀安知鸿鹄之志？陈霸先若想做军阀，哪能轮到萧勃？陈霸先心中有天下，绝非南海弹丸之地。这些年来陈霸先利用西江水运带来的财富积蓄钱粮，招兵买马，拉拢广州、岭南一带的土豪洞主，势力已今非昔比。但是，陈霸先充其量是一个小太守，地盘就这么大，兵将就这么多。而今天下大乱，海阔凭鱼跃，天高任鸟飞。只要扯起讨伐侯景的这面大旗，想征多少兵征多少兵，想占多大的地盘占多大的地盘。陈霸先振臂一呼，岭南大小洞主群起响应，出人的出人，出钱的出钱。岭南酋豪侯安都、张等亲自率人马追随陈霸先。

机不可失，时不再来，陈霸先岂肯留在广州？他回了一封书信将萧勃损一顿："君侯身为皇族不应该制止一个外姓去救国难吧？"

得罪萧勃，陈霸先环顾天下诸侯选中萧绎，派人联络萧绎表示臣服。萧绎得到陈霸先的书信特别高兴，立即以皇帝的名义回信封陈霸先为交州刺史，默许陈霸先去抢交州。萧绎小瞧了陈霸先，以为此人只想趁天下大乱之际借他的名义捞地盘，哪里想到陈霸先的大军已然启程北上。

陈霸先大破敢于挡路的土豪洞主蔡路养，收降一员小将——十三岁的萧摩诃。在南越酋豪冼夫人帮助下击杀依附侯景的高州刺史李迁仕，打开由赣江北上的通道。至此大军一路畅通，赣江沿岸土豪洞主望风而降。

陈霸先的军队越来越多，军中骨干为岭南地区的正规部队，其余由蛮兵蛮将构成。跟随陈霸先的正规军想打侯景的少，借机回家的多。陈霸先拥有三万五千甲士（一说五万五千），装配五千张强弩，二千艘舟舰，五十万石粮食。杜僧明、周文育、侯安都、萧摩诃都是勇冠三军的虎将。一个小小的郡守实力超越大州皇族，萧绎这才意识到陈霸先是个了不起的人物，改封陈霸先为江州刺史，让他向江州进军。

南方军团浩浩荡荡水陆并进，与西进的荆州军会师于长江白茅湾。南方最伟大的两位名将领相会。二人均从默默无闻到天下闻名，惺惺相惜，登坛结盟共讨侯景。王僧辩官拜尚书令、征东大将军自然是帅，陈霸先乃一州刺史为将。为表示诚意，陈霸先留下二十万石粮食，分出三十万石粮食支援荆州军。

长江流域长年战乱，也只有陈霸先拿得出三十万石粮食。好哥们！王僧辩挑起大拇指，对陈霸先刮目相看。一件事并不能看出一个人的好坏。王僧辩军事素质过硬，讲政治、论心机难免落在陈霸先之后，不要忘记，陈霸先是从最底层干起的。

侯景的丧钟敲响，西进大军进逼南京。贵为汉王朝皇帝的侯景不能再像往常那样事必躬亲，他把重兵部署在南洲，一再告诫大将侯子鉴千万牢记任约的教训，不和梁军打水战，设法引诱他们到陆上交锋。

侯子鉴虽然姓侯，但毕竟不是侯景。将在外君命有所不受，这句话成就了许多名将，也埋葬了不少将领。

梁军水师抵达叛军的水寨。侯子鉴突然发现事情和原来设想的不一样，自己完全有实力干掉风头正劲的王僧辩，因为梁军战船小。王僧辩也发现本军的弱点，叛军的战船大，小船干不过大船。王僧辩向部队下达撤退的命令。

梁军船只撤退毫无秩序可言，侯子鉴万分得意，指挥水军冲出水寨。一千多艘战船扑向江面。追着追着，侯子鉴忽然发现梁军的船越变越大，越变越高，自己的战船反而越变越小。侯子鉴揉揉眼睛再看，大呼中计。原来王僧辩故意将大船埋伏在长江两岸，派出小船引诱敌人。叛军追过来正好进入大船的包围圈。叛军慌了，争相跳水逃命，数以千计的将士喂了长江中的鱼鳖。

又一次惨痛的失败，叛军丢掉南京外围最后一道防线，本钱几乎输光。败信传到皇宫，侯景皇帝正在睡觉，听罢大惊失色。历史记录下来自北方的跛狼瞬间凝固的表情：泪流满面。原来男人也会哭。侯景大皇帝意识到失态，急忙扯过被子蒙住头。良久，良久。突然霍地坐起来，说了一句至今网络依然流行的话："坑爹呀！"（误杀乃公！）

前功尽弃，万事付流水，一切重新回到起点。既然儿子们挡不住，那就老子亲自来。短短三个年头，梁军与叛军再次隔秦淮河对峙，这一幕何其相似。

物是人非，秦淮河南岸多了一个新敌人，陈霸先和他的数万蛮兵。与柳仲礼不同，陈霸先和王僧辩迅速强行渡过秦淮河。从前叛军士气高涨，而今垂死挣扎。侯景率八百铁骑和一万甲兵拼死冲锋。王僧辩假装退却，叛军追击，陈霸先派出二千强弩手插到敌后向叛军身后放箭。叛军大乱，陈霸先与骁将王琳、杜龛带铁甲骑兵发起冲锋，叛军连连后退。

眼见大势已去，跛狼依然足够剽悍。侯景发现陈霸先的蛮兵是整个梁军的支撑点，干掉陈霸先或许还有一线转机。侯景身先士卒，率一百骑兵扔掉长矛，手执短刀猛冲陈霸先的队伍，做最后的拼搏。无奈不管敢死队如何奋勇，陈霸先的阵脚岿然不动。

叛军大崩溃。输了，这一次是真输了。逃跑吧，侯景没有往城外逃，而是逃进台城窜入后宫。找女人吗？错。找儿子。北方的儿子们已经被高澄兄弟杀光，流亡江南三四年间侯景又生了两个儿子。他不能把儿子留下，不能再让骨肉成为敌人泄愤的玩偶。

侯景看到王伟，正是这个人不断唆使自己做皇帝才有今天的下场。侯景用略带责备的语气道："王伟，你把我害苦啦。"

到底是谁的错，谁又能分得清？侯景一声叹息，翻身上马。王伟手拽马的鞍蹬，绝望地哀声道："自古以来哪有叛逃天子！宫中卫士足以一战，扔下此地，去哪里安身！"

当上皇帝就是皇帝，死也要死在皇宫里，这是皇帝的尊严，不到最后一刻绝不言败。

侯景注视着王伟的目光，面如死灰："和打仗没有关系。我昔年战败贺拔胜，大破葛荣，扬名河、朔，渡江平台城，降服柳仲礼十余万大军易如反掌。今日为什么会失败？天亡我也！"

既然上天设定的程序里注定要我失败，何必再打？侯景不读书，或许不知道古代有位大英雄说过相似的话，楚霸王项羽自刎乌江前说过：“此天之亡我，非战之过也！”

上帝在古老中国的大地上设计成败游戏规则的时候附加了残忍的一条，失败者必须付出生命。

上帝让你死，无路可逃。侯景和上帝做起游戏，他想摆脱死亡的命运，而且希望两个儿子也能幸免于难。

侯景将两个男婴分别装进皮囊挂到马鞍后，最后仰望了一眼壮丽的太极殿，发出一声长长的哀叹。不是自己的，终究要还。

侯景收拢败兵向苏州逃窜，梁军穷追不舍。双方在苏州短兵相接，又发生一场恶斗，叛军又败了。败兵争先恐后逃往松江边争船，侯景和几十个人挤上一只小船。人多船小，极度超载。让谁下船？好一道困难的选择题。杀红眼的将士们手握刀剑怒目相视。

死神来临，谁也挡不住。一边是儿子，一边是兄弟。要儿子还是要兄弟？

要兄弟！侯景咬咬牙，将两个儿子推进水里。儿子没有了可以再生，兄弟没有了就永远没有了。侯景的选择不像男子汉，而像枭鹰。

侯景强忍心中的痛苦没有落下眼泪。但是，小孩子哇哇的哭声和沉水一瞬的痛苦并没有感动船里的兄弟。感情固然重要，生命更重要，永远不要指望万众一心。只有杀掉侯景才有一条生路，许多人的脑海里生出这个邪恶而又合理的念头，羊鹍等三个人的想法最强烈。

小船向大海驶去，据说海里有座蒙山，大家逃上蒙山就安全了。羊鹍抽刀胁迫向导掉头，小船驶向京口港。

船行至胡豆洲，侯景忽然警觉起来，弯腰走出船舱，举目四望，清晰地看到岸边的陆地。侯景大惊失色，这不是在大海，而是在长江。

羊鹍手持钢刀嘿嘿笑道：“大王，兄弟们跟您这么多年，水里火里甚是辛苦，事情到今天这个地步，一事无成。兄弟们没别的意思，想借您的脑袋换点富贵！”不等侯景回话，刀影闪动，风声劲急，数柄钢刀砍向侯景。侯景反应极快，纵身欲跳水。羊鹍身形一晃，面露狞笑横刀拦住。侯景急中生智，返身闯进船舱，拔出佩刀撬船底板，企图从船底逃命。羊鹍顺手抄起一支长矛，赶进舱内，锋利的矛尖恶狠狠地刺进侯景的后背。

侯景的尸体分成三块。脑袋传首江陵，百尺竿头挂了三天，开水煮净，用漆漆好，保存在博物馆供后人观赏，警告那些企图犯上作乱的刁民。如果侯景的脑袋流传到今天，拍卖会上的那些炒家们肯定也会奇货可居。消灭恐怖分子大头目侯景不是梁朝的事情，而是国际大事。侯景的两只手掌斩下来送到千里之外的东魏国都邺城，这是反恐战争的特大胜利，看谁还敢反抗现行秩序。无头无手的尸体扔到大街上，那些被叛军杀害过的人的亲属们用锤子、刀和牙齿分光侯景的骨头和肉，再将炖出的汤分人，侯景的妻子溧阳公主分到一碗。

叁 萧绎夺位

发起江南浩劫的魔鬼死掉了，肉体和灵魂都死掉了，建康城的噩梦过去了吗？太阳升起的时候，人们发现荆州军比叛军更加凶暴，荆州军洗劫一切，剥光所有人的衣服，从石头城到东府城人们赤身裸体，号啕痛哭。夜晚，皇宫火焰冲天，东晋南朝历代皇帝办公的太极殿、东西堂一片废墟。

陈霸先仰望皇宫上空的烟火，流露出奇怪的表情。凭他的经历自然知道这不是意外失火，而是将士们故意纵火企图掩盖他们强盗般的罪行。官军纵火焚烧自家皇宫意味着什么？意味着萧梁王朝的国运难以长久。王僧辩，其实你并不可怕。

巨大的胜利面前谁都会忘乎所以。投靠侯景的赵伯超等一班先朝旧臣垂头丧气来到梁军大帐二次投降，王僧辩成就感油然而生，高高俯视赵伯超，语气中略带轻蔑："赵公，你受国家大恩却甘心做贼，今天怎么办？"

当年赵伯超身为一镇诸侯，朝野瞩目，风光无限，王僧辩不过荆州一个小小参谋，三年前各地诸侯会盟共讨侯景，赵伯超威风八面，甚至拔刀恐吓皇孙萧确叫嚣"刀不识君"，而今沦为阶下之囚。王僧辩将灰头土脸的赵伯超发往江陵交萧绎处置，对文武官员道："朝廷昔日只认得赵伯超，岂认识王僧辩？国家有难，我挺身而出，匡复社稷，人的荣华富贵岂是长久不变的？"

马屁精们一听这话就开始奉承，盛赞王僧辩的巍巍功德。好在王僧辩记忆深处保留着萧绎的那几乎致命的一剑，马上意识到说错话，急忙打圆场："重整河山靠圣上威德，诸位将领用命，老夫也就滥竽充数做个头领，有什么功劳！"

话虽如此，王僧辩的兴奋可想而知，尤其看到从前不拿正眼瞧他的那些门阀望族像狗一样恭恭敬敬迎接他的模样。这些自以为是的蠢货已经让侯景用鞭子调教出来了，只需在他们伤口上轻轻撒上一点点盐即可。王僧辩客客气气对江左第一望族琅琊王氏的传人王克说道:“甚苦,事夷狄之君。”(辛苦啦,大汉奸。)见王克不回话,王僧辩又道:“玉玺何在?”王克沉默良久答道:“赵平原拿去了。”王僧辩嘿嘿一笑:“王氏百世卿族,一朝而坠。”

琅琊王氏,中国门阀第一望族,自王导起历经东晋南朝久盛不衰,王家子弟或领一世之风尚,或执一朝之牛耳,烈火烹油,鲜花着锦三百余年。结束了,王克,一切都结束了,到你为止。

王僧辩幸灾乐祸,因为他的王和琅琊王氏的王不沾边,和高门望族更不沾边。王僧辩祖上是鲜卑人,复姓乌丸,我们玩《三国志》游戏里面有个乌丸大王,那就是王僧辩的祖先。

“山阴道上桂花初,王谢风流满晋书。”江左衣冠风流的时代一去不复返,侯景踢开门,王僧辩吐口唾液,于谨踩上一脚,陈霸先直接合上大门。“旧时王谢堂前燕,飞入寻常百姓家。”没有长盛不衰的家族。

荆州军的暴行固然与王僧辩北人的出身和软弱的作风有关,但也是萧绎故意放纵结下的恶果。王僧辩从江陵出发前曾经请示过主子:“平定叛乱收复国都之后如果发现以前的皇帝还活着怎么办?”萧绎交代了一句残忍的话:“六门之内,自极兵威。”

南京城内随便抢、随便杀。这句最高指示不仅王僧辩听到了,将领们也听到了。为什么随便杀?因为只死皇帝一个人交代不过去。此地无银三百两。造成南京城的混乱,皇帝死于兵荒马乱也就不奇怪了。为了一个人牵连满城的人,萧绎眼独心毒。

王僧辩立刻明白萧绎的心思,明确回答道:“平叛,我义不容辞,做成济做过的事,另请高明。”三国时成济替司马昭背黑锅杀死当时的魏帝曹髦。专制时代,皇帝再怎么说也是天的儿子,皇帝非寻常人敢轻犯,弑君之罪,天下第一大罪。

王僧辩用不着靠杀皇帝谋取富贵,他不干不代表别人不干。在他人眼里,这是一件美差,因为梁朝皇帝早已退位。即使不退位,做成济的也大有人在,比如朱买臣。

此朱买臣非“覆水难收”典故之朱买臣,乃萧绎手下一将,肩负一项秘密使命。梁军收复建康,朱买臣既不抢钱财也不抓奴隶,静静待在小船里喝酒等人,等那个被侯景废掉的皇帝萧栋。萧栋能来吗?当然能来。

朱买臣立身船头面露和蔼的微笑朝迎面走来的人招手。来人正是萧栋和两个弟弟。萧栋从菜地被叛军抬去做过渡皇帝,下岗后一直生活在暗室里。三人趁乱从密室逃出，两个弟弟仰望湛蓝的天空和自由的飞鸟喜极而泣：“总算躲过横死的灾祸啦！”萧栋态度消极悲观：“未必。祸兮福之所倚，福兮祸之所伏。福祸变化难知，我有种莫名其妙的恐惧。”两个弟弟不了解萧栋，不了解一位做过皇帝这个特殊职业的人的微妙心态。

小船，温酒，佳肴。三个人饿坏了，狼吞虎咽。朱买臣始终面露微笑一旁作陪。数杯酒下肚，三人重新焕发精神。两位弟弟微笑着对哥哥萧栋说道：“乱世过去了，我们会珍惜未来的生活。”萧栋突然发现朱买臣不见了。

朱买臣在，只不过身处岸上，依然笑容可掬地注视着水面的小船。船身慢慢下沉，三个身影无助彷徨。小船沉了，直至看不到船顶，朱买臣转身离去。他要回江陵，向主子述职。

又解决掉一个。萧绎独眼眨都未眨，相比淮海长鲸侯景，萧栋只是一只小虾米。这个世界还剩两个敌人，短尾巴狐狸萧察鼠目寸光，八弟萧纪却文武全才，萧绎心中有底，陆法和大居士的水军和侯景得力干将任约、谢答仁的陆军足以抵挡萧纪。

他原本想连王伟一起赦免，毕竟现在是用人之际。王伟在狱里写过一首五百字的长诗，足见此人的文采。但是有人对他说，这不是王伟最优秀的作品，那篇替侯景撰写的檄文堪称古今妙文。

萧绎取来看时，上面有一句话刺得他隐隐作痛：“项羽重瞳，尚有乌江之败；湘东一目，宁为赤县所归？”萧绎的心再次被扎痛，他不由得想起前妻徐娘的半面妆。好厉害的舌头，如果把这根舌头钉到柱子上还会骂人吗？不会。萧绎目睹了这一幕，软软的，一片死肉而已。开膛破腹，一片片割肉，这种死法难受吗？萧绎感觉解气，一个字——“爽”！

陈琳替袁绍写檄文大骂曹操“赘阉遗丑，好乱乐祸”。连祖宗都骂了，曹操却笑称檄文可治头风，这份气度和胸襟非萧绎所有。“白骨露于野，千里无鸡鸣。生民百遗一，念之断人肠。”曹操作诗《蒿里行》哀伤人民生死，萧绎漠视人民生命、残害骨肉。所以曹操虽为宦党却能在群雄中崛起平定北方，而皇族萧绎只能拔剑击柱纵火焚书。

王伟性格太傲慢，得罪人太多。王伟被擒，王僧辩曾讥笑说：“你身为贼相，不能以死保全节操，还想在草野间活命吗！”王伟嘴硬：“假若汉帝早听我的话扣留你，明公岂有今天。”虞骘早先遭王伟侮辱，借机朝王伟脸上吐口水。王伟一扭脸说道：“君不读书，我不和你这种人说话。”虞骘竟然红着脸跑了。虞骘怎么也算江东吴姓贵族，可见那时的门阀贵族已然堕落到不读书的地步。不管怎么说，处世有一条基本的原则，给人留面子。逞一时之快，须想到虎落平阳之时。

公元552年（消灭侯景的当年）十一月萧绎于江陵继位，是为梁元帝。早已称帝的萧纪率川军顺流而下，直指江陵，兄弟之间的夺位大战不可避免。萧绎早想好打败萧纪的妙计，借刀杀人，借宇文泰那把锋利无比的钢刀。萧绎不曾想到，这把钢刀最终砍向的人却是自己。

为取得皇族夺位战争的胜利，萧绎不止一次向宇文泰奴颜婢膝，出卖梁国的国家利益。先是割地汉东，而后主动放弃汉中，希望喂饱宇文泰。这一次萧绎请求西魏攻打四川。宇文泰得信大喜，对群臣道："取蜀制梁，在此一举。"西魏骑兵一万、甲士一万二千由大散关开拔，往剑阁前进。益州刺史武陵王萧纪率川军主力进攻江陵导致境内空虚。西魏大将尉迟迥过蜀道如履平地，迅速包围成都。

萧纪的蜀军正与荆州军对峙西陵峡口，闻西魏军入川，人心惶惶。荆州军趁机反击，任约、谢答仁率步兵连拔蜀军三座营垒，沿江十四城投降，成功切断了蜀军水师的交通线。萧纪眼见大势已去，慌忙写信求和。萧绎回信并附上一首诗："回首望荆门，惊浪且雷奔。四鸟嗟长叹，三声悲夜猿。"

四鸟的典故来自孔子。孔子在卫国听到一个女人哭得伤心，便问颜回，可知她为何而哭？颜回道："完山有鸟生四子，羽翼长成，将分飞四海，其母哭而送之。"孔子派人去问，果然是一位母亲因丈夫死家境贫困，只得卖子送葬，与儿子长诀而悲伤。

萧绎明确告诉八弟，你我为争皇位劳燕分飞，早已断绝手足之情，作为你的七哥，我只能夜半无人之时哭哭而已。荆州军大败蜀军水师，水军将领樊猛将萧纪包围。萧绎给樊猛下达密令"生还，不成功也"！樊猛登上萧纪的主舰，堂堂武陵王绕床躲避追杀，拿出一大袋子黄金求樊猛让他见一见七官萧绎。得到密令的樊猛嘿嘿一笑："天子是你想见就见的吗？杀了足下，金子能跑到哪里去！"

萧纪死了，成都向西魏军投降。宇文泰花费最小的代价收获汉中和西蜀。平定江南的萧绎皇帝反悔了，傲慢地向西魏要求以旧有疆域划定国界，即请西魏归还汉中和西蜀。宇文泰朝堂之上仰天大笑："上天抛弃的人，谁能救他，说的就是萧绎吧！"

肆 智者千虑，必有一失

西魏发起全国总动员，府兵六军集结中，目标，消灭萧绎！

残破的梁朝真能对抗武川与关中联盟的新军团吗？答案是也许能。条件：王僧辩、陈霸先和陆法和的军队共同参与。但是，事实是这样：王僧辩在南京；陈霸先在京口；陆法和在武昌。西魏军攻击的目标：江陵。注意，江陵在长江的北面。萧绎只有一个机会，也是合乎情理的一个机会，回南京。

梁朝的国都在南京，回南京合情合理。萧绎偏偏选择了一个完全不合乎情理的决定，留在江陵，并将梁朝的国都改迁江陵。

宇文泰说过，没有人能够救助上天抛弃的人，萧绎就是上天抛弃的人。萧绎曾就迁都问题征询官员和贵族的意见。家在南京的人说回南京，家在江陵的人说，回南京不是好主意。两面都不在的人说，东方人想去东方，西方人想去西方，都不是好主意。

那么，去哪里才是好主意？

民主！大家表决。结果不出意料，家在荆州的人希望定都荆州，家在南京或其他地方的人希望回归建康。这一次表决关系到梁朝的生死存亡，共有五百多名代表参加。会上不采取举手表决的形式，采用露胳膊的方式，赞同回建康的人露出左胳膊。结果，外来人口压倒本地居民，露左胳膊的人占一半以上。

没什么说的，少数服从多数，应该回南京。但是，中国有一项悠久的传统，真理掌握在少数人手里，再进一步归纳，真理掌握在极少数人手里，最后，真理掌握在一个人手里，这个人就是皇帝，就是独裁者。

萧绎的军队抢劫了南京的居民，焚烧了南京的宫殿，杀害了皇族子弟，萧绎不敢回南京。或者说他根本不想回南京，表决只是走过场而已。既然民主不解决问题，那么就动用巫术。

术士杜景看透了萧绎的心思，占卜结束后杜景对萧绎皇帝道：“去南京不吉。”萧绎大喜，原来上天明白朕的意思，不必再争论，定都江陵。

有人问杜大巫师回南京真的不吉利吗？杜景面无表情，空洞洞道：“鬼贼越过上天留下征兆。”

上天抛弃了萧绎，抛弃了这位独眼龙皇帝。

西魏国五万步骑混编大军由长安开拔，柱国大将军常山公于谨担任主帅，中山公宇文护、大将军杨忠为副帅，荆州刺史长孙俭负责后勤补给。长孙俭是个比较奇怪的人，我们对长孙俭非常陌生，大家熟悉李世民妻子长孙皇后和长孙无忌吧？他们都是同一大家族的人。之所以介绍一下他，因为我们可以从长孙家族看到北魏、北周与隋、唐的密切关联。

说长孙俭奇怪，因为在他手下做事比较舒心，不必担心受罚。比如，辖区内有个县令犯法，长孙俭不处罚县令，而是脱光衣服自罚三十大棍。如果据此认为长孙俭仁慈，那你就错了。对自己下得了狠手的人，怎么可能软弱？从此以后，长孙俭手下的官员无人再敢犯法。此次南征江陵，长孙俭是第一个倡议者。

大军出武关，西魏军诸位高级指挥官骑在马上闲来无事聊天，长孙俭问战术大师于谨："咱们替萧绎想一想，该如何对付我们？"

宇文护不以为然，你不好好考虑一下分内工作，做好大军的补给，瞎操哪门子闲心。宇文护战功平平，无政绩，无资历，属于三无产品，之所以能混上与柱国大将军于谨同级别的公爵完全靠裙带，是个官二代，宇文泰的侄子。这一次南征纯属镀金。

于谨和长孙俭的祖先同为北魏国开国功臣，就是刘裕称之为"黑槊公"的于栗磾和被拓跋焘暴打过的长孙嵩，将门子弟交情一代又一代，说话比较随便。

于谨略一思索，说道："三十六计走为上。耀兵江汉，虚张声势吓唬一下，暗地里收拾铺盖逃跑，上策。放弃江陵外城，修筑工事，坚守内城，中策。如果他怕麻烦，觉得搬家不是件容易的事儿，那就守卫外城，下策。"

长孙俭道："估计萧绎会采取哪种对策？"

于谨微笑道："下策。"

长孙俭又问："何以见得？"

于谨回答道："萧家立国数十年正值中原多事之秋，如今北方尚未统一，他们绝不会想到我们会分兵攻打江南。萧绎这个人懦而无谋，多疑少断。我敢断定，他必取下策。"

西魏大军与萧察的襄阳军会师时萧绎皇帝正在讲课，讲解《道德经》。"天地不仁，以万物为刍狗，圣人不仁，以百姓为刍狗。"萧绎一生恪守"不仁"的理念，漠然对待父皇和百姓的痛苦，漠然对待结发妻子、兄弟和子侄们的生命。前半生缩着脑袋做人，不敢为天下先数十年，坚忍后发。一朝得志，屠杀骨肉，肆无忌惮，岂不正是《道德经》阴柔的功夫？

萧绎自诩道家大师，谁敢僭越其上？也难怪萧绎至死不懂为什么会失败，他不相信命运，不相信神灵，不会像文盲项羽和侯景那样失败后绝望地大叫“天亡我也”。他想不通，有什么东西能够打败知识，而读书破万卷的他就是知识和力量的化身。可惜，《道德经》讲得头头是道的萧绎似乎并没有读懂老子。

“道可道，非常道；名可名，非常名。”《道德经》的开篇已经告诉我们，刻意去做，永远达不到大道。有主观欲望的人不可能理解“道”的精髓，也无法理解“道”的奥妙玄远。

“夫唯不争，故天下莫能与之争。”也就是说，当萧绎争做皇帝的那一刻起，大道已离他远去。“圣人后其身而身先，外其身而身存。”萧绎深藏不露几十年，连心机深沉的萧衍也未看出他隐藏的野心，然而一念之间，修行付之流水。读书不在多少，天下的道理其实很简单。萧绎不如刘裕，天下人直到赌徒混混刘裕即将登上帝位前夜仍然以为他是东晋王朝的大英雄。

于谨猜得没错，萧绎不相信西魏会攻打梁国，而今自己稳坐江山，天下三分，难道宇文泰就不怕梁朝与北齐联手？

西魏大军压境，谣言满天飞。萧绎没有走，非但没有走，还镇定自若地继续讲课，只不过官员和百姓们不如萧绎淡定，个个戎装在身，高度戒备。皇帝亲自登坛开讲传统文化，与会者清一色戎服军装，实为中国历史一道独特而又亮丽的风景。

直到魏军入侵消息核实，萧绎才扔下《道德经》，派人飞奔建康命令王僧辩增援。梁朝大军屯驻建康实属迫不得已，侯景败亡后江北叛军投降北齐，北齐军趁机掠地。幸亏北齐皇帝高洋发动讨伐柔然的战争，御驾亲征塞北，北齐军两线作战，主力在北方，王僧辩得以屡次击败北齐军骚扰。

王僧辩接到命令立即动身西上，无奈路途遥远，西魏军行动更加迅速，宇文护和杨忠率骑兵卷甲疾趋，攻占长江渡口，一举切断萧绎的东退之路。

晚了，一切都晚了。萧绎登楼夜观天象，倚柱长叹：“完啦！”

人不可多疑，多疑难以果断。远在异国的于谨切中萧绎性格中的弱点。除去于谨所列举的上中两策之外，其实萧绎还有一个选择，他有两根救命的毫毛，由于猜忌的心理他将毫毛束之高阁。

萧绎有四支精锐之师，王僧辩和陈霸先防备北齐入侵不得不滞留长江下游，还有就是陆法和与王琳的队伍。我们领教过陆大居士的智慧和法力，尚不曾知晓帅哥王琳是何等样人。

伍 帅哥王琳

王琳出身兵户，世代行伍。南朝军人社会地位低，王琳的成功最初靠两位姐妹。萧绎极其宠爱王氏姐妹花，其中一个女人生子萧方诸，就是那个被侯景杀害，骑在鲍泉腹上的顽童。王氏去世，萧绎怪罪徐昭佩，成为徐娘悲惨命运的导火索。

弟以姐贵，王琳跻身江南上流社会。门阀时代靠裙带起家的第一代贵族往往都是跑龙套的角色，比如被王僧达烧掉坐榻的路太后侄孙路琼之。王琳不需要上流社会认可，他有自己独特的交友圈子，这个圈子即江湖。王琳功夫出众，为人慷慨仗义，想人所想，急人所急，结交了一帮江湖好汉、绿林大盗。

感谢侯景的江南人太多了，王琳也是其一。没有侯景，王琳只是湘东王的小舅子，有了侯景，他便是一镇诸侯、江南的大豪杰。侯景之乱，王琳扯起一支一万人的队伍，队伍的构成不外乎江淮各地的江洋大盗。镇三山、混四海、两头蛇、双尾蟹、活阎王、死无常、矮脚虎、母大虫、追魂剑、断肠刀、恶贯满盈、无恶不作等类的黑道人物。王琳手下的强盗们打仗勇猛顽强，平定侯景，王琳风头盖过陈霸先，功劳第一。

匪兵有匪兵的习气。荆州军入建康公然抢劫居民。打劫对强盗来说是老本行，王琳的将士们抢出了创意，衣服都不给建康人留下，一排排赤身裸体的居民不分男女从东府城一直排到石头城。

皇宫失火，身为荆州军主帅的王僧辩再也坐不住了，他顶不住各方面舆论的巨大压力，得赶快找个替死鬼。替死鬼要找民愤极大的，王僧辩盯上王琳。讲起来王琳也可以找几个替死鬼。偏偏王琳重义气，不肯出卖朋友。要杀要剐，我王琳一肩承担。

好，有你这句话就成。王僧辩上表萧绎，王琳纵容部下洗劫京都，罪不可赦，当斩。

小舅子亲不亲？亲。但是，比起江山社稷来微不足道。为平息民愤，也为自己开脱罪责，萧绎准备大义灭亲。杀王琳，必须讲究策略。王琳绝不是一道命令就可以杀掉的。即使王琳肯束手就擒，他那帮子江湖兄弟也不肯，极可能激起兵变。于是，萧绎玩起了花招，派人召王琳回江陵。

萧绎并未直接把王琳叫回来，而是加封王琳为湘州刺史。湘州治所在今长沙，从南京到长沙走水路离江陵不远，受封官员岂能不到江陵拜谢？王琳预感事情不妙，自己身犯大罪反倒升官，世上哪有这等好事？王琳思来想去，不能让兄弟们有不测，决定独自去江陵，队伍由副手陆纳带领去长沙。王琳与将士们在长江口挥泪告别，王琳问兄弟们："我要是回不来，你们去哪里安身？"大伙异口同声："与王郎同死！"

王琳一到江陵即被锁进大牢。萧绎派张载接管王琳的队伍。陆纳等人不肯被收编，江湖好汉们凶性大发，将张载开膛破肚，抽出肠子绑到马腿上，驱赶马匹围绕张载转来转去，直到肠子拽完气绝而死。好汉们仍不解气，挖出张载的心肝，一片片割光身体上的肉，围着张载的尸体拍手跳舞，最后焚骨扬灰。随后陆纳等将领带兵袭占长沙城，连败官军。

萧绎大怒，急招王僧辩率大军进剿。王僧辩兵围长沙，两个月没打下来。陆纳扬言："王郎无罪，朝廷免王郎之罪即降。"萧绎无奈，只得派人押送王琳去长沙。官军与叛军激战正酣，王琳现身楼车之上，万千将士尽弃戈矛弓弩，跪拜痛哭。陆纳高声道："王郎入城，我们开城投降！"

身为大帅的王僧辩怎肯受人胁迫？再度将王琳押回江陵。萧绎不肯再打下去，因为川军打到家门口。萧绎接受陆纳的条件，王琳重返长沙带领军队征讨萧纪再立战功。

"义"字说白了就是先人后己，王琳受部下爱戴绝非偶然，有钱大家使，工资奖金从不往家里拿，统统分给兄弟们。王琳还有个大优点，记忆力好，过目不忘，军中数以千计的将士都认识，见面就能喊出名字。这一点委实不易，每个被王琳喊出名字的将士都把他当作亲兄弟。

王琳手下兵精将勇，又深得人心，萧绎猜忌，称帝之后将王琳安排到广州接替萧勃任刺史，前往那个偏远的岭南之地。王琳一声叹息，找到皇帝亲信李膺诉苦："我明白官家的心思，就我王琳贫贱的出身怎么可能有非分之想，怎么可能与官家争皇位？我并非想待在长沙不走，去雍州也行，替国家守卫北疆。我不怕路远，只是担心相隔万里，国家一旦有事救援不及。您替我建议一下。"

"对，说得太好了。"李膺极其赞同王琳。提建议吧？不，一个字不能提。李膺之所以被皇帝信任就因为深深懂得萧绎的心思。

王琳的担心不幸成为事实，西魏兵围江陵，王琳匆匆忙忙往回赶，千山万水赶得甚是辛苦。

时任郢州刺史的陆法和比王琳近，陆法和带兵由汉口向江陵移动时萧绎下达了一道奇怪的命令:“我自能破贼，你只需守好郢州，不必来!”陆大居士听后立刻换上白麻衣裤，大麻绳腰间一束。将士们很奇怪，不应该称呼将士，陆法和喜欢叫他们弟子。弟子们很奇怪，问道:“大师，您家谁死了?”陆法和不说话，回到江夏城，命人将城门涂成白色。

陆大居士挺能恶搞，他管理下的郢州不设警察、税务、城管和交警等官吏。不设税务官不代表不收税，一个空箱子放到大道中央，过往商人及城中店铺老板根据货物计算出应该交纳多少税，然后自己将税钱通过小孔投放到箱中，傍晚开箱取钱缴入国库。一切全凭自觉。不可思议?也许现代人的素质远不及梁朝人，也许无人敢欺骗陆大神仙。

陆大居士替萧绎取得对侯景战争的第一场大胜利，接着主动来到西峡口挡住萧纪的川军，随后又向萧绎请令偷袭襄阳，扬言入武关。历史没有假设，我们不知道假若萧绎同意陆大居士取襄阳入关中的计划，陆大神仙能否改变历史，事实上萧绎不同意。

蛮族出身的陆法和越是神奇，萧绎越担心。陆大神仙清楚萧绎内心深处的想法，淡淡回复道:“法和是求佛之人，不稀罕佛教天王的座位，岂想图谋尘世间的王位?只是我佛与主上有香火因缘罢了。施主有难，所以来帮忙，既然施主怀疑，看来业力不可改。”

失去陆大神仙，萧绎兵力不足又不肯守内城，江陵陷落是迟早的事情。他还有一个选择——突出重围。萧绎放弃了。他不会骑马，只能和别人同乘一骑。城中公认最勇猛的骑士乃谢答仁，而谢答仁又曾是侯景的得力骁将。任约的部队离江陵城最近，突围后必然去投任约，恰恰任约也是降将，萧绎又不放心。

陆 拔剑击柱心茫然

老将胡僧祐战死，外城被攻破，西魏军杀进城来。谢答仁请求萧绎收缩兵力固守内城。萧绎将希望全部寄托在谢答仁身上，准备将内城防务全权交付，许诺事成之后下嫁公主。谢答仁跃跃欲试。谁知吏部尚书王褒横插一杠子，坚决不同意。王褒出身琅玡王氏，当然比降将受宠。但是，不同意守内城请拿出更好的计策来吧。有妙计，极妙的计，王褒一挥鹿尾巴拂尘，吐出简简单单两个字:“投降。”

这是好主意吗?梁元帝萧绎同意了。谢答仁气得当场吐血，这就是高门望族的德行，难怪梁朝数百万人口被我们八百残兵搅得一地鸡毛。有这样的领导打个屁仗啊。

投降。对萧绎来说绝不是一个好主意，对王褒来说好得不能再好。想当年，曹操下江南，江东诸将纷纷劝孙权投降。鲁肃私下里对孙权讲过一番话："谁都可以降就您不能降，我们投降官照做薪水照发，您投降能去哪里呢？"这等事看不穿，萧绎自比诸葛孔明真是开了个天大的玩笑。

为表示投降的诚意，王褒送太子去西魏大营做人质。王褒入魏营引起小小的骚动。南北朝崇尚门阀，有追星的风气。那时的明星非歌星、影星、球星，而是衣冠风流的名士。王褒出身江南第一望族琅玡王氏，人长得帅，美风仪，善谈笑，知识渊博，写得一笔好字，草书、隶书样样精通。王褒的粉丝西魏军中也有，于谨的儿子即是其中一位。沾老爹的光，于谨的儿子拿着纸笔求王褒的墨宝。"泼墨汉家子"，王褒挥毫泼墨、洋洋洒洒写了一幅字，最后落上款："柱国常山公家奴王褒。"

于谨的儿子怔住了，于谨也怔住了，一边陪同的黄门郎裴政羞得夺门而出，江南门阀的脸面都让王褒丢尽了。做汉奸固然可耻，可做汉奸也要做得有气节，最起码得让敌人尊重。裴政原本和王琳一道救援江陵，王琳走到长沙，裴政从小路飞奔江陵送信，不想被西魏军抓获。萧察让裴政撒谎，说王僧辩已经称帝，王琳也不来了。裴政假意答应，来到城下大呼援兵即将赶到，结果被老拳捣掉门牙。像裴政这种人，即使投降也会受人尊敬。

其实王褒大可不必妄自菲薄，单凭琅玡王氏的那块三百年招牌足够王褒保住小命。别说于谨儿子跑来攀附，后来王褒、王克们来到长安，宇文泰都满脸堆笑，说道："我是你们王家的外甥呀。"王褒那时准后悔一念之差认于谨做主子，有宇文泰做外甥怕什么呀。事后王褒才搞懂宇文泰话里的意思。宇文泰的母亲姓王，乐浪王氏，就是朝鲜王氏，高句丽王氏。那么乐浪王氏和琅玡王氏有关系吗？有。据考证，乐浪王氏是琅玡王氏的一支，因战乱从山东迁到朝鲜去的。谁考证的呢？也许就是宇文泰。由此可见，还是有文化好，征服者也要做文明人。

深夜，江陵城皇宫中燃起大火，不由得让人想起商纣王的鹿台。萧绎没有纣王视死如归的勇气。每个人失败以后总想找理由为自己开脱，萧绎也找了一个借口，读书太多。读书太多读成书呆子，所以我失败了。萧绎焚烧一生所藏古今图书十四万卷，这是继秦始皇后中国历史第二次大规模焚书事件。所不同的是秦始皇焚天下书，萧绎焚自家书。焚自家书谁也管不着，所以后人并未过多指责萧绎。

中国道家文化不崇尚读书，老子讲“不尚贤，绝圣弃智”。世人一个个都像傻瓜一样，如白纸般纯洁，也就没有小偷，没有骗子，没有强盗，没有黑社会，更没有战争。中国一直按照老子大师的指示办，哪朝哪代普及过教育？历史上读书人都是少数，包括科举时代，大多数文盲埋头干活。

读书为了什么？为了学知识，学知识为了征服自然。所以，不读书不讲公平竞争的中国人不进步，不文明，只会在长城里转圈愚弄自家人。反观西方，文艺复兴之后西方人觉醒，不断地读书，不断地征服世界，不断地征服异族人，现在仍是如此。

萧绎真认为读书无用吗？恰恰相反，萧绎相当自负。他一边观看万卷图书化为灰烬一边拔剑击柱，叹息道：“文武之道，今夜尽矣！”周文王和周武王治国之术今夜过后谁也不懂啦！

大人物喜欢吹牛皮，总以为他们独一无二，世界不能缺少他们。其实世间少谁都无所谓，谁也不是救世主。宇文泰已经扛起周公的大旗，用不了多久西魏人人会自称周朝人。

萧绎不服气，出门投降之时拔剑砍门，边砍边叫：“我萧世诚落到今天这种地步了吗？”不服可以去拼命嘛，砍门扇击柱子烧书算什么本事。屈膝必受辱，梁元帝萧绎刚出城门，一个西魏军官认为萧绎不会打仗骑骏马纯属浪费军事资源，强行骑走骏马，留下了一匹老马。

萧绎的命运无须多费笔墨，死掉了，和简文帝萧纲的死法相同，被大土袋窒息而死。粗布一裹，草席一包，茅草一捆，埋城外去了。他的堂侄萧察下的毒手。萧绎杀人家亲哥哥的时候就应该想到他也许会有今天的结局。

西魏军攻下江陵城，拥立萧察为新皇帝，新皇帝只有江陵方圆不过三百里土地，实在算不得一个国家，历史称之为后梁。附庸小国，聊胜于无。不过，有一个人值得一提，那就是萧察的孙女萧氏，日后隋炀帝杨广的萧皇后。

梁元帝一死，勉强维持下来的梁王朝风雨飘摇。西魏豪取汉中、益州和雍州，成功扶植傀儡后梁国，版图扩大一倍。北齐文宣帝高洋看得眼红，齐军云集江北，给王僧辩送来梁朝新的继承人，那个在寒山战役中醉酒被俘的贞阳侯萧渊明。

高洋的算盘打得特精，宇文泰扶植的梁国才多大地方。如果萧渊明成功称帝，整个江南都是齐国的天下。高洋计策虽妙但难度特别大，谁肯拥立一个敌国指派的皇帝。不承想，王僧辩答应下来。

梁元帝死后，在建康主持国政的王僧辩拥立萧绎第九子萧方智为梁王，一口拒绝北齐建议。谁想形势风云突变，各地军阀回复到侯景时代，得到长江上游诸将支持的王琳俨然以天下诸侯盟主自居，屯兵长沙攻打后梁国。王琳及手下兄弟们和王僧辩关系不睦，决计不肯听从王僧辩号令。

江陵失守，北齐军大军压境，陆法和大居士眼见情况不妙，干脆投降北齐，来到邺城。高洋仰慕陆法和的仙迹，送官送钱送奴婢送豪宅。陆大居士一天之内分光钱财，散尽奴婢，豪宅改成佛寺，三年后死去。高洋好奇，神仙也会死吗，于是开棺查看，棺内空空如也。房间墙壁之上有几行字，上面写道："十年天子为尚可，百日天子急如火，周年天子递代坐。"下面写道："一母生三天，两天共五年。"

当时人们都未领悟，北齐末年谜底揭晓。十年天子指高洋，做了十年皇帝；百日天子指高洋的儿子高殷只有一百天皇帝的命，周年天子指高洋的弟弟高演千方百计抢来龙椅过了一年的皇帝瘾。后面两句话更好解释，娄太后生了高洋、高演、高湛三个天子，高演和高湛共计在位五年。

神奇啊，谁说法和不是神仙！也许此事系后人杜撰，但是，陆法和羽扇轻摇借来西风大破侯景叛军，一语道出浩瀚湖水里敌军主帅的藏身之处，足见此人的聪明；解放奴婢，散尽财产做慈善，足见此人的仁爱。陆法和，了不起。

又扯远了。陆法和投降，齐军占领郢州，长江天险失去一半。护送萧渊明的北齐军从合肥出发一直打到长江边。王僧辩害怕了，答应北齐要求，迎回萧渊明登上帝位。

从这件事上看，王僧辩并无野心。有野心的权臣喜欢立幼主不喜欢立长君。萧方智只有十三岁，萧衍侄子萧渊明年龄要大许多，背后还有北齐国做靠山，弄个玩具娃娃还是请个爹来不言自喻。应该讲，王僧辩实实在在是想把梁朝局面稳定下来。但是，王僧辩的做法给人留下了口实，尤其是那些野心勃勃的人。

柒 谁是谋反者

"卖国贼"三个字足以将王僧辩推入万劫不复的地狱。王琳会这么叫，毕竟王僧辩差点儿要了人家的命，又不肯立人家的外甥。世间的事情总是出人意料。背叛王僧辩的人不是王琳，而是陈霸先。

论起来，王僧辩与陈霸先关系不错，陈霸先的女儿是王僧辩儿子的未婚妻。政治上没有永远不变的朋友。谁会想到昔日小小的油库吏竟有天大的野心。侯景给江南人树立了改变人生命运的标杆。人们不再相信佛祖，转而信奉拳头。

从岭南回归的那一刻起，陈霸先充满欲望和斗志，荆州军的表现让他坚信自己必将胜出。建康人原本不喜欢军纪不严的荆州军，而今见王僧辩向北齐屈服，内心越发瞧不起他。此时陈霸先的兵力达到十万之众，陈霸先认为时机已到。

陈霸先玩了一个小花招，派人密告王僧辩谎称寿阳齐军出动。王僧辩急忙下令陈霸先防备北齐入侵。陈霸先趁机集结军队，借夜色水陆并进偷袭王僧辩驻地石头城。蛮兵摸进石头城之时王僧辩正在办公，闻讯与身边几十名护卫一边抵抗一边逃上南门楼。蛮兵团团围住南门楼，陈霸先示意纵火烧楼。陈霸先不想要任何东西，只想要王僧辩的一条命。只要击败侯景的大英雄王僧辩一死，江南再无敌手。

王僧辩不想死，眼见大火烧起来他急忙下楼投降。王僧辩实在不识趣，脑子一根筋，直到现在依然不懂陈霸先为何下狠手，还企盼陈霸先手下留情。

两位昔日对天盟誓的朋友尴尬地见了面。陈霸先拿出事先编造好的理由，板着脸怒道："我有何罪，王公欲联合齐军杀我。"

真是好主意呀。定王僧辩卖国罪不成立，因为萧渊明毕竟是萧梁王朝的皇族，而且是长君。萧渊明称帝后未割让土地给北齐，齐军反而将郢州还给梁朝，不存在卖国之说。陈霸先事前编造齐军入侵的消息，一为不让人们怀疑他频繁调动军队的目的，二为给王僧辩安上一条罪名。

一晚上懵懵懂懂的王僧辩听得莫名其妙，心想自己几时和齐军勾过手？陈霸先见王僧辩不说话，问了一个憋在心里很久没有答案的问题："为什么没有防备？"陈霸先派人告诉王僧辩齐军即将入侵，而王僧辩竟然不设防，这是陈霸先最困惑的事情。

每一条计策都有危险的一面，再高明的计策也有漏洞。陈霸先编造齐军入侵的消息为使王僧辩不怀疑他的军事调动。但是，王僧辩若相信北军入侵定会加强石头城的防卫力量。一旦攻不下石头城，附近忠于王僧辩的军队赶到，结果难以预料。这也是人马走到半路陈霸先突然犹豫不前的原因，直到骁将侯安都骂醒他。

侯安都是岭南的俚人，说话做事直率不经大脑。从侯安都的话里不难听出王僧辩与陈霸先谁是谁非:“今日做贼已成定局，生死必然有一个了断，失败我们都会死，留在后面就能免去砍头吗？”

陈霸先恍然大悟，泼出去的水无法收回来，只能硬着头皮向前，再向前。

石头城无人防守，轻松抓到王僧辩，陈霸先松了一口气，他想知道为什么？

世界上的事情有时很简单，只不过聪明的人总想得比较复杂。王僧辩给出答案:“派陈公守北门，怎么能说没有防备呢？”

南京附近的长江有两处渡口，南面的采石，北面的京口。陈霸先驻守京口，自然相当于建康北门。

与其说王僧辩幼稚，莫如说陈霸先隐藏很深。陈霸先暗笑，难道你王僧辩真看不出萧梁王朝的气数已尽？

陈霸先勒死王僧辩父子，对外宣称王僧辩阴谋篡位造反。

萧渊明识趣地退位，萧方智登上帝位，是为梁敬帝。为讨好北齐国，两国会盟，陈霸先的梁朝向北齐称臣，发誓永为附庸国。但是，高洋和陈霸先心里清楚，战争不可避免。

王僧辩的旧部纷纷起兵反抗陈霸先，各地诸侯也不服气，因为陈霸先是江南土著人，手下的兵将都是些野蛮人。陈霸先瞬间变成第二个侯景，手里只有一座孤城建康。陈霸先与侯景的选择相同，第一步棋压在三吴。粮食，给我粮食。陈霸先怒吼着，亲自率兵西征三吴产粮区。

王僧辩昔日的部将们也不是吃素的，两个刺史徐嗣徽和任约勾结起来，趁老虎出洞之际率五千精兵占领石头城，并向北齐投降。天下皆叛。高洋以为陈霸先这一回死定了。齐军出动，齐将柳达摩率一万五千士兵先后渡江，给徐嗣徽送来粮食和马匹。

正在攻打三吴地区的陈霸先匆忙分兵回援建康城。自晋廷东渡以来，南来北方人抑制南方本地人，南方本地人少有杰出的人才，陈庆之例外，陈霸先也例外。陈霸先并未与联军硬拼，他派大将侯安都从水路出发夜袭北齐军在江北的据点，火烧齐军千余艘战船，断绝联军的粮道。

徐嗣徽留下柳达摩守石头城，亲自带兵回援。好容易打通粮道，不想中了梁军伏击，损兵折将。石头城被陈霸先军队包围。城中缺水，柳达摩想议和，又怕损害北齐国威引起高洋皇帝的不满，于是希望陈霸先派人质。陈霸先爽快答应下来，派侄子陈昙郎和皇族萧庄进入石头城。

柳达摩率齐军返回江北。高洋闻讯勃然大怒，立斩柳达摩，下诏集结军队再次南征，然而，消灭陈霸先的良机失去了。

齐军撤退为陈霸先赢得喘息良机，两三个月的时间足够，陈霸先集中兵力再次攻打江东，终于一鼓作气荡平三吴。

来吧，高洋，老子不怕了。

十万北齐军在任约、徐嗣徽引导下浩浩荡荡开过长江，由陆路向南京城攻击前进。这一次陈霸先依然采取断敌粮道的策略，梁军水师渡江袭击北齐军屯粮地，焚烧粮草和战船。北齐军缺粮急于决战，翻越钟山，迅速挺进到建康城区。

江南的阴雨天气毁灭了北齐军速战的梦想。大雨滂沱，连日不息。齐军营帐搭建在泥水里，士兵们脚趾溃烂，苦不堪言。梁军适应阴雨天气，驻地比较高，而且有鸭子吃。陈霸先发明了荷叶饭，一张荷叶裹上米饭和鸭肉，简直有北京烤鸭的味道。

北齐军有两位高级指挥官，一个叫作萧轨，一个叫作李希光。萧轨都督梁朝各支降兵，李希光都督北齐各路部队。萧轨自认为熟悉江南的情况，李希光感觉自己军事指挥能力出众。李希光确实战功卓著，曾跟随高敖曹参加过韩陵山大战。两人互相不服，谁也指挥不动谁。他们手下的将领之间也不服，徐嗣徽是上一次联军的主帅；任约乃当年侯景汉国的大司马；裴英起、东方老均是高敖曹时代汉兵大将。每个人都以为自己了不起，不团结的狼群吃不到猎物，北齐诸狼的表现证实了“1+1<1”。

兵家孙子说过，战前就能预测战争的胜负。很明显，胜负已定。

梁军大败北齐军，斩杀数千敌兵。齐军狼狈逃窜，自相践踏、落水死者不计其数。北齐将领只有任约和王愔唐腿脚快，逃过长江，其他四十六名高级军官被擒，陈霸先将其一并斩首。

这一场惨败北齐很受伤，染指江南的梦想破灭。更重要的是，此次南征的北齐军多由汉军构成。高敖曹兄弟辛辛苦苦建立起来的北齐国汉人军事力量丧失殆尽。失去枪杆子支持的河北汉人门阀只能任由鲜卑人宰割，注定了高洋末年杨愔汉人集团 PK 娄太后鲜卑贵族失败的命运。

这一场战役帮助陈霸先戴上了那顶梦寐以求、看似遥不可及的皇冠，改国号为陈。陈霸先告诉天下人，自西晋灭吴起北人在江南的统治宣告结束，江南本地人再次成为历史的主角。

也许急于证明自己，也许江南土著早已急不可耐，陈霸先匆匆做皇帝却忘记一个危险的敌人，强盗头子帅哥王琳。就在他一只脚踏上宝座石阶，一只手扶正皇冠之时，王琳新打造的王牌水上部队野猪舰队正与他的军队决战于长江。

滑稽的一幕开始上演，原本打着梁王朝旗号的陈霸先军队开始降旗，升起新王朝的旗帜。王琳站在野猪一号旗舰上注视敌军战船缓缓升起的“陈”字大旗瞠目结舌，秦汉以来采用姓氏做国号的王朝只此一家，别无分店。

陈霸先，你真狂。王琳大斧一挥，前进！

陈霸先的军队正奉梁敬帝之命讨伐逆贼王琳，谁知陈霸先不顾前方战事正酣竟废掉小皇帝改朝换代，狠狠抽了讨逆军一个大耳光。新皇帝未能激发前方战士的斗志，陈军大败，主将侯安都、周文育被擒，俘虏中不乏徐敬成、周铁虎等骁将。王琳给陈家新皇帝当头泼了一盆凉水。

王琳兵力达到十万，野猪战舰一千多艘，声势浩大。北齐皇帝高洋将陈霸先从前质押在北方的萧方等的儿子萧庄送来。王琳拥立萧庄为帝，陪都迁到郢州，萧梁王朝复国。王琳犯下项羽的错误，未能宜将剩勇追穷寇，主动停止进攻。侯安都等人竟然通过贿赂守卫太监逃跑了。错误后果很严重，重新披挂上阵的侯安都接连打败王琳的军队，双方进入相持阶段。

陈霸先长出一口气，他无意去招惹帅哥和强盗们，想安安心心过几年皇帝瘾。越想安心越安不下心来，小小陈朝只有江东和岭南两块巴掌大点的地方，江北的齐国虎视眈眈，长江中游的王琳帅哥和野猪战舰说不定哪天就跑来咬人。

做个皇帝咋这么难？称帝第三个年头，五十七岁的陈霸先死了。公元557年十月登基，公元559年六月去世，满打满算一年零八个月。陈霸先留下了一个烂摊子，危机四伏的烂摊子。

南人做皇帝，陈霸先不容易。陈武帝有几分梁武帝的影子，凭一州之地取天下，生活俭朴，极度好佛。在位不足二十个月，一次舍身，一次舍车马，群臣凑钱赎回。假若他做上四十八年皇帝，舍身次数必定远远超越菩萨皇帝萧衍。

陈霸先的身后事无须儿子打理。陈霸先曾经有过六个儿子，长大成人的儿子只有六子陈昌。陈昌作为人质先在梁元帝那里做客，江陵城破，陈昌又被宇文泰请去做客，此时尚在长安。陈霸先几次派人讨要，宇文泰都不肯放走这个无价之宝。

史书未能记载陈霸先是否留下遗嘱，可以想象这位雄武之君临死之前不能将千里江山交到儿子手里的伤感。但是，国不可一日无君，群臣选中陈霸先的侄子陈蒨。得知陈霸先死亡的消息，陈昌急急忙忙从长安往家赶，走到半路过不去了，长江中游那是帅哥王琳的地盘。

陈霸先皇后章要儿抱着最后一丝希望等儿子陈昌回家，拖延时间不肯点头。陈蒨站在大殿下左右为难，龙椅只有几步，只有几步而已，真想跑过去呀，但是他没有勇气，在群臣注视下干咽口水发呆。

关键之时，侯安都挺身而出了，按剑登殿请章皇后拿出玉玺，亲手解开陈蒨的头发，哭吧！哭出来，皇位就是你的！

陈蒨号啕大哭，丧仪开始了，章皇后无力阻止，陈文帝横空出世。

后来，那个可怜的陈昌在回建康的路上被人推入长江葬身鱼腹。陈朝诏告中外，太子陈昌乘坐的大船出了点小小故障在长江中沉没。陈霸先再无一个后人。

三十年后，隋灭陈朝。王僧辩之子王颁夜掘陈霸先的坟墓，焚烧尸骨，将灰投入水中喝了个干干净净。私自盗墓焚烧前任皇帝尸体，隋文帝杨坚不闻不问，吏部竟然以灭陈有战功为由提议加封王颁为柱国。这一切，无非缘自陈霸先南人的身份。

南方好戏不断，北方也不甘落后，北齐开国皇帝高洋为世人展现了与众不同的魔幻人生。

第十三章
天才疯子高二郎

熟悉北齐历史的人无一例外认为高洋是个精神病患者。但当人们谈笑自若地将锋利的刀子捅进猪、牛、羊的血管里，将活生生的鸡、鸽子、鱼虾扔进沸腾的开水里；当人类的军队动用冷、热兵器互相残杀的时候可否想到我们都是一群神经病。

人类的文明建立在对本能的压抑上。每一个人都要做出一部分牺牲，包括性格中的支配欲、占有欲、好胜心、报复心等。本能十分强烈压抑不住的人都将是人类的罪犯。

原本此类罪犯没有表现的舞台，他们或被送进精神病院，或被关进监狱里，或者直接被剥夺生存的权利。但皇权专制下的中国为此种人提供了生存的条件，并让他们尽情地展现人类原始的性情。谁？不必猜，皇帝！

壹 一切都是酒惹的祸

没有人愿意做野蛮人，他们害怕得不到人类的认可，高洋也是，他们极力压抑着原始的本能。做皇帝压力很大，高洋的压力更大，作为第一个颠覆北魏王朝正统性的人，作为五胡十六国时代北朝的开国君主，这种压力是可想而知的大。除了北魏王朝延续了一百年外，其他的国家均是一朵朵昙花，高齐王朝也不例外。

为谋取王位，高洋装傻装了一年又一年。高澄死了，高洋原始的本能开始发酵。上天对高洋并不仁慈，那一身严重的银屑病让他在高氏兄弟当中如同鸡立鹤群。凭借坚忍的性格，高洋自信能够控制自己，伪装了十年，不怕装不下去。可怕的敌人出现了，不是关西的武川军团，也不是江南的汉人王朝，而是酒。

酒的可怕之处在于让人暴露本性。

不喝酒，高洋是明君。喝了酒，高洋是暴君。

不喝酒，高洋是君子。喝了酒，高洋是小人。

不喝酒，高洋是人。喝了酒，高洋不是人。

高洋的年号天保，古人写字竖着写，天保竖起来正好可以拆成“一大人只十”，也就是说高洋只有十年皇帝命。高洋擅长测字游戏，天保的拆法就是他的杰作，当时高洋满不在乎地说：“我有十年皇帝做足够了。”高洋没有更改年号，也许他认为命运天注定。据说有一次高洋和皇后李祖娥登泰山向岱庙天祝殿的道士问卦求签。高洋问皇运多久？道士说了两个字“三十”。高洋对李祖娥道：“你看连他都知道我只有十年的皇运。”李祖娥奇怪，道士说三十年呀。高洋咧嘴一笑：“三十是指十年十月十日。”高洋真是一位奇特的皇帝，奇特到准确预测死期。高洋确实死于天保十年十月十日。

我们来瞧瞧这位北齐开国之君文宣皇帝高洋酒前酒后的光荣与劣迹吧。

天保前几年的北齐政治似乎可以用“清明”来形容，官员们无人敢贪污，即使是皇亲国戚、元老重臣犯法也一律与庶民同罪，朝廷内外一片清静。这样清明的政治在专制社会里并不少见，皇帝英明，国家太平，也算专制社会的一种优点。

高洋的赫赫武功建立在塞北。高洋亲自出塞，战败北方新兴的少数民族契丹和突厥，击败草原传统强国柔然、高句丽、库莫奚及山胡。每次出征高洋身先士卒，冲锋在前，光着膀子骑在马背上长途奔袭上千里昼夜不停。大英雄宇文泰叹息道：“高欢未死也。”以至于西魏和北周终高洋之世不敢用兵关东。高洋也不敢与名动天下的宇文泰交手，北方的天空暂时安宁下来。宇文泰死后，天保八年（557 年）北周国建立，高洋却无力攻打关中，一切都是酒惹的祸。

天保后几年高洋的表现让人大跌眼镜，只要他喝酒就能做出匪夷所思的事来。丑态百出这个词用在酒后的他比较恰当。有人酒后喜欢骂人；有人酒后喜欢打架；有人酒后当街裸睡；有人酒后随地大小便。这些称为丑态的行为其实才是人性真实的流露。这就是人，人就是动物。说白了，人是会伪装的动物。

历史有幸记录下这些人类的原始本能，如果没有高洋，我们会失去一个近距离观察真实人类的行为的生动案例，最起码这些事儿不会记录于史册。像刘子业、刘昱、萧宝卷等人根本不懂伪装，而高洋则不。酒让高洋在人与野兽之间不停转换角色。

酒后的高洋击鼓跳舞，放声高唱，通宵达旦，夜以继日。这种事不少现代人也干过，日日夜夜沉浸在歌舞厅里喝酒唱歌。接下来的事情却闻所未闻，如果有人穿越到公元556年的北齐国都邺城，会看到一个光着身子到处乱跑、四处扔钱的醉汉，千万不要当他是股民，他是北齐皇帝高洋。

仔细看，会发现此人涂脂抹粉，披头散发，身穿胡服，跨骑在不配鞍子和缰绳的骆驼或者牛、驴光滑的背上，不顾盛夏与隆冬，不避风雨和大雪，招摇过市。牲畜骑够了，高洋手拍胡鼓让侍从背着走。背累了，高洋扔掉衣服光着身子到处跑，或到亲戚家去，或到官员们家里去。

高洋酷爱冒险游戏，走钢丝是家常便饭。三台梁柱高达二十七尺，两柱之间相距二百多尺，工匠上去干活身上必定系绳子防止意外，一小步一小步往前挪。醉酒的高洋爬上三台梁脊快步小跑，边跑边做些雅致的舞蹈动作，半空之中折身打旋，居然符合节奏，旁边看的人吓得汗毛直竖，心惊胆战，而高洋毫无惧色。

高洋设计了“飞人表演”的游戏。给死囚插上翅膀或者发放大风筝，让他们从高台往下跳，跳下而不死的人免罪。勇敢者闭眼跳下去往往摔不死，那些胆小磨蹭的人非死即伤。就这么胡闹，高洋还指望老百姓说他好。有一次，他曾经问路上偶遇的一个女子：“咱们的天子怎么样？”这个女子不知他就是天子，回答道：“成天疯疯癫癫，呆呆痴痴，哪有天子样！”结果呢？杀掉。

危险的游戏中国人是不会做的，这就是中国传统文化与游牧及西方文明的一点区别。常在河边走，难免不湿鞋。明知游泳淹死人还要下海，岂非找死？

酒色不分家，醉酒的高洋特别喜欢淫乱。他借口大哥高澄生前调戏过妻子李祖娥便强奸了嫂子（冯翊长公主）元仲华。高洋想和父亲的宠妃，做过两任皇后的大尔朱氏上床。不想遁入空门的大尔朱氏性情刚烈，严词拒绝，高洋亲手杀死了她。

高洋喜欢聚众淫乱，把身边的大臣们、仆人们统统召集在一起，再找一些漂亮淫荡的女人一起玩。古罗马宫廷经常搞性聚会，这在中国南北朝比较盛行，尤其刘宋王朝和北齐王朝，而且多是亲戚聚到一起玩。刘宋王朝刘家女人和媳妇多，北齐王朝高家女人和媳妇多。无论兄弟姐妹，不分男女，不管老幼，不讲官职。高洋有性虐倾向，比如曾特制一根粗大的葛绳，让北魏孝武帝元脩的情人安德公主骑到上面，使人推引公主移动，让胡人尽情玩弄、羞辱公主，然后高洋亲自上阵给大家做示范动作。

高洋有两个喜欢的情人，一个是元昂的妻子，另一个是姓薛的舞女。元妻乃李祖娥的姐姐。高洋将大姨子的丈夫元昂射死，先后射了一百箭，血流满地。这还不算，高洋还亲自参加元昂的葬礼，当众搂抱遗孀。李祖娥气得天天流泪不吃饭，皇后也不想干了，让给姐姐当。太后娄昭君实在看不下去，替皇后说了几句公道话，才将高洋的心思熄了。

薛氏因美貌擅风情被高洋纳入后宫，封为贵嫔。两人如胶似漆，一次酒后高洋忽然忆起薛氏曾经与叔叔高岳有过一段风花雪月的故事，当然那是在认识高洋之前。高洋心中突然升起一阵憎恶，挥刀将薛嫔的人头斩落。卿卿我我，如胶似漆，转身人头落地，香消玉殒。美丽人头落到地上的瞬间高洋后悔了，收起曾经深爱过的情人的头颅藏于怀内，肢解开她的身体，用薛氏的腿骨制成一面琵琶。

高洋怀抱情人美丽的头颅、手持人骨琵琶去东山参加宴会。酒宴刚刚开始，高洋取出情人头颅放在身前案几的盘子里，凝望人头泪流满面，手弹琵琶轻唱李延年的名曲：“北方有佳人，绝世而独立。一顾倾人城，再顾倾人国。宁不知倾城与倾国？佳人难再得！”

不是谁都能够欣赏野性的艺术。娄太后看不惯高洋酒后那副癫狂样，举拐杖揍他，一边打一边道：“如此父生如此儿！”一个英雄的父亲生了一个癫狂的儿子。高洋边逃边叫：“看来得把这老太太嫁给胡人啦。”娄太后勃然大怒，从此闭嘴不言，脸上失去了笑容。高洋为讨母亲欢心，竟然偷偷匍匐身子爬到床下用身子将床猛地抬起，坐在床上的娄昭君不曾防备，从床上跌落受了伤。

贰 递手纸的宰相

我们讲的这一切都是高洋酒后的事儿。高洋不饮酒时一切正常，端庄威严，人不敢欺。高洋记忆力特别好，特聪明，谁都骗不了他。

领导天天喝醉，大家也跟着日日喝酒，出工不出力，或者干脆不工作，本是常情。这种情况在北齐朝廷中不存在，高洋甚至亲自过问官员们的考勤情况。尚书郎皇甫亮三天不上班，高洋把皇甫亮叫来，问他为什么旷工。皇甫亮说：“第一天下雨，第二天喝酒，第三天醉得头痛，起不来啦。”

高洋没有生气，因为他认为皇甫亮说的是实话。皇甫亮倘若扯谎，说自己发烧感冒三天下不了床，依高洋的性格非一刀砍翻在地不可，结果只揍了小腿三十棍完事。说起来这位皇甫亮先生实在有些迂腐，他曾经卖过房子，买房的人问他为什么卖。皇甫亮回答说：“我这座房子地势低洼，下雨积水不通，水能流到床底下。”这样说当然卖不出去，皇甫亮先生下雨天只能睡在水面上。换成现在的房产商，冬天才卖这座房子。当然，如果换成高洋皇帝执政，房产商们都会被砍掉脑袋的。有利就有弊，有得就有失。

领导明察秋毫，员工不敢懈怠。高洋天天醉酒，总有清醒的那么一天半天，官员们该干什么干什么，国家事务处理得井井有条。

北齐国有一位好丞相，尚书令杨愔。杨愔出自真正的北方望族弘农杨氏。杨氏家族不亚于东汉的袁氏家族。一门之内，赠太师、太傅、丞相、大将军者二人，太尉、录尚书及中书令者三人，仆射、尚书者五人，刺史、太守者二十多人。隋文帝杨坚即冒认杨氏家族的远亲。

杨愔小名秦王，从中不难看出杨家对他的殷切厚望。杨愔好学，学校门前有棵果树，果实落地，孩子们上前争抢，唯独杨愔不动地方。杨愔幼年丧母，有一次去见舅舅源子恭，饭菜刚刚摆上，舅舅问他读什么书。杨愔回道：“《诗经》。”舅舅又问：“读到《渭阳》了吗？”杨愔痛哭流泪，源子恭也哭了，两人饭都没吃。

“我送舅氏，日至渭阳。何以赠之？路车乘黄。我送舅氏，悠悠我思。何以赠之？琼瑰玉佩。”《国风·渭阳》是一首送别舅舅的诗，杨愔从中想到过世的母亲。源子恭感叹道：“以前听说秦王不是很聪明，从今以后刮目相看。”

杨愔内慧，不喜欢多说话，故而许多人感觉这个小孩子不够聪明。杨愔的智慧出乎许多人的意料。六镇大起义爆发，十五岁的杨愔跟随父亲杨津防守定州。义军将领葛荣攻占河北和山东，想把女儿嫁给杨愔。杨愔装病，为使大家相信他是真病，口含牛血当众呕吐，亲事也就作罢。杨家帮助北魏孝庄帝对抗尔朱家族，失败之后满门抄斩，杨愔在外逃过一劫。杨愔投靠高欢，高欢将女儿许配给他，这是杨愔所娶高欢的第一个女儿。

六镇将领之所以争着把女儿嫁给杨愔，因为杨氏家族势力庞大。打回洛阳之后，杨愔重新埋葬亲人，时值隆冬，朔风怒吼，大雪纷飞，杨愔光着脚丫子步行号啕大哭，参加送葬的将近万人，这些人都不是一般的平民，足见杨氏家族的影响力。

杨愔的妻子高氏去世，高洋将寡居在家的太原长公主下嫁，太原长公主即孝静帝元善见的皇后，娄昭君的亲生女儿。也就是说，杨愔娶过高欢两个女儿，深深融入高氏皇族。高澄和高洋兄弟均非常信任杨愔。

杨愔非常自私狡猾，兰京在东柏堂刺杀高澄，杨愔非但没有挺身而出保护主子，反而狼狈逃跑，跑掉一只靴子，躲过一劫。此事王纮一直耿耿于怀。有一次高洋喝大了，责备王纮说："你和纥奚舍乐一起保护我兄长，为什么舍乐死了，你活下来？"王纮回答："刺客用力太轻，所以我受伤未死。"高洋不满意他的回答，大臣燕子献把王纮摁倒在地，长广王高湛揪住他的脑袋，高洋抽刀要砍。王纮大叫："杨愔、崔季舒逃跑，反倒升官；冒死效命之士，反倒被杀，旷古未有此事。"这句话提醒了高洋，王纮不能杀，杀掉王纮证明高洋站在刺客一边。

这件事足以说明杨愔善于见风使舵。杨愔的马屁功夫也炉火纯青。高洋上厕所，杨愔递手纸。这个不要笑，拍马屁是中国官场的特色，不会拍马屁不足以在中国官场混，即便才高八斗，出身高贵。

杨愔从来不劝高洋戒酒，你说他明哲保身也好，说他溜须拍马也罢，在高洋发酒疯的那个时代杨愔保护过许多人。大臣裴谓曾经上书劝阻高洋不要随便杀人。高洋对杨愔道："这个蠢货怎么敢这样？"杨愔回答道："他大概想让陛下您杀他，好成全后世的名声吧？"高洋嘿嘿一笑："小人！我不杀他，看他如何出名！"

高洋皇帝喜欢酒后杀人，随身携带砍刀和弓箭，死人尸体多被肢解，或抛进火中焚烧，或扔进漳水。杨愔总能给皇帝提供死囚，杀死刑犯总比杀寻常人好吧，况且只要这些死囚待在皇帝身边三个月不死，一律赦免。

杨愔处理政务得心应手，他分管人事工作二十多年，每一个见过面的人都记得，可谓过目不忘。有个考公务员的人觉得自己出身低，默默无闻，主考官肯定不认识。杨愔对他说："前些日子有人在元子思坊骑一头短尾巴母驴，看见我不下来，还拿一把破扇子挡脸，是不是你鲁漫汉！"

如此皇帝，如此宰相，北齐国的混乱仅仅局限于宫廷，局限于高层，以至于时人慨叹北齐政治："主昏于上，政清于下。"

高洋醉酒并非谁也不认。有一个人他从来不伤害，没碰过一根手指头。那人就是皇后李祖娥。为什么不伤害李祖娥，其中原因耐人寻味。

高洋装傻，高澄并非没有怀疑，曾与崔暹讨论过二弟是否装傻。当时所有人都瞧不起他，所有人都鄙视他。高洋最艰难的时节，最压抑的时节，李祖娥默默陪在他身边，不嫌弃他傻乎乎地流着大鼻涕。高洋不怕伤害所有人，就是不能伤害李祖娥。

高洋酒后收拾过杨愔，用马鞭抽得他鲜血湿透衣袍，把他扔进棺材里演习大出殡。最险的一次，高洋拿锋利的刀子轻轻滑过杨愔光滑的肚子，也许高洋一兴奋刀子就进去了。幸好崔季舒在旁边开了一句玩笑："你们小公子和老公子搞恶作剧呢！"顺势把高洋手里的刀子拔出来拿走。杨愔四十多岁，高洋二十多岁，一个高家的女婿，一个高家的儿子，当然是老小公子。

老将军斛律金也受过高洋的折磨。高洋手持长矛，纵马飞奔，三次挺长矛刺向斛律金的胸口，老将军神色不变，纹丝不动。

也就是说高洋内心深处还是明白谁对他好，谁对他不好，谁对他有用，谁对他无用。高洋之所以冲母亲娄昭君说出那句狠话，因为娄昭君偏向哥哥高澄，瞧不起他，称高澄如虎。

高洋对酒的害处心知肚明。有一次他和王纮饮酒，咣咣几大碗入肚，一抹嘴兴奋道："好快活，好高兴呀！"王纮回答说："酒这东西，既有莫大的快乐，又有莫大的痛苦。"高洋问："何为大苦？"王纮说："彻夜狂饮不醒悟，国破家亡，身败名裂，就是大苦。"高洋默然不语。

酒后发生的一切，高洋最自责的事情莫过于把母亲弄伤。事后他让人点燃柴堆，准备跳进去自杀。娄太后害怕，赶忙跑来扯住儿子衣服，劝道："刚才你喝醉了，我不当真。"火堆不跳，高洋又让人铺上地席，自己脱掉上衣，命令禁军统帅叔父平秦王高归彦施杖刑，他恶狠狠地对高归彦道："杖不出血，斩。"娄太后急忙上前抱住亲儿子不让打，最后打了五十下脚底板拉倒。

从此，高洋发誓戒酒。高洋经常戒酒，这一次戒的时间最长，十天，整整十天滴酒未沾。

酒喝上瘾如同吸毒，高洋严重依赖酒精，戒不了。十天以后继续喝，喝得比原来更厉害。喝醉了跑到李祖娥皇后家里，用箭射丈母娘，一箭正中丈母娘的脸颊，一边射嘴里一边咕噜："老子醉酒的时候连太后都不认识，你这老奴算个什么东西！"挥舞马鞭，一口气打了丈母娘一百多鞭。

叁 亡高者黑衣

兄终弟及是游牧民族的传统，高洋也是靠这个传统上位的，所以对弟弟们十分提防。

高欢有十五个儿子，高澄、高洋、高浚、高淹、高澈、高演、高涣、高淯、高湛、高潜、高湜、高济、高凝、高润、高洽。其中娄昭君生有六子，高澄、高洋、高演、高淯、高湛和高济。

对高洋帝位威胁最大的莫过于三子高浚。高浚为人豪爽慷慨，骑射功夫过人，力气也大。高浚生下来不讨高欢喜欢，因为高浚母亲嫁给高欢当月就怀孕，高欢怀疑种子是否纯正。不过高浚凭借自身的努力竟然使父亲喜欢上自己，可见高浚的确是个人才。

高浚和高澄关系最亲密。高澄当政时高洋装傻，高浚则帮高澄做了不少事。高浚看不惯高洋那副邋遢样，经常呵斥下人给高洋擦鼻涕。高洋那时节装傻，否则早挥起拳头揍他多管闲事。

高洋登基，高浚任青州刺史，非但没有意识到危险，反而处处以国家栋梁自居。比如，他曾对手下人说："二兄嗜酒坏德，大臣们无人敢劝，我想去劝一劝，你们觉得他会不会听？"这种话不能摆在桌面说，这不是指明高洋是昏君，你比高洋强吗？

高浚劝了吗？劝了。有一次进京跟高洋皇帝去东山游玩，高洋喝醉，又脱光了，大家一起玩裸体 Party。

五胡十六国南北朝时期是中国民族大融合时代，也是中国各种文明激烈冲突的时代。受过传统文化熏陶的人瞧不惯高洋那套做法，高浚说了一句话："此非人主所宜。"这种游戏可以玩，但是皇帝不能玩。

高洋生气了，游戏继续进行，不睬你。高浚把杨愔叫到屏风后面嘲笑道："为何身为朝廷重臣不劝谏？"

杨愔害怕了，他并不害怕高浚，而是害怕这件事儿。杨愔当然清楚高浚是所有亲王里面最危险的人物。两人在屏风后密谈传出去皇帝会怎么想？会认为他们有不可告人的秘密，朝中大臣与诸王交往犯皇帝大忌。或许这也是高浚想要得到的效果，离间君相关系，将杨愔拉到自己的阵营来。

杨愔是玩政治的老油条，他立刻向皇帝汇报高浚说过的话。高洋勃然怒道："小人由来难忍。"酒不喝了，败兴而归。高浚意识到形势不妙，赶紧溜回青州。回到青州给皇帝上表劝谏。这不是激怒高洋吗？但是，事到如今表章不能不写，不写说明你不是真心做忠臣，只想拉拢朝中大臣表现自己的英明。

没过几天，高洋派使者召高浚回京。高浚不去。第二次警察来了，将高浚抓回邺城地牢，关进铁笼里。高浚发现铁笼里不只他一个人，还有七弟高涣。

高涣是高氏兄弟们当中最勇猛的人，力能扛鼎，自诩谋略过人。高涣为什么被抓？因为他怀疑高洋杀害了大哥高澄。

高洋的人参与东柏堂刺杀高澄的行动固然做得机密，但还是有人知道。高澄遇刺之时高涣正在上学，听到宫中喧哗，第一个反应即大喊道："大兄必遭难。"随手抄起一张硬弓，弯弓搭箭而出。年纪轻轻的小高涣怎么会预感高澄遇难，必然事先知道些什么秘密，联想到流鼻涕的傻蛋摇身变成雄姿勃发的英主，其中秘密难道不是一目了然吗。

除掉高涣必须有理由，高洋找了一个莫须有的理由。莫须有罪名害过许多人，谁都没有像秦桧害岳飞那样天真地说出来。

当时流传一句神秘的话："亡高者黑衣。"于是高洋问大臣们："什么最黑？"大臣们回答："莫过于漆。"高洋冷笑道："漆即七。"七就是七子，七弟，这个理由抓得太巧妙，难为高洋想得出来。其实并不奇怪，高洋本来就是测字高手。

高浚和高涣的下场凄凉。高洋把两人关起来并没打算杀掉，毕竟骨肉相连，屠杀兄弟传出去名声不好。

有一次高洋带着一帮人去地牢，站在铁笼边唱歌，让两个弟弟跟着唱。高浚和高涣在笼子里关了一年，饭食和屎尿混在一起，简直不把两位亲王当人。说不害怕那是假话，惶惶然，又恐怖又悲伤，唱歌时不知不觉间声音颤抖。我们也不知道他们唱什么歌。高洋看到两位兄弟害怕恐惧的样子，不禁悲伤落泪，动了恻隐之心，下令把人放了算啦。

九弟高湛在旁边说了一句话："猛虎安可出穴！"

高浚听到了，叫着高湛的小名喊道："步落稽，人在做，天在看。"

高湛是高氏兄弟当中最坏的一个家伙，杀害的亲人最多。那又怎么样，并不妨碍此人登基做皇帝，所谓报应之说毫无根据。

高湛说错了吗？没有。刘宋前废帝刘子业也用笼子关过叔叔刘彧，但是他的叔叔从笼子里爬出来后派人杀了他。

集权制度最高领袖的悲哀在于不是你死就是我亡。高洋意识到自己心软了，抽出长剑恶狠狠刺向两个弟弟，高浚和高涣在铁笼里拼命躲避。高洋的侍卫长刘桃枝挺长矛乱刺，两位可怜的亲王呼天抢地号啕大哭，奋力折断长矛。侍卫们点燃木柴扔进铁笼子里，活活烧死了高欢的这两个儿子。

肆 常山王

另一个时常劝谏高洋的兄弟是他的六弟常山王高演。高演和高洋算是体验了一把骨肉兄弟的友谊。

高演看到高洋醉酒的样子又生气又忧虑。他与老三高浚的阴阳怪气不同，而是真心替高齐王朝担忧，替皇帝哥哥的身体担忧。起初高洋尚能时常保持一丝清醒，看到高演忧伤的神情，安慰说："无须担忧，有你在，我纵情取乐怕什么呢！"说得高演感动得趴在地上痛哭流涕。高洋见状也放声大哭，将手中酒杯狠狠摔到地上，发誓道："你嫌我酗酒，我不喝了行不行。从今往后敢有劝酒者，斩！"

哪里有人劝高洋喝酒呀，那不是自找刺激吗？平时都没有，何况皇帝发狠了。这一次高洋戒得似乎很实在，宫里所有的酒器全部砸了。

根本没坚持几天，高洋又喝上了，酗得更凶，把前几天戒的酒一下子全补齐了。高演又劝，醉酒的高洋终于发怒了，用刀环作势撞击高演的肋部，叫嚣着杀死他。他叫来几个以前受过高演处罚的部下，高洋抽出雪亮的钢刀威胁他们揭发高演的罪过。

高演为人正直，不贪钱，不受贿，真没什么短处，而且这几位受过高演处罚的人头脑还算冷静，宁死不说。因为不说未必死，说出来肯定死。这就是为官之道。高洋和高演都是娄昭君所生，人家是一母同胞的亲兄弟。没看到吓唬我们用刀刃，吓唬高演用刀环嘛。

果然，最后谁也没说，高演也没死。散会，大家都回家了。高洋就琢磨，高演不到二十岁，谁在背后指使高演这么做。他想到一个人，王晞。

王晞是高欢为高演选的良师益友，从小教育高演的老师，也是一起研究学问的好朋友。两人岁数相差很大，可谓忘年之交。高演敢这么做，肯定受王晞教唆。高洋下定决心，下次高演再敢胡闹，就砍王晞头，杀鸡儆猴。

高演回到府里叫来王晞，说道："王博士，我明天准备做一件事儿，为你也为我，千万体谅我的苦心。"

第二天，高演召集府里的大小人等开会，当众把王晞揍了二十大棍。大家瞧得莫名其妙，常山王和王晞好得像一个人似的，今天下手怎么这么狠呀。

不久，高演再次进谏不让高洋喝酒。高洋大怒，把王晞抓进宫来准备以教导不严为名治死罪。又听说王晞刚挨了高演一顿臭揍，又猜测不是王晞的主意。不过，人已经逮起来放了怪没面子的，高洋剃光王晞的头发，打了二十大棍，发配到兵工厂当小工去了。你说王晞惹谁啦，两家一面二十棍，打得真冤。

三年后，高演又和高洋吵起来了。高洋赏了高演一顿鞭子。好心没好报，这一次高演真生气了，回家不吃不喝绝食等死。死就死呗，命是你的，谁会心疼。

有人心疼，他的母亲。娄太后赶紧去劝，高演钻进牛角尖里不出来，死活不吃。娄太后最疼这个儿子，日夜哭泣。说起来高洋挺孝顺，一看母亲伤心也慌了，喃喃道："如果这个小子死了，我老娘怎么办啊？"

高洋毕竟是高洋，有办法。高洋亲自去劝六弟吃饭，高演的嘴巴闭得紧紧的。高洋使出最后一招："如果你把饭咽下去，我就把王晞放出来。"

有用吗？

有用。好几天没吃东西的高演第一次开口吃饭。

对高演来说，生命、母亲和皇帝不如一个王晞。

道理很简单，王晞是他的谋士，一个想干大事的人绝不能缺少出谋划策的人。

遭了三年罪的王晞回到常山王府，高演勉强起身抱着王晞泪流满面："我气息奄奄，恐怕今生不能与你再相见啦。"

高演哭，王晞也哭，一边哭一边劝："上天降福于善良的人，降祸于恶人，怎么会让殿下死？皇上论亲是您兄长，论尊是您主子，怎么能和他计较是非呢？殿下不吃饭，太后也不吃饭。殿下不爱惜自己的生命，难道也不爱惜太后吗！"

高演的心结开了，饮食恢复正常，命保住又想去劝谏高洋不要喝酒。王晞不同意高演这么做，说酒这个东西让人失去理智，皇上喝了酒六亲不认，整个国家现在寄希望于殿下，您再有个三长两短，高齐王朝的家业怎么办？太后的安危怎么办？

高演一宿没合眼，第二天终于想明白了，既然大家都不劝，我也不劝了，写好的奏章付之一炬。高演劝人和高洋喝酒一样是改不掉的毛病。没过多久，高演又看不过眼去，苦苦劝说哥哥戒酒。高洋皇帝又恼了，抡起大棍没头没脑照着高演一顿狂扁，好在高洋打了几十下就醉倒了，高演这才脱身。

其实，我们的民族需要这样的人，需要有脊梁的人，举世皆浊我独清，举世皆醉我独醒。大家都喜欢钱，我就不喜欢；大家都贪腐，我就不贪；大家都害怕死亡，我就不怕。太可惜啦，高演这种人太少。太少并不代表没有，昔日东魏国的大法官崔暹算一个。他经常劝高洋戒酒，奇怪的是崔暹没挨过打，高洋反倒把高澄的女儿乐安公主嫁给崔暹的儿子。高演相当佩服崔暹："现在连太后都不敢说话，我的兄弟们也都闭上嘴，您却独能犯颜进谏，满朝大臣都该感到惭愧。"高洋经常对大臣们说："崔暹廉洁清正，天下无双，你们都不如。他经常说我饮酒过多，我喝一点能怎么样！"

能怎么样？一个字，死。

我们身边因酒而死的人还少吗？长期酗酒会得各种各样的疾病。高洋皇帝的身体一天比一天差，吃不进饭，吃饭则呕吐，只能喝酒，最后皮包骨头，枯骨一具。天保十年十月十日，高洋在自己亲自预测的死亡日那天见上帝去啦，时年三十一岁。

高洋死了，谁做皇帝？

自然是高洋的儿子。但是，高洋生前却不希望儿子做皇帝。高洋的儿子高殷太懦弱，懦弱到不敢杀人。不杀生是美德，却非生存之道。一个坚强的人不是不敢杀人，而是不想杀人。会不会杀人和敢不敢杀人是完全不同的两回事儿。敢杀而不杀是强者，不敢杀而不杀是弱者。

皇帝只能由强者来做，否则你的皇位做不稳。高洋恨铁不成钢，用马鞭威胁高殷让他杀囚犯，高殷不敢。高洋手握马鞭捅向儿子催促他动手。手持钢刀处于极度紧张状态的高殷竟然落下口吃犯晕的毛病。高洋恨道："此儿得汉家性质，不似我。"

也许有人要拿北魏孝文帝来比较，孝文帝元宏仁慈，不猎杀动物，汉人气十足，但他弓马娴熟，杀敌勇猛，对儿子也不手软，这是一代仁君的本色。哪有不敢杀人的皇帝。罢了！高洋一咬牙，喝醉以后经常对大臣们说："太子懦弱，我死之后传位常山王。"

高洋是清醒的。这是一个什么样的时代？国内鲜卑人与汉人关系极其紧张，国外三国鼎立，尚不算塞北那些残忍嗜血的柔然、突厥等王国和部落。必须有一个强有力的人物来统治，除了六弟谁能做到呢？老四老五不能传，他俩不是娄太后所生。

汉与鲜卑的矛盾由来已久，北魏道武帝和太武帝两朝的血腥杀戮，孝文帝的和平演变，尔朱荣的疯狂反扑，父亲高欢睁一只眼闭一只眼和稀泥。

杜弼对鲜卑人的态度代表汉化人群对鲜卑化人群根深蒂固的成见。高洋曾经问他："治国当用何人？"杜弼回答："鲜卑车马客，会须用中国人。"鲜卑人骑马打仗可以，治理国家还是应该用汉人。

这个道理高洋懂，所以他才重用杨愔和崔暹等一批汉人。但是，塞上的鲜卑军人满意吗？他们同样瞧不起汉人，凭什么打仗不出力的汉人坐享巨大的财富，就因为他们的祖宗留下了土地？在鲜卑军人的压力下，尤其以汉军为主力的南征大军被陈霸先击败，兵败江南后，高洋原本想效仿尔朱荣再搞一次河阴事变一劳永逸地解决掉汉化贵族。

高洋借口西巡，满朝官员来到大道边送别。高洋命令骑兵把官员们团团包围，下令道："我一举鞭，你们就杀人。"说完，高洋喝酒去了，喝得醉醺醺，太阳快下山仍未醒酒。

又是一抹落日，与河阴的落日何其相似。当年契胡骑兵屠杀了两千多名大大小小的官员，这一幕惨剧即将重演。黄门郎连子畅挽救了大家，他对醉酒的高洋说："陛下您这样做，群臣害怕得受不了。"高洋咕噜道："他们很害怕吗？如果是这样，那就不杀啦！"

看似不经意间的事情，高洋脑子里不知斗争了多少回，汉人不能杀，尔朱荣不是个例子吗？国内一乱，虎视眈眈的北周国就要动手啦。

令高洋意想不到的是，汉人文官集团齐声反对传位高演。嫡长子继承制是汉人的政治传统，以杨愔为首的汉人企图拥立有汉化倾向的高殷确保他们的利益。没有不爱惜儿子的父亲，可怜天下父母心。高洋临死前对皇后李祖娥哀叹道："人生在世岂能不死，死何足惜，可怜正道年幼，别人会夺位啊。"高洋早就预测到高殷的统治不会长久，他曾对邢绍说过："你给太子起名高殷，字正道，殷家兄终弟及，'正'字折开来是'一止'。我死之后此儿得不到皇位，即便勉强得了，最多只有一年的皇运。"

高洋说的殷家兄终弟及，指殷商王朝兄弟继承制。当时邢绍大惊失色，请求重新起名。高洋叹了口气，说了两个字："天也。"这是上天注定的，不是改名字能改过来的。既然上天注定，我们何必瞎折腾？

不想高洋又瞎忙起来，他心存最后一丝侥幸，找来高演，说了一句大实话："你要夺位就夺，好歹留下他的一条命。"

高演自然不停地流泪叩头，说这一切绝不可能发生。绝不可能发生的事情往往会成为事实，塞上的鲜卑军人等这一天等了好久。

高洋临死前又做了一番挣扎，给李祖娥改封号，不用皇后的称谓，改作可贺敦皇后。鲜卑人习俗，王为可汗，王后为可贺敦。高洋希望通过改名号拉近李祖娥与鲜卑人的亲密关系。

可贺敦皇后向天下昭示，李祖娥不仅是汉人，亦是鲜卑人。高洋对李祖娥可谓尽心呵护，登基后高隆之、高德正等鲜卑人认为汉家女子不可为天下母，希望高洋立鲜卑女子为皇后，指名立段昭仪。高洋顶住压力拒绝了。事实证明高洋这一决策失误，如果立段昭仪为皇后，高洋死后他们的儿子必然能够得到鲜卑军人的支持，但是高洋被爱情蒙了一次眼。

高隆之、高德正从血统来说都是汉人，但他们皈依鲜卑文化，都是鲜卑人。在那个时代信仰鲜卑文化的人多是汉人庶族，让门阀贵族出身的李祖娥信仰鲜卑文化几乎不可能，改一个封号也无济于事。

高洋安排后事，尚书令杨愔、领军大将军平秦王高归彦、侍中燕子献、黄门郎郑颐辅政。从中不难看出高洋的良苦用心，四人之中没有一位鲜卑人，皇叔高归彦的信仰多少存疑，但从出身看乃汉人门阀，高敖曹一族。

禁军将领清一色是高洋亲手挑选的人，高归彦和可朱浑天和掌控禁军，宿卫军由武艺高强的武卫将军娥永乐带队。

高洋所能做的事情都做完了，余下的就要看高殷的造化了。

伍 忠而获罪

高洋死于晋阳，与南朝英主陈霸先同年死亡，公元559年真是个不吉利的年头。发丧的那天上演了一幕滑稽的戏剧，群臣号啕大哭，声音震天响，干打雷不下雨，没有人流眼泪。大家心里别提多高兴啦，十年生死劫挨过去了，疯子终于走人啦，今后不必再提心吊胆过日子，该玩就玩，该乐就乐，该贪钱就贪钱。唯独杨愔哭得真切，眼泪横流，呜咽伤感。难怪他伤心，高洋生前器重他，死后更加信任他，以幼主相托。这份差事不好干，内有太皇太后娄昭君，外有塞上的鲜卑军人，朝廷中高洋的十多个弟弟盯着皇位流口水。还有醉皇帝高洋留下的一堆烂摊子，自己肩上的担子重，重到不堪重负，杨愔哭，那是真情流露。

山雨欲来风满楼，政变进行时。

娄昭君迫切渴望高演做皇帝，但是，由于高洋临死前周密的安排而落空。高演觉察到风声紧，并未急着捞权，反而退一步，不再管理政务，将权力全部交给杨愔。

高演这一步棋下得妙，妙在使杨愔放弃足够的警惕。北齐国有两个根据地，一是国都邺城，二是霸府晋阳。晋阳是北齐国的军事基地，人们都以为常山王高演或者长广王高湛会有一个人留守。杨愔哪能允许他们两个家伙手握塞上的军权。让两位亲王跟新皇帝高殷一起回国都，同时任命高演最亲密的谋士王晞担任并州长史留在晋阳，把他们拆散。高演乖乖顺从，一切听命。

身心放松的杨愔接连犯下错误。

第一，在这个紧急的关头他竟然搞起人事改革。因为天保八年以后高洋喜欢胡乱赏人，官越来越多，相应领高工资的人也就越来越多。杨愔就身兼数职，开府仪同三司、尚书令、骠骑大将军和开封王。杨愔辞去开封王和开府仪同三司，少领两份薪水。杨愔确实大公无私，王爵都不要啦。大家没办法，不能搞兼职了，趁高洋醉酒拍马屁得官的人都免啦。这些人恨透了杨愔，杨愔刚上台就得罪了一大批人。

第二，杨愔没有听从燕子献和可朱浑天和的激进计策，他们两人提议杀掉高演和高湛，将太皇太后娄昭君关起来，归政皇太后李祖娥。杨愔、燕子献和可朱浑天和都是高家的女婿，可谓驸马党。女婿想整丈母娘。杨愔手软啦，那是他的亲丈母娘。其实，丈母娘不管亲薄，该整就得整。

第三，杨愔从晋阳回邺城时，为防备塞上鲜卑军队闹事，留下五千禁军协防。这事本无不妥，但杨愔不应该不告诉平秦王高归彦，因为皇叔，不，现在应该叫太皇叔高归彦统领禁军。个中原因不难猜测，杨愔等人不相信高归彦。既然不信任人家，人家就倒向高演。

三件错事决定了杨愔的命运，也决定了少主高殷的命运。

高演问好朋友王晞，今后的路怎么走？

王晞说："做周公。"

高演道："我做不了周公。"

王晞笑了："不是殿下能不能做，而是非做不可。"

两人心领神会。高演离开晋阳，王晞出城相送，高演怕人瞧见，匆匆上马，回头叮嘱道："万事小心。"

王晞料得不错，高演刚回邺城，常山王府就来了许多鲜卑高级军官，其中不乏跟随高欢南征北战的开国元勋，譬如斛律金和贺拔仁，长广王高湛也到了。他们的目的只有一个，依草原民族兄终弟及的传统将高演送上帝位。高演心里依然没底，直到看见高归彦的身影，那颗悬着的心才放了下来。

一封密件吹响双方火拼的号角，杨愔先动手了。

杨愔等人商议调高演和高湛离京，发到外面任刺史。他们害怕生来性格柔弱的新皇帝高殷不准，将其中的利害关系写成奏章交给皇太后李祖娥，希望李祖娥给皇帝施加压力。

谁知李祖娥竟然把如此重要的信件交给一个女官看了。谁呢？李昌仪。李昌仪就是高澄曾经调戏过的高仲密的妻子。李昌仪未给高澄生育一儿半女，高澄死后李昌仪做了宫中的女官。李昌仪出身赵郡李氏，与李祖娥同宗，两人关系特别亲密。李祖娥想请人生阅历丰富、聪颖过人的同宗姐姐拿个主意。谁知平日里亲密无间的李昌仪却出卖了李祖娥，将信中内容密报太皇太后娄昭君。

至于李昌仪为何出卖姐妹，我感觉嫉妒是第一原因。李昌仪文武全才，十分自负，可惜被高澄拆散第一桩婚姻。跟了高澄后，又未得到应有的名分和宠爱，最后沦为女官。资质平庸的李祖娥却平步青云，母仪天下，十年疯狂岁月里安然无恙。而李昌仪只有讨好李祖娥才能避祸，才能在宫中有立足之地，心中不平可想而知。况且李昌仪昔年因为僧人与丈夫聊天时间过晚就唆使丈夫杀掉高僧，可以看出，李昌仪非善辈。

娄昭君知道了就等于高演和高湛知道了，二王决定抢先下手。杨愔怕二王起疑心，改变原先策略，先调长广王高湛离京去晋阳，留下高演任录尚书事。他万万不曾想到，自己的如意算盘早已曝光。

朝廷调令下来之后，二王将计就计，设计了一出鸿门宴，遍发帖子请客，宴席设在尚书省办公室。

家中私宴，杨愔未必肯到。公务吃请，不到就不对啦。郑颐怕其中有诈，杨愔大大咧咧道："我等精忠体国，常山王拜职岂有不到之理！"

满朝文武到了大半，杨愔、燕子献、可朱浑天和坐在一处。九皇叔长广王高湛身为副陪，挨个敬酒，好事成双，一人两杯。敬到杨愔等人座前，高湛大声道："拿酒来！"侍从忙不迭捧着酒壶快步赶到。不承想高湛又大叫一声："拿酒来！"侍从莫名其妙，诸位大人杯中酒不空呀。杨愔等人也犯糊涂，高湛理应敬酒，喊什么拿酒，一时间喝也不是，不喝也不是。只听高湛又喝道："为什么不拿！"

侍从低头瞧着手里的铜壶，心道长广王犯病啦，难道我捧的是尿壶？只见座中鲜卑军官们齐刷刷站了起来，殿后转出几十个虎背熊腰手持棍棒的汉子，群狼般扑将上来，抓头发的抓头发，扭胳膊的扭胳膊，将杨愔等人摁倒在地。

杨愔暗道不好，中计了，向群臣大叫道："诸王谋反，想杀忠臣吗？我等尊天子命令削藩臣，赤胆忠心为国，有什么罪！”

高湛不听那套，一声断喝：“给我打！”

大殿上乱了套，鲜卑军官们和事先埋伏的壮汉们开始群殴杨愔等人，也不讲江湖规矩，朝堂不能算江湖，政治流氓不比江湖好汉，十几个人对一个人，拳打脚踢，乱棍齐下。

官员们惊得目瞪口呆，常山王高演急忙劝架，连声道：“哎呀，下手轻一点，不要破相，不要致残啊。”高湛大叫道：“不行，狠狠地打，往死里打！”

两位未来的皇帝亲自设计并参与政变，也算中国历史一段传奇。

打得杨愔等人头破血流，好在燕子献身体强壮，头发少，奋力挣脱，冲破众人的包围圈逃出大殿。落雕都督斛律明月施展八步赶蝉的脚法猛追不舍。论跑步，文官出身的燕子献毕竟外行，也就是早晨起来锻炼锻炼身体，顶多跑个三千米。斛律明月科班出身，长跑是必修课，而且是负重跑。三五百米靠爆发力，分不出高低，十几里下来燕子献喘不上气来，束手就擒，瘫软在地一边喘一边叹息：“大丈夫用计迟，落到今天这种地步！”郑颐也被提了。每个人失败的时候总能留下一两句肺腑名言，郑颐的话如下：“不听智者言，吃亏在眼前，不让你来你非来，命不好呀！”

二王、高归彦、斛律金、贺拔仁押着杨愔等人闯入皇宫，禁军都是高归彦的部下，不敢阻拦。众人很快来到昭阳殿外，高演进殿面君。太皇太后娄昭君早已得到消息，赶到昭阳殿落座，皇帝高殷和皇太后李祖娥只能站在娄太后身侧。

高演叩头道：“臣与陛下骨肉至亲，杨愔等人专断朝政，作威作福，长久以往必将叛乱，臣与高湛及贺拔仁、斛律金已将杨愔等人拿下，交陛下处治。臣擅自专断，实在罪该万死。”

高殷傻了，他已经十六岁，鲜卑人早熟，慕容垂十三岁就身为前锋主将远征高句丽；拓跋珪十六岁建立北魏王朝；拓跋焘十六岁带领军队以少胜多大败柔然汗国的大军。而高殷却被殿下跪着的叔叔几句话吓得说不出话来，全然不顾大殿内外两千多忠于他的甲士。宫廷甲兵是父亲高洋留给他的，武卫将军娥永乐拔刀在手，仰视皇帝，只待皇帝一声令下。

娄昭君喝令甲士收刀退下。士兵们不退，他们是高洋练就的以一当百的鲜卑武士，只听皇帝的号令。但是，皇帝不想用他们，甚至不敢看他们的眼睛。经历过无数阵仗的娄昭君厉声喝道：“你们这些奴才，再不退下，砍下你们的脑袋！”

皇帝还是不开口，甲士们只能退下，猛虎不归绵羊统领。娥永乐钢刀还鞘，流泪痛哭，他的人生已走到尽头。

一个不敢杀人的人怎么可能做皇帝？高洋看透了他的儿子，高演也看透了，所以他才敢不带军队就发动一场宫廷政变。

娄昭君挺关心她的女婿，问道："杨郎何在？"

众人拖着遍体鳞伤的杨愔等人来到殿上，贺拔仁道："杨愔被打瞎一只眼。"

娄昭君叹了口气："杨郎能有什么作为，留着他不是更好吗？"说罢，转头对高殷道："这些人心怀叛逆，想杀我两个儿子，再来杀我，你为何纵容他们！"

高殷还是说不出话来。

娄昭君越发来气，悲声道："岂可使我母子受汉老妪斟酌！"

这是在说媳妇呢，李祖娥赶紧过来赔罪，她知道儿子大势已去，她们母子根本不是娄昭君的对手。

娄昭君安慰道："你放心，我的儿子不会夺位的。"扭头对高殷说："还不快去安慰你的叔叔。"

高殷这才说出一句话来："天子之位亦不敢为叔父惜，何况这些汉人！只要饶了侄儿的命，侄儿自下殿去，这些人任由叔父处置。"

高演赢了，赢得如此轻松，因为他遇到一个不配做对手的对手。

高殷下台不可避免，他失去了鲜卑人的支持，又失去了汉人的支持，他在臣民们心中只是一个胆小鬼而已。

全部斩首。娄太后亲自参加杨愔的葬礼，哭泣着说了一句话算作杨愔一生的真实写照："杨郎忠而获罪。"太忠啦，所以有罪。

忠而获罪的事例在中国历史上频频出现，比干、白起、蒙恬、范增、晁错、寇准、苏东坡、王安石、岳飞、方孝孺、海瑞、于谦、袁崇焕、林则徐等，太多啦，像杨愔这些不出名的人更数之不尽。为什么？难道不足以让我们深思吗？

试问天下人如何忠？忠于谁？

一边是亲儿子，一边是亲孙子，保谁？这个无须多问，还是儿子亲。在娄昭君支持下高演如愿以偿登上皇位，是为北齐孝昭帝。娄昭君只提出一个条件，那就是绝不能伤害高殷的性命。高演自然爽快答应下来，然而一年后高殷还是死掉了。高殷死亡的消息封锁得十分严密，事情过去一个月娄昭君才得到消息，怒气冲冲的娄昭君找到高演厉声责问，连问三声

“高殷在哪里？”此时的高演卧病在床，垂头不语。娄昭君不顾高演的病情恶狠狠诅咒道：“不听我的话，去死吧，去死吧，你这号人死了活该！”难怪娄昭君如此生气，骨肉残杀毁掉的不是一个家族，而是一个王国。

不想，高演真死了，时年二十七岁，仅仅做了一年皇帝。这又是何苦呢，争来争去，莫非只为过一年皇帝瘾？如果高演预知自己两个月后死掉，还会杀害那个可怜的侄子吗？假若高演预知自己只有一年皇帝命，还会夺位吗？一切都晚了。纵有千年铁门槛，终须一个土馒头。人生什么最重要？不是金钱，不是女色，而是健康和快乐。

高演年纪轻轻怎么会死掉呢？据说被一只兔子惊了他的马，坠地受伤，不治身亡。世上巧合的事情不少，不管你信不信，反正就是这么一回事儿。

高演有先见之明，将帝位传给九弟高湛。他的儿子高百年实在太小，传给他，早晚会被高湛夺了位去。高洋临死前那么嘱咐让他不要夺位，他仍然经不起帝位诱惑，何况生性轻狂的高湛。再者说，高演杀杨愔等人伤透了汉人的心，汉人怎肯保他年幼的儿子？高演临死前拉着高湛的手说：“我一生最后悔的事情莫过于杀害高殷，你千万不要学我呀。”

言传不如身教。武成帝高湛让地下的高演死不瞑目，他杀害了高百年，理由是高百年偷偷写了几个“敕”字，“敕”只能由皇帝来写。不好意思，既然你这么想当皇帝，去做鬼帝吧。

这里我们介绍一下高演心腹谋士王晞的结局。王晞非常谨慎，发动政变以后与高演从来不在白天交谈，他不想给鲜卑武人种下高演亲近汉人的印象，可见当时汉与鲜卑激化的矛盾。高演称帝，王晞拒绝升迁，终日喝酒赋诗，游山玩水，人称“物外司马”。王晞不管在家还是朝堂，脾气非常好。王晞没有儿子，高演准备赐给他一个美女做小妾。小黄门到王晞家宣旨，王晞不接，扭头看妻子，妻子一语不发。王晞长叹一声，捶着胸口转身走了，这件事告吹。高湛称帝后非常讨厌他，只要王晞奏事，准挨一顿臭骂，王晞神态自若，仿佛什么事情也没发生。后来，周军入晋阳，逃跑路上王晞照旧不紧不慢，喝酒赋诗。好脾气的人多长寿，齐亡不妨碍王晞做官，官拜北周国仪同大将军，死于隋开皇元年。

第十四章
琵琶国手与瞎子宰相

高演做皇帝时北齐自上而下特别平静宁和，换成高湛则不同。高湛在高欢十五个儿子当中属于最无耻的一个。高湛喜欢喝酒，好在没有二哥高洋喝得那么凶。高演死后第二年母亲娄昭君也死了，高湛依然身穿红袍饮酒作乐。宫女捧上丧服，高湛竟然扯过白袍扔到台下。散骑常侍和士开请求停止奏乐，挨了高湛一顿臭揍。

娄昭君一死，高湛越发无法无天，逼奸高洋的妻子李祖娥，李祖娥不从，高湛威胁说，你不从就杀你的儿子。李祖娥生有两个儿子，高殷被高演杀了，膝下只余高绍德，如何肯让他再受伤害？

李祖娥怀孕了，不见任何人，包括儿子高绍德。宫内流言成真，高绍德见不到母亲，气急败坏，在宫门外大叫："别以为我不知道，母亲肚子大了不敢见人！"

被儿子揭隐私，李祖娥羞愧难当，迁怒刚刚生出的女婴，投入水里淹死。高湛闻讯勃然大怒："你杀我的女儿，我就杀你的儿子。"高湛当着李祖娥的面，用刀环胡乱击打高绍德，一边打一边恶狠狠道："想当年你爹打我的时候，你和你妈怎么不来救？"高绍德死了，血流满地。李祖娥见状，放声大哭，哀号不止。高湛越发生气，扒光李祖娥的衣服，舞动鞭子狠狠抽，打得鲜血淋淋。抽累了，高湛将伤痕累累的李祖娥装进口袋扔进排水沟里，血水顺着口袋渗淌。良久，李祖娥悠悠醒来，他万念俱灰，入妙胜尼寺出家为尼，隋朝建立后返回家乡河北赵郡。

从此，北齐王朝一日不如一日，争权夺利却一刻不曾停止。说剩下的北齐是武成帝高湛和后主高纬的历史，莫如说是和士开和祖珽的历史。琵琶国手和瞎子宰相为疯狂淫乱的北齐王朝画上了靡丽而又诡异的句号。

壹 琵琶国手

琵琶，民乐之王。南北朝时琵琶由西域传到中原，风靡北齐国。颜之推的《颜氏家训》记载过一个故事，有个汉人贵族对颜之推说，我让十七岁的儿子学鲜卑语、弹琵琶，这是一条发迹之路。颜之推甚是鄙视此人，当时没说什么，回家在日记上写道："这个人怎么能这样教育孩子呢，就算弹琵琶能做宰相，我也不主张大家学。"

弹琵琶能否做宰相呢？在今天绝无可能，而在北齐大大地可能。因为当时上至皇帝，下至臣僚，无人不好。

北齐流行西胡化，即西亚化，西亚的东西一切都是好的，西亚的歌舞、游戏等。听说过狗做大官吗，波斯狗在北齐就可以。

北齐并不与西域接壤，但是北齐有一群西亚移民的后代。孝文帝时代的北魏国都洛阳是个商业化国际大都市，从葱岭到西罗马帝国的首都拜占庭之间上百个国家的人都到中原做生意，在洛阳买房子。洛阳的房价就是被这些人炒上去的，相当于温州炒房团。洛阳有专门的西胡街，有一万多户。后来，北魏国战乱，炒房团回不了家，只能留在中原。这些人的后代引领北齐国西胡文化潮流。

祖籍乌兹别克斯坦的曹妙达琵琶冠绝天下，开府封王，达到艺人事业的顶峰。难怪北齐国的小儿教育以学琵琶为第一。我们接下来就讲琵琶国手们的故事，先讲和士开。

和士开原籍西域，不过他出生于河北。他有三种本领：第一，弹得一手好琵琶；第二，拍得一手好马屁；第三，握得一手好槊。

弹琵琶好理解，学起来绝非一朝一夕之功。像颜之推讲的那位贵族让儿子十七岁才学琵琶，也就学得皮毛而已，想精通太难。教育趁早不趁晚，颜之推就提倡早教。

拍马屁，一般人不易掌握，此项功夫只可意会不可言传。比如，和士开曾经对长广王高湛说："殿下非天人也，是天帝也。"高湛笑道："卿非世人也，是世神也。"当时高湛并未称帝，这马屁拍得如何？我觉得高湛回答得更妙，反应相当快。

再看看他人如何拍和士开马屁。和士开喜欢做别人的干爹。有一次和士开病了，医生开的药方是黄龙汤。一听名字，多好的药。中国人好面子，什么黄龙汤，就是陈年大粪汤，可不金黄色嘛。

这种药是胡药，由印度传来。大粪放到瓮里，埋在土中，久而久之变成粪水，据说可解百毒，各种动物粪便均可入药。这是什么医学原理呢？据说陈年粪便里有一种寄生虫能够清理瘀血，吃人体内腐烂的食物。

黄龙汤太难喝，和士开不喝。干儿子来了，对干爹说："这汤太好喝啦，您不信，我替您尝尝。"接着，端起碗来一口气喝了个底朝天。和士开好感动，勉强喝了，病也就好了。

干儿子喝黄龙汤，干女儿有什么贡献，这个不必说，你懂的。和士开母亲去世，孝子贤孙来了一大帮，哭得震天响，这是不是拍马屁？不好乱说，也许就是人家有爱心呢。

握槊，大家都不懂，因为谁也没有接触过。其实就是一种游戏，也是西亚那边传来的，掷色子的赌博游戏，具体规则不甚清楚。

以上三种本事不是偶然得来。和士开从小聪明机灵，有家族遗传，他爹和安就挺机灵。和安做过中书舍人，有一次和几位大臣陪东魏孝静皇帝元善见聊天。大家聊到星象，元善见让他去看看北斗星斗柄所指方位。古人迷信，认为北斗星位决定帝气。大家讨论这事儿的时候大约在冬季，斗柄自然北指，高欢在晋阳。

怎么回答？你说北指吧，那不等于说高欢有篡逆之心，离间君臣关系。你说不北指吧，那就是撒谎，有欺君之罪。和安不慌不忙，慢悠悠道："臣不识北斗。"

有其父必有其子，和士开是国子学优等生。国子学是北齐国最高学府，相当于北大、清华，因此与同学高湛交上朋友。

高湛与和士开打得火热，形影不离。高洋不高兴，他不喜欢阿谀奉承之辈，认为和士开迟早带坏九弟，一句话将和士开打发到外地劳改去了。

高湛登基做皇帝，第一件事情就是召回和士开。君臣二人好到什么程度呢？和士开母亲死了，高湛非常悲痛，派人去和府伺候和士开，生怕和士开悲伤过度弄坏身体。高湛握着和士开的手流泪安慰："你的母亲就是我的母亲，当以大事为重，不可过分悲伤。"高湛说话违心啦，他生母娄昭君死的时候他一点也不伤心。

和士开对武成帝高湛倒也一片赤诚。高湛患有气疾，呼吸道疾病，饮酒过度就发作，谁劝也不听，和士开的话也不听。有一次，高湛又犯病了，和士开一语不发眼含热泪。高湛叹息道："你这是不言之谏。"从此戒酒。高湛戒酒时间比高洋长许多，坚持戒到冬天公主出嫁，忍不住又喝了。

高湛未做皇帝前两人形影不离，做皇帝后和和士开依然如影随形。和士开随意出入皇宫，久而久之和胡皇后通奸，高湛也不管。和士开支持高湛玩乐，有自己的一套处世哲学："自古帝王尽成灰。尧舜那些名君也罢，桀纣那些昏君也好，到头来都难逃一死，趁年轻体壮及时行乐，一日快乐敌千年。"

快乐的尽头是痛苦，快乐需要节制。不知节制的快乐令高湛的身体一天不如一天。和士开想到高湛身后事。高湛活着自己荣华富贵，一旦高湛死了他可怎么办？

有人来给和士开出主意，这个人叫祖珽。

贰 浪子神偷

祖珽出身赵魏世族，从小就是神童，对他来说，世间没有学不会的东西。文学、诗歌、音乐、美术、易经、医学、美食，无不精通，俨然北齐国一颗希望之星。小时了了，大未必佳。当祖珽成年之后，谁也想不到他会成为北齐国汉化最后一杆大旗，因为他的行为过于诡异荒诞。

诡异的祖珽与诡异的北齐时代相得益彰。

在北齐，非贵族后代不可能做官，除非有军功。祖珽的父亲就是孝文帝时代做《悲彭城》诗的祖莹，"悲彭城，楚歌四面起。尸积石梁亭，血流雎水里"。祖珽的诗继承父亲的慷慨激昂，写过一首《望海》："登高临巨壑，不知千万里。云岛相接连，风潮无极已。时看远鸿度，乍见惊鸥起。无待送将归，自然伤客子。"北朝诗人本就不多，祖氏父子各领一时风骚。

祖珽放荡不羁，有一句名言："丈夫一生不负身。"大丈夫的一生亏什么都可以，就不能亏待身体，吃好喝好玩好。

遥想当年春衫薄。祖珽和许多贵族子弟一样度过自己风花雪月的青年时代。当时魏国青年名俊陈元康、穆子容等人经常去祖珽家参加聚会，来时必须带女朋友作陪。祖珽做东，拿出钱财让女人们赌博玩，一掷千金，出手豪爽。一行人等出入娼家，弹琵琶，跳舞，醉生梦死。玩到尽兴处，众人睡到一处，其中甚至有已为人妻的公主女儿，挨个与男人们上床。

祖珽的钱从何而来？自然少不了贪污，不贪污如何生财？辛辛苦苦挣的钱舍不得挥霍。祖珽做参军的时候管理粮食，油水很大，经常偷着拉几车粮食外卖。有一次让人逮住，高欢亲自审问，祖珽拒不承认，一股脑儿把责任推给同伙。高欢似乎被伶牙俐齿的祖珽蒙住，当庭释放。

此事不难理解，像高欢这种骗人起家的奸雄，想瞒过他的眼睛恐怕不容易。高欢曾经口述过三十六件事，说完后就走了。临行前告诉祖珽，把我说过的事情写成奏章。奏章写好，高欢回来过目，一件事也没有遗漏。你能做到吗？反正我做不到。高欢喜欢祖珽，岂能因为几车粮食毁掉一个人才？

祖珽得便宜卖乖，庭审出门后对人说："我们丞相判案英明，不过这件事真是我做的。"祖珽不顾惜自己的名声，脸皮厚得很。他还有一项生财之道，那就是做小偷。

胶州刺史司马世云请客，祖珽在列，酒足饭饱正待散席，上菜服务生突然发现少了两面铜碟，急忙汇报给主人。司马世云怪罪仆人，仆人们坚决说没有拿。按说少了就少了，不想司马世云是个吝啬鬼，非要找到不可，既然下人没有拿，肯定在座的客人拿了。吃我的喝我的，临走拿我的，岂有此理？司马世云站起身，拱拱手："对不住大家，搜身。"

搜来搜去，从祖珽怀里搜出来。在座的客人都替祖珽脸红，这么大的才子，好说歹说也是朝廷官员，干这种丢人现眼的事儿。祖珽面不改色心不跳，晃晃悠悠拔腿走人。

又有一回，高欢请客，年头月尽大家在一起乐乐，会会餐。众人吃饱喝足，该告辞啦。高欢觉得同僚们难得一聚，先别走，喝喝茶聊聊天。这当口，服务生上前汇报，少了一只金笸箩，就是金杯。

高欢没当回事儿，少就少了吧。御史中尉窦泰不乐意啦，他是监察官，在他眼皮子底下丢东西多没面子。窦泰问谁拿了，赶快交出来。问了三遍，没人言语。窦泰想搜身，高欢不让搜，怎么说在座的人都是国家大臣，其中不乏王公贵族，都是要脸的人，怎么能把人家当小偷对待？窦泰有办法，让在座的人都把帽子摘掉。帽子一摘，金晃晃的杯子露出来，就扣在祖珽的发结上。

众人大感意外，又在情理之中，除了祖珽谁敢偷高欢的东西？结果祖珽又甩甩袖子走啦。依高欢的胸襟，怎么能因为一个金杯得罪大才子？

两次失手纯属意外，祖珽没有想到司马世云那么抠门，也未想到窦泰横插一杠子。有两次丢人的教训，收手吧，收手？那就不叫祖珽。

不久他又犯事儿了，是祖珽担任尚药丞期间发生的事儿。尚药丞主管宫廷中的药品，祖珽懂医，是医学大师。于是，祖珽借职务之便偷窃胡桃油，胡桃油是一种药品。这次当小偷付出了一定的代价，罢官。偷碟子，偷杯子，那是私人的物品。偷药，那是公家的财物。盗窃公物不处罚，那不等于号召大家都来占公家便宜吗？

像祖珽这种人才，罢几天官意思意思而已。没过多久，改任秘书丞，跟着高澄混。有一次来了一个卖书的，向高澄兜售一本叫作《华林遍略》的书。《华林遍略》是梁武帝让江南才子徐勉编的书。那时候没有印刷术，出一本书全靠手抄，特别贵，不像今天的书这么不值钱。《华林遍略》又是新版的。侯景乱梁，大烧大杀，后来独眼龙萧绎又放了把火，此书是绝版也未可知。

高澄玩小聪明，既不想花大价钱买，又想要。高澄对卖书人说，我看一晚上，如果此书确实好就买。卖书人一想，看就看吧。高澄赶紧找了一大帮子抄书匠，其中就有祖珽。大家齐动手，一天一夜就把这本《华林遍略》抄完。第二天一早，高澄把卖书人找来，书往桌上一撂，此书不好，我不要了。

不要就不要吧，强扭的瓜不甜，凭我的孤本还能忽悠不到识货的主儿？卖书人刚想走，猛然感觉书变薄啦，数了数册数发现不对。高澄吓一跳，以为卖书人看出了什么破绽。卖书人一脸不高兴，对高澄道："殿下您不要就不要吧，怎么赖我几册不还呀。"

高澄赶紧派人去查，原来被祖珽藏了几册，换钱赌博去了。高澄可不像高欢那么好说话，当即揍了祖珽四十大棍。

慢慢地，小偷变成大偷。祖珽越干胆越大，伙同另外两名官员以参军赵彦深的名义伪造高欢的命令，让邺城调拨三千石粮食拉到他们指定的地方。三千石不是小数目，有人怀疑，私下里询问核实赵彦深。阴谋曝光，祖珽第一时间投案自首。高欢震怒，狠狠抽了祖珽两百鞭子，戴上脚镣，发往军工厂干苦力。

祖珽不怕，他的好朋友陈元康正受宠，会想办法救自己的。那位青年时代一起饮酒纵乐玩女人的狼友果然卖力。高欢正为撰写《定国寺碑》犯愁，陈元康及时推荐祖珽。不到两天，定国寺碑文搞定，文辞华美，举世无双。高欢很满意，特别宽恕祖珽的罪过。死罪可免，活罪难逃，祖珽贪腐不是一次两次啦，不能如此便宜他。高欢想了一个办法，用祖珽做事却不给官职。高欢时代的官员们不发工资，无所谓薪水不薪水。但是，当不了官怎么贪污？

这种日子过得无趣，光卖力气没便宜占。好在不久高欢去世了，高澄执政，祖珽官拜功曹参军。升职啦，这个职务就是当年赵彦深做过的，这一回不必用赵彦深的名义，自己就能分配粮食。

祖珽升职，陈元康功不可没，他是高澄最信任的人。东柏堂事变，陈元康挺身护卫高澄中刀身亡。临死前陈元康留下遗嘱，叮嘱祖珽帮忙料理家务，告诉祖珽谁欠他钱，赶紧去要。

祖珽辜负了好朋友的信任，非但未将遗嘱交给陈家人，反而将借款要回来据为己有。不仅如此，祖珽还拿走陈元康数千卷图书。借款人中有个叫祖喜的人不齿祖珽的行为，告诉陈元康的弟弟陈叔谌，说我欠陈元康二十五根金条，祖珽要走了，分给我两条。陈叔谌气得不行，去找杨愔讨公道。杨愔皱着眉头说："算啦，这种事宣扬出去对死去的人有好处吗？"陈元康好财，做官不廉洁，那些欠钱的人当然不止祖喜一人。一个人就欠二十五根金条，巨额财产怎么来的？一切为了维护死人的声誉，此事不了了之，陈家吃了哑巴亏。

祖珽依然不收敛，把高澄生前派人抄写的那部《华林遍略》偷了去。《华林遍略》不是私人财产，收藏在国家图书馆。这还不算什么，祖珽干起卖官的营生，一次性收取十几名候补官员的钱财。这一次祖珽犯下大罪，卖官、盗窃公共财产，按律应当处以绞刑。

祖珽差一点被吊死，高洋网开一面，撤职。祖珽的运气真是好，罢官不到一年，新王朝建立了，大赦天下，祖珽回到尚药局继续干从前的药官。狗改不了吃屎，祖珽建议朝廷大造胡桃油，朝廷同意了，胡桃油造多了用不了，祖珽趁机拿到市场上去卖钱。大家都盯着祖珽，这个家伙是惯犯，不久又被人举报，再次免官。

祖珽坏名声在外，贪污受贿，偷东西，赌博，玩女人。吃喝嫖赌抽，坑蒙拐骗偷，就差抽啦。那时哥伦布尚未发现美洲，烟草还未传入中国。祖珽的一生真应了他的那句座右铭，丈夫一生不负身。此人脸皮厚得出奇，做坏事从来不藏着掖着。他和寡妇偷情，当着众人的面一口一个"小娘子"。狼友裴让之当众嘲讽他道："卿哪得如此诡异，老马十岁，犹号骝驹；一妻耳顺，尚称娘子。"六十耳顺，也不瞧瞧那个寡妇多大岁数，还小娘子小娘子的，什么样的人都要啊。

高洋每次见到他，第一句总是"大家注意啊，贼来了"。人家祖珽运气就是好。不久，喊他小偷的高洋死了，杨愔辅政，祖珽再次复出做官，担任章武太守。祖珽不想外任，拖来拖去，直拖到那场血腥的宫廷政变。这一次汉与鲜卑的大较量改变了祖珽的一生。

叁 何谓风格

汉人的精神是什么，以柔克刚，以曲求直。无论老子、庄子、鬼谷子，或是孔子、孙子都在教导中国人玩阴谋。阴谋，阴谋，还是阴谋。所有不会玩阴谋的中国人都会败得很惨。

祖珽的阴柔功夫替汉化豪族报了一箭之仇，搞垮了最后的鲜卑人，搞垮了北齐王国。

杨愔等人被砍头之后，祖珽自诩只有自己才有能力捍卫汉化豪强的利益，而他的手段无外乎玩阴谋。

祖珽选中了长广王高湛，认为高湛极有可能登上帝位。于是，祖珽用胡桃油画了一幅画献给高湛，借机大拍马屁："殿下有非常骨法，我曾梦见殿下乘龙飞翔于九天之上。"高湛特别高兴，当即许愿说："若如所言，当使兄长大富大贵。"

高湛如愿做上皇帝，立刻提拔祖珽担任中书侍郎，大小宴席少不了他的身影。每逢酒宴，武成帝总让祖珽与和士开共同献技。祖珽弹琵琶，和士开跳胡舞，和士开因此心生嫉妒。两人比较，和士开更得宠。和士开找个机会把祖珽排挤出朝廷做了地方官。

遇到这种情况，很多人只能等待，等待换皇帝或者冤家对头下台。祖珽不等，略施小计便重新回到朝廷。帮忙的人正是赶走他的和士开。世界上没有做不到的事情，只有想不到的事儿。

祖珽笑眯眯来见仇人和士开，说道："君之宠幸，震古无二。但是陛下沉迷于酒色，身体一天不如一天，一旦陛下归天，您怎么办呢？"

怎么办？这正是和士开绞尽脑汁解答不了的问题，也是权臣必须面对的问题。一朝天子一朝臣是中国官场不变的规律。

"你有好主意？"和士开反问道。

"简单，您只需提醒陛下，文襄皇帝、文宣皇帝、孝昭皇帝的儿子们都无法继承皇位。如果陛下想让皇太子顺利登基，只能提前扶上马送一程。若陛下同意，皇太子岂能不感激您？"

这本来是个糟糕透顶的主意。没有人肯把皇位让出来，即使让给亲生儿子。然而在北齐国一切皆有可能。北齐已经连续三届兄终弟及，不设法改变局面，高欢的那些儿子们觊觎之心不死。凭借和士开与武成帝的关系，说服武成帝并非一件难事儿。北魏国创建太子监国制度即想杜绝亲王们问鼎皇冠的野心，北魏献文帝甚至做过一任太上皇帝。

和士开明白，祖珽此计并非为他，实为自己，却不容拒绝。和士开如此评价祖珽："心行虽薄，奇略出人。"品德和行为差一点，但谋略过人。

二十八岁的武成帝高湛接受和士开建议，主动禅让帝位，年仅十岁的皇太子高纬继位，即北齐后主。事实证明了祖珽的独到眼光，四年后高湛去世，政权顺利交接，高纬稳坐江山。

凭借此妙计，祖珽再次回到邺城，深获太上皇和后主两宫宠信。他认为时机已到，翻盘的机会来了。

用一成不变的眼光看人，你会发现错得很厉害，尤其是用一成不变的眼光看中国所谓的"士人"。他们的表现往往让人不知所措。中国人的性格构成比西方人复杂得多，想看透中国人的心真的很难。

一个纨绔子弟、小偷、贪污犯、马屁精很难和气节与风骨联系在一起。祖珽让你清楚地看到人的两面性。杨愔惨案后，汉人豪强顿失政治话语权，大家都闭嘴不敢说话，祖珽却想来一次大反击，搜集罪状写成奏章，准备弹劾当朝执政尚书令赵彦深、左仆射元文遥和侍中和士开。一个人的力量毕竟有限，祖珽联络赵魏豪族。没有一个人肯参与，连他最要好的朋友刘逖也拒绝了。在他看来，祖珽做事太疯狂。和士开与太上皇私交最深，赵彦深和元文遥乃数朝元老。赵彦深出身贫贱，借助魏末乱世脱颖而出，做官谨慎，高澄时代开始受宠，是北齐国唯一善始善终的宰相。祖珽幻想一网打尽，这是根本不可能做到的事情。

祖珽的所作所为逃不过和士开等人的眼睛，太上皇高湛勃然大怒，召祖珽进宫，怒斥道："何故说我家士开的坏话？"

祖珽神色不变，多年的小偷生涯早已让他练得镇定自如，缓缓道："臣因和士开的帮助才得以升迁，本无心诋毁和士开。今日既然陛下问我，臣不敢隐瞒。和士开等人玩弄权术，掌控朝廷，勾结吏部卖官，指使刑部胡乱判案，天下不满。陛下不以为意，臣以为长此以往，大齐的基业将被断送。"

高湛嘿嘿一笑："祖珽，你是在诽谤我啊！"

祖珽撇撇嘴，回答道："不敢诽谤，陛下强娶民女入宫。"

高湛一想，确实有这么一回事儿，连忙解释："我看那个女孩饿得可怜才收养的。"

祖珽道："那陛下为何不开仓放粮救济，反倒趁人家吃不上饭的时候买入后宫？"

高湛越发生气，手握宝刀，用刀环猛敲祖珽的嘴巴，叫你嘴硬，叫你狡辩。一边打一边喊人帮忙。侍卫们手持鞭子、大棍，一拥而上，鞭棍乱下，将祖珽打倒在地。祖珽一见不妙，这样打下去岂能活命？大殿之上没有一个人为自己求情，只能自个儿想办法。祖珽一边抱头，一边大叫："不杀臣，陛下得名；杀臣，臣得名。陛下若想留得好名声就不能杀臣。不杀臣，臣为陛下炼金丹。"

高湛想想有道理，这样把他打死了，只能成全祖珽的名声，后世会认为自己是个暴君。高湛挥挥手，让侍卫们退下。

祖珽慢慢爬起来，擦了擦嘴角的鲜血，多说了一句话："陛下有一个范增不能用，可惜呀！"

高湛刚刚平和下来的火气又蹿到脑门，怒道："你自比范增，把我当项羽吗？"

祖珽梗梗脑袋回答道："项羽怎么啦，谁有项羽的本事？项羽不过缺少运气罢了。项羽一介布衣，率乌合之众，五年而成霸业。陛下仰仗父亲和兄长的资本才有今天，臣以为项羽未可轻视。臣何止范增可比，纵使张良也不如臣。张良辅佐太子，还要请出商山四皓才能保住太子之位。臣位非宰相，是被陛下疏远的人，却尽忠竭力出谋划策，使陛下尊为太上皇，陛下之子龙登九五，父子共享天下。小小张良，何足挂齿？"

祖珽滔滔不绝地吹嘘自己，高湛越听越生气，喝令侍卫们用土块将祖珽的嘴巴堵上。祖珽一边吐一边说，就是不服气。高湛拿他没办法，抽了两百鞭子，发配光州去了。

光州，即今山东莱州，是汉化贵族们的地盘。因犯祖珽受到英雄般的待遇，不仅不必坐牢，反倒成为光州刺史李祖娥皇后的兄弟李祖勋的座上宾。李祖勋也是个失意的人，李祖娥失势后他堂堂丹阳王只能到光州吃海鲜。两人一见，同病相怜，一见如故。

执政大臣们自然不满意，唆使光州官员打小报告。太上皇帝御批两个字："牢掌。"意思是把祖珽关进牢里。奉礼官迎合执政大臣们的心理解释说："牢者，地牢也。"于是，挖了一个深坑，给祖珽戴上脚镣枷锁扔到坑里，派人严加看管，任何人不得探视。深坑不见阳光，这不是最大的悲剧，悲剧在于祖珽用芜菁子烛照明。史书记载："夜中以芜菁子烛熏眼，因此失明。"芜菁子，据说是一种明目的药材，不知是有人故意陷害，还是祖珽弄巧成拙，总之，祖珽的眼睛瞎了。

一个人的眼睛失明之后还能做大事吗，祖珽将告诉你什么叫作身残志坚。他不仅成为中国历史上唯一的一位瞎子宰相，而且干了一件大事，引得许多读史者扼腕叹息。

世上没有永远的敌人，也没有永远的朋友，只有永远的利益。和士开与祖珽第二次化敌为友起因于武成帝高湛病亡。

高家皇帝的命都不长，高湛比二哥高洋多活一年，比六哥高演多活五年，终年三十二岁。高湛的事业基本符合祖珽点评，父兄创业，他守江山。这就好比高欢挣了一袋子米，高澄淘了淘米里的沙子，高洋做成一锅饭，高湛打跑偷吃的馋鬼，谁把这锅饭吃了呢？当然是后主高纬。饭吃光，高氏北齐也就散伙了。

高湛守江山守得也算有声有色。荒废许多年的均田制重新施行，高澄议定的东魏法律《麟趾格》重新刊定为《齐律》，一改北齐国多年无法可依的局面。武成帝高湛还打了两次大胜仗，挫败了宇文家族咄咄逼人的军事进攻。

北齐建立之后依然延续北方双雄争霸的局面。高欢时代东方占优势；高洋时代双方势均力敌；随着关陇集团初具规模，宇文家族向汉中、西川、荆州拓地接连成功，而高洋下江南的战役失利，高湛时代双方战略态势一下子颠倒过来。

北周势大，自然要发动战争，宇文护执政期间发动了两次大规模的战争。两次战争均以失败告终。

北齐建国，高氏兄弟子侄相互残杀。西魏、北周宫廷也上演了相似的一幕，只是更加残忍，更加冷血。

第十五章
宇文北周

胡族入侵造就南北朝冷血时代，无论南人北人均选择以暴制暴，即便对付最亲爱的人也毫不手软。除孝文帝元宏和梁武帝萧衍两个略显温情脉脉之外，其他皇帝莫不刀光剑影血雨腥风。汉人学会胡人的嗜血与残忍，胡人学会汉人的权谋与狡诈。宇文家族融两者之长，达到巅峰。

壹 侧帽风流独孤郎

宇文泰执政的西魏国，皇帝只是摆设。西魏文帝元宝炬连心爱的皇后也保不住。为争取柔然汗国对抗高氏家族，宇文泰逼元宝炬废掉皇后乙弗氏改立柔然公主为皇后。乙弗氏出家为尼那天，元宝炬拉着她的手悄悄叮嘱："我心依然，蓄起头发等我。"

柔然公主虽然来自野蛮的塞外，感情却如汉人般细腻。当她察觉到丈夫的心思不在自己身上时，柔然万千骑兵入塞。元宝炬重压之下无奈下诏赐乙弗氏自尽。时年三十一岁、祖籍青海的孝文帝元宏外孙女乙弗氏痛哭流涕，对使者说道："愿至尊享千万岁，天下康宁，死无恨也。"随后上床扯过被子蒙住头服药自尽。

公元551年，傀儡皇帝元宝炬死了，宇文泰拥立乙弗氏的儿子元钦继位，因为元钦是他的女婿。

元钦皇帝不甘心像父亲那样一辈子做别人手里的提线木偶，他要反抗，可惜他的嘴巴不牢。元烈谋反被宇文泰处死，元钦说了一句同情元烈的话。他的岳父警觉起来，把禁军将领全部更换成宇文家族的人。

元钦从这些将领们中间选了三个同谋，认为他们是宇文家的外人，因为他们和元钦一样都是宇文泰的女婿。

连襟们联手，四女婿政变，倒不失为一个好创意，也算中国历史上一段奇闻。但是，元钦毕竟实力太弱，应该说毫无实力。另外三个女婿不敢，也不会站到他的一边，三个女婿同时出卖了元钦。

宇文泰大怒，竟敢分裂宇文大家族，挑唆父女反目、翁婿不和，揪下皇位来毒死。三年，元钦仅仅当了三年皇帝。

元宝炬的四儿子元廓继位，不能叫元廓，那时宇文泰搞鲜卑化，一律恢复复姓，我们应该叫他拓跋廓。

折腾来折腾去，宇文泰折腾病了。这位与高欢争霸北方的一代豪杰预感时日无多，该布局了，那个草原上当兵放哨的贺六浑家族都能乌鸡变凤凰，何况我们数百年前即横行大草原大沙漠的宇文鲜卑。

宇文泰心如宁静清澈的湖面。宇文家族最大的敌人并不是西魏皇族，而是那个无数粉丝为之痴迷倾倒、狂热追捧的漂亮帅哥。大帅哥凭借高贵出身、自身魅力和聪明能干、容颜动人的七仙女构建起绚丽牢固的关系网，罩住宇文家族，罩住西魏国，甚至罩住未来。

西魏国骨干军事力量由武川军团构成，武川有三大贵族，宇文家族、贺拔家族和独孤家族。贺拔家族原为关中武川军团的首领，贺拔岳死后宇文泰才接手。不久，贺拔家族头号人物贺拔胜弃世，贺拔家族的势力烟消云散。独孤家族的势力蒸蒸日上，他们中有个名动中国历史的帅哥独孤信。

独孤信本名独孤如愿，宇文泰为其改名为独孤信，开出的理由是："信著遐迩。"诚实，不欺骗，言而有信。

"信著遐迩"绝非浮夸，独孤信"忠信"之名扬于大江南北，连远在建康的梁武帝萧衍也赞叹不已。他单骑追君于瀍涧的故事可与萧何月下追韩信的佳话相媲美。

孝武帝元脩与高欢闹翻西去长安，将士们的家眷财产多在东方，很少有人愿意跟落难皇帝逃跑，部下散了一大半。身为禁军武卫将军的独孤信毅然抛弃家园，舍弃父母妻儿，一文不带，单马追皇帝于瀍涧。狼狈不堪的元脩慨叹道："武卫遂能辞父母，捐妻子从我，世乱识忠良，岂虚言哉！"

东西魏战争中独孤信流落江南。梁武帝欣赏人才，不肯放他回国。独孤信居建康三年，郁郁寡欢。当时他的父母仍在东魏，萧衍放行北归，临行前问他去哪里？独孤信回答说："事君无二。"依然不顾父母重回长安。

独孤郎是独孤信的军中雅号，因他生得英俊漂亮，举止优雅，风流倜傥。他的衣着品位更与寻常人不同，往往引领时尚潮流，故而无数粉丝为之痴迷倾倒，狂热追捧。“侧帽”一词便为他所创。《北史》中载“（独孤）信在秦州，尝因猎日暮，驰马入城，其帽微侧。诘旦而吏人有戴帽者，咸慕信而侧帽焉。”

这则故事讲的是独孤信出城打猎，游兴正浓，忘记时辰，转眼目暮黄昏。为抢在城门关闭之前赶回去，独孤信快马加鞭，风吹歪了帽子都无所察觉。晚霞映照，侧帽风流，行人大感惊艳。第二日凌晨，大街小巷戴帽子的人全部模仿独孤信侧帽而行。

今天明星们的号召力也不过如此。“侧帽”典故千古流传，后人引为风流自赏之意，诗人也吟诵不止，如纳兰性德的“倚柳题笺，当花侧帽”，晏殊的“侧帽风前花满路”，李商隐的“新人桥上著春衫，旧主江边侧帽檐”。

魏晋南北朝崇尚相貌美丽，那时做官不通过考试，从贵族们中间直接挑选，漂亮的男人优先录取，故而魏晋南北朝历史中的美男子比比皆是。

独孤信风流倜傥，重信讲义，武艺出众，深得武川将士爱戴，贺拔胜最喜欢独孤信。也就是说，独孤郎在武川军的好感指数超过宇文泰。

但是，独孤信在中国历史人物中的鼎鼎大名并非因绝世风姿和信义，而是拜女儿们所赐。

有其父必有其女，独孤信有七个女儿，七个漂亮女人宛如一张大网，网住了武川军团。大女儿嫁给宇文泰的长子宇文毓；四女儿嫁给柱国大将军李虎的儿子李日丙，生个儿子特别有名气，叫作李渊；小女儿嫁给十二大将军之一杨忠的儿子杨坚，生子也不一般，叫作杨广。其他女儿所嫁者也都权势非凡。有意思的是他的两个女婿和两个外孙都当上了皇帝，而且是三个王朝的皇帝，其中两位开国皇帝。周书及北史用充满羡慕的口吻慨叹道：“周隋及皇家，三代皆为外戚，自古以来，未之有也。”独孤信做了三个朝代的老丈人，可谓中国历史上第一岳父老泰山。

由此可见，独孤郎的眼光不输大银行家罗斯柴尔德，罗斯柴尔德懂得抓住货币发行就抓住了西方财富，独孤帅哥懂得抓住裙带关系就抓住了东方富贵。

独孤郎做事谨慎，在武川军团中有威信，西魏皇室也希望出现这样一个抗衡宇文泰的人物。面对独孤信，熟悉中国官场权谋运作的宇文泰采用明捧暗贬的手段，不断给独孤信升官，尚书令、柱国大将军、大司马，荣耀接踵而至。两家联姻，宇文泰长子娶独孤信长女为妻。无论谁看上去，两家都亲密无间，浑如一体。其实两位光屁股玩大的朋友心如明镜。宇文泰不让独孤信留在关中腹地，调往甘肃一带，任秦州刺史十多年。敌国瞧出两人之间的微妙关系，公开挑拨二人，魏收檄文中称独孤信“据陇右不从”。独孤信屡次上表请求解除兵权，每次都被宇文泰拒绝。如果同意，岂不将矛盾公之于众？

宇文泰临死之前，两人做了最精彩的一次对决。宇文泰扔出最后的撒手锏，打了独孤郎一个措手不及。

宇文泰召集群臣开会，告诉大家，他决定不立长子宇文毓，要立三子宇文觉为继承人，因为宇文觉系嫡出，母亲是北魏孝武帝的妹妹冯翊公主。冯翊公主离过一次婚，前任老公张欢杀了一位婢女，冯翊公主认为张欢人品不好，后嫁给宇文泰，绝非宇文泰第三者插足。

按照“立嫡以长不以贤、立子以贵不以长”的嫡长子继承制，宇文泰选正妻的长子为世子本来名正言顺。但是，鲜卑人有鲜卑人的规矩，兄终弟及，没有弟弟就轮到大儿子，不管什么正妻小妾，而且北魏国一百多年来的传统都是立长子。宇文泰推行鲜卑化，名字都改成鲜卑姓名，立继承人却用汉人传统，分明有不可告人的想法。

宇文家族取代西魏皇族坐天下已是早晚的事情，武川军团内部达成共识，再怎么说老乡总比外姓好。宇文家族的世子也就是未来的新皇帝。因为宇文泰长子宇文毓是独孤信的女婿，宇文泰废长立幼就是针对独孤信，防备日后独孤信外戚专权，尾大难除。

宇文泰非常聪明，把矛盾摆到桌面上，对大家说：“我想立宇文觉为世子，就怕大司马有疑惑。”宇文泰逼独孤信当面表态。他清楚自己死后，以独孤信在武川军团的威望和实力推翻他的决定不是一件难事。宇文泰找准了独孤信的命门，讲信用，一诺千金。只要独孤信当着群臣的面表态赞同，日后绝不会反悔。

挨了一闷棍的独孤信偏不表态，嘴巴一闭，装聋作哑，来了个沉默是金。他不说话，大家都不说话，谁也不想得罪西魏国两位绝顶高手中任何一人。

眼见双方陷入僵持，宇文泰另外一个儿女亲家大将军李远拔刀而起，喝道：“独孤信不赞同，杀了他。”

宇文泰见状，急忙起身劝阻道：“何至于此啊！”

独孤信万万想不到李远会横眉冷对出口吓唬人。李远曾经做过自己的部下，而且他是关中汉人豪强，绝对没有这么大的胆子。独孤信心里明白入了圈套，越挣扎套子勒得越紧。面对宇文泰决然的目光和李远不容置疑的口吻独孤信让步了。只要宇文泰活着，谁做宇文家的世子别人说了不算。

事后，李远向独孤信表达歉意：“我也是没有办法。”

独孤信恨不得一拳揍他个乌眼青，想了想，忍了，反话正说道：“今天的事多亏你呀！”

七个月后，公元556年十月，雄霸关中的大英雄宇文泰安排完后事与世长辞，宇文觉继承父亲衣钵。宇文泰死时身边只有侄子大将军宇文护。

“你知道我的志向，我的儿子们太小，只有你能够实现宇文家族的梦想。”

宇文泰说了实话，隐藏一生的大实话。昔年宇文家族纵横辽西，离霸业只有一步之遥，最后却败于慕容鲜卑。宇文部最后的首领宇文逸豆归迎着沙漠落日逃亡高句丽时做梦也想不到，宇文家族最辉煌的地点不是在漠北，也不是在辽西，而是在他想都不敢想的中原圣地长安。

宇文家的黑小伙宇文泰圆了祖宗们的梦想，虽然未能亲眼看到结果，但他知道梦想一定会实现。

为了这个梦，黑獭宇文泰用尽最后的智力，不惜牺牲他的儿子。他肯定也会想到自己亲手挑选的替儿子保驾护航的宇文护有可能变成第二个自己。人都死了，管不了那么多啦。

贰 屠龙高手

宇文护打算全盘接收宇文泰的政治资本。但是，三无产品宇文护根本得不到柱国大将军们认可。他想获得西魏国最高执政官只能停留在幻想的层面上。但宇文护有一项技术最拿手，玩权术。宇文护拉来柱国大将军于谨。有德高望重的于谨老前辈支持，宇文护顺利通过廷议，升任柱国大将军，全面接管西魏军政大权。

短短两个月后，西魏皇帝拓跋廓就禅让了帝位。古都长安第二次飘起周王朝的大旗，升旗的人来自武川。旗手：十六岁的宇文觉；护旗手：四十五岁的宇文护。

北周王朝的最高领袖不称皇帝，称天王，宇文觉成为周王朝第一任天王。中国少数民族大多对秦始皇发明的“皇帝”不感兴趣，认为不如佛教的“天王”。

柱国大将军赵贵对急速蹿升的新贵宇文护不满，拉拢独孤信谋杀宇文护。即将动手之际，独孤信劝住赵贵。

独孤信成也“信”败也“信”，他实在不忍心武川兄弟们自相残杀。中国传统政治是不讲诚信和契约的，一切都是假的，又都是真的；一切都是真的，又都是假的。

阴谋策划叛乱即是发动叛乱，覆水难收，不存在改过自新之说。有人告发二人，宇文护诛杀赵贵留下独孤信。时隔不久独孤信突然明白他必须去死。只有他去死才能保全一切，只有保全一切他才没有死。

侧帽风流随落花，独孤家族与宇文家族的恩怨没有就此停止。独孤信的死保存了独孤系，二十年后独孤信另外一个女婿杨坚登上帝位，尽灭宇文氏，也算给老丈人报了仇。杨坚之所以能够轻松顺利地取代北周建立隋王朝，与岳父老泰山遗留的政治遗产不无关系，否则独孤皇后怎能与老公并称“二圣”，打造杨坚为中国历史上第一怕老婆皇帝的名头呢。

北周宫廷的谋杀刚刚启动，冰山才露出小小一角。

宇文觉做天王时十六岁，十六岁对于少数民族来说已经不小了，后燕国皇帝慕容垂十三岁就已经带兵攻打高句丽。宇文护把宇文觉当小孩子看。只有宇文觉永远做小孩子，宇文护才能永远执政。宇文觉性格刚强，忍不下去，做天王第一年就想拿掉压在头顶的大石。

宇文觉秘密联络李植等大臣，训练宫中亲近的武士练擒拿功夫。宇文觉比起后世的康熙皇帝略差些火候。康熙找了一批少年练摔跤，小孩子不会引人注意，强悍的武士则容易引起怀疑。

密谋的人中间出了叛徒，宇文护诛杀了密谋大臣。李植系李远的儿子，宇文护投鼠忌器，希望李远主动大义灭亲。一年前拔刀呵斥独孤信有功升为柱国大将军的李远没有独孤信的眼光，企图袒护儿子，父子五人惨遭杀害，李氏家族也受到牵连，原本铁心拥戴宇文家的关中豪强陇西李氏受到伤害。

宇文护更换宫中侍卫，逼宇文觉退位。小天王宇文觉做了一番抵抗，给宫女发放武器自卫。未经训练的女子别动队根本不是正规军的对手，败下阵来，宇文觉退位后被毒死。

西魏末代皇帝拓跋廓前脚踏上奈何桥，北周开国天王宇文觉后脚就跟来阎王殿，前后不过半年。

新天王众望所归，乃宇文泰长子宇文毓。不能是别人，只能是宇文毓。刚刚执政一年多的宇文护得罪的人实在太多，岂敢再废去第一继承人？

宇文毓鲜卑名统万突，出生于匈奴人赫连勃勃大王建造的那座千古坚城——统万城，时年二十四岁，膝下已有两个孩子。

宇文毓心中最大的敌人仍然是宇文护，宇文护掌握着天王的权力和生命。两人第一次见面就发生了冲突。宇文护不希望他立独孤氏为王后，原因很简单，再怎么说独孤信的死也与他有关系。但是，屁股刚坐上宝座的宇文毓坚决拒绝。双方争执四个月后独孤氏当上王后，仅仅两个月独孤氏就香消玉殒。也许独孤王后积郁成疾，也许另有蹊跷。

宇文毓不像三弟那样血气方刚，他对付宇文护的武器是勤政。

吃喝玩乐、声色犬马，这些常人喜好的一切，宇文毓一概不喜欢，只喜欢一件事，工作。工作，工作，再工作。做天王三年来，宇文毓事必躬亲，政事处理得井井有条，获得了群臣的认可。

宇文护害怕了。天王能做所有的事儿，还要摄政官做什么？再说，他的能力实实在在不如年轻的宇文毓，每次上朝，群臣眼里分明流露出别样的眼神。

这样拖下去早晚有一天激起众怒。宇文护咬咬牙，想要权力吗？给你，不过不是全部的权力。公元559年宇文护上表归政，但是，扣留了一项极其重要的权力——军权。

不给军权，想要我？办不到！宇文毓心中暗暗发狠。

公元559年是中国历史一个重要的纪年，这一年宇文毓废掉天王制，改为皇帝制。天下的皇帝都要感谢秦始皇，他们的始祖秦始皇从制度上制定了完全不受约束、随心所欲的皇权。皇帝想干什么干什么，想要什么有什么。限制皇帝权力的人就是贼。宇文毓利用皇帝的权力给群臣加官晋爵，频繁更换各地长官。

一天，宇文护伤心沮丧，意识到新皇帝迟早会对自己下手。世界太不公平，你们都是我一手扶持起来的，却都想要我的命。世间万物生命最珍贵，想要我的命，对不起，不给！

宇文毓吃了一张甜饼，厨师李安做的甜饼。甜饼酥脆可口，口齿留香。他相信李安的手艺，因为李安是北周国著名的厨子。突然他觉得胃里很不舒服，好像要呕吐。宇文毓的脑海中浮现出堂兄宇文护那诡秘阴险的表情。

宇文毓没有惊慌，也没有叫太医，他迅速让身边的人拿来纸笔，口述留下一封长长的诏书。诏书很长，内容却极简单："鲁国公宇文邕继承皇位。"说完最后一个字，宇文毓扑倒在床榻上。

鲁国公宇文邕不是宇文毓的儿子，是他的四弟。宇文毓没有儿子吗？有，而且有三个。

群臣给宇文毓上谥号为“明”，宇文毓成为中国历史上的周明帝。群臣跪倒在大行皇帝的灵柩前哭泣，心底默默念道：“思虑果远曰明。”宇文泰的儿子们总能带给人们惊喜，宇文觉秘密训练杀手，宇文毓临死前留下一把刀，杀人的刀。

不久，群臣发现他们错了，宇文毓留下的并非一把刀，而是一个软得不能再软的软蛋。

软蛋名叫宇文邕，宇文泰四儿子，今年十八岁。软蛋即位之初，宇文护着实吓了一大跳，万万不曾想到宇文毓竟然将皇位传给四弟，他的四弟小时候出奇的聪明睿智。宇文泰夸宇文邕说：“成吾志者，此儿也。”宇文毓套用孔子的话表扬道：“夫人不言，言必有中。”我这个弟弟不说话则已，一说话就说到点子上去。

如此聪明的人会玩出什么花样呢？宇文护提心吊胆，警惕万分。

宇文邕登基之后第一件事就是下棋，下象棋。他有两个棋友，王褒和庾信，柱国常山公家奴王褒和喜欢嚼甘蔗的庾信。两人讲起来都是俘虏，但是，今非昔比，王褒官拜太子少保、小司空，庾信官拜骠骑大将军。三人经常在一起切磋棋艺，朝也下来暮也下，春花秋月等闲度。宇文邕将下棋的经验上升到理论高度，编了一本《象经》，王褒作序，庾信作赋，专门介绍象棋法。

宇文邕将国家大事一律交给宇文护处理，不论大事小事必须先经宇文护过目，宇文邕才签字。北周府兵十二支军队没有宇文护的命令不得调动。宇文邕和宇文护一起去见太后，宇文护可以落座，宇文邕只能站着。

装，让你装。宇文护断定这个小子伪装。表面乐得配合，暗地里十分戒备。一年又一年，什么事也没有发生。宇文护莫名其妙，难道真应了那句话：“小时了了，大未必佳。”

群臣失望不已，难道说没有好戏看了？与宇文泰齐名的第一批八位柱国大将军中硕果仅存的侯莫陈崇不以为然。他坚信宇文邕绝不是平庸的人。一天，侯莫陈崇陪宇文邕视察原州，宇文邕夜半时分匆匆返回长安。有人向侯莫陈崇打听消息，侯莫陈崇以坚定的口吻回答道：“晋国公死啦！”晋国公就是宇文护，极其爆炸的新闻，一时间传得沸沸扬扬。

宇文邕第一时间召来侯莫陈崇，当着大臣们的面臭骂他一顿。当天夜里，宇文护借皇帝的名义抓捕侯莫陈崇，逼令自尽。侯莫陈崇是唯一可以抗衡宇文护的人，宇文邕毫不犹豫地抛弃了。大家终于相信宇文邕真是个不折不扣的软蛋。宇文护心中一颗石头落地了，总算可以安享晚年啦。

北周宫廷宁静下来，对外战争拉开序幕。

叁 晋阳大战

公元 563 年深秋，北周与塞外新兴的突厥帝国联手发动了第一次旨在灭亡北齐的战争。

突厥，这是我们第一次介绍这个北方草原新兴的民族。和高车起源的传说一样，突厥起源于狼。突厥的远祖也是匈奴大帝国时代的一个部落。这个部落被其他部落灭掉，就剩下一个十岁小儿。草原部族之间的残杀非常血腥，男人统统杀掉，女人全部做奴隶。屠杀时有人发善心，砍去小孩的双腿将他们扔进草泽里。此人也不算什么善辈，失去双腿的孩子怎么生存？其实就是恶作剧，就像西班牙人把印第安小孩扔进大海里请他们游泳一样，图个开心一乐罢了。不承想小孩活下来了，被一只母狼救活，母狼喂养了他。小孩长大之后变成狼人，不能走只会爬，和母狼性交。仇家听说小孩没死，派人来杀死了他。母狼逃到高昌国北山的山洞里生下十个男孩，其中一个男孩姓阿史那，他就是突厥的祖先。

草原民族崇拜狼，如同中原民族对龙的膜拜。中原皇帝都是龙子龙孙，草原君主都是狼子狼孙。这个故事流传下来，也就不足为奇。

阿史那一家子兄弟不断繁殖，先做山顶洞人，慢慢修炼，然后出洞成为一个部落，这个部落归属柔然，居住金山脚下替柔然打铁。金山就是现在的阿尔泰山，山的形状类似兜鍪（头盔），那里的语言称兜鍪为突厥，于是山南山北的人叫这群铁匠为突厥人。不可小瞧铁匠，他们从小打铁都练就一身钢筋铁骨。铁匠们越繁殖越多，逐渐形成大部落。

草原上的传统民族高车诸部为挣脱柔然汗国的统治，不断独立，不断打仗，直打得两败俱伤，突厥人趁机兴起。公元 546 年，突厥首领阿史那土门征服高车，向柔然汗国求婚，希望得到草原大帝国的认可。柔然可汗阿那瑰傲慢地拒绝了，拒不承认任何威胁到柔然汗国统治地位的势力，蔑称突厥人就是柔然人的“锻奴”，打铁的奴隶。这虽然是事实，但是物种间的游戏规则就是弱肉强食，老眼光不行了，十头狼崽变成一千头，一万头，甚至十万头狼群的时候，那就是主人了。

狼也讲究策略。柔然汗国嫁女高欢，与东魏打得火热，阿史那土门转而投靠西魏，向西魏国求婚。两家一拍即合，西魏将长乐公主嫁与土门。有了西魏支持，土门起兵东征，在怀荒镇之北击败柔然大军，阿那瑰自杀。土门自称伊利可汗。由此，突厥汗国成为蒙古草原新主人。

史书对于突厥和柔然的怀荒大战记载不详，毕竟是野蛮人之间的战争，与中原王朝没有关系，无论西魏还是北齐均未派兵参战。相信那场战役一定惊天地泣鬼神，那是草原两大民族的生死对决。柔然汗国复兴之主阿那瑰自杀，突厥汗国开国之君也好不到哪里去，伊利可汗土门身负重伤，转过年来不治而亡。第一个儿子科罗做可汗不到一年也死掉了，兄弟俟斤继位，号称木杆可汗。北周即与此人联兵伐齐。

如今的北周国今非昔比，大臣们讨论了一下，准备拿出十万军队。《孙子兵法》说："凡用兵之法，驰车千驷，革车千乘，带甲十万，千里馈粮。则内外之费，宾客之用，胶漆之材，车甲之奉，日费千金，然后十万之师举矣。"看来，北周国的确不差兵，不差钱。

十万雄兵，宇文泰时代想都不敢想，扫地为兵也不过数万人，那时节一边打仗一边忙着收编降兵。自府兵制实施以来，北周国的兵越来越多，随着地盘的扩大兵源更足。反观北齐兵源越来越少，主要来自塞上的鲜卑人，汉人只有种地的份。

北周国制订出两路进兵夺取晋阳的军事计划，一路由鄂尔多斯高原出塞，与突厥人会合，从漠北迂回到晋阳的后方，另一路由平阳（今山西临汾）出发，向北攻击前进，两路军队会师于晋阳城下。战略决策者们认为从漠北入并州路途遥远，地形险阻，北齐斛律明月乃当世名将，非十万军队不可。

至于北路军主将的人选，杨忠当仁不让。宇文泰时代的八大柱国只剩下于谨一人，于谨年已七十，不可能带兵。凭借战功，昔日十二大将军之一的杨忠已升为柱国大将军。杨忠提议："兵在精不在多，师克在合不在众。"胜利在于勇敢，在于团结，不在乎人数多少。杨忠夸下海口，一万骑兵足够啦。

一万能破敌，何须十万？周武帝宇文邕和宇文护等人商定，给杨忠一万步骑。另一位柱国南路军主将达奚武，没有杨忠这般豪气，要了三万军队。

杨忠所部进展异常顺利，连拔北齐国二十余座边城，顺路回了一趟武川老家，看了看老房子，感慨了一下人生。绵绵阴山，千里草原，六镇大起义烽烟散尽，离开家乡时十多岁，而今五十六岁。走时两手空空，归来富贵一身，可谓衣锦还乡，只不过武川此时仍是北齐国的领土，只要这一仗成功，人生尽善尽美。

杨忠出奇兵突破北齐军重兵防守的陉岭隘口，也就是常说的雁门关，兵锋直指晋阳。此时十万突厥骑兵三道入塞，与杨忠会师于晋阳城下。

晋阳一丢，北齐国空有大片江山也没有用。因为北齐国自高洋以来历代均重视鲜卑人的利益，河北、山东一带的汉人豪族不会替高家卖力气。高湛清楚地认识到这一点，兼程赶往晋阳督战。

正值隆冬季节，北方大雪，风雪交加，雪雾弥漫天际，接连下了一个多月，南北千余里，群山尽白，雪深数尺。高湛登城北望，数不尽的突厥骑兵覆盖着皑皑白雪。高湛吓坏了，城中兵力不多，如何抵挡十万突厥骑兵？高湛第一个念头是赶快溜，坐镇大后方比较安全。

既然来了，溜是不成的，众将苦劝不止，高湛只得硬着头皮上，军事指挥权交给段韶。段韶即高欢临终前说的那个智勇兼备的段孝先。此时北齐国的将领慕容绍宗、高岳等人都死了，仅剩两员大将，段孝先和斛律明月。斛律明月在平阳抵挡达奚武，晋阳之围只能由段韶来解。

高湛害怕，他的敌人更害怕，突厥人退缩了。杨忠为自负埋单，带了一万军队来，分兵守黄河、守粮道，现在只剩下几千人而已。突厥人的表现让杨忠大失所望，木杆可汗对杨忠说："你们说齐国混乱把我们骗来，而今齐国将士眼中有铁，这仗怎么打。"

北齐军队清一色鲜卑人，骁勇强悍，训练有素。高欢在塞上养兵练兵，就是不想让鲜卑军人染上汉人的柔弱习气。北齐军的战斗力不容置疑，甚至强过北周军。但是，敌人强大就不敢打，只会欺负弱者吗？杨忠恨不得暴揍木杆可汗一顿，此人说这话，指定不肯卖力气。

突厥人不想打，周军顿处下风。杨忠深入敌境不能不战，破釜沉舟，亲率七百步兵打前锋，激励将士们要有一种不怕死的精神，与敌人决一死战。

果然不出杨忠所料，北齐军冲出城来迎战，突厥人立刻溜到山顶观阵。周军前锋离北齐军只有二里地，诸将请求出击。段韶断定周军冲击力有限，因为积雪厚重，不利于步兵冲锋。段韶严令以逸待劳，等周兵到近前再出击。杨忠的敢死队突击齐阵失利，七百人折去一半。

突厥人远远看着不来增援，南路军也未到，杨忠见势不妙，连夜撤军。好在有突厥人断后，突厥人不想断后，只想抢东西，从晋阳到平城七百多里，突厥人一头羊也没给北齐人留下。

乐极生悲。突厥人太贪了，带的东西多，走得慢，雁门关一带地势险峻，大雪覆盖，地冻路滑，必须铺毛毡才能走，否则会滑到山下去。长时间雪地里行走，突厥人的马腿毛都冻光了，等走到长城，一匹马不剩。突厥人只得折断长矛当拐棍拄着回草原。

突厥人的第一次中原之征以一种近乎悲惨和滑稽的方式结束了。不幸中的万幸，北齐军未能追击。不能说人家没追，段韶追了，远远跟随，未敢进攻，毕竟突厥有十万骑兵，兵力相差太大，能不打就不打。

达奚武的南路军之所以未能如期赶到，是因为斛律明月太强了。斛律明月的军事生涯只经历过一次败仗，被跛脚猴子打败。达奚武也是南北朝一号了不起的人物，沙苑会战前曾三骑入敌营探虚实，大摇大摆在高欢十万大军的营内走了一遭，也是达奚武的军队力斩陆上之虎高敖曹。

达奚武每每自诩天下健儿，但他和侯景不在一个档次，侯景以区区八百残兵把江南搅了个天翻地覆，摆了个美猴王造型。达奚武比不了侯景，也难以逾越落雕都督斛律明月。

侯景玩斛律明月，以其人之道还治其人之身，差点让落雕都督死于自身的绝技下。斛律明月也大玩了一把天下健儿达奚武。北周军与北齐军相峙平阳，斛律明月给达奚武写了一封信，信中写道：“鸿鹄已翔于寥廓，罗者犹视于沮泽。”

什么意思呢？明月说啊，你们设了一张大网捕我们这些大雁，现在的情况是大雁已在蓝天翱翔，张网的人却尚在水草地里等候。

平阳离晋阳六百多里，杨忠从塞外南下，两家不联系，无法获悉战况。看罢斛律明月的信，达奚武意识到杨忠败了，因为斛律明月此人整天板着脸，不会乱忽悠的。他们之间太熟悉了，不是打了一回两回交道。如果侯景写这么一封信，达奚武打死也不相信，相反，他会认为杨忠胜利了。

北路军失败，南路军失去作用，达奚武拔营起寨连夜退走。斛律明月就等他退兵，穷追不舍，追进北周国境内，抓获两千多俘虏得胜还朝。

斛律明月给达奚武写信，因为他认为段韶击败杨忠和突厥人肯定乘胜追击扩大战果，不会南下增援。等斛律明月来到晋阳，发现不是这么一回事儿，段韶早早回来了。明月心里不太满意，你段韶有那闲工夫欢送突厥人回家，不如和我一道围歼达奚武，如果那样我也不必透风让他跑路。斛律明月见到段韶，握住段韶的手热情寒暄：“段婆，您这媒婆当得好，送这么远的路，多辛苦呀。”斛律明月一点不给段韶留面子，当着武成帝高湛的面笑话段韶如同去塞外和亲的媒婆。由于齐军不作为，沿途老百姓几乎死绝了。

斛律明月败就败在这张大嘴巴上，太正直了，眼里容不得一点沙子，段韶击败北周与突厥联合进攻，多大的功劳，非要鸡蛋里挑骨头。人家段韶不以为意，不和他计较。段韶豁达，并非所有人都豁达。性格决定人生，有一定的道理。

武成帝高湛见到斛律明月什么表现呢？抢上前去，抱头大哭，把大伙都哭愣了，寻常人可以这么做，您是皇帝，皇帝要有尊严，怎么能这样？任成王高湝瞧不下去了，拉拉九哥的衣角，悄声道："别哭了，至于嘛。"

高湝是高欢第十子，母亲小尔朱氏，曾经做过长广王元晔的皇后，只当了四个月，又改为节闵帝元恭的皇后，也没做多久，就被高欢娶了去。后来趁高欢经常外出作战，小尔朱氏与高欢唯一的亲弟弟高琛私通。高琛被高欢乱棍打死，小尔朱氏发配大西北，不久改嫁范阳卢景璋。小尔朱氏命运尚不算坏，范阳卢氏属高门望族，也算嫁入豪门，不过比起以前的老公不算什么，两帝一相，高欢算宰相。高琛之死与私情没什么关系，高欢是借机故意把亲弟弟打死。鲜卑传统兄终弟及，这叫作永绝后患。

闲话不提，武成帝高湛为什么与斛律明月抱头痛哭，因为两人是亲家，高湛的女儿嫁给了斛律明月的儿子，斛律明月的女儿嫁给了高湛的儿子。

肆 兵进河南

武成帝高湛以为逃过一劫，谁知不到半年，北周军卷土重来。这一次是突厥人挑事儿，木杆可汗觉得上次出兵太丢面子，不是因为作壁上观，而是因为匹马不剩，十万匹战马全部冻死，抢的那些牛羊、奴隶，半路也都冻死了，损失太大啦。木杆可汗派使者联络北周国再次伐齐，失去的东西必须再抢回来。

与突厥有过一次合作的杨忠对突厥人大大地不满，骨子里瞧不起这些野蛮人。他对周武帝宇文邕说，中原人过于迷信突厥人，什么狼性，什么不可战胜，突厥使者自吹自擂。突厥士兵打硬仗得不到奖赏，所以只顾抢东西，不得人心。说了算的人太多，上次打晋阳来了仨可汗，谁听谁的呀。而且突厥人没有法令，不讲纪律，貌似强大，其实收拾他们太容易了。依我之见，将到我国吹牛的突厥使者统统斩首，以振奋国人的士气。

杨忠一针见血地看到突厥人的缺点，宇文邕即使相信也不能这么干，北周最大的敌人是北齐，消灭北齐统一北方不可节外生枝。于是，柱国大将军杨忠再一次出塞接应突厥人。

武成帝高湛又害怕了，赶紧把宇文护的老母亲送到长安求和。老妈收下，仗还是要打的。否则作为北周国执政大臣怎么向皇帝和臣僚们交代？怎么向草原上那群狼们交代？

这一次宇文邕和宇文护不听杨忠的大话了，兵力增加五倍，二十四军府兵，外加秦、陇、巴、蜀地方部队和羌胡之兵，总兵力二十万人。宇文护坐镇潼关亲自指挥，兵分三路，柱国大将军尉迟迥担任主力，总督宇文宪、达奚武、王雄诸部十万大军进攻洛阳，大将军权景宣兵进悬瓠，少师杨㯹攻打轵关，改变上次取山西的战略，意图一举拿下河南。

尉迟迥是宇文泰的外甥，曾经以一万二千人南下伐蜀，兵不血刃全取蜀地，是他最大的战功。蜀道难，难于上青天，平蜀看上去值得大书一笔，不过那是因为萧纪率蜀军主力东下攻打荆州时乘虚得来，神奇色彩也就减少一半。

北周大军一上来就气势汹汹，三路军队进展顺利，中路军尉迟迥兵围洛阳，右路军权景宣打下悬瓠，左路军杨㯹一路顺风，杀过太行山。

武成帝高湛急忙调兵遣将，兰陵王高长恭、大将军斛律明月救洛阳，太尉娄睿迎击杨㯹。娄睿白捡了一个大便宜。老将军杨㯹心高气傲，自出道以来不知什么叫失败，他的军队在东西魏大战中每战都是胜利者。玉壁之战高欢曾经安排侯景从河南出击牵制西魏军，迎战者即杨㯹。侯景撤退的时候砍树木堵塞了六十里路还怕杨㯹发飙追上来。这一回杨㯹又发飙，长驱直入，深入敌境不设防，不派侦察兵，中了齐军埋伏，全军覆没，杨㯹投降。北周朝廷实行人性化管理，没有因为杨㯹做了叛徒罪及子孙，相反杨㯹的儿子接替了父亲的爵位。

左路军虽然失败，周军气势依然旺盛，二十万军队不在乎损失几万人马。尉迟迥亲自攻城，分派宇文宪、达奚武、王雄三将屯兵邙山阻挡北齐援兵。高长恭和斛律明月畏惧周军强大，不敢前进。别看斛律明月笑话人家段婆，关键时刻离不开段孝先。高湛向段韶问计：“洛阳被围一个月了，我想派你去解围，又怕突厥人趁机进攻晋阳。”段韶一笑，突厥人就会打游击抢东西，不敢打大仗，也不会打大仗，根本不必管他。突厥人是皮疥之疾，周人才是心腹大患，必须赶快治。高湛放下心来，说道：“正合朕意。”什么正合朕意，高湛那是左右摇摆，段韶才是态度坚决。

段韶点起一千精骑，从晋阳出发，日夜兼程，五天渡过黄河与斛律明月和高长恭会师。第二天率三百骑兵登上邙山观察周军形势。段韶一行人等走到太和谷与周军相遇。周军大营扎得颇有章法，背丘结营。段韶立刻有了破敌之计，下令集结诸军。齐军各支部队涌上邙山，段韶分派兵众，自为左军，斛律明月为右军，高长恭为中军。齐军在山上，周军在山下，双方摆下阵式，大战一触即发。

段韶下令部队从山头发起冲锋。居高临下，势如破竹。大家可能有点熟悉这个战法，《三国演义》记载马谡在街亭打张郃用过，但他输了。段韶不是马谡，不仅熟读兵书，而且身经百战，他当然知道众寡悬殊，再加上敌人有准备，即使在高处也未必冲得垮敌阵。第一次冲锋是佯动，受挫后齐军开始败退。

山地作战适合步兵，于是周军步兵在前，骑兵在后，向山头发起冲锋。段韶且战且退，将周兵引入山谷。等周军的气势消退，阵形也散了。段韶下令北齐骑兵全体下马参加步战，此时地势的优势显现出来，齐军如同下山猛虎，一个反冲锋，打得周军找不到北。周军大败，坠落山谷和溪流者数之不尽。北齐军重新上马，冲下邙山，杀入周军大营。

这一场战役让一个人大放异彩，名垂青史，不是克敌制胜的段韶，也不是身怀射雕绝技的斛律明月，而是绝世美男兰陵王高长恭。

第十六章
明月照铁面

高长恭是高澄第四个儿子，生卒年不详，从排行推算，时年不会超过二十五岁。他之所以在古今拥有众多粉丝，穿越文不断，既非武功绝世，亦非谋略出众，而是他有女性化的容颜。《北齐书》《北史》并载“（高长恭）貌柔心壮，音容兼美”。《兰陵忠武王墓志》赞叹：“风调开爽，器彩韶澈，若彼高鸿，摩天霄而远翥。”故而唐代小说将高长恭描绘为“美妇人”。倘若仅仅貌美如花，亦不过历史长河中一朵浪花而已，高长恭的美丽绽放于千军万马、铁甲寒刀之中。

美丽与女人相伴。战争残酷，刀剑无情，战场是男人们竞技的舞台，原本与美丽无缘，高长恭改变了这一观念。

壹 兰陵王入阵曲

北齐与北周邙山大会战，高长恭领中军，率五百铁甲骑兵冲下邙山马踏周营，一直杀到洛阳城下，身后周兵周将潮水般蜂拥而至，攻击高长恭的骑兵队。北齐骑兵向城中求援，洛阳城头的北齐守兵不知发生了什么事儿，眼见城下杀得昏天黑地，不敢出城支援，害怕中了周军的奸计。

南北朝时期的北方骑兵均是甲骑具装，人马披甲。我们经常看中世纪十字军东征的电影，十字军骑士都是甲骑具装。有人会问，我们的古装片怎么从来没有出现过甲骑具装？因为我们很少拍南北朝的电影，有那么几部也是戏说，不是大片，不可能拍出那个时代的特征。重甲骑兵从慕容燕国开始，到了唐朝，轻骑兵成为主角，唐、宋、蒙古均存在重甲骑兵，但非主要兵种。

甲骑具装的头盔配有铁面，把整个脸遮起来，只露出两只眼。城头的北齐将士无法识辨敌我。于是，高长恭摘去头盔铁面。铁面卸去的那一瞬间化作永恒。对于洛阳城中备受煎熬、苦苦支撑一个多月的将士们来说，铁面背后的美丽容颜挽救了他们的生命，惊艳、希望、生存、胜利都在这一瞬间涌现。

如果这是一张粗犷豪迈的脸，那就不值一提啦，因为将士们看惯了。但是，那是一张美丽的脸，而且是尊贵的皇子。皇子来救他的士兵了，高长恭的美丽面容在将士们心中增大十倍、百倍、千倍。

城上北齐军士气大振，从城头用绳索送下弓弩手，万箭齐射，挡住周军凶猛的反扑，高长恭率骑士们再次冲入敌阵。围城周军大败，狂退三十里，丢弃的军用物资无数。

高长恭的入城式非常特别。鲜卑人喜好歌舞，行军打仗有专门的军乐队，奏鼓角横吹曲。洛阳将士们即兴为兰陵王谱写了一首歌谣，即著名的《兰陵王入阵曲》。城中将士效仿高长恭指挥若定，挥舞长矛击杀敌军及卸下铁面瞬间，纷纷摘去头盔铁面载歌载舞。

邙山之战为高长恭赢得北齐将士们的心，也激发了后代艺术家的灵感。唐代开始流传美丽的高长恭认为自己貌美不足以恐吓敌人，每战必戴狰狞面具，百战百胜，并且被载入《旧唐书·音乐志》。唐朝音乐人每次录入《兰陵王入阵曲》时必定注释上这一段传奇。兰陵王的面具名闻天下，直到今天。

然而这一段传奇也为高长恭悲惨的命运埋下了伏笔。木秀于林，风必摧之。

北齐王朝内斗刀刀见红，皇族们处于激流旋涡和风口浪尖。纵观古今中外历史没有任何一个王朝君位传承如北齐这般复杂，不算继位不到一年即被赶下皇位的高殷，北齐前三任皇帝均由兄终弟及而来，第四位皇帝却是采用嫡长子继承制。这就等于告诉大家，只要是皇子均有做皇帝的可能，也有做皇帝的理论支持。因此，太上皇帝高湛和后主高纬那双眼睛时刻警惕着皇族们的异动，哪怕一丝风吹草动。

高氏北齐的皇子很多，高欢十五个儿子中长子高澄、八子高淯、十一子高湜、十五子高洽死得早；次子高洋、六子高演和九子高湛做了皇帝；三子高浚、七子高涣被高洋害死；四子高淹疑似被高湛毒杀；五子高徽被人挟持谋反不从遇害。除去此十一人，尚存四人。此四人中，十二子高济也是娄昭君所生，他说过一句话：“皇帝位子排下去就轮到我啦。”十四子高润曾经登上曹丕的受禅台南望叹息，其中自有深意。

除此之外，高澄有六个儿子，高洋有五个儿子，高演有七个儿子，高湛有十三个儿子，这些都是正宗皇子。

高澄的三子高孝琬遇害前的话颇具代表性。高孝琬有个不受宠的妾诬告老公谋反，这个女人很毒，很有心计，不正面说老公谋反，说老公有一天画了一幅武成帝高湛的像后，对着画像哭泣。高湛一听火了，他知道那不是自己的像，而是高澄的像，因为他和高澄长得最相似。

哭你死去的爹干吗？伤心你爹未能做皇帝吧？是不是你小子想做呀！高湛命人鞭打高孝琬，打得高孝琬直叫“阿叔”。高湛怒道：“谁是你叔，你敢叫我叔叔！”高湛非常敏感，不呼陛下叫叔叔什么意思？按照中原王朝的传统，除了嫡皇子，哪有叔叔做皇帝的？

高孝琬在地上痛苦翻滚着回了一句话：“我是神武皇帝嫡孙，文襄皇帝嫡子，魏孝静皇帝外甥，为什么不能叫你一声阿叔？”高湛暴怒，嫡子嫡孙外加魏国公主的儿子，干脆明说你是正牌皇帝，我是冒牌货得了。高湛喝令往死里打，打断了高孝琬两条腿，接着将其活活打死。

高孝琬乃高长恭的三哥，他们的大哥高孝瑜的下场也很惨。高孝瑜与高湛是同年所生，生下来之后养在娄太后宫里，叔侄二人光着屁股玩大，又是酒友，关系很好。最终仍然出于猜忌之心，高湛狂劝高孝瑜三十七杯酒，送出宫的时候又派人灌了一杯毒酒。毒性发作，烦躁闷热，大胖子高孝瑜跳进水里淹死了。

这些事儿都发生在邙山大捷之后。邙山大捷，高长恭一战成名，威望在军中达到顶峰。高孝琬兄弟们非常兴奋，均以高长恭为荣，经常热烈讨论高长恭在邙山大战中的表现。五弟高延宗甚至说：“四哥非大丈夫，为何不乘胜追击，倘若高延宗在，关西可得。”高延宗胡乱吹牛皮，但是，兄弟们的兴奋之情溢于言表。看看，还是我们文襄皇帝一系猛，挽北齐王朝狂澜于既倒，扶北齐大厦之将倾。

高长恭军中威望足，并不全在于他是战功最高的皇族，与其性格有一定关系。高长恭在兄弟中间出身最离奇，史书未记载他母亲的姓氏，只说“不得母氏姓”。连高延宗的母亲广阳王歌伎陈氏都有档案，偏偏高长恭母亲一片空白，这又为高长恭的传奇抹上一缕神秘的色彩。正因如此，高长恭性格谨慎，事必躬亲，不摆架子，不搞特殊化，与将士同甘共苦。不要说战利品，即使吃个西瓜，吃几个果子，也想着将士，与大家一块吃。

高长恭眼见大哥三哥惨死，想出一条保身之计，做贪官。前文苏绰讲过贪官理论，只有做贪官才能与广大官员们打成一片，让上司和同僚满意，让将士们离心离德，让老百姓抛弃自己，从而让皇帝不再猜忌。

高长恭生性木讷随和，贪官学得不像。一边受贿，一边与将士们分瓜；一边贪婪，一边清心寡欲。皇帝给他准备了二十个漂亮女人，高长恭象征性领走一人。在高长恭手下做事不必担心受罚。有一次高长恭到皇宫议事，会议结束后出来一看，司机不在了，保镖不在了，小弟也不见了，打牌的打牌，喝茶的喝茶，泡妞的泡妞，只剩一名跟班。高长恭不生气，步行回府。

参军阳士深不满高长恭贪赃枉法，将事实写成奏章上表弹劾，高长恭罢官。真是一件开心事儿，高长恭就等这一天。谁知不久北齐与北周发生战事，高长恭再次披挂上阵，不巧阳士深就在军中。阳士生怕高长恭借机报复，高长恭说我绝无此意，阳士深不相信。指挥官想收拾一个人太容易啦，哪个阵地守不住派你去守，哪场战役打不赢派你去打。结果只有一种，死亡。阳士深整天提心吊胆，心惊肉跳。高长恭不忍心，去阳士深营寨转了一圈，训道："营中卫生搞得不好，马养得不肥，枪擦得不亮，你这军官怎么当的！拖下去给我打。"二十大棍下去，越打阳士深越开心，报复终于来了，死神擦肩而过。

阳士深躲开阎王殿，高长恭却踏上奈何桥。邙山会战后北齐与北周展开拉锯战，斛律明月在汾水之北战败北周名将韦孝宽，拓地五百里。段韶和高长恭兵围北周军事重镇定阳。不想段韶病了，临死前段韶把最高军事指挥权交给高长恭，并交代了破敌之计，高长恭依计而行拿下定阳。

段韶所辖的军队乃北齐最精锐的鲜卑骑兵，定阳大捷又将高长恭凭空拔高，苦心经营的负面形象崩塌。高长恭感觉不妙，赶紧又做了一回贪官，缴获的战利品不交公，据为己有。

好朋友尉相愿看穿高长恭的心思，劝道："大王您这样抹黑自己不行呀，授人以柄，等朝廷杀您的那天谁也无话可说。"

高长恭哭了。男儿有泪不轻弹，只因未到伤心处。尉相愿一语道破。一个品行高尚的人为报效家国只能与贪官污吏同流合污，否则生命不保，那是何等的痛苦与绝望？

高长恭向尉相愿问计。

尉相愿说，大王看看您的二哥高孝珩和五弟高延宗。广宁王高孝珩官做得很大，做过尚书令、大将军、大司马。您看他整天忙什么呢？画画，画动物，画人物，他画的那只苍鹰像极了，惟妙惟肖。安德王高延宗做刺史时蹲楼上大便，让随从楼下张嘴接着。他有一道拿手菜，猪肉人粪丸子汤，谁不吃用鞭子抽。您的三哥河间王高孝琬死后，高延宗做了一个极像太上皇帝的草人，一边抽一边大叫："为何杀我兄长！"受安德王欺负的下人太多啦，此事传到太上皇耳朵里。太上皇抽了安德王两百鞭子，却饶了他一条命。为什么不杀他？看看您怎么对待身边的人，道理便不难解释，因为安德王不得人心。不得人心的人又怎么会做皇帝呢？您在军队中威信越高处境越危险。学不得安德王，何不学广宁王。交出兵权，回家养病，什么事儿都别管。

不管事？高长恭做不到，他是高欢的孙子，高澄的儿子，岂能眼见敌人进攻祖父和父亲开创的基业而无动于衷？他与后主高纬的对话预示着面具之王走上了一条不归路。

高纬与高长恭谈及惊心动魄的邙山大战，关切地说道："入阵太深，失利悔无所及。"高长恭不假思索地应声答道："家事亲切，不觉遂然。"高纬沉默不语。不顾一切冲锋陷阵只因为是高家子孙，高长恭不能逃避这份责任，而高纬却不想让他承担太多。北齐非高氏之北齐，乃一人之北齐。自从秦始皇创造皇帝以来，中国大地只属于一个至高无上的皇帝。国事即家事，家事却不包括亲戚，堂兄弟不包括，亲兄弟也不包括。

贰 糊涂虫高纬

唐代诗人李商隐有两首诗专门描写后主高纬：

一笑相倾国便亡，何劳荆棘始堪伤。
小怜玉体横陈夜，已报周师入晋阳。
巧笑知堪敌万几，倾城最在著戎衣。
晋阳已陷休回顾，更请君王猎一围。

此诗将高纬糊涂虫形象刻画得淋漓尽致。高纬一生做尽糊涂事，可谓糊涂虫大王。若非武成帝高湛及早禅让帝位，扶上马送一程，这位亲政时年仅十三岁的小皇帝极有可能与帝位无缘。纵是如此，后主高纬也根本玩不过他的大臣们。

武成帝高湛给高纬留下一位托孤重臣和士开。奄奄一息的高湛紧握和士开的手，拼尽最后一口气叮嘱道："好好辅助幼主，别辜负我啊。"说罢，松开和士开的手见鬼去了。两人也算一对千古知遇的君臣，对于快乐人生的看法心有灵犀。

北齐错综复杂的争斗绝非和士开能够解决。高湛刚死，各派势力人物纷纷跳将出来。和士开的好朋友冯子琮暗算了他。黄门侍郎冯子琮是胡太后的妹夫，野心很大，想除掉和士开。

和士开心里清楚不喜欢自己的人太多，高湛一死，幼主高纬什么都不懂，胡太后虽与自己有私情，可一个胡太后的力量毕竟有限。和士开企图秘不发丧，矫诏将几个死对头打发到地方上去。冯子琮劝说和士开赶快发丧，以免夜长梦多。和士开上当，还没有出手，对手们却重拳出击。

倒和大臣们第一拳揍倒冯子琮，打发冯子琮外任刺史。冯子琮万万不曾料到自己竟然成为大臣们打击的第一个目标。道理说来不难，因为他是胡太后的妹夫，大臣们害怕胡太后干预朝政，包庇和士开。第二拳揍向和士开。高睿、高润、高延宗等亲王与赵彦深、元文遥、娄定远等一班大臣齐聚朝堂，强烈请求调离和士开。胡太后天天为情人求情，高睿等人坚决不让步。

和士开使了一招拖刀计，假装同意调往外任，暗地里送美女送财物分化倒和派大臣。倒和派内部意见不统一，和士开奸计得逞。驱逐和士开最坚决的高睿因不肯让步被杀。高睿一死，和士开重掌大权。

重新掌权并不代表万事无忧，没有了高湛保护的和士开经营起小团队。和士开拜后主高纬的奶妈陆令萱做干娘。北齐宫廷延续北魏传统，对皇帝奶妈非常尊重。北魏子贵母死的时代奶妈往往被尊为保太后。

陆令萱是个有手腕和眼光的宫女，非常讨胡太后宠爱，借机将儿子骆提婆带入宫中和高纬做玩伴。她看到高纬喜欢斛律皇后的侍女穆舍利，便收穆舍利为义女。穆姓乃鲜卑大族的姓氏，丈夫出身卑贱的陆令萱趁机让儿子骆提婆改姓穆，当然穆舍利也并非出自鲜卑穆氏。

大家读到这里会感觉记人名有些困难，没有办法，北齐时代一改孝文汉化传统，胡风盛行，人们多用鲜卑名，有些鲜卑语言也不易理解，比如称父亲为兄兄，亲生母亲为家家，乳母为姊姊，妻子为妹妹。后主高纬即呼陆令萱为“姊姊”。

陆令萱还有一个军官出身的干儿子高阿那肱，和士开一并收入小集团。算来算去，小团伙缺一位谋士，和士开想到瞎子祖珽。说起来，祖珽是因为弹劾和士开被逐出朝廷，关进地牢熏瞎了眼。但是，共同的利益让两位仇敌再度走到一起。祖珽想复出，和士开希望这位自比范增的老家伙助自己一臂之力。

祖珽的复出并未改变和士开的命运。从地方回到邺城担任吏部尚书的冯子琮唆使琅玡王高俨干掉了和士开，除掉和士开的计策设计得极其巧妙。

高俨是后主高纬的一母胞弟，平时瞧不惯和士开。这个小家伙比兄长有本事，敢作敢为，武成帝一度想更换太子，权衡了一下究竟未敢给北齐乱局再添乱。

高俨做得很绝，他知道凭自己的实力扳不倒和士开，玩了一手阴谋。冯子琮偷偷把弹劾处决和士开的奏章夹在其他一些不重要的文件中一同呈送。后主高纬根本不读那些多如牛毛的公文，大笔一挥只顾签名。

高俨拿到皇帝亲笔签名的处决令，交给禁军总管库狄伏连。有皇帝的签名不由得库狄伏连不信，和士开人头落地。这一幕戏原本结束了，谁知高俨的部下企图借机拥立高俨为帝，强迫高俨逼宫。高俨虽然做事果断，毕竟年少，只有十四岁，受部下鼓动，率三千军队以清君侧名义屯兵宫门。高俨想进宫，部将刘辟强害怕兵力不足，不让高俨进，献计诱骗和士开的同党陆令萱母子出宫。

兵变惊动诸王，高孝珩和高延宗也来看热闹，兰陵王高长恭没有来。高延宗见大家都站在宫门外，便问："怎么不进去！"刘辟强回道："兵少。"高延宗环顾周围的军队一龇牙："孝昭皇帝昔日杀杨愔，只有八十人，今有数千甲兵，少在哪里？"

高俨等人害怕，后主高纬更害怕，入后宫见胡太后哭道："有缘，复见家家；无缘，永别。"

机会不等人，犹豫丧失良机，邙山大战侥幸逃得一条性命的斛律明月来了。邙山会战，高长恭的中军和段韶的左军所向披靡，斛律明月的右军被周军冲散，周将王雄舞矛纵马追赶斛律明月。斛律明月身边只有一个小奴，箭壶内唯有一支箭。两人追了个马头接马尾，王雄大意了，自恃勇猛，不用矛去刺，想生擒活捉这位北齐名将，不想斛律明月回身弯弓一箭。斛律明月号称落雕都督，一丈左右的距离岂有射不准的道理？长箭正中王雄额头，王雄抱马回营死掉了。

斛律明月接到两家的邀请，后主请他，琅玡王也请他。斛律明月讨厌和士开，听到和士开死讯时拍手大笑道："龙子所为，不同凡人。"帮谁？自然帮皇帝，同情高俨也不能帮，因为后主是他的女婿，而高俨和汉人走得比较近，冯子琮、刘辟强等均是汉人。

解律明月进宫见到皇帝安慰道："小儿辈弄兵，交手即乱，只要陛下出马，自然都散了。"

后主高纬和斛律明月率四百禁军出宫，双方隔桥对峙。后主高纬桥上一声大喊，高俨那帮人果然散去一半。斛律明月孤身一人过桥抓住高俨的手道："天子的弟弟杀一个人，有何可怕。"强行拉高俨过桥请罪。气急败坏的高纬用刀环猛敲高俨的脑袋，打得头破血流。斛律明月劝道："琅玡王年少，脑满肠肥，行为轻率，长大就好了，陛下饶了他吧。"

一场闹剧收场，冯子琮等人被杀。纵有胡太后悉心保护，高俨最终还是遇害。令高纬痛下决心杀死亲弟弟的人不是絮絮叨叨的陆令萱，而是祖珽。祖珽只说了一句话："周公诛管叔。"连周公那样的大圣人都杀弟弟，何况您呢。

斛律明月应该后悔帮助女婿，事过一年，后主高纬诛杀了斛律明月一门老小，此事幕后黑手依然是祖珽。

和士开这种人其实并不可怕，他无非追逐权力，得饶人处且饶人，能不结怨就不结。祖珽不然，他有远大理想。有远大理想的人最可怕，比如希特勒，自认为理想正确，为了实现理想而不择手段，非但不认为杀人可耻，反而认为那是上天的使命。

和士开死了，谁来保驾护航？高纬认为只有祖珽。没有祖珽，高纬不可能在父亲活着的时候当上皇帝。更重要的一条，祖珽双目失明，一个瞎子不会有篡位的野心。高纬看低了曾经的小偷、贪污犯，祖珽渴望流芳青史，在历史上留下重重一笔。

祖珽年轻时代的座右铭为"丈夫一生不负身"。欲想流芳青史，唯有做那个时代轰轰烈烈的大事，有什么比使北齐国重新走上汉化道路更伟大的事业？出身汉人豪族、渴望一举扭转劣迹昭彰人生的祖珽开始最后一搏。

祖珽继承了和士开的官职，侍中虽有权但不能独揽，祖珽将赌注押在陆令萱身上。如何让陆令萱亲近自己呢？正当祖珽绞尽脑汁时，胡太后的一段丑闻给祖珽创造了机会。

胡太后有一大毛病，好色，否则不会勾引和士开。魏晋南北朝时期，世俗以纵欲为尚，人情以放荡为乐。上流社会流行的药品五石散就是一种春药。高殷皇帝曾经问大臣许散愁有何过人之处？许散愁说："散愁自少以来，不登娈童之床，不入季女之室。"不玩男童、不搞少女就是优秀品德，可见当时的社会风气。胡太后不是寻常好色，好得厉害。《金瓶梅》中的潘金莲有句名言"养遍街日遍巷"正好拿来形容胡太后。除与和士开等贵族私通之外，胡太后还包养和尚，不是养一个，而是养一群。和尚不方便出入后宫，胡太后就把和尚装扮成尼姑。

如果后主高纬不好色也就罢了，胡太后的马脚永远不会露。可惜高纬好色，男尼姑长得太漂亮，高纬忍不住去调戏，往下一摸，好像是人妖，再往上一摸，原来是男人。

堂堂皇太后包养和尚，传出去多丢人。后主高纬一怒，胡太后只能住进冷宫。祖珽看到机会，趁机请后主立陆令萱为皇太后，大赞陆令萱乃女娲娘娘转世。投桃报李，陆令萱回赞祖珽乃国师，国宝。祖珽由此兼任尚书右仆射。

叁 明月照长安

推行汉化最大的敌人即斛律明月。斛律家族代表塞上鲜卑军人的利益，收拾杨愔集团，斛律金和斛律明月父子出力不少。斛律氏出自高车的敕勒族，斛律金父子跟随高欢创业，高欢曾经告诫高澄：“你用的人多是汉人，有说斛律金坏话的人不能信。”

高洋时代北齐皇家开始与斛律家族联姻，高洋的女儿义宁公主嫁给斛律金的孙子斛律武都；高演的儿子娶斛律金的孙女为太子妃；后主高纬娶斛律明月的女儿为皇后。斛律家族“一门一皇后，二太子妃，三公主，尊宠当时莫比”。北齐历代皇帝对斛律家族极其尊重，高演皇帝允许斛律金乘车至宫殿台阶下车。高湛时代，有一次斛律金派人向皇帝进献食物，中书舍人李若听错了，对高湛说斛律金要亲自来。高湛赶紧走出昭阳殿等候，并派大臣驾羊车去宫外接着。不承想，左等不来右等不到，一回头李若也不见了。原来李若发现搞错，找地方躲起来了。高湛弄明白事情原委，大骂李若：“空头汉，该杀！”空头，脑袋空空，笨蛋的意思，李若是汉人，自然是空头汉。骂归骂，高湛也没把李若怎么着。看起来办错事之后赶紧藏起来避避领导的火气也是不错的选择。

身为国丈，官拜左丞相的成阳王斛律明月更加权势熏天。后主高纬最害怕斛律明月。斛律明月闲庭信步般的平叛，将气焰嚣张的琅玡王高俨只手擒来的凌云豪气如噩梦般久久留在高纬的心头。皇帝的亲弟弟在斛律明月眼里不过平凡的小娃娃而已，假若换成自己呢，高纬越想越害怕。

后主高纬怕斛律明月到什么地步呢？斛律皇后生了一个女儿，后主高纬为了取悦斛律明月，竟然下诏说皇后生了男孩。一个被皇帝怕到如此地步的权臣离死亡还有多远呢？

盛极而衰，斛律金早有预感，曾告诫明月：“我虽然不读书，但我知道外戚梁冀等人的下场，都完蛋啦。女儿有宠，他人妒忌；女儿无宠，天子嫌弃。我们家的富贵靠战功和忠心得来，怎么能靠女儿呢！”

斛律明月听不进去，不懂韬光养晦，做事无所顾忌。有一次斛律明月率军队得胜还朝，朝廷下令部队就地解散，该回塞上的回塞上，该回地方的回地方。斛律明月认为将士们尚未得到封赏，战前许诺的奖金没兑现，就这么打发走了，将士们会说赏罚不明。斛律明月带兵非常注重赏罚，罚得狠，可以用“残暴”来形容，也有好处，赏得重，许下的奖赏必定兑现。不像某些领导，事前狗头羊头许下，事后两手一摊，承诺过吗？对不起，不记得了。

斛律明月一边写奏章催奖金，一边带军队往邺城进发。后主高纬害怕了，马上派使者拉着财物赏军。不想使者的人缘特别好，这个朋友送一场，那个朋友送一场，大家借机打打牙祭，公款吃喝，一连玩了好几天。使者的队伍一出城，和斛律明月的军队打了个照面。斛律明月的大营就扎在离邺城五里外的紫陌。后主高纬心里不是滋味，皇帝的命令不听，私自带兵来到京城，你到底想干什么！难道我不发奖金，你就造反不成？后主高纬再有意见也得忍耐，还要装出一副笑模样给斛律明月升官。

斛律明月做事不小心，话也乱说。高洋时代，北周害怕齐军讨伐，守卫黄河，冬天就凿开黄河的坚冰。后主时代，北齐与北周的军事态势颠倒过来，变成齐军凿冰。经历过己方占绝对军事优势的斛律明月对此非常不满，经常忧心忡忡道：“以前常有并吞关陇之志，而今唯知弹琵琶、玩狗、泡小妞。”斛律明月说谁呢？还能说谁，说皇帝呗。

斛律明月对祖珽极其不满。有一天斛律明月在办公室休息，帘子垂下来，人坐帘后。祖珽不知道斛律明月在，瞎子看不到，骑马从帘前过。斛律明月大怒，我堂堂国丈、亲王、大元帅，你算什么东西，小偷、囚徒和贪污犯，敢在老子跟前横。气得斛律明月不休息了，起身入皇宫，刚刚走到宫门口就听到祖珽的演讲声。别人听来，那是大国师的抑扬顿挫，斛律明月听来，纯粹装腔作势，怎么听怎么别扭，骂道：“多事乞索之人又在搞什么阴谋诡计！”

这就是斛律明月的不对啦，人家祖珽是语言大师，精通四夷语言，什么汉语、鲜卑语、柔然语、突厥语，只要是语言，祖珽就会。

斛律明月并非嫉妒祖珽，两人政治观念相差悬殊。斛律明月曾对部下说过：“当年尚书令赵彦深执政时，军事上的事情还征求我们军队上的意见。瞎子用事以来根本不和我们军官们商议，我怕他误了国家的大事！”

两晋以来汉人门阀贵族瞧不起武人，重文轻武，祖珽有意恢复门阀贵族的政治秩序，自然不想拿鲜卑武人当回事儿。两人交恶的重点在于谁指挥枪的问题，汉人还是鲜卑人？

祖珽眼瞎心不盲，眼线不断向他汇报斛律明月的动向，说这位相王自从祖珽执政以来每夜抱膝叹息：“盲人用权，国必破矣。”

祖珽一咬牙，斛律明月必须除掉。想除掉斛律明月，难，难于上青天。

斛律家族如日中天，斛律明月手握兵权，兄弟斛律丰乐坐镇幽州抵挡突厥，女儿贵为皇后，公主满门。这样的家族绝非祖珽所能够撼动。但是，只要你肯用心，世界上的事情看似困难，实际并不难。

机会来也匆匆，去也匆匆，如同擦肩而过的别样女子，如果你什么都不做，她便消失在人海。

邺城的小孩子们突然唱起“百升飞上天，明月照长安。高山不推自崩，槲木不扶自举”的歌谣。祖珽灵敏的耳朵第一个捕捉到这个信息。百升即一斛，高山即高氏，明月那不必说。这句歌谣显然告诉世人，斛律明月化龙上天，高齐政权垮台，斛律明月一统北方。

斛律明月谋反？祖珽笑了。是谁造的谣呢？此地无银三百两，歌谣撇清北周，自然是北周人搞的鬼。周人忌惮斛律明月，施反间计倒也在情理之中。单凭这两句歌谣无法搞倒斛律明月。祖珽又教小孩子们唱了两句：“盲老公背上下大斧，饶舌老母不得语。”

盲老公自然是祖珽，祖珽为高齐王朝挨大斧头可谓忠心。饶舌老母当然指后主奶母陆令萱。斛律明月想除掉的人不只有祖珽，还有陆令萱。

祖珽清楚陆令萱母子与斛律明月的仇怨。穆提婆曾经向斛律明月求婚，穆提婆晓得自己虽然富贵得宠，终究出身寒微，求斛律明月的庶女为妻。斛律明月断然拒绝，他怎么能瞧得上这个小人呢？后主赐给穆提婆晋阳田产，又被斛律明月否决。养军马的牧场岂能做良田？两家的梁子结下了，而且结得很深。

听着小孩子们为了两块糖果卖力唱着他们根本不懂的歌谣，祖珽嘿嘿冷笑，斛律家族的好日子到头了。

果然，当祖珽的人将歌谣上奏后主，陆令萱抢先动手，说斛律明月尾大难除，必然造反。后主高纬询问祖珽，祖珽自然附和。

杀斛律明月不是小事。高纬反应迟钝，从小口吃，性格懦弱，与南朝皇帝萧宝卷性情相仿，有自卑心理，不喜欢大臣见他，包括宰相奏事都不能抬头，瞎子祖珽受宠也就不难理解。一个犹豫自卑的人如何下得了手去杀斛律明月？毕竟斛律明月战功卓著，高家有三位公主嫁入斛律家族，斛律家族有三个女儿嫁到高家，斛律明月的女儿是自己的结发妻子。

后主高纬犹豫不决，接连征求好几位亲信重臣的意见，有人说可行，有人说不可行。大臣何洪珍提醒后主，这种事情不信就罢了，反复怀疑人家，传出去要坏事。高纬仍然拿不定主意。

祖珽有最后一招撒手锏，斛律明月的参军封士让。斛律明月有没有造反的企图，作为斛律明月身边的亲信封士让心知肚明。祖珽一句话就抹去了封士让的良心:“你是汉人。”

汉贼不两立，这里的贼就是鲜卑人。勿忘国史之狱，勿忘河阴落日，勿忘杨愔惨案。出身河北汉人豪族的封士让决然上表揭发斛律明月：斛律明月上次率军队逼近京城就想造反，不料被人撞见，阴谋不得不终止。斛律明月府内私藏弓弩和铠甲，僮仆奴婢数以千计，叛乱时足以组成一支大军。他与弟弟幽州刺史斛律丰乐、长子兖州刺史斛律武都秘密往来，图谋不轨。

别人的话可以不信，封士让的话不可不信。你信不信，反正我信了。后主高纬若有所得地叹息道:“人心灵验，上一次我怀疑他谋反，果然如此。”

谋反就抓，后主高纬不敢抓，怕禁军打不过斛律明月，找祖珽想办法。祖珽一笑，此事极容易搞定，一夫之力耳。陛下赐斛律明月一匹骏马，告诉他明天骑此马一同去东山游玩。斛律明月必定前来谢恩，杀掉即可。

果然如瞎子所料，斛律明月进宫谢恩，侍从引他去凉风堂。斛律明月刚刚踏入大殿，背后有人向他扑来。毫无准备的斛律明月挨了重重一击，却硬生生挺住，扭头看去，竟然是北齐国赫赫有名的冷血杀手刘桃枝。

斛律明月心一沉，刘桃枝向自己出手，肯定这是皇帝的意思。这个杀手从高欢到高纬，服侍高氏主子七朝，专杀皇族大臣，高浚、高涣、高归彦、高睿、高俨均死于此人之手。父亲没有说错，一个家族最鼎盛的时候就是没落的开始，一个人最风光的时候也是最危险的时刻。

斛律明月毕竟是斛律明月。死亡对出生入死的战士们来说太寻常不过，然而他们许多人未能马革裹尸战死疆场，却往往死在自己人手里。人总要死的，死在哪里都是一样，只要无愧人生。斛律明月冲这位杀人机器淡淡一笑："刘桃枝，你这种事儿干得太多并不好，我不负国家。"

刘桃枝杀了许多人，均是一击得手，这是他生平第一次一招未能制伏对手，落雕都督果然名不虚传。他与斛律明月几乎同时出道，均参与了韩陵山生死大战。为了杀人，刘桃枝日日习武，功夫从未落下，而这位享受荣华富贵的国丈的武功竟然也如当初。刘桃枝已然习惯服从，他杀过的人中有三位皇子，他们比斛律明月尊贵得多，一样做了刀下鬼。刘桃枝一努嘴，另外三名大力士一起出手，用弓弦勒住斛律明月的脖子，硬生生将北齐一代名将活活勒死。

宋有风波亭，齐有凉风堂。宋有岳飞，齐有斛律明月。

冤枉吗？

二千石郎邢祖信奉命查抄斛律明月的府第，祖珽在尚书省办公室询问查抄所得物品，当然指用于造反的武器。邢祖信道："十五张弓，一百支箭，七把刀，朝廷赏赐的长矛两杆。"祖珽厉声道："还有呢？"邢祖信回道："二十捆枣木棍，用来责罚下人的。府中奴仆和他人斗殴，不问是非曲直，先打一百棍。"

这些兵器能造反吗？还不够装备一个加强排。祖珽沉默良久，他未料到斛律明月府中武器会如此之少。半晌，祖珽轻声道："朝廷已判重刑，郎中不宜为他洗雪。"事后，邢祖信的好友责怪他太耿直，多说几条枪能怎么了，反正人已经死了。邢祖信慨叹道："好宰相尚且被杀，我何顾惜余生！"

为国尽忠而死，冤枉！据说凉风堂的血怎么擦也擦不干净。周武帝宇文邕大赦天下，后来攻灭北齐进入都城时感叹道："斛律明月若在，朕岂能到邺城来？"实施反间计的韦孝宽也为其传奇人生增添了一段故事。

悲风掠过，万物同哀。

朝廷派去杀斛律丰乐的使者抵达幽州。曾经击退突厥十余万大军的斛律丰乐手下的将士立即发现可疑之处，向刺史骠骑大将军、荆山王斛律丰乐报告，来人外穿衣袍，内衬铠甲，马身有汗，应当关闭城门。斛律丰乐摇头道："皇上派来的使者岂能拒之门外。"

斛律丰乐出城迎接朝廷使者，被当即拿下。斛律丰乐临刑叹息道："富贵如此，女为皇后，公主满家，常使三百兵，何得不败！"斛律家族的男儿多被诛杀，唯独留下斛律明月的小儿子斛律钟，隋朝开皇年间死于车骑将军任上。

斛律明月死了，下一个轮到谁？高长恭，我们的兰陵王。高长恭的死与祖珽也有关系。高长恭虽然洁身自好，不问政事，但还是被卷入汉人与鲜卑人的争斗中。这一次鲜卑人高长恭被当作汉化支持者杀害了。

失去段韶和斛律明月的鲜卑军人只剩下一个领袖级的人物高长恭。斛律明月被杀的两个月后，高长恭官拜大司马，高孝珩官拜大将军，高延宗官拜大司徒。他们哥儿仨之所以同时受到重用，因为他们是高澄的儿子，高澄倾向汉人。祖珽希望借助他们的支持全面复兴汉化。

瞎子祖珽得到梦寐以求的官职领军将军，大体相当于国防部长。北齐历史上汉人不能做领军将军，另一位执政高元海对后主高纬道："祖珽汉人，两目又盲，岂可做领军，况且祖珽与高孝珩走得很近。"此时祖珽有陆令萱支持，高元海鸡蛋碰石头，状没告下来，人被发往外地任地方官去了。

后主高纬非常宠信祖珽，祖珽进宫，必派人扶持，两人常常坐在一张床榻上讨论国事。至此，祖珽正式执掌北齐国军政大权。一个瞎子做宰相不能不说是中国历史上的一个传奇。

汉人再度得势，封孝琰、崔季舒、李德林、颜之推纷纷受到重用，封孝琰当众夸奖祖珽："公是衣冠宰相，与其他人不同。"

祖珽的所作所为势必侵犯鲜卑人的利益，尤其他想实施魏晋老一套的九品中正制，甚至想清理后主高纬身边的太监宠臣，此时，陆令萱翻脸了。高纬少年时代的玩伴韩长鸾经常当众大骂汉官："狗汉大不可耐，唯须杀却。"

汉人和鲜卑人再次火拼，如箭在弦。

肆 清觞满杯酌

这一次仍然是祖珽先出手，瞎子宰相的方案依然完美。目标明确：搞倒陆令萱。手法：内外结合，从枕头风吹起。

斛律明月被杀，斛律皇后出家为尼，皇后位子成为朝野上下瞩目的焦点。后主高纬好色，最喜欢斛律皇后的婢女穆黄花。穆黄花身世离奇，黄花是她的小名。南北朝时期佛教盛行，人们常常以佛教用语作为人的名字，她的大名叫舍利。穆黄花也不姓穆，姓什么不知道，据说找不到父亲。父亲肯定有，只是没人承认而已。她的母亲轻霄原本是穆子伦的婢女，后来又转到宋钦道家里，来到宋家仍然做丫鬟。有其母必有其女，轻霄必然长得很漂亮。

中国古代婢女不如马，美妾不如骏马。古人往往以女人换马以示豪气，包括苏东坡先生也做过此类的逸事。苏东坡去黄州时曾准备将一个名叫春娘的婢女换白马。春娘当时作了一首诗："为人莫作妇人身，百年苦乐由他人。今日始知人贱畜，胸中怨恨向谁伸。"性情刚烈的春娘不愿将自己等同于动物，自杀了。人们很难相信大诗人苏东坡先生竟然也做蔑视女人的事情。

轻霄等价交换到宋府，一不小心怀孕生下黄花，宋钦道拒不承认做过此事。他不承认亲生女儿有苦衷，宋家乃汉人门阀，南北朝大家族女人当家，女人讲了算。宋妻见老公迷上狐狸精，拿来烙铁在轻霄漂亮的脸蛋上烙下"宋"字，美人容颜尽毁。老公，没欲望了吧？

宋家不承认没用，事实摆在那里，大家都认为黄花是宋家的女儿，苦于宋家不认，黄花的姓氏没有着落。

佛家讲因果，有因果自然有报应，上天也替苦命的轻霄母女鸣不平。宋钦道作为杨愔案主犯之一，宋家被满门抄斩，好在王晞说情，只杀宋钦道一房，宋钦道的孩子别管多大全部杀掉。因祸得福，轻霄母子逃过一劫，小黄花沦为宫奴，伺候斛律皇后。

小黄花聪慧伶俐，又有几分姿色，很快获得后主高纬的欢心。北齐宫廷延续北魏国传统设立女官，黄花官拜大监，大监与女侍中同属正二品，宫中称黄花为"舍利大监"。

后主的奶妈女侍中陆令萱一瞧，小女子有前途，像我，干脆做我的女儿吧。黄花求之不得，两下一拍即合。陆令萱赶紧让后主收了黄花，开脸做妃子，荣升弘德夫人，黄花苦尽甘来。

身为北齐国夫人，出身不能太低贱。陆令萱一琢磨，宋家是汉人，至今未翻身。黄花母亲轻霄原来服侍的主子穆子伦是鲜卑人，穆姓乃鲜卑大姓，国姓之一，干脆姓穆，黄花又成穆子伦的女儿啦。

穆黄花还真走运，不久就为后主生下皇子高恒。斛律皇后挺开心，毕竟穆黄花是从自己屋里走出去的。穆黄花会来事儿，将儿子高恒交给斛律皇后养。不交也不行，斛律家族势力多大啊。

不是我不明白，而是这世界变化快，盘根错节、威势熏天的斛律家族倒了，一夜轰塌，机会又来到穆黄花眼前。

穆黄花有望做皇后，偏偏大国宝祖珽不想让穆黄花做皇后，因为穆黄花和陆令萱走得太近，而陆令萱是祖珽实现人生抱负最后的障碍。斛律皇后出家，陆令萱果然请后主立穆黄花为皇后，祖珽则推荐了胡太后的侄女胡昭仪。胡昭仪宫中排位列穆黄花之前，包养和尚名声扫地的胡太后知道自己说话分量不足，亲自来求陆令萱。

胡昭仪正蒙后主宠爱，据说后主用珍珠为胡昭仪做了一条裙裤，用光了北齐国库的珍珠。陆令萱见胡昭仪得宠，无奈退让一步，同意胡昭仪递补皇后。

祖珽赢得先手，步步紧逼，拉拢重用胡皇后兄弟。陆令萱也是政坛老手，岂能瞧不出门道，她费尽心机想打掉瞎子伸进后宫的这一只手。陆令萱在后主高纬耳边吹风："穆黄花的儿子高恒贵为皇太子，他的母亲怎能不是皇后？"

陆令萱抓住高纬好色的弱点，用世间最华丽的服饰打扮穆黄花，让她坐在精美的宝帐里，枕席用器和玩赏物品无不珍贵奇特，整个大殿珠光宝气，金碧辉煌。超华丽的布景和服装以及道具，呈现出一派好莱坞大片的效果。

宫女们尖叫着向皇帝汇报："天女来了！天女下凡啦！"后主高纬非常好奇，急忙跑来找："天女在哪儿？"等高纬步入华丽的殿堂，看到帐中美女，惊得目瞪口呆，馋得垂涎三尺。陆令萱一边拍手感叹："哎呀，果然是神仙。如此人物不做皇后，谁人做得！"

电影演完，穆黄花皇后当上了，不过高纬并非不念旧情之人，穆黄花只是右皇后，胡氏是左皇后，左右双皇后，谁也不吃亏。

陆令萱不满意，费了这么大劲，搞了这么大的动静，成本如此之高，才弄了个右皇后。鲜卑人以左为尊，忙活半天还是老二呀，陆令萱又想出一条坏主意，跑到胡太后跟前一副义愤填膺的神态，愤愤道："谁家的亲侄女，竟然说这种话！"胡太后一瞧，忙问："谁把你气成这样子，都发抖啦。"

陆令萱不说，她越不说胡太后越想听。陆令萱装出一副无奈的样子道："唉！胡皇后说呀，太后的行为太过分了，咱们可不能学。"胡太后勃然大怒，我把你弄进宫来做皇后，享尽荣华富贵，你不知恩图报，反倒背地里说我坏话。东窗事发的胡太后本来就挺压抑，一下子发作了，派人把胡皇后叫来，不问青红皂白，三下五除二将侄女青丝剃尽，打发回家去了。

胡太后毁掉自家宝贝，胡皇后的兄弟们也受到牵连纷纷任职地方。祖珽见势不妙，发起最后一击，指使同党上书弹劾大臣王子冲，弹劾王子冲不是目的，由王子冲案牵连到穆提婆，由穆提婆揪出陆令萱。

双方彻底撕破脸面，陆令萱的党羽纷纷向祖珽发难。搞得后主高纬莫名其妙，以前你们不都穿一条腿裤子，都是朕的忠臣吗？大国宝、大国师不都是从你嘴里夸出来的，怎么现在乱了套？陆令萱跪拜解释：“老婢该死，以前和士开说祖珽博学多才，是个大好人，我就相信了，把他推荐给陛下。现在看来，我错了，知人知面不知心，祖珽是个十足的大奸臣。”

大奸臣？后主高纬不信，派韩长鸾去查。韩长鸾很快搞到证据，祖珽伪造皇帝的诏书。高纬不能杀祖珽，他上过祖珽的套。想当初两人相好的时候，国宝提出无论将来他做什么错事，只要不谋反就不能杀。高纬立过誓，不好反悔，只能降官，发往北徐州担任刺史。

祖珽不走，非要见皇帝。韩长鸾对祖珽意见很大，哪能让他见皇帝？后主心软，瞎子能言善辩，说不准会改变态度。祖珽坐在地上耍赖，韩长鸾令人拖将出去。北齐王朝汉化的希望泡沫随着祖珽离开邺城再次破灭。

祖珽来到北徐州正遇陈军北伐，穆提婆等人拒绝派兵支援，在他们看来，祖珽死了最好，死不了做俘虏也不错。谁知祖珽摆出空城计惊散敌军。吓跑的陈军听说北徐州刺史是个瞎子，又杀了个回马枪。祖珽亲自出马迎敌。两军交锋，陈军将士见祖珽跨马弯弓，闻声放箭，箭不虚发，心中十分害怕这个老怪物。两军交锋十多天，陈军撤围而走，惹不起躲得起。

祖珽死了，死在北徐州刺史任上。回顾此人的一生，只能用诡异两个字来形容。此人足以代表那个时代，诡异的南北朝。

人谁无过，过而能改，善莫大焉。祖珽从小偷到宰相的一生完美诠释了这句话。他有如一艘孤单小船穿行于鲜卑化的巨型舰群中，完美一击，捍卫了汉化豪族最后一丝尊严。这一击代价惨重，自毁长城，直接导致北齐亡国。

公元573年春夏之交，十万陈军在南朝名将吴明彻的统率下大举北伐。北伐军席卷江淮。高长恭实在不想再去打仗了，叹息道：“我去年面肿，今年为什么没生病呀。”从此，高长恭有病不治。高长恭的体质实在太健康，等了很久竟然没有病。病需要等吗？装病大王司马懿告诉过我们，人随时随地都可以生病。

祖珽罢相，高长恭听到了死神的脚步。祖珽与二哥高孝珩交往过密，而今祖珽败了，他们哥儿仨势必受到牵连，谁会倒霉呢？当然是高长恭。二哥装悠闲，五弟装残暴，只有他战功卓著，深得人心。只是高长恭没有想到生命的终结竟然如此匆匆。

一杯毒酒，御赐的毒酒。

面对早已预知的结局，高长恭对妻子郑氏叹息道:“我一腔忠心，何曾辜负上天，为什么落得毒死的下场？”

个中答案不难理解，只是高长恭未能静下心来想一想，他的祖母娄昭君给出过答案:“忠而获罪。”

有一种罪叫作忠。太忠心了所以有罪。大象无形，大音希声，大奸似忠，那么大忠也似奸。

郑氏哭泣道:“何不求见天颜？”

高长恭淡淡道:“天颜何由可见。”

为什么见不到，因为不想见。清纯男儿高长恭不曾想到人类生存下去的伎俩很多，像祖珽那般结交小人、两面三刀；像二哥那般明哲保身、韬光养晦；像五弟那般假痴不癫、粗中有细。他不会，也学不来，既不懂如何做贪官，也不知道该如何生病。

高长恭不想去改变命运，也无力改变命运，只能饮下那杯毒酒，留下遗嘱:“借据烧了吧，欠的钱不要了。”

高长恭最美之处，不是容颜，而是他那颗清纯无瑕善良的心。

高长恭死后，王妃郑氏心灰意懒，将高长恭平时佩戴的颈珠施舍给佛寺。广宁王高孝珩得知后让郑氏赎回。高延宗给四嫂写了一封亲笔信，一边写一边流泪，泪满信笺。高长恭两年后就平反了，谥号忠武王，因为北齐王朝到了最后的时刻。

斛律明月、高长恭先后死去，后主高纬再也想不起有谁能威胁到他的宝座，然而陈朝与北周的大军却像潮水般涌来。

陈文帝陈蒨在位八年，击败割据长江中游的王琳是他最得意的事情。芜湖水战，野猪舰队惨败，王琳逃亡北齐国。陈军占领除荆襄和西川之外的梁朝原有领土，南朝历代中最弱小的陈朝终于透了一口长气，活下来了。陈文帝死后，太子陈伯宗继位。皇叔陈顼赐死文帝的红颜知己韩子高，扫清文帝嫡系，废掉陈伯宗，自立为帝，是为陈宣帝。北周北齐互相掐架，齐后主不断自折臂膀，陈宣帝看到收复江淮的希望，十万陈军越过长江北进。

北齐完全能够挡住陈军前进的步伐，他们有一个了解江南、了解陈军的降将帅哥王琳。元老赵彦深与穆提婆、韩长鸾、高阿那肱等人争了十天，希望朝廷委派王琳全权负责淮南地区的军事。穆提婆等人怎么肯把军权交给汉人，而且是南来的汉人。提议最终被否决，朝廷决定派鲜卑人尉破胡与王琳共同领军，并派了一个西域大力士做前锋。赵彦深泪流满面，呜咽不止，叹息道："国家到这种地步，还有什么好说的！"

败了。尉破胡不听王琳建议，轻敌冒进，吃了大败仗，陈军大将萧摩诃斩杀了西域大力士。尉破胡逃跑，王琳退守寿阳，十余万陈军将寿阳团团包围。

敌军压境，国难当头，鲜卑人与汉人的争斗非但未停止反而愈演愈烈。后主高纬赶走祖珽，朝廷军政大权全部掌握在鲜卑人手里引起汉官们的极大不满。那位打过东魏孝静皇帝三拳的老臣崔季舒与张雕等汉官联名反对后主高纬去晋阳。他们开出的理由堂堂正正："寿阳激战正酣，此时陛下北上会给敌人透露错误的信息，认为我们害怕他们。"

晋阳是鲜卑人的老巢，历代北齐君主视晋阳为陪都，来来往往自是寻常。此事根本用不着联名上书，联名上书的用意在于告诉大家：我们汉人很团结。

崔季舒等人以为这样做足以压一压鲜卑人的嚣张气焰，可惜他们小瞧了韩长鸾的凶狠，看低了后主高纬的糊涂指数。

韩长鸾，从名字上看是汉人，血管里也流着汉人的血液，其实他是标准的鲜卑人，所谓六镇子弟、九州勋人，根正苗红的怀朔帮后代。汉官们联名上表刺激了他那颗狂暴的心。韩长鸾从一开始就反对杀斛律明月，报复的机会终于来了。他对后主说："汉官们联名上表威逼陛下，未必不想造反，必须把他们全部杀掉。"

后主高纬没有选择，只能依靠鲜卑人。既然祖珽是大奸臣，提拔的人当然也是大奸臣。后主下令，凡签过名字的人一律斩首。汉官崔季舒、张雕、封孝琰、刘逖、裴泽、郭遵等人在含章殿同日遇害。

又一起惨案，深深震撼了北齐国汉人们的心灵，救援寿阳的数十万大军各怀鬼胎，坐视寿阳失陷。纵横江南的帅哥王琳被吴明彻斩杀，陈军中的王琳旧部失声痛哭，声震如雷。王琳一直打着萧梁王朝的旗号，他的死去意味着陈朝的江山又稳固了许多。

寿阳沦陷的消息传到北齐朝廷，穆提婆和韩长鸾正在赌博，玩得兴起，闻讯神色不变，继续掷色子，一边玩一边说："本来是人家的东西，随他拿走好啦！"两人说得没错，北魏孝文帝时代淮南还是南朝的，收了这么多年税，也该归还人家了。

后主高纬忧心忡忡，祖辈留下的土地说丢就丢吗？穆提婆连忙劝慰道："陛下多虑，假使国家将黄河以南的土地全部丢失，剩下的国土仍然比龟兹国大许多。陛下您知道人生一世什么最重要吗？"穆提婆自问自答道：

“快乐！可怜人生短暂，抓紧时间玩，及时行乐，犹恐年华虚度，怎么能再去忧愁呢！”

穆提婆的意见没有什么不对，但它不适合皇帝职业。皇帝是非常危险的职业，超过矿工、消防员和战地记者。细数中国历史上被杀死、毒死，或者用其他手段弄死的皇帝，死亡比例相当高。亡国，大臣们可以投降，继续享受快乐生活。皇帝可以吗？有后主刘禅那样好运气的皇帝实在不多。

高纬欣然接受穆提婆的无愁论，不再为战事忧虑，不再为政事烦心，日日玩，夜夜玩，扮乞丐玩，扮将军玩，只要是好玩的东西都要玩上一把。玩乐时须有音乐伴奏，高纬亲自谱写《无愁曲》弹奏。

高纬有音乐天赋，痴迷于乐曲。高纬时代的北齐，弹琵琶是富贵的终南捷径。男琵琶演奏家封王，女琵琶演奏家做妃子。高纬的后宫会集了一大批音乐人：曹昭仪，琵琶国手；毛夫人，古筝国手；李夫人，五弦国手；彭夫人，乐伎。《无愁曲》据说有一百多种版本，都是宫里音乐人唱和的。从此，高纬有了另外一个诨号——无愁天子。

穆黄花皇后不擅长弹琵琶，陪后主饮酒，握槊投壶，曲水流觞。“黄花势欲落，清觞满杯酌。”穆黄花着实受宠了一阵。穆黄花上位靠包装，包装的东西只能流行于一时，不能长久。人不可能总生活在好莱坞的大片里，妆不可能永远不卸。时间一长，后主高纬不再喜欢俊俏妩媚而无内涵的穆黄花。什么是内涵，在高纬眼里只有音乐。

眼见失宠，穆黄花为拴住后主的心将自己的婢女冯小怜包装献出来。冯小怜狡黠聪明不亚于主子，难得的是她对上了后主高纬的胃口，会弹琵琶，能歌善舞。高纬一见钟情，封冯小怜为淑妃。我已有爱，诸魔勿扰。两位有情人坐则同席，出则并马，对天盟誓生死一处。爱情的魔力如此伟大，穆黄花傻了眼，这远远超出了她的想象。

可惜，时光短暂，幸福来得晚了。周武帝宇文邕打扰了两位徜徉于爱情魔法中的恋人。

第十七章
武皇帝与后主

周武帝宇文邕做皇帝十二年了，十二个春秋一晃而过。皇帝还是傀儡，宇文护还是权臣，一切都没有变。一件平凡得不能再平凡的事情，一件普通得不能再普通的事情改变了北朝的历史。

壹 禁酒令

一次散朝，宇文邕对宇文护道：“太后上了年纪喜欢喝酒，我劝了好多次总也劝不听，兄长何不劝劝？”随手从怀中取出一卷《酒诰》递了过去。

周公老人家写的禁酒令，当朝大执政官亲自讲读，这一回老太太应该戒了吧。叱奴太后端坐床榻耳听宇文护手持书卷抑扬顿挫念着那些生僻的文字，几乎快睡着了。她不懂，听这个真可以戒酒吗？

百花盛开，清风习习，太后寝宫含仁殿春意倦倦，旁边侍立的宫女们生出倦意，碍着太后、皇帝和执政王都在，强打起十二分精神。正值耳顺之年的宇文护宣讲周公的戒酒令，不能落座。宇文邕依然手持玉板拱手侍立于宇文护左侧身后。十二年间，这一幕家人和睦的温情场景时常出现。终究上了年纪，宇文护朗读得迷迷糊糊。

玉手板散发着幽冷的光，宇文邕眼角瞄向宇文护的后脑，忽然间紧紧握住玉手板，呼地扬起手，狠狠向宇文护的后脑勺砸去，宇文护应声倒地，宫女们发出一片轻呼声。宇文邕示意太监何泉取御刀斩杀宇文护，惊慌失措的小太监在宫女们的尖叫声中提刀连砍数刀，见血不毙命。眼见宇文护悠悠醒来，事先藏在殿内的宇文邕一母胞弟宇文直跃将出来，一刀剁掉宇文护的人头。

手握天下兵权，府第卫士超过禁军，亲信大臣遍布朝野地方，一生杀害三个皇帝的屠龙高手就这么失去生命，而且尚在梦中。

叱奴太后心惊肉跳，别有一番滋味在心头。她一直认为儿子懦弱，直至看到这血腥的一幕，她惊呆了，难道宇文家只能骨肉杀戮吗？想当年，宇文泰征战关中，宇文护照顾家中一门女眷小孩，其乐融融，那种情景永远不在啦。唉！全是皇冠惹的祸。

宇文护死了，他的儿子和党羽们在劫难逃，这些手握重兵毫不知情的柱国和大将军们一个个被召入皇宫，进一个杀一个，进一对杀一双，杀完为止。宇文护十八年苦心经营的堡垒瞬间崩塌。

中国人喜欢后发制人，讲究“忍”，“忍”字也经常被一些人用作中堂。然而真正懂得“忍”字真谛的人却不多。宇文邕告诉我们什么才是“忍”，十二年如一日，只为短短的一刹那。

开创宇文家族大业的宇文泰被谥为文皇帝，而宇文邕则被谥为武皇帝，庙号高祖。这位北周国高祖皇帝的杀术当真天下一绝。

宇文邕暗杀权臣宇文护，独揽大权，见陈军轻而易举夺取北齐江淮土地，心里很不是滋味。北周常年与北齐交战，从来没有取得这么辉煌的战果。如今北齐两面受敌，机会来了，宇文邕集结十八万军队，兵分六路杀向河南。

战局进展令宇文邕大失所望，周军接连攻占北齐三十余座城池，却在洛阳城下碰了钉子。北周与北齐从高欢时代起在洛阳、邙山及黄河浮桥一带就进行大会战。北齐城防修得异常坚固，周军打了大半个月仅仅攻下黄河南端桥头堡，洛阳以及黄河防线仍然岿然不动，北齐的援军也抵达黄河北岸。宇文邕生气上火病倒了，周军撤退。大张旗鼓而来，垂头丧气而还。

宇文邕是个不达目的不罢休的人，他能坚忍十二年才杀掉权臣，一次失利怎能消弭雄心？第二年，公元 576 年，宇文邕再度集结大军挥师东征，这一次周军进入山西，直指晋州治所平阳，意图攻占高氏北齐的老巢晋阳。这一招北周十二年前用过。这是一着儿险棋，优秀军事家宇文泰从来不肯用的险棋。

平阳在今山西临汾，距离晋阳五百里。北齐精锐骑兵均在晋阳，骑兵用不了三天即可到达，而且不必采用急行军速度。十天左右的时间攻取一座坚城绝无可能，故而宇文泰从来不从山西进攻东魏国，每每选择河南，筑城玉壁不过是采取守势而已。北周国唯一一次主攻山西的战役是靠突厥骑兵从北方进攻晋阳牵制住齐军主力配合实施的。

但是，北齐国打造的河洛防线固若金汤，宇文邕别无选择，只能出奇制胜，碰一碰运气。攻打平阳，除了少数大臣之外大部分将领并不同意，也不愿意去。第一胜算不足，第二去年刚刚失利，元气尚未恢复。宇文邕做事果断，谁不服军法从事。

北周六军再次出动，宇文邕针对晋阳援军做了详细的军事部署，主力部队攻打平阳，齐王宇文宪领兵二万驻守雀鼠谷，陈王宇文纯率兵二万驻守千里径，郑公达奚震率一万步骑守卫统军川，大将军韩明率六千人马保卫齐子岭，尹升率五千人马守鼓钟镇，辛韶率五千人马守蒲津关，宇文盛率一万步骑驻扎汾水关。宇文邕的战略意图显而易见，诸将拒险守关，以逸待劳阻击北齐援军，掩护主力攻下平阳。分派兵力占据战略交通线，做到进可攻，退可守。

宇文邕的战略计划非常保守，北周仍然十分恐惧被突厥人称为“眼中有铁”的北齐鲜卑铁骑。西魏北周与东魏北齐的军事较量输多赢少，北周建国以来与之大规模军事冲突更是三战三负。然而，今非昔比，昔日狂扁北周军的段韶和斛律明月不在了。周军包围了平阳城，这里原来是斛律明月的防区，城防依旧，人无踪迹。幸亏不在，如果斛律明月真如天边明月常在的话，宇文邕岂不惨了？

令周武帝宇文邕大呼侥幸的是，北齐大军赶到之日正是周军破城之时。后主高纬反应不可谓不快，周军十月初四发兵，十八日兵围平阳，高纬指挥大军二十八日赶到，很遗憾，二十八日凌晨城破。北齐边将发现敌军，判断敌情需要一定的时间，后主高纬仅仅来晚了几个小时。恰如李商隐书中所讲：“巧笑知堪敌万几，倾城最在著征衣。晋阳已陷休回顾，更请君王猎一围。”

贰 美人如玉

李商隐诗中的晋阳实为晋州，即平阳。北周军攻入北齐国境时后主高纬正与冯小怜在天池狩猎，冯淑妃跨马弯弓，英姿飒爽，女人穿军装别有一番倾国风采。

皇帝外出打猎游玩，右丞相高阿那肱在晋阳代理政务，晋州急报首先送到他手里。论武功，高阿那肱打契丹、柔然、突厥有战功，算一号人物；讲政治就差远了，不读书，不懂历史，不会权谋，还不如和士开。他升到右丞相的位置全靠一颗平常心。不轻易生气，不轻易发火，不乱讲话，不揭人家的短，不搞人家的隐私，不说别人坏话，不卖官，凭资历升迁，朝廷中的不倒翁，同事们心目中的老好人。所以人家干到司徒公、右丞相、录尚书事，兼并州刺史。这种人表面看上去憨厚老实，实际未必没有心计，这叫作大智若愚，厚黑学的最高境界。请看高阿那肱的表现。

高阿那肱拿到告急文书一看，没当回事儿，北周与北齐边境经常交兵打仗，习以为常，周军发动大规模军事行动总是走河南不走山西这一线。高阿那肱文书一扔，喝茶去了，不等他泡好茶，第二封告急文书又到。从早晨到中午，驿马三至，送了三封急件。高阿那肱不疾不徐道："皇帝正玩得开心，边境小打小闹乃是常事儿，不值得惊动圣驾。"我不能因为这点小事在皇帝心目中留下不良印象。不承想，傍晚时分第四名信使赶到，只说了四个字："平阳已陷。"

平阳丢了？高阿那肱跳了起来，平阳城防坚固，有八千军队怎么可能说丢就丢。高阿那肱赶紧进山找皇帝。

平阳丢没丢呢？当然没丢。后主高纬十一日去打猎，十八日返回晋阳，十八日那天周军才包围平阳城。所谓平阳已陷是边将们一贯的夸张手法，就怕皇帝不急，说丢了总该着急了吧。

后主着急了，冯小怜不急，"更请君王猎一围"，再玩一把吧。我们斗地主、打麻将、下棋不都常说最后一把嘛。当时冯小怜不是说猎一围，而是说再杀一围。不吉利，后主叫高纬，你杀一围算怎么回事！这话也就冯小怜说，别人说的话，那就是谋反。

冯小怜玩兴正浓，后主高纬不忍心坏了情人的好心情，杀一围就杀一围罢。

两人并马穿行于湖泊山林之间。暮色欲沉，天池水渐渐变成深蓝色，天湖连成一片。举目望去，黄叶纷飞，树木萧瑟，江山寥廓。

"真美。真快乐。"冯小怜说。

后主叹了口气："随我去平阳。"

"为什么？那里多危险。"冯小怜奇怪，战场不是女人的舞台。

"去平阳可以做皇后。"

"你是天子，做皇后不过一句话而已。"

"错了，天子有些事说了并不算。你无高贵的出身，人们不认可，立下战功就不同了。我要让将士们看到你在战场上的英姿，让臣民们欢迎你入城。"平日一说话就脸红，而今流利说出这么多话，后主高纬有些疑惑。在冯小怜的身边，他能生出一股男子汉的豪气，必须让心爱的女人获得世上最尊贵的东西。

“如同高长恭？”冯小怜想到那首雄浑欢悦的兰陵王入阵曲。

“我不需要兰陵王，我需要冯皇后。”

鲜卑人的王国不同于汉人的国度，鲜卑人崇尚勇武，汉人喜欢文治，故而鲜卑君主每逢大战均亲自上阵，汉人君主很少御驾亲征。北魏皇帝拓跋珪十六岁复国，拓跋嗣攻占河南，拓跋焘戎马一生，拓跋濬和拓跋弘出塞击柔然，元宏两下江淮，病死军中。汉化之后北魏皇帝们就不肯再亲自参加战斗。北齐王朝历代君主，除高殷和高演称帝时间短暂未发生大的战争，高欢、高澄、高洋、高湛均有过参战记录，后主高纬亦不能落后。

二十八日，北齐大军距离平阳五十里，后主与冯小怜率军攻打鸡栖原的周军，分派军队向北周军防守的千里径和汾水关展开攻击。

这一日凌晨，平阳城失陷，短短十天拿下平阳不是周军的功劳，而是因为城中接连不断出叛徒，先是行台左丞侯子钦出城投降，接着晋州刺史崔景嵩主动在城头接应周军入城，生擒城中主将海昌王尉相贵。北齐国内汉与鲜卑的激烈冲突注定宇文邕不是一个人在战斗，政争失败的汉人门阀主导着这一场战争的方向。宇文邕看到了北齐致命的弱点，采取善待投诚者的政策，从第一个投降者侯子钦开始，一律加官晋爵。尉相贵镇不住汉人官员，从这一意义上讲，昔日坐镇晋州的斛律明月之死的确是北齐致命伤。

北齐大军杀到，周武帝宇文邕随之调整战略计划，主动撤退，将平阳城让出来迎接北齐大军攻击。

形势顿时变成战前的态势。不同的是，这一次平阳在北周手里，主动权掌握在北周手里。用平阳城吸引北齐军的攻击，北周大军随时准备反击。宇文邕留下大将梁士彦率一万甲兵坚守平阳。梁士彦并不出众，通过此战一战成名，到了隋初更加有名，和杨坚争皇位被杀。为使高纬放心进攻平阳，宇文邕回国都长安去了。就在到达长安的第二天，狡猾的宇文邕再次返回前线。

梁士彦没有辜负周武帝重托，身先士卒，坚守平阳近一个月，击退北齐十余万大军一轮又一轮不分昼夜地猛烈进攻。后主高纬并非没有机会，只是机会被私心浪费掉了。北齐军挖地道通到城墙，先用木桩顶住，然后纵火烧毁木桩，桩毁地陷导致城墙塌陷。这本是高欢屡试不爽的拿手好戏，作为一项光荣传统被北齐军继承下来。平阳一段城墙陷入地下，北齐将士们正待冲杀进去。突然，后主高纬一纸诏令下达，稍等片刻。

战场上的咆哮和轰鸣瞬间停止下来。为什么等？因为冯小怜没有来。

这不是演习，不是电影，是真正的战争，真正的破城瞬间。美人未能看到破城时的壮观与胜利欢呼的场景岂不可惜？

将士们等了很久，冯淑妃的倩影久久未能出现，她想让将士们看到最美丽的冯小怜，最美丽的未来皇后。冯小怜耐心细致地梳妆打扮，化妆是一门艺术，匆匆忙忙不能达到最佳效果。

这一刻，冯小怜愉快度过，然而将士们感觉那么漫长，仿佛经历了一个世纪。周军抓紧时间用木头堵塞缺口，这意味着又将有无数齐军为之流血。但是纵使将士们流尽血，机会也已丧失。在将士们眼里，盛妆而出的冯小怜不如地道里燃烧的木桩更美丽。

冯小怜特别失望，也很难过。这不是她的错，她只想让人生变得更完美。如果可以穿越，冯小怜一年后即想重回平阳古战场，不需要化妆，只需要胜利。晚了，一切都晚了。

后主高纬丝毫没有责怪她，怪罪一个女人算什么本事呢。为让难过的淑妃开心，高纬带冯小怜去游览平阳的名胜古迹。平阳的旅游景点处于交战区，出于安全考虑，高纬挪用军用物资架桥穿过护城河。

周武帝宇文邕回来了，八万周军气势汹汹地杀到，像一团团翻滚的乌云，东西绵延二十多里。他们休息够了，渴望与齐人决一死战。北齐军早有准备，挖了一道长长的壕沟，河水注入壕沟将北周军挡在另一侧。平阳古战场蔚为壮观，一水两侧，乌云与火焰相映，长矛与铁甲闪耀。

从东方破晓到日薄西山，双方各不相让，静静地等待，紧张的空气令人窒息。

“战还是守？”后主高纬沉不住气，问身边的高阿那肱。

高阿那肱冷静地分析道：“我们的军队虽多，但能参加战斗的甲士不过十万。二十天来的攻城战已消耗了军队的战斗力，负伤生病及后勤人员占去三分之一。从前我跟随神武皇帝攻打玉璧，敌人援兵一到马上退走。今天的将士怎能胜过神武皇帝时代的将士？依我之见，打不如不打，退守高梁桥乃是上策。”

老将军安吐根闻听甚是不满，叫道：“一小撮贼人，马背上擒来扔进汾水里！”

“对，说得没错。”后主身边的内侍们兴高采烈起来，纷纷道：“他是天子，陛下也是天子。他能来攻，我们为什么只能守！”

高阿那肱不争辩，在政坛混了一辈子，他养成了不喜欢与他人争论的性格。争论必起矛盾。自己正确，对方嫉妒；自己不对，徒损威望。事实会证明一切。

高纬受众人鼓动，兴奋起来，挥鞭一指，北齐军主动引开河水。水流退去，宽阔的战场呈现在天地间。

双方近二十万人的大会战拉开序幕。鼓声大作，号角长鸣，漫天羽箭如骤雨般狂泻到对方的阵地。万骑奔涌，喊杀震天，刀矛撞击声惊天动地。人头落地，肢体纷飞，鲜血四溅。冯小怜与高纬并马观阵，花容失色，心惊胆战。战场不是女人的舞台，问世间有几个花木兰，几个梁红玉，几个圣女贞德。冯小怜来到这里无疑走错了路，领路人高纬犯下致命的错误，置他们于死地的错误。

叁 冲天王

北齐军队虽然疲惫不堪，但依然保持着塞上鲜卑人勇猛无畏的精神，尤其安德王高延宗统领的右军完全压制住周军左翼。高延宗手舞长矛冲入周军大阵，所向披靡，不由得令人想起他的四哥兰陵王高长恭。

高延宗与高长恭虽为兄弟，相貌却大相径庭，一个是容貌俊雅的美男子，一个是类似相扑手的大胖子。高延宗幼年丧父，从小跟着高洋，十二岁时还骑在高洋肚子上撒尿。高洋问高延宗想做什么王。高延宗应声回答："冲天王！"高洋询问宰相杨愔可否。杨愔皱皱眉头，皇帝是天子，代表上天，你把天冲破了算怎么一回事儿。杨愔说，国内没有"冲天"这个地方。人不贵志气，贵在品德，封"安德王"，安于德行的意思。高延宗的品德不怎么样，人嘴厕所、猪肉大粪丸即此君发明。现在看来，高延宗雄心不小，所作所为无非装傻充愣。

齐军右翼虽胜，左翼却步步退却。冯小怜惊慌失措地叫道："败了！"穆提婆是个胆小鬼，怕丢性命，不停唆使后主先撤，连声道："皇上快走吧，皇上快走吧！"后主高纬架不住身边人怂恿，打马如飞，逃到高梁桥。早知道会来这个地方，干吗填沟呢？将领们一看皇帝逃了，那还得了，纷纷追赶上来劝："军队半进半退，实属兵家常事。阵脚未动，大军尚在，围城的军队也在，陛下您跑什么呀。您一跑，军心动摇，人心就散了，赶快回去。"高纬想回去，穆提婆拽着高纬胳膊不撒手："别听他们的，他们不能相信。"

后主高纬再也没回到前线，北齐将士找不到皇帝，士气低落。狭路相逢勇者胜，关键时刻瞪不起眼来，只有失败的份。北齐军大败，一万多人战死，丢弃的武器装备堆积如山，唯独高延宗全军而还。高延宗找到后主，希望高纬把军事指挥权全部交给他，由他抵抗北周军，高延宗信誓旦旦表态：“我能翻盘！”

高纬注视着眼前这个杀得浑身是血的大胖子，刚刚杀了人家的四哥高长恭，记仇怎么办？高纬憨憨一笑，扭头走了，继续逃。

马急风紧，朔风夹起大片落叶漫卷过来，风吹散了冯小怜的头发。冯小怜勒住马，取出粉镜，静静整理散乱的秀发，轻轻拭去满面尘土，她不想让皇帝看到自己的狼狈。高纬痴痴地瞧着，忘记了战败的痛苦，忘记了身处逃难的险境，心中难过，我害了她，不该让她来平阳。

“贼兵追来啦！”朔风中传来人喊马嘶的声音打断了瞬间的宁静。冯小怜惊慌失措地收起粉镜，与后主再次逃跑。皇后的衣冠送到，那是高纬前些日子令人从晋阳城取来的，本想让冯小怜穿上皇后的御服入城接受臣民与将士们的欢呼。失败了，并不意味着冯小怜不能穿，经历这一场生死磨难，她更有资格穿上母仪天下的皇后衣袍。高纬亲自替冯小怜拉住马的缰绳，让她穿上皇后服，册封为左皇后，这才并马疾驰。

战争中册封皇后，后主高纬挺新潮的，兴奋了一阵，等到了晋阳才知形势更加危急。周武帝宇文邕率领周军乘胜追击，各地北齐军队望风而退。

介休城守将韩建业竟被宇文邕封为上柱国，受此鼓舞，北齐国官员与将领们纷纷向北周投降，其中竟然包括禁军军官。高纬认为大势已去，晋阳不安全。回哪里去？国都？高纬不敢回，河北是汉人的天下。高纬临行前大杀汉官，谁肯尽力守卫国都？不如去投突厥，高纬想，怎么说自己也是一国之君，到了突厥不至于有生命危险。

晋阳城的将领们不肯放皇帝出城，皇帝走了，士兵们哪有心思守城？你说后主不聪明吧，还有些小聪明。高纬先将胡太后、冯小怜和太子高恒送往塞上边关朔州。临行，高纬安慰冯小怜：“你先走，我随后就到。”

送走了这些人，高纬想开溜，任命高延宗为相国，统领山西兵马：“并州是兄长的啦，我现在要走了。”

高延宗不想让他走，皇帝在与不在关系将士们的斗志。高延宗慨然道：“陛下勿走，我替陛下尽力，必能破贼。”

高纬叹了口气：“兄长不说大话能死啊。”

“就是，就是。”穆提婆随口附和道，“陛下主意已定，大王不须啰唆。”

高纬和身边的亲信们启程，趁着夜色偷偷地溜走。

想走不那么容易，将士们把守四门，漫说一队大活人，就是苍蝇也难飞出去。守门官兵坚决不开城门，跪求皇帝留下。高纬不说话，下令冲将出去。禁军砍开门闩，强行突出五龙门。守城将士眼睁睁看着皇帝出城，再怎么说也不能对皇帝动家伙。

跟随皇帝突围的官员们问后主："去哪里？"

后主道："突厥！"

大家面面相觑，为什么去突厥？为什么去天寒地冻的野蛮人的地方？我们还有河北，河北不比草原强吗？

大家散了，有人回晋阳，有人回老家，有人投降，有人去邺城，就是没有人去突厥。

后主高纬漠然看着一个又一个人离他远去，他不害怕。走吧，走吧，都走吧。高纬看到了穆提婆："你也走吗？"

穆提婆冷笑道："当然走。不走，等死呀！"

高纬惊讶道："你是我最好的朋友，我何曾辜负过你！"

穆提婆道："到了这个份上说什么好朋友，我又不傻，跟着你能快活吗？我要去一个能够让我继续享受快乐人生的地方。"说罢，头也不回地走了。

领军将军梅胜郎拽住皇帝的马缰："回国都吧，陛下，我大齐尚有千里土地，上千万人口，足以一战。陛下受穆提婆小人所误杀害忠良，正可诛杀穆提婆母子以谢天下。"

短短十几天无数人背叛自己，包括最信任的朋友，这个世界还能相信谁。后主高纬垂头丧气回到邺城，陆令萱听说儿子叛逃，自杀谢罪，后主将陆令萱母子家眷尽数诛杀。一切都晚了，人心散了。

北周军包围晋阳，乌云压城。晋阳将士们请高延宗称帝，我们需要一个皇帝，一个勇敢的皇帝，一个带领大家抗击敌人的皇帝。

面对期望的眼神，高延宗大吼一声"好"！他要撑起高齐皇族的脊梁。

高延宗将晋阳宫中的财物和美女分发给将士们。随后召集军队做最后一次战前动员，挨个握士兵们的手，痛哭流涕，声泪俱下："高延宗拜托你啦！"

后主高纬听说高延宗称帝，愤然说道："我宁使周得并州，不欲安德王得之。"宁与外寇，不与家贼，这是帝制的悲哀。

面对四面合围的周军，高延宗没有一味死守，分三路出击周军。大胖子高延宗挥舞长矛来往督战，所向无前。然而，从东门出击的北齐军将领段畅、阿干子却率一千名骑兵投降周军。周武帝宇文邕大喜，亲率人马黄昏时分杀入东门，双方进行了激烈的巷战，连晋阳城的小孩和女人也登上屋顶投掷石块。

高延宗从南门方向由城外赶来增援，杀入东门，与城内北齐军夹击进入城中的北周军。入城周军大乱，争相往城门跑，几乎全军覆没。宇文邕更惨，身边人越打越少，简直走投无路。

幸运青睐勇敢者。宇文邕的两名护卫一人手拽马缰前面走，一人挥鞭抽打马屁股后面推，北齐降将引路，剩余亲兵杀出一条血路。周武帝宇文邕等人艰难穿过死亡区，从死神手里逃出来。两三千人马只剩孤零零相对的四个人，猛抬头，漫天星辰，天已四更。

北齐军全歼入城周军，高延宗反复从死人堆里搜寻宇文邕的尸体。北齐士兵不认识宇文邕，但他们知道周朝皇帝留着一部漂亮的长须。很遗憾，死人不少，却无美髯公。高延宗仰天长叹，命也！

宇文邕活下来了，北齐王朝的星运再次黯淡。这一仗杀得宇文邕心惊胆寒，平阳战后宇文邕拒绝将领们班师的豪气不再。那天他曾对众将说："你们不去，我独自灭齐。"此时，宇文邕主动要求撤军。他想撤，将领们却不同意。形势不同了，平阳大捷后班师叫凯旋，现在班师叫逃跑，逃跑是要被追击的。宇文邕拿不定主意，关键时刻北齐叛将段畅站出来，一句话坚定了宇文邕动摇的心："晋阳无兵。"

高延宗虚张声势出城迎战，其实城中没有多少军队。晋阳是座大城市，没有兵靠什么守城，势必顾此失彼。宇文邕勒住马，昔年曹操兵败濮阳，烧伤左手，几乎丧命也未撤退，自己不过一时大意轻敌败了一阵岂可丧气？

号角长鸣，周军各支部队纷纷向皇帝靠拢。北周毕竟军队多，士气重新恢复。

晓雾蒙蒙，朝阳未升。宇文邕下令再次进攻，仍然选择晋阳东门。此番攻城异常顺利，北周军蜂拥登城，打了北齐军一个措手不及。昨夜大胜，累得半死的北齐士兵们都去吃烧烤喝酒啦，个个喝得大醉，谁也想不到两个时辰后敌军会卷土重来。

高延宗滴酒未沾，一个人清醒没有用，好汉难敌四手，猛虎架不住群狼。高延宗杀得精疲力竭，手脚发软，被周军擒获。高延宗终于看到那部漂亮的胡须，不是长在死人身上，而是活生生的人。美髯公翻身下马，紧紧握住高延宗的手。高延宗收回手，面如死灰："死人之手何敢握天子手。"宇文邕再次抓住高延宗的手："两国天子并无恩怨，都是为了救民于水火之中，你不必害怕，我不会杀你。"

宇文邕的精明之处在于他的宽容，他向北齐国各地及各部队的长官发布诏令："无论邹鲁缙绅，幽并骑士，只要认清形势放下武器投诚，一律加官晋爵。"宇文邕说到做到，像穆提婆这般小人孤身投降也被周武帝封为柱国、刺史。河北坞堡的汉人豪强纷纷考虑投降，北齐瓦解只在瞬间。

肆 天下如脱屣

后主高纬还有最后一个机会，将宫中所有的财物女人拿出来赏给将士们，集结军队守卫太行山隘口，分派幽州兵从塞上进攻晋阳，洛阳兵西进攻打潼关，从而牵制北周军队。后主高纬舍不得财宝和女人。当广宁王高孝珩提出三路进兵的计划，要求率中路军出滏口关与周军决战时，高纬心想：军队交给你，想学你五弟高延宗做皇帝呀。高孝珩愤然对高那阿肱道："陛下不让我带兵，不就是怕我造反吗？都到什么份上了，还如此猜忌！"

不让高孝珩去，你自己去呀。后主不敢去，连战前动员都做不好。将士们集合完毕，等待后主训话。这种场合不适合读稿，事前秘书们告诉皇帝讲话内容，反复叮嘱皇帝，讲话要慷慨激昂，要有煽动性，要有欺骗性。不承想，高纬把台词忘了。忘记也没关系，像高延宗那般流着泪说一句"拜托了"也行。偏偏后主高纬笑了，大笑，左右近臣也陪着乐。将士们一下子生气了，这仗是给谁打的？卖命钱不给，奖金不发，话也不会说，你配当皇帝吗？

不配吗？高纬想，整天提心吊胆，防这个防那个，破皇帝我早就当够了。禅位，让我儿子干。小高恒才八岁，稀里糊涂做起皇帝，高纬成了太上皇。

两个皇帝也挡不住北周大军前进的步伐。北周军杀到邺城，小皇帝、太上皇、太上皇他妈胡太后，太上皇老婆冯小怜一起逃跑，往南跑，去投奔陈朝。高那阿肱一瞧，北齐国完蛋啦，一点儿指望没有，自己不能陪葬，要立功，立大功。高那阿肱想救国？救什么救，高那阿肱有那么笨吗？

外表忠厚老实的高那阿肱对太上皇帝和小皇帝说："两位陛下请宽心，不必着急，周军远着呢，尽管慢慢走，我负责断后，遇路塞路，遇桥烧桥。"高纬挺开心，还是高那阿肱忠心呀。于是，该吃饭吃饭，该休息休息。

高那阿肱转过屁股来给周武帝宇文邕写信，伪皇帝在这儿呢，赶快来。周军一到，高那阿肱亲自带队，一路追来，生擒了高纬一大家子。

北齐国的历史写到这里已近尾声，后主高纬被擒后北齐王朝大规模的军事抵抗仅有两次，广宁王高孝珩与任城王高湝合兵四万守卫信都，与北周军打了一场大仗。由于部将叛逃，高孝珩与高湝的军队被北周国齐王宇文宪和柱国杨坚统率的军队击败，丧兵三万，二王被俘。另一场战役在塞外边关打响，高洋的儿子范阳王高绍义占据塞上重镇北朔州抵抗周军，马邑战役失利，高绍义逃亡突厥，在突厥支持下自称北齐皇帝，后来被突厥人出卖给北周国，流放到蜀地，死掉了。

北齐皇族子弟的命运如同高孝珩的一声哀叹："除神武皇帝以外，我的父辈和兄弟无一人活到四十岁，这就是命啊。"

高孝珩算是有志气的人。伐齐胜利后周武帝宇文邕宴请北齐国君臣，世界由胜利者主宰，失败者注定要遭受屈辱。宫廷张灯结彩，人们欢天喜地。宇文邕问北齐君臣，谁笛子吹得好？大家说高孝珩。宇文邕亲自弹起琵琶，让高孝珩吹笛。高孝珩拒绝道："亡国之音，没什么好听的。"宇文邕笑了："你听来是亡国之音，我听来乃兴国之意。吹！"侍从赶紧塞给高孝珩长笛。高孝珩举笛唇边，泪如雨下，呜咽不止。

晦气！宇文邕对后主高纬道："听说你舞跳得不错，何不跳一支舞助助兴。"

后主高纬闻声起舞，跳得真不赖。一曲终了，宇文邕特别高兴，问高纬有什么要求。高纬只提了一个要求，乞求和冯小怜在一起。宇文邕大笑："朕视天下如脱屣，一个老女人何所惜。"人沉溺于某种欲望的时候就会抛弃其他一切宝贵的东西，乃至事业与生命。

北齐臣子们羞愧难当，高延宗悲不自胜，宇文邕默默注视着北齐君臣。通过此番试探，后主高纬并无大志，可高家儿郎眼里流露出的痛苦让宇文邕心惊。这帮北齐皇族该杀掉了，不能重复前秦天王苻坚的错误。

奇耻大辱啊。高延宗回到住处想自杀，被身边的女人死死劝住，您死了，我们怎么办？

八个月后高延宗彻底解脱。钢刀落下，北周人诬陷后主高纬与穆提婆谋反。朝堂之上众人纷纷辩解无此事，高延宗捋起袖子，悲愤难当，泪水涌出眼眶。败了，有何话说！用不着你们动手，高延宗抓起几把胡椒硬生生塞进嘴里，活活窒息而死。

高纬与心爱的女人仅仅度过八个月。八个月足够了，爱得轰轰烈烈，倾城倾国又何须长相厮守？高纬死后，周武帝将冯小怜赐给代王宇文达，像冯小怜这种女人走到哪里都备受男人欢迎。宇文达万般宠爱，为了冯小怜差点害死正妃李氏。冯小怜对高纬的爱并未因为身体的归属而泯灭。一日琵琶弦断，冯小怜作诗道："虽蒙今日宠，犹忆昔时冷。欲知心断绝，应看胶上弦。"人在，心已死。北周亡，隋文帝杨坚将冯小怜赐给宇文达正妃李氏的兄长李询。李询讨来冯小怜是替妹妹解恨的。李母让冯小怜穿布衣捣米，羞辱后逼其自杀。以婢女开始，以婢女结束，一代艳后为南北朝再添传奇。相比冯小怜的悲伤命运，高纬生母胡太后活得逍遥自在，情人一个接一个。不做太后就不需要遮遮掩掩，想和谁玩就和谁玩，想和谁上床就和谁上床。心态好，命也长久，胡太后一直活到隋开皇年间。

高家子弟或杀头，或流放，流放者均死于异域边地，只有一个哑巴和疯子活了下来。高孝珩不在此列，因为诏令发布之前，高孝珩死了，郁闷而死，气恼而亡。高孝珩痛恨国君和执政大臣的无能，后悔自己韬光养晦，未能挺身而出。其实，北齐亡国并不在于没有好皇帝，没有好臣子。高洋乃一代怪杰，高湛、高纬固然比不上北周诸君，但北齐国臣子无论文武均优于北周。文有杨愔、赵彦深、祖珽，武有段韶、斛律明月、兰陵王。然而一个不团结的国家，一个内斗的王朝，没有任何理由长保不败。与其说北齐亡于北周，莫如说亡于自己，亡于鲜卑人与汉人的内斗。北周与北齐的生死较量在宇文泰和高欢时代就播下种子，民族融合的府兵团结了鲜卑与汉人，而高欢的民族政策只能使北齐各代君主疲于应付。在那个年代，谁解决了民族的纷争，谁就能获取天下。

北齐亡国不冤。周师入邺城，北齐国子监博士熊安生让人打扫卫生，对大家说："扫干净一些，周朝皇帝要来了。"家人不信。话音未落，周武帝宇文邕到。北周使者第一时间赶到李德林家捎来宇文邕的口信："朕平定齐国最大的收益在于得到你。"这句话虚伪，虚伪得令人难以置信，当事人却感动得受宠若惊。李德林的儿子即《北齐》作者唐代史学家李百药。

宇文邕对文士的态度注定他得到备受鲜卑人折磨的北齐汉化贵族的欢迎，这也是北周军在河北未遇到抵抗的原因。北齐出使突厥的使者纥奚永安说过一句话："天下谓大齐无死节之臣。"没有人愿意为北齐尽忠，大多数北齐臣子都投降了，少数人归隐山林，没有一个人愿意以身报国，这足以说明北齐政治的失败，教育的失败。

公元578年，北周灭齐第二年五月，周武帝宇文邕亲率大军讨伐突厥，未到塞上便病倒军中，六月返回长安，一命呜呼。这位一生穿布袍、盖布被，后宫妃子不过十余人，靠一人之力诛杀权臣的一代雄主时年三十六岁。

宇文邕开启了一个大帝国，东西混一、南北一统、席卷八方、威震四域的大帝国。征伐的号角自宇文邕吹起，他无愧于北周高祖的庙号。

宇文邕万万不曾料到，他死后仅仅过了三年，儿女亲家杨坚便夺取了北周政权，建立隋朝，是为隋文帝。

公元 589 年，隋文帝杨坚发动大规模的南征，五十万铁骑雄师兵分八路，浩浩荡荡杀向江南。铁马金戈横渡迷雾空蒙的大江，靡靡之乐依然回荡南京宫廷：

> 丽宇芳林对高阁，新妆艳质本倾城。
> 映户凝娇乍不进，出帷含态笑相迎。
> 妖姬脸似花含露，玉树流光照后庭。
> 花开花落不长久，落红满地归寂中。

《玉树后庭花》，这首诗曲是陈朝皇帝陈叔宝亲自谱写，绝对是不可多得的佳作，配以刀箭的铮鸣和嘚嘚的马蹄声告诉了世人一个真实的南北朝：北地悲歌，吴声艳曲；金戈铁马，玉树流光；胡笳悲鸣，玉人起舞。《玉树后庭花》余音绕梁，隋军士兵放下绳子从景阳殿的枯井中拉出躲藏井底的南齐后主陈叔宝和张贵妃、孔贵嫔两位美女。隋兵的战刀一挥而下，将江南美女张丽华的头颅斩落青溪，“发长七尺，光可鉴人，眉目如画……”

江山如此多娇，引无数英雄竞折腰。南北一统，天下归一。世间的痛苦何其多，怎堪再忍受战乱折磨？佛寺钟声响起，悠长的钟声跨越时空，细数南北朝的群星，我们会记得谁？

图书在版编目（CIP）数据

南北朝那些事儿. 肆，大结局 / 云海孤月著. —北京：中国工人出版社，2017.8
ISBN 978-7-5008-6780-7

Ⅰ.①南…　Ⅱ.①云…　Ⅲ.①中国历史—南北朝时代—通俗读物　Ⅳ.①K239.09

中国版本图书馆CIP数据核字（2017）第192338号

南北朝那些事儿. 肆　大结局

出 版 人	芮宗金
责任编辑	王学良　李　倩
责任校对	董春娜
责任印制	黄　丽
出版发行	中国工人出版社
地　　址	北京市东城区鼓楼外大街45号　邮编：100120
网　　址	http://www.wp-china.com
电　　话	（010）62005043（总编室）　（010）62005039（出版物流部） （010）62379038（社科文艺分社）
发行热线	（010）62005049　（010）62005042（传真）
经　　销	各地书店
印　　刷	北京美图印务有限公司
开　　本	710毫米×1000毫米　1/16
印　　张	17.75
字　　数	306千字
版　　次	2017年9月第2版　2021年10月第9次印刷
定　　价	39.80元